Paskaidrojumi.

1. Vārdnīcā lietots parastais latviešu alfabēts: a, ā, b, c, č, ch, d, dz, dž, e, ē, f, g, ģ, h, i, ī, ie, j, k, ķ, l, ļ, m, n, ņ, o, p, r, ŗ, s, š, t, u, ū, v, z, ž.

2. Uzņemti tikai parastākie vārdi un biežāk lietotie svešvārdi. Salikteņi izlaisti tad, ja tie ir tiešs tulkojums angļu valodā.

3. Tā kā diminutīvo galotņu angļu valodā gandrīz nemaz nav, tad arī latviešu diminutīvie nav pievesti. Angļu valodā diminutīvu izsaka vārdiņš *little* pirms lietu vārda, piem.: meitenīte — little girl; puisītis — little boy; vistiņa — little hen; maziņais, mazulītis — little one, u. t. t.

4. Lai novērstu pārpratumus, darbības vārdiem piedotas personas galotnes tagadnē un pagātnē, aktīvā un vidējā kārtā.

5. Vārdnīcā lietoti parastie saīsinājumi

a. — īpašības vārds
adv. — apstākļa vārds
agr. — zemkopība
Am. — amerikānisms
anat. — anatomija
arch. — architektūra
chem. — ķīmija
cj. — saiklis
eccl. — baznīcas
elect. — elektrība
f. — siev. kārta
fig. — pārnestā **nozīmē**
geol. — ģeoloģija
geom. — ģeometrija
hist. — vēsture
interj. — izsauciena **apzīmēj.**
jur. — tieslietas
m. — vir. kārta
math. — matēmatika
med. — medicīna
min. — mineraloģija
muz. — mūzika
npr. — īpašvārds
paint. — gleznniecīb:
parl. — parlamentā **lietots izteiciens**
phys. — fizika
pl. — daudzskaitlis
poet. — dzejas valoda
pol. — politika
p. p. — pagātnes divdabis
pret. — pagātne
pron. — vietnieka vards

Paskaidrojumi.

prp. — satiksmes vārds
s. — lietas vārds
sg. — vienskaitlis
sk. — skaties
v. — darbības vārds
v. a. — pārejošais darbības vārds, aktīvs
v. aux. — palīga darbības vārds

v. impers. — bezpersonas darb. vārds
v n. — nepārejošais darbības vārds, vidējā kārta.
v refl. — atgriezeniskais darb. vārds
zo. — zooloģija.
6. Īpatnējākie īpašvārdi sakopoti atsevišķā sarakstā.

LATVIAN ENGLISH DICTIONARY

Latviski-angliska vārdnīca

Dr. phil. E. Turkina

Printed in U. S. A. by
SAPHROGRAPH CO.
194 Elizabeth Street
New York 12, N. Y.

Published 1964

A

abāts *m.* abbot
abējādi *adv.* in both ways
abējāds *a.* of both kinds, of either sort
abi *prn.* both; mēs- — both of us; -divi — both of them; -labi — either will do; viens no -iem — one of the two, either of the two; neviens no -iem — neither of the two; kuŗš no -iem? which of the two?
abinieks *m.* amphibion.
abiturients *m.* candidate for the leaving examination
abonements *m.* subscription
abonents *m.* subscriber
abonēt *v. a.* -ju, -ju, to subscribe to.
aborts *m.* miscarriage
abpusējs *a.* mutual, on both sides
abpusība *f.* mutuality, reciprocality.
abra *f.* kneading-trough
abrkasis *m.* -ša, -ši, (rīks) scraper; (maize) a small loaf of the leavings.
absolūtisms *m.* absolutism
absolūts *a.* absolute
absorbēt *v. a.* -ju, -ju, to absorb

acīgs *a.* circumspect, mindful of; bright.
acot *v. a.* -ju, -ju, to graft, to bud
acs *f.* -s, -is, eye; tīkla vai adīkla - — mesh; -cu ābols — eyeball; -cu ārsts — oculist; -cu dobums — socket of the eye, orbit; -cu liecinieks — eye-witness, looker-on; -cu mērs — measure taken by the eye; tev ir labs - — you have a just eye; -cu mirklis — wink, twinkling, moment.
acumirklī *adv.* in a twinkling; (tūlīņ) instantly, immediately, at once; (pašlaik) just now.
acu plakstiņš *m.* eyelid; -raugs—darling; -stikli — eye-glasses; -skropstas — eye-lashes; -zīlīte — pupil (of the eye); - zobs — eye (or canine) tooth.
ačgārni *adv.* (drēbes) inside out; (darbs) wrongly, falsely; viss iet - — everything goes wrong; -na pasaule — the world turned upside down.
ačgārnība *f.* perversity, absurdity.
adata *f.* (šujama) needle; (spraužama) pin.
adatnīca *f.* pin-case.

adīklis, adāmais *m.* knitting.
adīt *v. a.* adu, -īju, to knit.
adjektīvs *m.* adjective.
adresāts *m.* addressee.
adrese *f.* address.
adresēt *v. a.* -ju, -ju, to address.
adverbs *m.* adverb.
advokāts *m.* solicitor, lawyer.
aeroplāns *m.* airplane.
afiša *f.* placard.
aforisms *m.* aphorism.
agents *m.* agent. ‑
aģentūra *f.* agency.
agonija *f.* agony.
agrāk *adv.* earlier, sooner; before; es atnācu ‑ nekā viņš — I was there before him; vienu nedēļu ‑ — a week before that; (senāk) — formerly, in former days; mēs jau ‑ par to runājām — we have already (previously) spoken of it; ‑kie ministri — the former ministers.
agri *adv.* early, in good time. rītu ‑ — to-morrow morning; ‑ un vēlu — from morning till night.
agronomija *f.* agriculture.
agronoms *m.* agriculturist.
agrs *a.* early.
agrums *m.* dawn; break of day; rīta ‑mā — in the small hours of the morning.
aģitācija *f.* agitation.
aģitēt *v. a.* -ju, -ju, to agitate, to stir up.
ai! *int.* ah! oh! alas!
aicinājums *m.* invitation, summons

aicināt *v. a.* -ju, -nāju, to invite, to summon: kā ‑nāts — just in time.
aijāt *v. a.* -ju, -ju, to rock; (bērnu) to lull.
aile *f.* (grāmatā) column; (ēkā) gallery.
aina *f.* view; picture; (iedomās) image.
ainava *f.* landscape.
airēšana *f.* rowing, paddling.
airēt *v. a.* -ju, -ju, to row, to paddle.
airētājs *m.* rower, oarsman.
airis *m.* oar; ‑ri — sculls.
aita *f.* sheep, ewe; -tas gaļa — mutton; -tu gans — shepherd; -tu kūts — shed for the sheep, -tu suns — collie, sheep-dog.
aitāda *f.* sheep-skin; (ar vilnu) fleece.
aitiņas *f.* (mākoņi) fleecy clouds, curdled sky.
aitkopība *f.* sheep-breeding or farming.
aiz *prp.* behind, after; by; away from, through (causal); ‑ nama — behind the house; ‑ upes — across the river; viens ‑ otra — one after another; ‑ mīlas — from love; ‑ manas vainas — through my fault.
aiza *f.* cleft, hollow, ravine.
aizart *v. a.* -ŗu, -aru, to cover up in ploughing.
aizaugt *v. a.* -gu, -gu, to overgrow

aizauļot v. a. -ju, -ju, to gallop away.

aizause f. place behind the ear.

aizauss dziedzeris m. parotid gland.

aizāķēt v. a. -ju, -ju, to fasten (up) with a hook.

aizbaidīt v. a. -du, -dīju, to frighten away, to scare away.

aizbakstīt v. a. -stu, -stīju, to stop up, to obstruct.

aizbarikadēt v. a. -ju, -ju, to barricade a street; to block up an entrance.

aizbāznis m. stopper.

aizbāzt v. a. -žu, -zu (pudeli) to cork; (muti) to reduce to silence; (aiz jostas, pārspēt) to outdo.

aizbēgt v. a. -gu, -dzu, to run away; (slepeni) to elope, to flee; (no dienesta) to desert.

aizbērt v. a. -beru, -bēru, to fill up.

aizbildināšanās f. excuse.

aizbildināt v. a. -nu, -nāju, to excuse; v. n. -nos, -nājos, to excuse oneself, to apologize.

aizbildnis m. guardian, trustee.

aizbildnība f. guardianship; tutelage.

aizbīdīt v. a. -du, -dīju, to push away; (atvilktni) to shut.

aizbīdnis m. bolt, bar, fastener.

aizbiedēt v. a. -ju, -ju, sk. aizbaidīt.

aizbraukšana f. departure.

aizbraukt v. a. -cu, -cu, to go away, to depart; (ar zirgu) to drive away; (ar kuģi) to sail away; to leave.

aizbultēt v. a. -ju, -ju, to bolt.

aizceļot v. a. -ju, -ju, to depart, to go away.

aizcirst v. a. -cērtu, -cirtu, to cut on, to notch; (durvis) to slam.

aizcietēt v. n. -ju, -ju, to stop; (vēders) to constipate; **-jums** — constipation.

aizdambēt v. a. -ju, -ju, to dike, to dam.

aizdars m. fat or butter to the porridge.

aizdedzināt v. a. -nu, -nāju, to set on fire; (lampu) to light.

aizdegties v. n. -gos, -gos, to catch or to take fire.

aizdevējs m. lender.

aizdevu kase f. loan-office.

aizdevums m. loan.

aizdomas f. suspicion.

aizdomīgs a. suspicious.

aizdot v. a. -du, -devu, to lend.

aizdrāzties v. n. -žos, -zos, to run away, to take to one's heels.

aizdurve f. place behind the door.

aizdusa f. asthma; shortness of breath.

aizdzīt v. a. -dzenu, -dzinu, to drive away; (izraidīt) to expel.

aizdzīt (î) v. a. -dzīstu, -dzīju, to heal up.

aizdziedēt v. a. -ju, -ju, to let heal up.

aizejot part. on going away.

aizelsies a. un adv. out of breath.

aizelsties v. n. -šos, -sos, to be out of breath, to pant.

aizgalda f. partition; (lopu) pen.

aizgājējs m. leaver; (miris) deceased, defunct.

aizgrābt v. a. -grābju, -grābu, to move, to touch.

aizgriezt v. a. -žu, -zu, to close by turning, to shut off; (krānu) to turn off; (sēju) to avert; v. n. -žos, -zos, to turn away.

aizgrūst v. a. -žu, -du, to push away.

aizgulēties v. n. -ļos, -lējos, to oversleep oneself.

aizgūtnēm adv. eagerly, ardently; in great hurry.

aiziet v. a. -eju, -gāju, to go away; (laiks) to pass.

aizivs f. shark.

aizjūgs m. (zirglietas) harness; (rati) carriage;

aizjūgt v. a. -dzu, -dzu, to put horses to; likt ~ — to order the carriage out.

aizjūŗas a. ~cejojums — oversea route; ~telegrama — cablegram; ~zemes — countries across the seas.

aizkabināt v. a. -nu, -nāju, to hook on.

aizkaitināt v. a., -nu, -nāju, to annoy.

aizkars m. curtain.

aizkart v. a. -karu, -kāru, to touch; (apvain.) to offend, to insult.

aizkavējums m. (ceļā) hindrance, obstruction; (laikā) delay.

aizkavēt v. a. -ju, -ju, to hold back, to prevent (from), to hinder; v. n. -jos, -jos, to come too late, to be delayed.

aizkārt v. a. -karu, -kāru, tc hang before, to veil.

aizkārtnis m. (ceļā) turnpike.

aizklājs m. veiling; covering.

aizklāt v. a. -ju, -ju, to veil, to cover; to hide.

aizkraut v. a. -krauju, -krāvu, to block up, to barricade.

aizkrāsne f. place behind the stove.

aizkurināt v. a. -nu, -nāju, to heat, to put fire to.

aizkust v. a. -kūstu, -kusu, to get tired, to lose one's breath.

aizkustinājums m. emotion.

aizkustināt v. a. -nu, -nāju, (fiziski) to stir, to move; (garīgi) to touch, to move, to affect; ~ līdz asarām — to move to tears.

aizķert v. a. -ķeru, -ķēru, to catch, to seize; v. n. -ķeŗos, -ķēros, to cling to, to hook.

aizķitēt v. a. -ju, -ju, to putty, to cement.

aizlaidnis m. slide, shifter.

aizlaisties v. n. -laižos, -laidos, to fly off; fig. to slip away.

aizlauzt v. a. ~ -žu, -zu, to break a little; to crack.

aizlāpīt v. a. -pu, -pīju, to patch up.

aizlēkt v. a. -cu, -cu, to leap, (jump) away (off).

aizlīmēt — aizplēsts

aizlīmēt *v. a.* -ju, -ju, to paste up, (aploksni) to close.
aizlīst *v. a* -lienu, -līdu, to creep away, to crawl off.
aizlīt *v. imp.* -līst, -līja, to spoil by rainy weather.
aizliedzējs *m.* prohibitor.
aizliegt *v. a.* -dzu, -dzu, to prohibit, to forbid.
aizliegums *m.* probition, interdiction; ~ ma muita — prohibitory duty ~ ma sistēma — prohibitionism.
aizlodēt *v. a.* -ju, -ju, to solder.
aizlūgt *v. a.* -dzu, -dzu, to intercede, to mediate.
aizlūgums *m.* intercession, mediation; (baznīcā) prayer.
aizmaksāt *v. a.* -ju, -ju, to pay.
aizmaldīties *v. n.* -dos, -dījos, to go astray, to lose one's way, to get lost.
aizmānīt *v. a.* -nu, -nīju, to entice or allure there.
aizmāršība *f.* forgetfulness; absentmindedness.
aizmāršīgs *a.* forgetful; absent-minded.
aizmest *v. a.* -tu, -tu, to throw away, to cast away; (bedri) to fill up with earth; *v. n.* -tos, -tos, (augļi) to form, to produce; (balss) to break down.
aizmēst *v. a.* -žu, -zu, to sweep away.
aizmidzināt *v. a.* -nu, -nāju, to lull to sleep; (mākslīgi) to narcotize.
aizmigt *v. a.* -miegu, -migu, to fall asleep, to go to sleep; *fig.* to die an easy death.
aizmirst *v. a.* -mirstu, -mirsu, to forget; *v. n.* -stos, -sos, to forget oneself.
aizmirstība *f.* forgetfulness, oblivion.
aizmugure *f.* rear.
aizmugurisks spriedums *m.* judgment by default.
aizmukšana *f.* flight, escape.
aizmukt *v. a.* -mūku, -muku, to flee, to escape, to clear off.
aizmūrēt *v. a.* -ju, -ju, to wall up or in.
aiznaglot *v. a.* -ju, -ju, to nail up.
aiznest *v. a.* -su, -su, to carry away, to take away.
aizņemt *v. a.* -ņemu, -ņēmu, to occupy, to fill; *v. n.* -ņemos, -ņēmos, to borrow; (rakstniec.) to plagiarize.
aizņēmējs *m.* debtor, person in debt.
aizņēmums *m.* loan.
aizparīt *adv.* the day after tomorrow.
aizperēt *v. a.* -ju, -ju, to begin to hatch; ~ ta ola — addled egg.
aizpērn *adv.* last year but one, two years ago, the year before last.
aizpildīt *v. a.* -du, -dīju, sk. aizvietot.
aizpīpēt *v. a.* -ju- -ju, to light a pipe.
aizplēst *v. a.* -šu, -su, to begin to tear.
aizplēsts *a.* slightly torn.

aizplīvurot v. a. -ju, -ju, (seju) to put on a veil; (apslēpt) to veil, to wrap in mystery, to obscure.

aizpludināt v. a. -nu, -nāju, to wash away, to carry away by the waves; (ūdeni) to drain off.

aizplūst v. a. -stu, -du, to flow away.

aizpogāt v. a. -ju, -ju, to button up.

aizputināt v. a. -nu, -nāju, to block up with snow, to drift.

aizpūst v. a. -šu, -tu, to blow away.

aizraidīt v. a. -du, -dīju, to send off.

aizrakstīt v. a. -stu, -stīju, to write to.

aizraut v. a. -rauju, -rāvu, to tear along, to trail away; fig. to enchant, to allure; v. n. -raujos, -rāvos, to be enchanted, to be fascinated; balss viņam ~ rāvās — his voice broke down.

aizrautība f. enthusiasm.

aizrādījums m. hint, direction; allusion.

aizrādīt v. a. -du, -dīju, to hint at, to direct to; to allude to, to refer to.

aizrītēt v. a. -tu, -tēju, to pass away to hurry away.

aizrīt v. a. -ju, -ju, to swallow v. n. -rijos, -rijos, to let a thing go the wrong way; es aizrijos — something has gone the wrong way.

aizriebt v. a. -iebju, -iebu, to enrage.

aizrunāt v. a. -ju, -ju, to outdo in speaking; (aizstāvēt) to intercede for.

aizsainis m. bundle, packet.

aizsaldēt v. a. -ju, -ju, to le freeze.

aizsalšana f. freezing, congealment.

aizsalt v. imp. -salst, -sala, to freeze up, to congeal, to become covered with (a sheet of) ice.

aizsardzība f. defence, protection, shelter; ~bas brilles — sight protecting glasses; ~bas līdzēklis — preservative, prevent(at)ive;. ~bas zīme — trade-mark; ~bas muita — protective duty.

aizsargāt v. a. -ju, -ju, to guard, to protect from; to shelter, to screen, to put into a safe place.

aizsargs m. defender, guard; protector; (elektr.) safety-fuse, cut-out.

aizsaukt v. a. -saucu, -saucu, to call away, to summon away.

aizsaule f. the other (or the next) world, the life to come.

aizsegt v. a. -sedzu, -sedzu, to cover up.

aizsērēt v. a. -ju, -ju, to be (or get) choked up with sand.

aizsist v. a. -tu, -tu, to shut by force; (durvis) to slam; (dēļiem) to board up; (naglām) to nail up.

aizsiet — aiztikt 11

aizsiet *v. a.* -sienu, -sēju, to tie up, to bind; (acis) to blindfold.

aizskalot *v. a.* -ju, -ju, to wash away.

aizskriet *v. a.* -skrienu, -skrēju, to run away.

aizskrūvēt *v. a.* -ju, -ju, to screw up

aizslaucīt *v. a.* -slauku, -slaucīju, to sweep away, to whisk off.

aizslēga (ierīce) *f.* locking-up contrivance

aizslēgt *v. a.* -dzu, -dzu, to lock up, to close.

aizsmacis *a.* hoarse, husky.

aizsmakt *v. a.* -smoku, -smaku, to become hoarse.

aizsmakums *m.* hoarseness, huskiness.

aizsmērēt *v. a.* -ju, -ju, to smear up.

aizsnausties *v. a.* -snaužos, -snaudos, to doze off, to fall into a slumber.

aizsnigt *v. imp.* -snieg, -sniga, to get covered (blocked) with snow.

aizsniegt *v. a.* -dzu, -dzu, to reach, to attain, to get.

aizspraust *v. a.* -spraužu, -spraudu, to stick into.

aizspriedums *m.* prejudice.

aizsprostojums *m.* barring, obstruction.

aizsprostot *v. a.* -ju, -ju, to bar, to block up (the way), to obstruct (the view).

aizsprukt *v. a.* -sprūku, -spruku, to get away, to slip away.

aizspundēt *v. a.* to bung up.

aizstāvēšana *f.* defence, advocacy, vindication; -nās — self-defence.

aizstāvēt *v. a.* -vu, -vēju, to defend, to protect . (against); (tiesā) to plead a cause; *v. n.* -vos, -vējos, to defend oneself.

aizstāvis *m.* defender, advocate.

aizsteigties *v. n.* -steidzos, -steidzos, to hasten away, to hurry off.

aizstumt *v. a.* -stumju, -stūmu, to push away; to move away.

aizsūtīt *v. a.* -tu, -tīju, to send away, to dispatch.

aizšaujamais *m.* bolt.

aizšaut *v. a.* -šauju, -šāvu, to shut, to bolt; (putnu) to wound by shooting.

aizšļākt *v. a.* -cu, -cu, to spurt away.

aizšļūkt *v. a.* -cu, -cu, to glide or slip away; *fig.* to disappear.

aizšņorēt *v. a.* -ju, -ju, to lace.

aizšūt *v. a.* -šuju, -šuvu, to sew up or together.

aiztaisīt *v. a.* -su, -sīju. to shut, to close.

aiztapināt *v. a.* -nu, -nāju, to borrow.

aiztaupījums *m.* (nauda) savings.

aiztaupīt *v. a.* -pu, -pīju, to save, to economize.

aiztecēt *v. a.* -teku, -tecēju, (ūdens) to flow away, (cilvēks) to run to; (laiks) to pass.

aiztikt *v. a.* -tieku, -tiku, to

touch, (aizk]ūt) to arrive at, to get at.
aiztramdīt *v. a.* -du, -dīju, to scare or frighten away.
aiztrenkt *v. a.* -cu, cu, to chase away, to drive or to turn away.
aizturēt *v. a.* -ru, -rēju, to keep back, to restrain; (elpu) to hold one's breath.
aizvakar *adv.* the day before yesterday; -vakarā — on the evening before last.
aizvakarējs *a.* of the day before yesterday.
aizvazāt *v. a.* -ju, -ju, to drag along, to trail away.
aizvākot *v. a.* -ju, -ju, to put on the lid, to cover up.
aizvākt *v. a.* -cu, -cu, to stow away, to carry away.
aizvāzt *v. a.* -žu, -žu, (nazi) to shut.
aizvedums *m.* transport.
aizvelt *v. a.* -veļu, -vēlu, to roll away.
aizvest *v. a.* -du, -du, to lead away; (mantas) to convey.
aizvēja *f.* place protected from the wind; (kuģim) the lee side.
aizvērt *v. a.* -veru, vēru, to close, to shut.
aizvēsture *f.* antiquity, prehistoric times.
aizvēsturisks *a.* prehistoric.
aizvilināt *v. a.* -nu, -nāju, to entice away, to decoy.
aizvilinātājs *m.* enticer, seducer.
aizvilkt *v. a.* -velku, -vilku, to drag away; (priekškaru) to draw; (slepeni) to steal; *v. n.* -velkos, -vilkos, to drag oneself away.
aizviņdien *adv.* three days ago.
aizviņnedēļ *adv.* the week before last.
aizzīmogot *v. a.* -ju, -ju, (vēstuli) to seal up; (tiesas ceļā) to put under seal.
aizžogot *v. a.* -ju, -ju, to hedge in, to enclose, to fence.
ak! *int.* alas! ah! oh! -Dievs! oh dear (me)! good heavens! ak, kaut (viņš...) — I wish he would... ak, nu! not a bit of it! the idea! ak tā? oh, I see.
aka *f.* well.
akacija *f.* acacia; baltā - locust-tree, bastard acacia.
akadēmija *f.* academy.
akadēmisks *a.* academic(al); -iskais ceturksnis (¼ stundas) — a quarter of an hour's grace; -iskais tērps Anglijā — cap and gown; -isku gradu piešķirt — to confer a (n academical) degree upon...
akcija *f.* share; -ju īpašnieks — shareholder; -ju sabiedrība — joint-stock company.
akcīze *f.* excise.
aklais *m.* blind man.
akles, **akļi** *f. m.* dead-nettle.
aklā zarna *f.* blind gut, caecum; -s zarnas iekaisums — appendicitis.
aklība *f.* blindness; ar -bu sists — struck with blindness;
akmens *m.* stone; (medic.) gravel.

akmeņains a. stony
akmeņ/grauzis m. groundling; **-kalis** — stonecutter, stonemason; **-laustuve** — stone-pit, quarry **-sāls** — rock-salt, **-ogle** — coal; **-ogļu racējs** — coolminer, collier, **-ogļu raktuve** — coal-pit, coal-mine, colliery
aknas f. liver, **-nu desa** — white or liver-sausage; **-nu kaite** — liver complaint, hepatic disease
a konto adv. payment on account
akords m. (mūz.) chord; harmony, **-da darbs** — piece-work, work done by contract; **-da strādnieks** — piece-worker, jobber
akotains a. awned, (labība) bearded, (sarains) bristly.
akots m. awn, bristle
aktieris m. actor, player, performer
aktrise f. actress, lady-player
akts m. celebration, **-tis** f. — legal documents.
akurātība f. accuracy, exactness, precision
akurāts a. accurate, exact, precise
akūts a. acute
akūzātīvs m. accusative.
akvarelis m. painting in watercolours
ala f. (kalnā) cave(rn); (mākslīga) grotto; (zvēru) hole, burrow, warren, (lauvas) den.
alūns m. alum.
aldaris m. brewer

aldaritava f. brewery
aleja f. avenue, walk
albums m. album
alfabēts m. alphabet
alga f. (nopelnīta) wages, salary; **-gas pielikums** — increase of salary, raise in one's pay, (balva) reward.
algādze f. woman working by the day; (apkopēja) charwoman
algādzis m. day-labourer, jobbing (odd) man, navvy
algot v. a. -ju, -ju, to pay, to reward
alinieks m. cave-dweller; troglodyte
alksnājs m. alder-grove.
alksnis m. alder
alkt v. a. alkstu, alku, to long for, to thirst for
allaž adv. often, always; usually
alnis m. elk, moose
aloties v. n. -jos, -jos, to err, to be disappointed
altāris m. altar
alts m. alto
altists(e) m. (f.) alto-singer.
alus m. beer, ale, stout
alva f. tin; pewter
alvot v. a. -ju, -ju, to (coat with) tin, **-s skārds** — tinned iron.
amatbiedrs m. colleague
amatniecība f. trade, craft, profession, **mākslas -** applied art
amatnieks m. craftsman, artisan.
amatpārkāpums m. offence committed in an official capacity; **-pienākums** — official duty

amats m. handicraft, trade; profession.
analfabēts m. illiterate.
angažēt v. a. -ju, -ju, to engage.
anglikāņu baznīca f. the Church of England, the Established Church, Anglican Church.
anglis m. Englishman; **-liete** — Englishwoman; **-ļi** — the English; **-ļu plāksteris** — adhesive plaster
antenna f. antenna, aerial.
antiks a. antique, **-kas lietas** — antiquities; **-ku lietu pārdevējs** — dealer in antiquities; **-ku lietu tirgotava** — old curiosity shop.
antikvariāts m. (grāmatu) second hand bookshop.
antilope f. antelope.
antipatija f. antipathy, dislike, aversion.
antisemits m. Anti-Semite, Jewbaiter.
ap prp. about; round; near
apakš adv. below, beneath; under.
apakša f. bottom, lower part; no **-as** — from below; uz **-šu** — downwards.
apakš-bikses f. pants; **-daļa** — lower part; **-drēbes** — underclothing, underwear; **-gals** — the lower end; **-irnieks** — subtenant; **-krekls** — undershirt.
apakšnams m. (angļu parlamentā) the House of Commons, the Lower House.
apakšnieks m. subordinate.
apakš-nodaļa f. subdivision, branch, department; **-stāvs** — ground-floor; **-stilbs** — forearm; **-tase** — saucer; **-svārki** — petticoat; **-zeme** — lower (or infernal) regions netherworld.
apa|raksts m. round hand.
apa|š a. round; (riņķveidīgs) circular
aparāts m. apparatus.
apart v. a. -aŗu, -aru, to plough up.
apatija f. apathy
apatisks a. apathetic
apaudzēt v. a. -ju, -ju, to let grow; **-ar mežu** — to afforest.
apaudzis a. grown over; (**-**pirksts) turgid.
apauglojums m. fructification, impregnation, fecundation.
apauglot v. a. -ju, -ju, to fecundate, to impregnate.
apaugt v. a. -gu, -gu, to overgrow; (brūce) to heal over.
apauši m. pl. bridle; halter
apaut v. a. -auju, -āvu, to put on shoes or stockings.
apavi m. pl. footwear.
apbalvojums m. reward, gift, remuneration.
apbalvot v. a. -ju, -ju, to endow, to present with.
apbedīšana f. burial; **-nas aģents** undertaker
apbedīt v. a. -bedu, -dīju, to bury
apbēdināt v. a. -nu, -nāju, to afflict, to grieve, to vex.
apbērnoties v. n. -jos, -jos, to bring forth (or to bear) young

(ones); (suņi) to pup; (zvēri) to cub.
apbērt v. a. -beŗu, -bēru, to throw on or over; (ar zemi) to cover.
apbrīnojams a. admirable, wonderful, marvellous.
apbrīnot v.a. -ju, -ju, to admire, to wonder at.
apbruņojums m. armament; equipment.
apbruņot v. a. -ju, -ju, to arm, to equip.
apbūbējis a. mouldy, mildewy.
apburt v. a. -buŗu, -būru, to charm, to enchant, to bewitch.
apbūves laukums m. building site.
apbūvēt v. a. -ju, -ju, to build upon.
apcelt v. a. -ceļu, -cēlu, (pamanīt) to scent the game; (savā varā dabūt) to lay (or get) hold of.
apceļot v. a. -ju, -ju, to travel in.
apcept v. a. -pju, -pu, to grill, to fry.
apcere f. contemplation, reflection, meditation; (raksti) review.
apcerēt v. a. -ceru, cerēju, to meditate, to consider; (rakstiski) to review.
apcirknis m. corn-bin, partition in the granary.
apcirpt v. a. -cērpu, -cirpu, to clip, to cut; (vilnu) to shear.

apcirst v. a. -cērtu, cirtu, to prune, to lop; to cut.
apciemot v. a. -ju, -ju, to visit, to call on.
apcietinājums m. arrest; (milit.) fortification.
apcietināt v. a. -ju, -ju, to arrest; to fortify.
apcukurot v. a. -ju, -ju, to sugar over; (kūkas) to ice.
apčamdīt v. a. du, -dīju, to grope, to feel.
apčubināt v. a. -nu, -nāju, to set right, *fig.* to take care, to fondle.
apdarvot v. a. -ju, -ju, to tar.
apdauzīt v. a. -zu, -zīju, to beat off, to knock round.
apdāvināt v. a. -nu, -nāju, to endow, to load with presents.
apdāvināts a. gifted, talented; one to whom a present has been made.
apdegt v. a. -gu, -gu, to burn round; to get burnt or scorched.
apdomāt v. a. -ju, -ju, to consider, to ponder; v. n. -jos, -jos, to reflect, to change one's mind.
apdomāts a. well-considered.
apdomība f. thoughtfulness, circumspection.
apdomīgi adv. cautiously.
apdoms m. consideration, prudence.
apdot v. a. -dodu, -devu, to hand round, to distribute; (ziņu) to inform.

apdraudēt — apglabāt

apdraudēt v. a. -du, -dīju, to menace; to threaten.
apdrošinājums m. insurance.
apdrošināt v. a. -nu, -nāju, to insure; -tā vēstule — registered letter
apdrukāt v. a. -ju, -ju, to print (over)
apdullināt v. a. -nu, -nāju, (ar sitienu) to stun, to make unconscious; (pārsteigt) to stupefy
apdullis a. stupefied, giddy, benumbed
apdzert v. a. -dzeru, -dzēru, to spend in drinking or on drink; v. n. -dzeros, -dzēros, to get drunk, to drink to excess.
apdzēst v. a. -dzēšu, -dzēsu, to put out, to extinguish.
apdzirdīt v. a. -du, -dīju, to make drunk.
apdzist v. a. -dziestu, -dzisu, to go out, to be extinguished.
apdzīvojams a. inhabitable, fit to live in.
apdzīvot v. a. -ju, -ju, to inhabit, to dwell; -tājs m. inhabitant, resident, occupier
apdziedāt v. a. -du, -dāju, to sing of, to praise in song.
apelsīns m. orange.
apēnot v. a. -ju, -ju, to overshade
apēst v. a. -du, -du, to eat up, to devour
apēvelēt v. a. -ju, -ju, to plane all over

apfraktēt v. a. -ju, -ju, to charter, to freight.
apgabals m. district, surrounding country; circuit.
apgabaļis adv. on the whole.
apgabaltiesa f. district court.
apgaismība f. enlightenment.
apgaismojums m. lighting; slikts - (gleznai) — unfavourable light; (izskaidr.) elucidation.
apgaismot v. a. -ju, -ju, to light, to enlighten; to elucidate.
apgaita f. district.
apgalvojums m. maintenance, assertion; tukšs - a mere conjecture, nepatiess -, a false statement.
apgalvot v. a. -ju, -ju, to affirm, to assert.
apgarojums m. spiritualization.
apgarot m. to spiritualize; to enliven.
apgādāt v. a. -ju, -ju, to supply, to provide; (grāmatas) to publish.
apgādātājs m. provider, maintainer, (izdevējs) publisher
apgāde f. provision; sociālā - relief work, poor-law administration; grāmatu - book-supply.
apgādnieks m. supporter, breadwinner
apgānīt v. a. -nu, -nīju, to defile, to profane.
apgāzt v. a. -žu, -zu, to upset, to throw over; v. n. -žos, -zos, to fall down.
apglabāt v. a. -ju, -ju, to hide,

to conceal; (mirušu) to bury, to inter.

apgraizīt v. a. -zu, -zīju, to cut round, to clip; to circumcise; (kokus) to prune.

apgrauzt v. a. -žu, -zu, to gnaw round, to nibble at.

apgriezt v. a. -žu, -zu, to turn round; (ar iê) to lop, to clip, to cut.

apgrozība f. circulation, circulating.

apgrozīt v. a. -zu, -zīju, to turn, to change; v. n. -zos, zījos — to circulate.

apgrūtinājums m. bother, molestation, annoyance; (parādi) debt; (mašīnās) bearing (or carrying power.

apgrūtināt v. a. -nu, -nāju, to molest, to burden, to overcharge.

apguldināt v. a. -nu, -nāju, to lull or to put to sleep.

apgulties v. n. -guļos, -gulos, to lie down, to go to bed.

apģērbs m. clothing, clothes, dress.

apģērbt v. a. -bju, -bu, to clothe, to dress, to put on; v. n. -bjos, -bos, to dress oneself, to put on one's clothes.

apinis m. hop.

apiet v. a. -eju, -gāju, to go round; (vairīties) to avoid; v. n. -ejos, -gājos, to treat.

apjausma f. comprehension.

apjaust v. a. -žu, -du, to apprehend, to conceive.

Latviski-angliska vārdnīca.

apjautāties v. n. -jos, -jos, to inquire about, to ask after.

apjāt v. a. -ju, -ju, to ride round, to outride.

apjoms m. extent, scale; balss volume of sound.

apjozt v. a. -žu, -zu, to gird round.

apjukt v. a. -jūku, -juku, to be perplexed, to get muddled.

apjukums m. confusion, perplexity, bewilderment.

apjumt v. a. -mju, -mu, to roof in, (salmiem) to thatch.

apkaime f. environs, neighbourhood, vicinity.

apkaisīt v. a. -su, -sīju, to sprinkle with; (ar cukuru) to sugar; (ar pūderi) to powder; (ar granti) to gravel.

apkaitināt v. a. -nu, -nāju, to make angry, to offend.

apkakle f. collar.

apkalpot v. a. -ju, -ju, to serve, to wait upon.

apkalpotāja f. maid-servant; -tājs — man-servant, domestic.

apkalst v. a. -stu, -tu, to become dry.

apkalt v. a. -ļu, -lu, (zirgu) to shoe, (ar metalu) to sheet.

apkalums m. (zirga) shoeing; (ratu, durvju) fittings.

apkampiens m. embrace.

apkampt v. a. -pju, -pu, to embrace, to grasp round.

apkantējums m. trimming, border, edging.

apkaunot v. a. -ju, -ju, to (put to) shame, to confuse.
apkaut v. a. -kauju, -kāvu, to kill, to slaughter.
apkārt v. a. -karu, -kāru, to hang with.
apkārt adv. around, round about.
apkārtceļš m. circuitous road
apkārtējs a. surrounding
apkārtne f. surroundings, vicinity, neighbourhood; environment.
apkārtraksts m. circular.
apklausīties v. n. -sos, -sījos, to inquire after.
apklāt v. a. -ju, -ju, to cover.
apklusināt v. a. -nu, -nāju, (bērnus) to hush up, to quieten; (sāpes) to appease, to allay
apklust v. a. -stu, -su, to grow calm, to become silent; (aiz pārsteig.) to be dumbfounded.
apkopējs m. (slimnieku) nurse; (uzraugs) warden, steward.
apkopt v. a. -pju, -pu, to take care of, to tend; (lopus) to feed.
apkrāpējs m. deceiver, cheat.
apkraut v. a. -krauju, -krāvu, to load, to burden.
apkult v. a. -kuļu, kūlu, to finish threshing.
apkure f. heating.
apkūlības f. pl. harvest-home.
apkūpēt v. a. -pu, -pēju, to be blackened with smoke
apķert v. a. -ķeru, -ķēru, (ar roku) to span, to clasp; (ar prātu) to comprehend, to grasp.

apķerība f. acuteness, ingenuity, presence of mind; discrimination.
apķerīgs a. ingenious; clear headed, sagacious, (a)cute
apķīlāt v. a. -ju, -ju, to confiscate; (kust. mantu) to levy distress on; (lopus) to pound.
aplaimot v. a. -ju, -ju, to make happy.
aplaist v. a. -žu, -du, (riņķī) to let go round; (ar slimību) to infect.
aplaistīt v. a. -stu, -stīju, to water, to sprinkle over
aplaizīt v. a. -zu, -zīju, to lick all over; v. n. -zos, -zījos, to lick one's lips.
aplam adv. wrongly; (ļoti) uncommonly.
aplamība f. absurdity, folly, madness; imprudence.
aplamis m. a wrong-headed person.
aplams a. wrong; absurd.
aplaudēt v. a. -ju, -ju, to applaud.
aplaupīt v. a. -pu, -pīju, to rob.
aplausi m. pl applause.
aplauzt v. a. -žu, -zu, to break off.
aplenkt v. a. -cu, -cu, to encircle; (karā) to besiege.
aplenkums m. siege; -ma stāvoklis — state of siege.
aplēst v. a. -lešu, lēsu, to calculate, to cast accounts.
aplēsums m. calculation.
aplikt v. a. -lieku, -liku, to cover with, to lay over.

aplinkus *adv.* indirectly
aplis *m.* circle
apliecinājums *m.* testimony; **ticibas ~,** creed
apliecība *f.* certificate
apliet *v. a.* -leju. leju. sk. aplaistīt
aploce *f.* circumference.
aplocīt *v. a.* -ku. -ciju. to turn down, to double down
aploks *m.* bend, curve; (ganībās) pasture-ground, enclosure
aplūkot *v. a.* -ju, -ju. to view, to inspect, to examine, to look at
apmaiņa *f.* exchange
apmaisīt *v. a.* -su. -siju. to stir round
apmaldīties *v. n.* -dos. -dījos. to go astray, to lose one's way, to get lost
apmale, *f.* border, edging, trimming
apmācība *f.* practice, drilling, training
apmākties *v. n.* -cas, -cās. to get cloudy, to get cast over
apmānīt *v. a.* -nu. -niju. to deceive, to cheat, to hoax
apmeklēt *v. a.* -ju. -ju. to call upon, to visit, to come to see; (skolu) to attend
apmeklētājs *m.* visitor, caller
apmelot *v. a.* -ju, -ju, to slander, to defame
apmelotājs *m.* slanderer, defamer, calumniator
apmest *v. a.* -tu, -tu, to throw round; (ap pleciem) to put on,

(sienu) to plaster; **~likumu —** to go out of one's way; *v. n.* -tos, -tos, to settle, to alight, to sit down
apmeties *a.* (uz dzīvi) domiciled, resident, settled
apmetne *f.* settlement, halt
apmetnis *m.* wrap, cape; (dāmu) opera-cloak
apmetums *m.* (sienas) plaster, plastering
apmežošana *f.* afforestation
apmežot *v. a.* -ju. -ju, to afforest
apmēram *adv.* about, near, approximately
apmērs *m.* extent, size, dimension
apmēslot *v. a.* -ju, -ju, to dung, to manure, to fertilize
apmētāt *v. a.* -ju, -ju, to throw at, to cast; (ar dubļiem) to pelt
apmiglot *v. a.* -ju, -ju, to sprinkle with, *v. n.* -jos, -jos, to grow misty, to get foggy
apmirt *v. a.* -mirstu, -miru, to die away
apmizot *v. a.* -ju, -ju, to peel
apmīt *v. a.* -minu, -minu, to trample, to tread down
apmiegojies *a.* sleepy, drowsy
apmiegoties *v. n.* -jos, -jos, to get sleepy
apmierinājums *m.* consolation, calming
apmierināt *v. a.* -nu, -nāju, to calm, to soothe, to quieten, to comfort. *v. n.* -nes, -jos to

apmulsināt — apreibināt

become quiet, to calm down; ~nies! compose yourself!

apmulsināt v. a. to confuse, to embarras.

apmulst v. a. -stu, -su, sk. apjukt.

apmulsums m. confusion, bewilderment, distraction.

apmuļķot v. a. -ju, -ju, to make a fool of; to fool.

apnikums m. boredom, wearisomeness; dzīves ~ — satiety of life.

apnikt v. a. -nīkstu, -niku, to become tiresome or tedious; man apnicis — I am sick (or tired) of it.

apņemt v. a. -ņemu, -ņēmu, to take round or about; to embrace, to clasp; v. n. -ņemos, -ņēmos, to resolve, to promise; to decide, to vow

apogs m. little owl, owlet, screech owl.

apostīt v. a. -stu, -stīju, to smell at.

apošņāt v. a. to smell at; fig. to put one's nose into everything.

appīt v. a. -inu, -inu, to plait round.

applaucēt v. a. -ju, -ju, to scald.

applūdināt v. a. -nu, -nāju; to flood; to overflow.

apprecēt v. a. -cu, -cēju, to marry, to wed; v. n. -cos, -cējos, to marry, to be married.

apprecināt v. a. -nāju, -nāju, to give away in marriage.

appušķot v. a. to adorn, to decorate; to trim, to attire.

apputekšņot v. a. -ju, -ju, to pollinate.

apputēt v. a. -tu, -tēju, to get covered with dust.

apputināt v. a. -nu, -nāju, to snow up, to block up with snow; to cover with dust (sand).

aprakstīt v. a. -stu, -stīju, to cover with writing; (paviršī) to bescribble; (iztēlot) to describe; (izšūt) to embroider.

apraksts m. description.

aprakt v. a. -roku, -raku, to bury; (koku) to dig up round the tree.

aprasināt v. a. -nu, -nāju, to moisten, to besprinkle.

aprasot v. a. -ju, -ju, to bedew.

aprast v. a. -rodu, -radu, to accustom oneself to.

apraudāt v. a. -du, -dāju, to bewail, to deplore.

apraudzīt v. a. -gu, -dzīju, to inspect, to examine; (apciemot) to visit, to come to see.

apraust v. a. -šu, -su, to bury, to cover with the earth.

apraut v. a. -rauju, -rāvu, to tear off, to rend; (runu) to check, to stop.

aprādīt v. a. -du, -dīju, to hint at, to refer to; to explain; to point.

apreibināt v. a. -nu, -nāju, to intoxicate; v. n. -nos, -nājos, to get intoxicated, to make oneself drunk.

apreibis *a.* giddy, intoxicated, dizzy

apreibt *v. a.* -reibstu, -reibu, to turn giddy; (piedzērties) to get tipsy

aprepējis *a.* scarred.

aprēķināt *v. a.* -nu, -nāju', to calculate; to reckon, to charge; *v. n.* -nos, -nājos, to settle (or make up) accounts.

aprēķinātājs *m.* calculator; accountant.

aprēķināts *p. p.* un *a.* calculated; (iepriekš izdomāts) premeditated.

aprēķins *m.* settling of accounts, final settlement; -na cilvēks — calculating or cold-hearted person, a meretricious person.

aprikoze *f.* apricot.

aprilis *m.* April; pirmais - — All Fools' Day; iedot -li — to make an April fool of a person; -ja joks — April-fish.

aprimt *v. a.* -stu, -mu, to become silent; (vējš) to abate.

aprindas *f. pl.* social circles.

apriņķis *m.* district, circuit; (Anglijā) shire.

aprīt *v. a.* -ju, -ju, to devour; (iznīcināt) to destroy.

apriebt *v. a.* -bju, -bu, to soothe or ease pain by stroking and muttering magic words; *v. n.* -bjos, -bos, to loathe, to abominate, to be disgusted with.

aprobežojums *m.* restriction, confinement.

aprobežot *v. a.* -ju, -ju, to limit, to bound; (apvaldīt) to restrain.

aprobežots *a.* limited; (prāts) narrow-minded; (cilvēks) person of poor intellect.

aproce *f.* bracelet; (krekla) cuff.

aprunāšana *f.* slander, calumny; sūdzība par -nu — action for libel.

aprunāt *v. a.* -ju, -ju, to slander, to calumniate, *v. n.* -jos, -jos, to converse about, to talk over

aprūsēt *v. a.* -ju, -ju, to rust.

apsaldēt *v. a.* -ju, -ju to freeze.

apsaldējums *m.* chilblains.

apsardzība *f.* protection, guard.

apsargāt *v. a.* -ju, -ju, to guard, to keep.

apsarmot *v. a.* -ju, -ju, to cover with rime or with hoar-frost.

apsaukt *v. a.* -cu, -cu, to call to notice.

apse *f.* asp, aspen.

apsegs *m.* covering, blanket, (techn.) surface, shell.

apsegt *v. a.* -dzu, -dzu, to cover, to put on.

apsējums *m.* binding, bandage.

apsēst *v. a.* -žu, -du, to besiege; *v. n.* -žos, -dos, to sit down.

apsēsts *a.* mad, crazy.

apsēts *a.* sown; kā - — studded; (cilvēkiem) crowded; debesis -tas zvaigznēm — a starry sky; a sky bespangled with stars.

apsidrabot *v. a.* -ju, -ju, to silver.

apsildīt *v. a.* -du, -dīju, to make

warm; (kurināt) to beak. *v. n.* -dos, -dījos, to get warm.
apsist *v. a.* -tu, -tu, to beat all round; to cover with; (ar dzelzi) to bind with iron.
apsiet *v. a.* -sienu, -sēju, to tie round, to bind.
apsievoties *v. n.* -jos-, -jos, to marry.
apskaidrot *v. a.* -ju, -ju, to make bright.
apskaisties *v. n.* -šos, -tos, to get angry, to get worked up into a passion, to be in a temper.
apskalot *v. a.* -ju, -ju, to rinse; (krastus) to wash against.
apskate *f.* inspection, survey; līķa ~ inquest.
apskatīt *v. n.* -tu, -tīju, to view, to inspect, to look at; *v. n.* -tos, -tījos, to look round.
apskaust *v. a.* -žu, -du, to envy.
apskaut *v. a.* -skauju, -skāvu, to embrace.
apskaužams *a.* enviable.
apskriet *v. a.* -skrienu, -skrēju, to visit by turn in running; *v. n.* -skrienos, -skrējos, (sirds) to be full, to overflow.
apskrubināt *v. a.* -nu, -nāju, to gnaw, to benibble.
apskurbt *v. a.* -bstu, -bu, to get tipsy.
apslacīt *v. a.* -ku, -cīju, to sprinkle with, to spatter with.
apslapināt *v. a.* -nu, -nāju, to make wet.
apslāpēt *v. a.* -ju, -ju, to choke, to smother; to quench

apslēpējs *m.* concealer.
apslēpt *v. a.* -pju, -pu, to conceal, to hide; *v. n.* -pjos, -pos, to hide oneself.
apslīpēt *v. a.* -ju, to sharpen; to polish.
apsmādēt *v. a.* -ju, -ju, to disdain, to neglect, to scorn.
apsmiekls *m.* scorn, scoff, jeer, sneer; būt par ~lu — to be made fun of.
apsmiet *v. a.* -smēju, -smēju, to deride, to mock at, to make fun of.
apsnigt *v. imp.* -snieg, -sniga, to cover with snow.
apsolījums *m.* promise.
apsolīt *v. a.* -lu, -līju, to promise; (svinīgi) to pledge; ~tā zeme — the Land of Promise.
apspiedējs *m.* oppressor.
apspiest *v. a.* -žu, -du, to oppress; to suppress.
apspīdēt *v. a.* -du, -dēju, to shine on.
apspļaut *v. a.* -ju, -spļāvu, to bespit, to spit on.
apspraudīt *v. a.* -u, -ju, to mark with rods.
apspriede *f.* consultation, conference.
apspriest *v. a.* -žu, -du, to discuss; *v. n.* -žos, -dos, to consult.
apstaigāt *v. a.* -ju, -ju, to walk round.
apstādījumi *m. pl.* pleasure grounds.
apstādīt *v. a.* -du, -dīju, to plant round.

apstarojums m. ray treatment.
apstarot v. a. -ju, -ju, to treat with rays.
apstāklis m. circumstance, condition; **-ja vārds** — adverb.
apstāšanās f. standstill, stoppage; (satiksmes) block, obstruction.
apstāt v. a. -ju, -ju, to enclose, to surround; v. n. -jos, -jos, to stop, to cease; (runā), to break down.
apstiprinājums m. confirmation, corroboration, ratification.
apstiprināt v. a. -nu, -nāju, to confirm, to ratify; (ar parakstu) to certify.
apstīpot v. a. -ju, -ju, to hoop.
apstrādāt v. a. -ju, -ju, to work; (zemi) to cultivate, to till; (akmeni) to hew; fig. (sist kādu) to cudgel, to thrash.
apstrīdēt v. a. -du, -dēju, to contest, to contradict.
apstulbināt v. a. -nu, -nāju, to stun, to dazzle, to stupefy.
apstulbt v. a. to be dazzled or stunned.
apstulbums m. dazzling; stupefaction.
apsusēt v. a. -u, -ēju, to dry up.
apsūbēt v. a. -ju, -ju, to get tarnished to get dim.
apsūdzēt v. a. -dzu, -dzēju, to accuse, to charge with.
apsūdzētājs m. accused, defendant.
apsūdzētājs m. accuser, indicter, informer.

apsūdzība f. accusation, complaint, indictment.
apsūnojis a. moss-grown.
apsūnot v. a. -ju, -ju, to gather moss.
apsveicināt v. a. -nu, -nāju, to greet, to hail, to salute.
apsveikt v. a. -cu, -cu, to welcome, to congratulate.
apsvērt v. a. -ru, -ēru, to consider, to weigh.
apsvētīt v. a. -ju, -ju, to bless.
apsvilināt v. a. -nu, -nāju, to singe.
apsvilt v. a. -stu, -u, to get singed.
apsvīdis a. covered with moisture.
apsvīst v. a. -stu, -du, (logi) to be steamed, to get covered with moisture.
apsviest v. a. -žu, -du, to overturn, to upset.
apšaubīt v. a. -bu, -bīju, to doubt, to question.
apšaudīšana f. bombardment, fusillade; **-nās**; mutual bombardment.
apšaudīt v. a. -du, -dīju, to fire, to bombard.
apšaut, v. a. -šauju, šāvu, to kill by shooting.
aptašķīt v. a. -ķu, -ķīju, to make sick, to cause nausea.
apšķīt v. a. -nu, -nu, to pluck off, to pick.
apšļākt v. a. -cu, -cu, to be-spatter, to splash.
apšmaukt v. a. -cu, -cu, to deceive, to cheat, to trick.

apšuve *f.* trimming, edging.
apšūt *v. a.* -ju, -vu, to sew, to trim, to edge.
aptaisīt *v. a.* -su, -sīju, to enclose.
aptašķīt *v. a.* -ķu, -ķīju, to besprinkle, to stain.
aptauja *f.* inquiry, form, questionnaire.
aptaukoties *v. n.* -jos, -jos, to get stout, to put on fat.
aptaustīt *v. a.* -stu, -stīju, to grope, to touch, to feel
aptecēt *v. a.* -ku, -cēju, (upe) to flow round; (kājām) to run about or round; (rūpēties) to tend; man sirds ~cējās — I lost my patience.
apteksne *f.* char-woman, maidservant.
aptēst *v. a.* -tēšu, -tēsu, to hew, to cut; *fig.* to lick into shape.
aptīrīt *v. a.* -ru, -rīju, to clean.
aptīt *v. a.* -nu, -nu, to twine, to twist round.
aptieka *f.* drug-store, chemist's shop; ~kas preces — drugs.
aptiekārs *m.* apothecary, chemist.
aptraipīt *v. a.* -pu, -pīju, to spot, to stain.
aptrūkt *v. a.* -kstu, -ku, to be wanting, to fall short of.
aptumst *v. imp.* -tumst, -tumsa, to grow dark.
aptumšojies *a.* darkened, cloudy.
aptumšošanās *f.* obscuration; (saules) eclipse.
aptumšot *v. a.* -ju, -ju, to darken, to obscure; to make dim.

apturēt *v. a.* -ru, -rēju, to stop, to restrain; to hold in.
aptvars *m.* circumference, outline; setting.
aptvere *f.* understanding, apprehension.
aptvert *v. a.* -ru, -tvēru, to clasp, to embrace; (ar prātu) to apprehend, to conceive.
apugunot *v. a.* -ju, -ju, to illuminate, to light up.
apustulis *m.* apostle.
apūdeņot *v. a.* -ju, -ju, to irrigate; to water.
apvaicāties *v. n.* -jos, -jos, to inquire about or after, to ask for.
apvainojums *m.* insult, offence, outrage; (apsūdzība) accusation.
apvainot *v. a.* -ju, -ju, to insult, to offend; *v. n.* -jos, -jos, to take offence.
apvaldīt *v. a.* -du, -dīju, to tame; to bridle, to check, to restrain.
apvalkāt *v. a.* -ju, -ju, to wear out.
apvalks *m.* case; (šautenes) casing, jacket; (archit.) cope.
apvalstīt *v. a.* -stu, -stīju, to roll, to turn about.
apvazāt *v. a.* -ju, -ju, to spoil by wearing.
apvārdot *v. a.* -ju, -ju, to persuade.
apvārīt *v. a.* -ru, -rīju, to boil a little.
apvārsnis *m.* horizon.
apvārtīt *v. a.* -tu, -tīju, to soil.

to besmear; *v. n.* -os, -tījos, to bedaub oneself; sk. apvalstīt.

apveids *m.* contours, outline.

apvelt *v. a.* -ļu, -vēlu, to roll around (drānu) to full, to mill.

apveltīt *v. a.* -ju, -ju, to endow; to present.

apvest *v. a.* -du, -du, to lead round; *fig.* (ap stūri) to cheat, to fool.

apvērst *v. a.* -šu, -su, to bring about a change (a revolution).

apvērsums *m.* change, revolution.

apvidus *m.* environs, surroundings; district.

apvilkt *v. a.* -velku, -vilku, (līniju) to encircle, to draw round; (drēbes) to put on.

apvīlēt (ī) *v. a.* -ju, -ju, to hem, to edge.

apvīlēt *v. a.* -ju, -ju to file round.

apvīst *v. a.* -stu, -vītu, to wither, to fade.

apvīt *v. a.* -ju, -ju, to wind or to twine round; (lauriem) to crown.

apvienība *f.* confederacy, alliance, union.

apvienot *v. a.* to unite.

apzagt *v. a.* -zogu, -zagu, to plunder, to rob, to steal.

apzelt *v. a.* -ļu, -zeļu, to grow all over with grass.

apzeltīt *v. a.* -ju, -ju, to gild.

apzināties *v. a.* -nos, -nājos; to be aware of, to be conscious of.

apzinība *f.* conscientiousness; scrupulousness.

apzinīgs *a.* conscientious, scrupulous.

apziņa *f.* conscience.

apziņot *v. a.* to inform all round.

apzīmējums *m.* term, designation; marking.

apzīmēt *v. a.* -ju, -ju, to label, to mark (ar akcentu) to accentuate; (ar punktu) to dot; (ar vārdiem) to express.

apzīmētājs *m.* attribute, adjunct.

apzvanīt *v. a.* -nu, -nīju, to toll.

apzvērēt *v. a.* -ru, -rēju, to swear, to take an oath.

apžāvēt *v. a.* -ju, -ju, to dry up, to get dry; (zivis) to bloat, to smoke dry.

apžēlojies! *int.* Good gracious!

apžēlot *v. a.* -ju, -ju to pardon, to amnesty; (pie nāves soda) to recommend to mercy; *v. n.* -jos, -jos, to be merciful, to take pity.

apžēlotājs *m.* forgiver, pardoner.

apžilbināt *v. a.* -nu, -nāju, to dazzle, to bedazzle.

apžilbt *v. a.* -bstu, -bu, to get dazzled.

apžogojums *m.* fencing in.

apžogot *v. a.* -ju, -ju to enclose with a hedge, to hedge in.

apžūt *v. a.* -stu, žuvu, to dry up.

ar *prp.* with; by; ar dzīvības briesmām — at the peril of one's life; ar Jūsu atļauju with your permission; ar varu — by force; ar vārdu sakot — in a word; atmaksāt ļaunu ar labu — to return good for evil.

arabs *m.* Arab.

arabu skaitļu zīme *f.* Arabic figure.

arājs *m.* ploughman; (tautas dziesmās: arājiņš) husband, provider.

archaiologs *m.* archaeologist.

archibiskaps *m.* archbishop.

archipelags *m.* archipelago.

architekts *m.* architect.

architektūra *f.* architecture.

archivārs *m.* recorder.

archivs *m.* record-office, public records.

ardievas *f. pl.* parting words, valediction.

ardievoties *v. n.* -jos, -jos, to bid farewell, to shake hands, to take leave; ardievu! — good-bye!

arena *f.* arena.

arestants *m.* prisoner.

arestēt *v. a.* -ju, -ju, to arrest, to seize; likt ~ — to give into custody.

argonauts *m.* Argonaut.

arguments *m.* argument.

arī *con.* also, as well as, likewise, too; nevien...; bet arī — not only... but also...

aristokratija *f.* aristocracy.

aristokrats *m.* aristocrat.

aritmetika *f.* arithmetics.

arietis *m.* Aryan.

arkls *m.* plough.

arktisks *a.* arctic.

armātūra *f.* armature; fittings.

armēnis *m.* Armenian.

armija *f.* army, land forces; ~jas pavēle — order of the day, general order.

aroda... *a.* profesional; ~ izvēle — choice of profession or vocation; ~ savienība — trade-union, cooperative association.

arodnieks *m.* tradesman, craftsman.

arods *m.* profession, vocation, trade; occupation.

aroma *f.* fragrance, aroma.

aršana *f.* ploughing.

art *v. a.* aŗu, aru, to plough; (dziļi) to trench-plough, to subsoil.

artava *f.* mite.

artelis *m.* cooperative association.

artērija *f.* artery

artēziska aka *f.* Artesian well, bore-well.

artikuls *m.* article.

artilerija *f.* artillery, gunnery; (lielgabali) ordnance.

artilerists *m.* artilleryman, gunner; (kas izšauj) gun-iayer; gun-server.

arumi *m. pl.* ploughed field.

arvienu *adv.* always, ever; ~ ātrāk — more and more quickly; ~ vairāk — more and more.

asaka *f.* fish-bone.

asakains *a.* full of fish-bones.

asara *f.* tear.

asarains — atbalstīt 27

asarains a. tearful; deplorable.
asariņa f. little tear
asaris m. perch.
asarot v. a. -ju, -ju, to run with tears; -jošas acis — watery eyes.
asējums m. etching
asēt v. a. -ju, -ju, to etch.
asfaltēt v. a. -ju, -ju, to asphalt, to bituminize.
asinains a. blood-stained, gory.
asināt v. a. -nu, -nāju, to sharpen, to whet
asins f. blood; - desa — black pudding; - dzīsla — vein, bloodvessel; - grēks — incest; - izliešana — bloodshed; -nis izliet — to shed blood; - kāre — bloodthirstiness; - kāzas — massacre; - noplūdums — eruption of blood, hemorrhage; - radniecība — consanguinity; - saindēšana — blood-poisoning; - sastrēgums — congestion of blood; - sērga — dysentery; - sūcējs — blood-sucker; - tīrīšana — purification of blood; - zaudējums — loss of blood.
asiņot v. a. -ju, -ju to bleed.
asistēt v. a. -ju, -ju to assist.
askēts m. ascetic.
asmens m. blade, edge.
asns m. shoot, sprout.
asociācija f. association.
asprātis m. wit.
asprātība f. wit, ingenuity.
asprātīgs a. witty, ingenuous, acute.
ass f. axle; (mērs) fathom.

ass a. sharp; (prāts) keen; (rakstūrs) strict.
aste f. tail; -tes gabals — tailpiece; rump; -tes zvaigzne — comet.
astoņdesmit num. eighty
astoņi num. eight.
astoņpadsmit num. eighteen.
astoņreiz adv. eight times
astotdaļa f. the eighth part, an eighth; (mūzikā) an octavo
astra f. aster
astroloģija. f. astrology
astronomija f. astronomy
astrs m. horse-hair; -tru drāna — hair-cloth; -tru siets — hairsieve.
asums m. sharpness, acuteness, keenness.
ataicināt v. a. -nu, -nāju, to ask, to call, to invite
atalgojums m. reward.
atalgot v. a. -ju, -ju, to reward, to recompense.
ataudze f. nursery, shrubbery, boscage.
ataugt v. a. -gu, -gu, to grow again.
atauleksšot v. a. -ju, -ju, to come galloping.
ataust v. a. -stu, -su, to dawn.
atāls m. aftermath, second crop
atārdīt v. a. -du, -dīju, to unrip
atbaidīt v. a. -du, -dīju, to frighten away or off
atbalsoties v. n. -jos, -jos, to re-echo, to resound.
atbalss f. echo.
atbalstīt v. a. -stu, -stīju, to prop, to support, to maintain;

atbalsts — atdzejot

v. n. -jos, -stijos, to lean against.
atbalsts *m.* prop, stay; support, ~sta punkts — foothold, footing.
atbērt *v. a.* -beru, -bēru, to pour off.
atbilde *f.* answer, reply, response.
atbildēt *v. a.* -du, -dēju, to answer, to reply, to respond.
atbildētājs *m.* (pie tiesas) accused, defendant.
atbildība *f.* responsibility; (norēķins) account; pie ~s saukt — to call to account; ~u dot — to account for.
atbildīgs *a.* responsible.
atbilst *v. a.* -stu, -du, to correspond with; tas ~ manām cerībām — it comes up to my expectations; ne ~ falls short of; ~ mērķim — serves the purpose.
atbiras *f. pl.* remains, chips.
atbīdīt *v. a.* -du, -dīju, to move off or aside.
atblāzma *f.* reflexion.
atbraucējs *m.* arrival.
atbraukšana *f.* arrival, arriving.
atbraukt *v. a.* -cu, -cu, to arrive.
atbrīvot *v. a.* -ju, -ju, to deliver, to free, to rescue; *v. n.* -jos, -jos, to clear.
atbrīvotājs *m.* deliverer, liberator, rescuer.
atbruņot *v. a.* -ju, -ju, to disarm.
atbultēt *v. a.* -ju, -ju, to unbolt.
atburt *v. a.* -ru, -būru, to charm away; to break a spell.

atcelt *v. a.* -|u, -cēlu, to abolish; ~ no amata — to dismiss; ~ spriedumu — to reverse; ~ pavēli — to retract.
atceļot *v. a.* -ju, -ju, to arrive.
atcere *f.* commemoration; remembrance.
atcerēties *v. n.* -ros, -rējos, to remember, to recall, to recollect.
atcirst *v. a.* -cērtu, -cirtu, to cut off; *fig.* (atbildēt) to answer in harsh words; (padarīt neasu) to blunt.
atdabūt *v. a.* -ju, -ju, to get back.
atdalījums *m.* compartment, partition.
atdalīt *v. a.* -lu, -līju, to separate; to isolate.
atdarināt *v. a.* -nu, -nāju, to copy; to imitate.
atdarīt *v. a.* -ru, -rīju, to open, to disclose; (atmaksāt) to requite.
atdāvāt *v. a.* -ju, -ju, to give away.
atdot *v. a.* -dodu, -devu, to give back or away; ~ godu — to salute; *v. .* -dodos, -devos, to give oneself.
atdrupt *v. a.* -drūpu, -drupu, to crumble off, to scale off.
atdurties *v. n.* -duŗos, -dūros, to knock against, to stumble upon.
atdusa *f.* repose, rest, slumber.
atdusēties *v. n.* -sos, -sējos, to rest, to repose, to slumber.
atdzejot *v. n.* -ju, -ju, to repro

duce as a poem; to translate.
atdzert *v. a.* -ŗu, -dzēru, to drink off; *v. n.* -ros, -dzēros, to quench one's thirst, to be satisfied.
atdzesēt *v. a.* -ju, -ju, to cool.
atdzimšana *f.* regeneration, renascence, revival; ~nas laikmets Renaissance.
atdzimt *v. a.* -mstu, -mu, to be regenerated, to revive.
atdzisināt *v. a.* -nu, -nāju, to let cool down, to refrigerate.
atdzist *v. a.* -dziestu, -dzisu, to cool, to grow cold.
atdzīvināt *v. a.* -nu, -nāju, to revive, to reanimate.
atdzīvoties *v. n.* -jos, -jos, to revive, to get animated; to cheer up.
ateisms *m.* atheism.
ateja *f.* water-closet, cloakroom, lavatory.
atelpot *v. n.* -ju, -ju — to take breath.
ateljē *m.* studio.
atentāts *m.* attempt on a person's life; murderer's attack.
atestāts *m.* certificate; attestation.
atēsties *v. n.* -dos, -dos, to eat one's fill.
atgadījums *m.* accident, case; (nelaimīgs) incident.
atgadīties *v. n.* -dos, -dījos, to chance, to happen, to occur.
atgaiņāt *v. a.* -ju, ju, to drive off; *v. n.* -jos, -jos, to defend oneself.

atgādāt *v. a.* -ju, -ju, to convey, to get here.
atgādināt *v. a.* -nu, -nāju, to ι mind.
atgāzt *v. a.* -žu, -zu, to throw back; *v. n.* -žos, -zos, to lean back.
atgremot *v. a.* -ju, -ju, to chew the cud, to ruminate.
atgriezenisks *a.* reflexive.
atgriezt *v. a.* -žu, -zu, to turn back, to reverse; (labot) to convert; *v. n.* -žos, -zos, to return; (laboties) to grow better, to mend.
atgriezt (ie) *v. a.* -žu, -zu, (nazi) to make blunt; to cut off.
atgriezumi *m. pl.* clippings.
atgrūzt *v. a.* -žu, -du, to push off; to repulse.
atgulties *v. n.* -los, -los, to lie down.
atgula *f.* relapse, new fit or attack.
atgūt *v. a.* -gūstu, -guvu, to get back, to obtain again; *v. n.* -gūstos, -guvos, to come to oneself, to recover oneself.
atģist *v. a.* -ģiedu, -ģidu, to compehend, to catch sense of; *v. n.* -ģiedos, -ģidos, to remember, to compose oneself.
atirt *v. a.* -stu, -ru, to get unripped; *v. n.* -stos, -iros, to row away.
atiet *v. a.* -eju, -gāju, to go away; (vilciens) to leave, to start; (kuģis) to sail.
atjaunošana *f.* renewal, renovation; ~nās — rejuvenescence.

atjaunot — atklibot

~nās operācija — rejuvenating cure, (monkey) gland cure.
atjaunot v. a. -ju, -ju, to renew, to revive; to rejuvenate, to restore; v. n. -jos, -jos, to be renewed, to get juvenile.
atjauta f. humour, presence of mind.
atjautība f. ingenuity, wit.
atjautīgs a. humorous, witty, sharp, ingenious; **~ga atbilde** — repartee.
atjāt v. a. -ju, -ju, to come riding, or on horseback
atjēgt v. a. -dzos, -dzos, sk. atgist.
atjokot v. a. -ju, -ju, to return a joke; v. n. -jos, -jos, to rid oneself jokingly.
atjozt v. a. -žu, -zu, to ungird; (atskriet) to come running.
atjūgt v. a. -dzu, -dzu, to unharness, to take out horses.
atkabināt v. a. -nu, -nāju, to get loose, to unhook.
atkal adv. again, anew, once more.
atkala f. ground slippery with ice, glazed frost.
atkalpārdevējs m. retailer, retaildealer; reseller.
atkalpot v. a. -ju, -ju, to serve one's time.
atkalredzēšanās f. meeting again, re-encounter, renewal of acquaintance.
atkarāties v. n. -jos, -jos, to hang off; fig. to depend on or upon.
atkarība f. dependency; subordination.
atkarīgs a. dependent; subordinate.
atkarot v. a. -ju, -ju, to capture back, to reconquer.
atkarpaiņš a. provided with barbed hooks.
atkarpīt v. a. -pu, -pīju, to scratch ont.
atkasīt v. a. -su, -sīju, to scratch off, to scrape off.
atkausēt v. a. -ju, -ju, to melt off.
atkāpšanās f. retreat.
atkāpties v. n. -pjos, -pos, to retreat, to step back; to withdraw.
atkārtojums m. repetition, reiteration.
atkārtot v. a. -ju, -ju, to repeat.
atkāsēt v. a. -ju, -ju, to get off by coughing.
atkāzas f. pl. after-wedding, post-nuptial feast a week later.
atklājums m. discovery; revealing.
atklāt v. a. -ju, -ju, to discover, to reveal; to open; v. n. -jos, -jos, to become manifest.
atklāti adv. frankly, openly, publicly; in public.
atklātība f. frankness, openheartedness; publicity; parādīties ~bā — to appear publicly.
atklātne f. post-card.
atklibot v. a. -ju, -ju, to come limping.

atklīst — atloks 31

atklīst v. a. -stu, -du, to come strolling
atkliegt v. a. -dzu, -dzu, to shout back.
atkļūt v. a. -kļūstu, -kļuvu, to get here, to arrive.
atknibināt v. a. -nu, -nāju, to pick loose, to disjoin.
atkniebt v. a. -bju, -bu, to pinch off.
atkniedēt v. a. -ju, -ju, to loosen the rivet or clinch.
atkorķēt v. a. -ju, -ju, to draw out the stopper, to uncork.
atkratīties v. n. -tos, -tījos, to release„ to get rid of.
atkrist v. a. -kritu, -krītu, to fall off.
atkritējs m. renegade, backslider; (no reliģijas) apostate.
atkritumi m. pl. waste, rubbish, refuse; slops.
atkulties v. n. -kuļos, -kūlos, to drag oneself hither.
atkusnis m. thaw.
atkust v. a. -kūstu, -kusu, to thaw.
atlaboties v. n. -jos, -jos, to recover, to gain new strength.
atlaida f. mild weather.
atlaist v. a. -žu, -du, to let go; ~ skolēnus vai no amata — to dismiss; ~ virvi — to slacken; v. n. -žos, -dos, (putni) to arrive, to fly; (atspiesties) to lean or rest against; (laiks) to grow mild.
atlaišana f. dismissal, discharge.
atlaižas f. pl. (katoļtic.) indulgence.

atlasīt v. a. -su, -sīju, to select, to choose, to pick out; to read aloud for contról.
atlass m. (drāna) satin; (atlants) atlas.
atlaulāt v. a. -ju, -ju, to divorce.
atlauzt v. a. -žu, -zu., to break off.
atlekt v. a. -lecu, -lēcu, to leap away or aside, to jump or skip off.
atlēts m. ahtlete.
atlicināt v. a. -nu, -nāju, to save; ~ nebaltai dienai to save up something for a rainy day.
atlidot v. a. -ju, -ju, to come flying, to arrive.
atlikt v. a. -lieku, -liku, to put aside; (darbu) to put off, to postpone; to delay.
atlikums m. remnant, rest, remainder; (peļņa) proceeds.
atlīdzināt v. a. -nu, -nāju, to recompense, to reward.
atlīdzība f. compeņsation, return, reward.
atlīst v. a. -lienu, -līdu, to come creeping or crawling.
atliekas f. pl. leavings, remains.
atliekt v. a. -cu, -cu, to unbend, to straighten.
atliet v. a. -leju, -lēju, to pour off.
atlobīt v. a. -bu, -bīju, (mizu) to peel off; (pāksti) to husk or shell; v. n. -bos, -bījos, to peel off ,to scale.
atlocīt v. a. -ku, -cīju, to unbend; to tuck or turn up.
atloks m. broad seam, facing;

(cepures) brim; (piedurknes) cuff; (svārku) lapel, flap.

atlūgties v. n. -dzos, -dzos, to ask leave not to participate, (no amata) to resign.

atļauja f. permission, leave; (apliec.) licence.

atļaut v. a. -ļauju, -ļāvu, to allow; to give leave, to permit; to license.

atmainīt v. a. -nu, -nīju, to exchange.

atmaiņa f. exchange.

atmaksa f. payment, reward; revenge.

atmaksāt v. a. -ju, -ju, to repay, to requite; to avenge, to revenge; v n. -jos, -jos, to pay, to be worth while.

atmaskot v. a. -ju, -ju, to unmask, to reveal.

atmata f. fallow ground.

atmest v. a. -tu, -tu, to cast off, to throw aside; to forsake, to give up.

atminējums m. guess, solution.

atminēt v. a. -nu, -nēju, to guess, to unriddle; v. n. -nos, -nējos, to recall, to remember.

atmiņa f. memory.

atmoda f. awakening, waking; nacionālā ~ — national revival.

atmodināt v. a. -nu, -nāju, to awaken, to rouse.

atmosfaira f. atmosphere.

atmosties v. n. -stos, -modos, to awake, to wake up.

atmošanās f. awakening.

atmuguriski adv. backwards.

atnācējs m. new-comer; novice.

atnākt v. a. -ku, -cu, to come at, to arrive at; ~ pakaļ — to call for one.

atnest v. a. -su, -su, to fetch, to bring.

atņemšana f. (rēķin.) subtraction; taking away.

atņemt v. a. -ņemu, -ņēmu, to take back or away; to deprive of; to divest; ~ elpu — to recover one's breath; ~ tiesības — to disfranchise.

atņirgt v. a. -dzu, -dzu, to show one's teeth.

atņurdēt v. a. -du, -dēju, to murmur, to mutter.

atpakaļ adv. back, backwards; sen ~ — long ago; ~rāpulis — reactionary.

atpelnīt v. a. -nu, -nīju, to work off, to get by doing services.

atpestīšana f. deliverance, salvation, redemption.

atpestīt v. a. -stu, -stīju, to redeem, to rescue, to save.

atpirkt v. a. -pērku, -pirku, to buy up, to purchase; v. n. -pērkos, -pirkos, to buy out or off; (brīvību) to purchase one's liberty.

atpīt v. a. -nu, -nu, to unplait, to untwine.

atplaukt v. a. -kstu, -ku, to expand; (puķes) to open.

atplēst v. a. -šu, -su, to tear off; (vēstuli) to open.

atplīst v. imp. -st, -sa, to be torn off; to split off.

atplūdi m. pl. ebb, ebbing.

atplūst v. a. -stu, -du, to flow back.
atpogāt v. a. -ju, -ju, to unbutton.
atprasīt v. a. -su, -sīju, to demand; (skolā) to examine orally.
atpūst v. a. -šu, -tu, to blow this way; v. n. -šos, -tos, to repose, to rest.
atpūta f. recreation, repose, rest; -tas ceļojums — pleasure-trip.
atradenis m. foundling.
atradināt v. a. -nu, -nāju, to break a person of a habit, to wean from; p. n. -nos, -nājos, to leave off a habit.
atradības f. pl. find.
atradums m. finding, discovery.
atraidīt v. a. -du, -dīju, to deny, to refuse.
atraisīt v. a. -su, -sīju, to unbind, to untie, to loosen; v. n. -sos, -sījos, to get loose.
atraitne f. widow.
atraitnis m. widower.
atraitnīte f. pansy.
atrakstīt v. a. -stu, -stīju, to write to, to answer by letter.
atrakt v. a. -roku, -raku, to dig up, to unearth.
atrast v. a. -rodu, -radu, to discover, to find out; v. n. -dos, -dos, to be; to be situated.
atraugas f. pl. belching, breaking the wind.
atraugāties v. n. -jos, -jos, to belch.

atraut v. a. -rauju, rāvu, to tear off; to bereave.
atrežģīt v. a. -ju, -ju, to disentangle, to unravel.
atrēķināt v. a. -nu, -nāju, to abstract, to deduct.
atrisinājums m. solution; explanation.
atrisināt v. a. -nu, -nāju, to solve; to explain, to clear up.
atritināt v. a. -nu, -nāju, to unroll, to unfurl.
atriebējs m. avenger, revenger.
atriebība f. revenge, vengeance.
atriebīgs a. revengeful, vindictive.
atriebties v. n. -bjos, -bos, to avenge, to revenge; to be sick of.
atrotīt v. a. -tu, -tīju, to tuck up, to turn up.
atrunāt v. a. -ju, ju, to discounsel, to dissuade; v. n. -jos, -jos, to excuse oneself.
atsacīšanās f. refusal; renunciation.
atsacīt v. a. -ku, -cīju, (atbildēt) to reply; (atraidīt) to refuse; (no galvas) to recite; v. n. -kos, -cījos, to disclaim, to give up; to forego.
atsalt v. a. -stu, -lu, to grow cold.
atsaucīgs a. obliging, compliant; kindly disposed.
atsauksme f. opinion, declaration, reference.
atsaukt v. a. -cu, -cu, to recall; to call back; (pavēli) to retract; v. n. -cos, -cos, to an-

Latviski-angliska vārdnīca.

atsaukums — atspirdzinājums

swer a call; (uz kaut ko) to refer to, to cite.
atsaukums *m.* recall, revocation; withdrawal.
atsavināt *v. a.* -nu, -nāju, to expropiate; to alienate.
atsegt *v. a.* -dzu, -dzu, to uncover; to disclose.
atsevišķi *adv.* extra; separately.
atsēdēt *v. a.* -žu, -dēju, to undergo imprisonment, to do one's time.
atsēdināt *v. a.* -nu, -nāju, to seat, to place, to make one sit down.
atsēsties *v. n.* -žos, -dos, to sit down.
atsist *v. a.* -tu, -tu, to strike or knock off; (paukojoties) to parry; *v. n.* -tos, -tos, to strike or knock against.
atskabarga *f.* barb, barbed hook.
atskaitīšana *f.* (aritm.) subtraction; reducing.
atskaitīt *v. a.* -tu, -tīju, to subtract, to discount.
atskaldīt *v. a.* -du, -dīju, to split off, to cleave.
atskanēt *v. a.* -nu, -nēju, to resound.
atskaņa *f.* rhyme.
atskatīties *v. n.* -tos, -tījos, to look back.
atskats *m.* retrospect, survey.
atskārst *v. a.* -stu, -tu, to apprehend, to conceive.
atskola *f.* continuation-school.
atskriet *v. a.* -skrienu, -skrēju, to come running.
atskrūvēt *v. a.* -ju, -ju, to un-

screw, to loosen; *v. n.* -jos, -jos, to come loose.
atskurbt *v. a.* -bstu, -bu, to become sober, to sober down.
atskurbums *m.* getting sober; disenchantment.
atslābt *v. a.* -bstu, -bu, to droop, to relax.
atslēdznieks *m.* locksmith.
atslēga *f.* lock, key; **-gas caurums** — keyhole; **-gas kauls**—collar-bone; **-gas zīme** (mūz.) clef; **-gas zobi** — keybit, ward of a key.
atslēgt *v. a.* -dzu, -dzu, to unlock.
atslīgt *v. a.* -gstu, -gu, to sink or fall back; to relapse.
atsliet *v. a.* -slienu, -slēju, to lean against; *v. n.* -nos, -slējos, to lean oneself against.
atsniegt *v. a.* -dzu, -dzu, to reach; to attain.
atspaids *m.* prop, support; help.
atspars *m.* counter-pressure, reaction.
atspere *f.* spring.
atsperība *f.* elasticity.
atsperties *v. n.* -ros, -spēros, to plant one's feet firmly against; to resist.
atspēkot *v. a.* -ju, -ju, to confute, to disprove, to refute.
atspēlēt *v. a.* -ju, -ju, to win in playing; to play before the teacher.
atspirdzināt *v. a.* -nu, -nāju, to refresh; *v. n.* -nos, -nājos, to refresh oneself.
atspirdzinājums *m.* refreshment.

atspirgt v. a. -gstu, -gu, to get well, to recover.
atspidēt v. a. -du, -dēju, to reflect, to shine forth.
atspidums m. reflection.
atspītēt v. a. -ju, -ju, to pay back, to recompense evil for evil.
atspiest v. a. -žu, -du, to press back; v. n. -žos, -dos, to lean upon or against.
atspoguļot v. a. -ju, -ju, to reflect.
atspole f. shuttle.
atsprādzēt v. a. -ju, -ju, to unbuckle, to unclasp.
atsprāgt v. a. -gstu, -gu, to fly open.
atspulga f. reflection.
atstarot v. a. -ju, -ju, sk. atspoguļot.
atstatu adv. remotely; turēties ~ — to keep at a distance.
atstatums m. distance.
atstādinājums m. (no amata) dismissal.
atstādināt v. a. -nu, -nāju, to dismiss; to remove.
atstāstījums m. narration, relation.
atstāstīt v. a. -stu, -stīju, to tell, to retell, to relate.
atstāt v. a. -ju, -ju, to abandon, to forsake, to leave; ~ mierā — to let alone.
atstiept v. a. -pju, -pu, to drag hither, to trail to; v. n. -pjos, -pos, to stretch out; *fig.* to die.
atstrādāt v. a. -ju, -ju, to finish one's work; to pay by working; to work off a debt.
atstumt v. a. -mju, -stūmu, to push back or aside; to reject, to repulse.
atstutēt v. a. -ju, -ju; to prop.
atsust v. a. -sūtu, -sutu, to get fomented or stuped.
atsutīt v. a. -tu, -tīju, to send.
atsvabināt v. a. -nu, -nāju, to deliver, to free; v. n. -nos, -nājos, to deliver or free oneself; to get rid of.
atsvabinātājs m. deliverer, liberator.
atsvars m. balance, weight.
atsveicināties v. n. -jos, -jos, to bid farewell, to say good-bye, to take leave.
atsvešināt v. a. -nu, -nāju, to alienate from; v. n. -nos, -nājos, to get alienated or estranged.
atsvērt v. a. -sveŗu, -svēru, to weigh off, to equal.
atsvēte f. subsequent celebration.
atsviest v. a. -žu, -du, to fling or throw back.
atšaut v. a. -šauju, -šāvu, to shoot hither; (aizšaujamo) to unbolt.
atšāvies a. (dzēriens) flat, stale.
atšifrēt v. a. -ju, -ju, to decipher.
atšķaidamība f. solubility
atšķaidāms a. soluble.
atšķaidījums m. dilution, solution.

atšķaidīt *v. a.* -du, -diju, to dilute, to mix with water.
atšķeterēt *v. a.* -ju, -ju, to disentangle, to untie.
atšķetināt *v. a.* -nu, -nāju, to loosen.
atšķirība *f.* difference, distinction.
atšķirt *v. a.* -šķiru, -šķīru; to part, to separate; to disjoin, to isolate; to sort, to divide; ‑ grāmatu — to open; ‑ bērnu no krūts — to wean; *v. n.* -šķiros, -šķīros, to differ from; to part with.
attaisīt *v. a.* -su, -sīju, to open.
attaisnojums *m.* excuse; (tiesā) acquittal.
attaisnot *v. a.* -ju, -ju, to acquit, to justify; ‑jošs spriedums — a verdict of not guilty; *v. n.* -jos, -jos, to vindicate oneself.
attaisnotājs *m.* justifier, vindicator.
attapīgs *a.* ingenious, witty, clever.
attapties *v. n.* -topos, -tapos, to recollect oneself, to bethink of.
attaukošanās kūre *f.* a course of banting.
attālināties *v. n.* -nos, -nājos, to go away, to withdraw; to get estranged.
attāls *a.* distant, remote.
attālu *adv.* far off, remotely.
attālums *m.* distance, remoteness.

attecēt *v. a.* -ku, -cēju, to flow to; to come running.
atteikt *v. a.* -teicu, -teicu, to answer, to reply; (skolā) to recite; (atraidīt) to refuse, to deny; *v. n.* -cos, -cos, to refuse, to give up, to resign, ‑ no troņa — to abdicate.
atteka *f.* branch of a river.
attēlojums *m.* description, reproduction.
attēlot *v. a.* -ju, -ju, to describe, to reproduce
attēls *m.* portrait, image, picture.
attīstība *f.* evolution, development.
attīstīt *v. a.* -stu, -stīju, to develop; *v. n.* -stos, -stījos, to develop oneself.
attīt *v. a.* -tinu, -tinu, to unroll, to unwrap.
attiecināt *v. a.* -nu, -nāju, to ascribe.
attiecība *f.* relation; ‑bas — relations, footing; ‑bas vietnieka vārds — relative pronoun.
attiecīgs *a.* corresponding, according.
attiekties *v. n.* -cos, -cos, to concern, to refer to.
attupties *v. n.* -pjos, -pos, to cower or squat down.
atturēšanās *f.* abstension (balsī nododot).
atturēt *v. a.* -ru, -rēju, to keep back to restrain, to withhold; *v. n.* -ros, -rējos, to restrain oneself; (no dzeršanas) to abstain.
atturība *f.* temperance, absti-

atturībnieks — auditorija

nence; (garīga) retention, reserve.
atturībnieks *m.* abstainer; pilnīgs ~ teetotaller, total abstainer.
atturīgs *a.* reserved.
atvadēties *v. n.* -jos, -jos, to become flat or insipid.
atvadities *v. n.* -dos, -dījos, to bid farewell, to take leave.
atvainot *v. a.* -ju, -ju, to excuse, to pardon; *v. n.* -jos, -jos, to apologize, to excuse oneself; atvainojiet! Excuse me! Sorry!
atvairīt *v. a.* -ru, -riju, to reject, to resist.
atvaļinājums *m.* leave of absence.
atvaļināt *v. a.* -nu, -nāju, to grant leave.
atvars *m.* whirlpool, eddy.
atvasara *f.* late summer.
atvase *f.* sprout, shoot; (cilvēku) offspring, descendant.
atvasināt *v. a.* -nu, -nāju, to derive.
atvāzt *v. a.* -žu, -zu, to open.
atveldzēt *v. a.* -ju, -ju, to refresh, to moisten.
atvelt *v. a.* -ļu, -vēlu, to roll to.
atveseļoties *v. n.* -jos, -jos, to get better, to recover.
atveseļošanās *f.* convalescence.
atvest *v. a.* -du, -du, to lead up to, to convey to.
atvēle *f.* sk. atļauja.
atvērt *v. a.* -veru, -vēru, to open.
atvēsināt *v. a.* -nu, -nāju, to cool.

atvēzēties *v. n.* -jos, -jos, to swing, to reach out.
atvilināt *v. a.* -nu, -nāju, to entice.
atvilkt *v. a.* -velku, vilku, to draw near, to drag to or back; (no algas) to deduct, to subtract; ~.elpu — to take breath.
atvilktne *f.* drawer.
atvilkums *m.* deduction.
atvieglinājums *m.* release, relief.
atvieglināt *v. a.* -nu, -nāju, to ease, to relieve.
atvietojums *m.* substitute, surrogate.
atzala *f.* shoot, spring.
atzelt *v. a.* -zeļu, -zēlu, to become green.
atzinība *f.* recognition, gratefulness; sense of obligation.
atzinīgs *a.* grateful, obliged.
atziņa *f.* perception, knowledge.
atzīmēt *v. a.* -ju, -ju, to note, to mark.
atzīt *v. a.* -stu, -zinu, to acknowledge, to approve, to recognize; ~ par labāku — to prefer, to like better; *v. n.* -stos, -zinos, to confess.
atzvanīt *v. a.* -nu, -nīju, to ring off.
atzveltne *f.* back; ~nes krēsls — easy chair, armchair.
atžilbt *v. a.* -bstu, -bu, to revive, to recover, to cheer up.
audekls *m.* linen.
audējs *m.* weaver.
audi *m. pl.* tissue, web, texture.
auditorija *f.* lecture-room; (klausītāji) audience.

audums *m.* texture, stuff, material.
audzējs *m.* tumor; (vēzis) cancer.
audzēknis *m.* pupil, alumnus (pl. alumni).
audzēšana *f.* cultivation, culture; (dzīvnieku) rearing; (augu) raising.
audzēt *v. a.* -ju, -ju, to bring up, to raise, to rear.
audzināt *v. a.* -nu, -nāju, to bring up, to educate.
audzināšana *f.* education, bringing-up.
audzinātājs *m.* educator, pedagogue, tutor.
audžu-bērns *m.* foster-child; ~brālis — foster-brother; ~vecāki — foster-parents.
auglenīca *f.* pistil, style.
auglis *m.* fruit; **miesas ~** — foetus, embryo; ~**gļi** (procentes) interest.
auglība *f.* fecundity, fertility, fruitfulness.
auglīgs *a.* fertile, fruitful; prolific.
augļkopība *f.* fruit-growing.
augļot *v. a.* -ju, -ju, to lend money at interest.
augļotājs *m.* money-lender, usurer.
augļu augļi *m. pl.* compound interest; ~**dārzs**, orchard, fruit-garden; ~**ūdens** — lemonade, squash; ~**koks** — fruittree; ~ **pārdevējs** — fruiterer; ~ **tirdzniecība** — fruit-trade;

~ **vīns** — home-made wine, cider.
augonis *m.* furuncle, abscess, ulcer.
augs *m.* plant.
augsne *f.* soil.
augstas laimes *f. pl.* cheers.
augstā dziesma *f.* Song of Solomon.
augstcienība *f.* esteem, respect, ~**bā** — most respectfully.
augstiena *f.* elevated plain, plateau.
augstmanis *m.* aristocrat, nobleman, person of rank.
augstprātība *f.* haughtiness.
augstprātīgs *a.* haughty.
augsts *a.* high, lofty.
augstsirdība *f.* high-mindedness, magnanimity.
augstsirdīgs *a.* high-minded, magnanimous.
augstskola *f.* university, academy.
augstums *m.* altitude, height.
augša *f.* top; (ēkas) loft.
augšā *adv.* upstairs; overhead; kā ~ minēts — as previously mentioned; pašā ~ — on the top of; at the head; skatīties no ~šas — to treat haughtily; aplūkot no ~šas līdz apakšai— from head to foot; galvu augšā! — courage!
augšāmcelšanās *f.* resurrection.
augšana *f.* growth, vegetation.
augšējs *a.* upper.
augšnams *m.* (angļu parlamentā) Upper House, the House of Lords.

augšpēdu *adv.* lying on one's back; pakrist ∼ head over heels.

augšpus *adv.* above.

augšup *adv.* up, upwards; (pa trepēm) upstairs.

augt *v. a.* -gu, -gu, to grow, to vegetate; (vairoties) to increase.

augu māja *f.* greenhouse, conservatory; ∼ **valsts** — vegetable kingdom; ∼ **zinātne** — botany.

augums *m.* growth; size; (cilvēka) stature; visā ∼mā — at full length.

augusts *m.* August.

auka *f.* storm, tempest, gale.

aukla *f.* string.

aukle *f.* nurse.

auklēt *v. a.* -ju, -ju, to nurse.

aukslējas *f. pl.* palate.

aukstasinība *f.* coldbloodedness, presence of mind.

auksts *a.* cold, chilly.

aukstums *m.* coldness.

aula *f.* hall in the universities, schools, etc.

aulekši *m. pl.* gallop.

aulekšot *v. a.* -ju, -ju, to gallop

aumaļām *adv.* in streams.

auns *m.* ram, wether.

aurēt *v. a.* -ju, -ju, to shout, to cry out.

aurošana *f.* shouting, howling.

aurot *v. a.* -ju, -ju, to roar, to howl.

ausains *a.* with long ears.

auseklis *m.* morning star.

ausīgs *a.* sharp, keen; quick of hearing.

ausīties *v. n.* -sos, sījos, to prick up (or to cock) one's ears.

auskars *m.* pendant, ear-ring.

ausma *f.* dawn, daybreak.

auss *f.* ear; ∼u ārsts — aurist.

aust *v. a.* -žu, -du, to weave.

aust *v. imp.* -st,. -sa, to dawn; diena ∼ it dawns.

austere *f.* oyster.

austrumi *m. pl.* east, Orient.

austrumnieks *m.* Oriental.

austuve *f.* weaver's workshop; (fabrika) — weaving-mill.

auša *f.* wind-bag.

aušāties *v. n.* -jos, -jos, to play the fool.

aušība *f.* folly, fatuity, silliness.

aušīgs *a.* fatuous, silly, foolish.

aut *v. a.* aunu, āvu, to put on shoes or boots.

auti *m. pl.* swaddle; leg-bands.

autiņi *m. pl.* baby's napkins, swaddling-cloth; vēl ∼ņos — to be still in long clothes.

automobilis *m.* automobile, motor-car.

auzas *f. pl.* oats; spiestas ∼-rolled oats.

auzājs *m.* field of oats; ∼ji — oat-straw; (lauks) oat-stubble.

auzu milti *m. pl.* oatmeal; tume — oatmeal porridge.

avanss *m.* advance of money.

avarija *f.* shipwreck; damage by sea.

avenājs *m.* raspberry-bush.

avene *f.* raspberry.

avīze *f.* newspaper.

avīžnieks *m.* journalist; (iznēsātājs) newsboy; (pārdevējs) newsman.
avots *m.* spring; source, first cause; no drošiem ~ tiem, from the best authorities
azaids *m.* breakfast.
azots *f.* bosom.

Ā

ābece *f.* spelling book, ABC book.
ābele *f.* apple-tree.
ābolains *a.* (zirgs) dapple-gray.
āboliņš *m.* clover.
ābols *m.* apple.
ābolvīns *m.* cider.
āda *f.* skin; (zvēra) hide, fell; (apstrādāta) leather; līst no ~ to make the greatest efforts.
ādere *f.* blood-vessel, vein.
āderēt *v. a.* -ju, -ju, to bleed.
ādminis *m.* tanner.
ākstīties *v. n.* -stos, -stījos, to play the fool.
āksts *m.* jester, buffoon.
āķis *m.* hook, crook.
āķīgs *a.* sly, cunning; shrewd.
āķveidīgs *a.* hook-shaped.
ālava *f.* cow that does not give milk.
ālēties *v. n.* -jos, -jos, to bluster, to make a noise
āliņģis *m.* a hole cut into the ice, ice-hole.
āmuļi *m. pl.* mistletoe
āmurs *m.* hammer.
āpsis *m.* badger; ~šu suns — terrier.

ārā *adv.* out-of-doors, outside, out.
ārdi *m. pl.* beams in the drying-house.
ārdīt *v. a.* -du, -dīju, to rip, to part, to undo; (postīt) to ruin, to destroy; (sienu) to spread out; *v. n.* -dos, -dījos, to rage.
ārējs *a.* exterior, external.
ārīgi *adv.* externally; seemingly.
āriene *f.* appearance, exterior.
ārkārtējs *a.* extraordinary, uncommon.
ārlaulība *f.* concubinage; ~ bērns — bastard, illegitimate child.
ārlietas *f. pl.* foreign affairs; ~tu ministrija — Foreign Office.
ārpasaule *f.* outside world.
ārpilsēta *f.* suburb.
ārprātīgs *a.* mad, insane, frantic.
ārprāts *m.* madness, insanity, frenzy, lunacy
ārpus *adv.* outside, out of, beyond.
ārpuse *f.* outside
ārsiena *f.* outside wall.
ārstēt *v. a.* -ju, -ju, to cure, to heal, to treat.
ārstniecība *f.* medicine, medical science.
ārsts *m.* doctor, physician.
ārvalsts *f.* foreign country.
ārzemes *f. pl.* foreign countries; ~mēs — abroad.
ārzemnieks *m.* foreigner, alien.
ātraudzis *m.* quick growing (fruit, potato, etc.).
ātrbraucējs kuģis — fast-sailing boat; ~ raksts — shorthand, ~ vilciens — express train.

ātrs — balss 41

atrs *a.* rapid, quick, fast, swift.
ātrums *m.* rapidity, quickness, swiftness; **~mā** — in a hurry, in haste.
āva *f.* battle-axe, halberd.
āzēt *v. a.* to jeer, to hoax, to tease.
āzis *m.* he-goat; (lauzējs) ice-breaker; **grēka ~ - -** scape-goat; **āži** (zāģēšanai) — trestle; **~žus dirāt** — to vomit.

B

bacills *m.* bacillus.
badināties *v. n.* -nos, -nājos, to suffer hunger or want; (labprātīgi) to diet, to fast.
badīgs *a.* greedy, voracious.
badīt *v. a.* -du, -dīju, to butt, to gore.
bads *m.* hunger, famine, starvation; **~da gads** — year of famine; **~ kāsis** — a greedy person, glutton; **~ kūre** — starving-cure, or diet; **~ streiks** — hunger-strike; **~du mirt** — to starve.
bagarmašīna *f.* dredging machine.
bagātība *f.* riches, opulence, wealth; abundance.
bagāts *a.* abundant; rich, opulent, wealthy.
bagāža *f.* luggage, baggage; **~žas vagons** — luggage-car.
baideklis *m.* scare-crow.
baidīt *v. a.* -du, -dīju, to frighten, to startle; *v. n.* -dos, -dī-jos, to fear, to be afraid of; (zirgs) to shy at.
baigs *a.* dreadful, terrible.
baigums *m.* fear, terror; anxiety.
bailes *f. pl.* fear, fright, dread; (bijība) awe.
bailība *f.* timidity.
bailīgs *a.* timid, timorous.
bairītis *m.* lager-beer.
baisma *f.* fear, fright.
bajārs *m.* the rich man.
bakas *f. pl.* small-pox; **~ potēt** — to vaccinate; **~ku rētas** — pock marks.
bakstīt *v. a.* -stu, -stīju, to prick; (uguni) to poke, to stoke; (zobus) to pick the teeth.
baktērija *f.* microbe.
baķis *m.* bale, pack.
balāde *f.* ballad.
balanse *f.* balance.
balamute *f.* braggart, boaster.
balināt *v. a.* -nu, -nāju, to bleach.
balinātava *f.* bleaching yard.
balkons *m.* balcony.
balle *f.* ball, dancing; **~les ģērbs** — full dress, evening-clothes; (sportā) ball.
ballets *m.* ballet.
balodis *m.* pigeon, dove; **meža ~** wood-pigeon; **pasta ~** — carrier-pigeon.
ballons *m.* balloon.
balsināt *v. a.* -nu, -nāju, to whitewash.
balsiens *m.* syllable.
balsīgs *a.* voiced.
balsot *v. a.* -ju, -ju, to vote.
balss *f.* voice, tune; (pilsoniska) vote; **~ saikļi** — vocal cords;

~ tiesība — franchise; vispārīgas ~ **tiesības** — universal suffrage; **~su skaitītājs**—scrutator; **~su vairākums (mazākums)** — majority (minority) of votes.

balstīt v. a. -stu, -stīju, to support, to prop; v. n. -stos, -stījos, to lean, to rest on; to rely on.

balsts m. support, prop, stay.

baltiņš m. white horse.

baltkvēle f. incandescence.

balts a. white; *fig.* clean, blank.

baltums m. white; olas ~-white.

balva f. gift, present, donation.

baļķis m. beam, rafter; (meža) timber.

baļļa f. tub.

banāls a. hackneyed, trite; trivial.

banda f. gang, band.

bandāža f. bandage.

bandinieks m. serving-man, hand.

bandroles sūtījums — sending by bookpost.

bangas f. pl. billows, waves.

bankets m. grand dinner.

banka f. bank.

bankrots m. bankrupt, smash.

bankas zīme f. banknote.

barbars m. Barbarian.

bardzība f. hardness, severity, harshness.

bargs a. harsh, severe, sharp.

bariem adv. in crowds, in masses.

barība f. food; (lopu) forage, fodder; **~s vielas** — victuals, provisions.

barikāde f. barricade.

barjēra f. barrier; (dzelzceļa) gate; lēkt pār **~u** — to take a fence.

baroklis m. fattened pig.

barot v. a. -ju, -ju, to feed, to fatten, to nourish; v. n. -jos, -jos, to live upon, to grow fat.

barometrs m. barometer, (weather) -glass.

bars m. crowd; (lopu) herd; (putnu) flock.

barvedis m. chief, guide, leader.

baseins m. basin.

baskājis m. barefooted person; tramp, vagabond; basām kājām — barefooted.

bass f. bass, bass-singer.

batists m. cambric.

bauda f. delight, enjoyment; (ēdienā) relish.

baudīt v. a. -du, -dīju, to enjoy; to taste.

baudkāre f. sensuality.

baumas f. pl. rumour, talk.

baurot v. a. -ju, -ju, to bellow, to low.

bauslis m. commandment.

bazārs m. bazaar.

baze f. base.

baznīca f. church; **~s dziesma** — hymn, psalm; **~s gads** — ecclesiastical year; ~ **grāmatas**— parochial register; **~s kalps**— church officer; **~s lāsts** — excommunication; **~s likumi** — canonical law; **~s mūzika** —

sacred music; ~s priekšnieks— church warden; ~s sols — pew. ~s vēsture — ecclesiastical history.
baznīcēns *m.* church-goer.
bazūne *f.* trombone: trumpet.
bažas *f. pl.* care, fear, anxiety.
bažīties *v. n.* -jos, -jos, to be anxious for.
bāka *f.* lighthouse.
bālēt *v. a.* -ju, -ju, to grow pale.
bālgans *a.* pallid, pale.
bāls *a.* pale, wan.
bālums *m.* paleness; ~a kaite — chlorosis.
bārda *f.* beard.
bārdains *a.* bearded.
bārddzinis *m.* barber.
bārdnazis *m.* razor.
bārenis (-ne) *m. (f.)* orphan.
bāriens *m.* reproof, scolding.
bārksts *f.* fringe.
bārstīt *v. a.* -stu, -stīju, to scatter, to strew.
bārt *v. a.* baŗu, bāru, to scold, to reproach.
bāzt *v. a.* -žu, -zu, to shove, to thrust, to put into; *v. n.* -žos, -zos, to intrude oneself, to meddle.
bebrs *m.* beaver.
bedre *f.* pit, hole.
bedrīte (vaiga) *f.* dimple.
beidzamais *a.* the last
beidzot *adv.* at last.
beigas *f. pl.* end; *fig.* death ~gu eksamens — final examination.
beigt *v. a.* -dzu, -dzu, to end, to complete, to finish; (sēdi) to break up; *v. n.* -dzos, -dzos, to cease, to be over; (laiks) to expire; stundas beidzas — lessons are over.
beka *f.* moss-mushroom.
bekot *v. a.* -ju, -ju, to gather mushrooms; ej ~! go away!
belletristika *f.* belles-lettres, light literature.
belziens *m.* blow, stroke.
belzt *v. a.* -žu, -zu, to strike.
bende *m.* executioner, hangman, ~s cirvis, block, executioner's axe; ~s maiss — wretch.
bendēt *v. a.* -ju, -ju, to execute; to torment.
benefice *f.* benefit (night).
beneficients *m.* beneficiary.
benzīns *m.* benzine; petrol; ~na motors — petrol engine; ~na tanks — petrol pump.
berze (rīve) *f.* grater; (darbība) friction.
berzēšana *f.* rubbing, grating; ~nās *f.* friction; (strīds) quarrelsomeness.
berzēt *v. a.* -ju, -ju, to rub.
berzt *v. a.* -žu, -zu, to scour, to rub, to grate; to clean.
beržamā lupata *f.* house-flannel.
bet *conj.* but, however, yet.
betons *m.* concrete.
bez *prp.* without, except; bez tam — besides; bez maz — almost; (pulkstens) bez ceturkšņa trīs — (it is) a quarter to three.
bezbailība *f.* dauntlessness, fearlessness, intrepidity.
bezbailīgs *a.* dauntless, fearless.

bezbēdība *f.* carelessness.
bezbēdīgs *a.* careless.
bezbērnu *a.* childless.
bezcerības *a.* hopeless.
bezdarbs *m.* unemployment; **-nieki** — the unemployed.
bezdelīga *f.* swallow.
bezdibens *m.* abyss, gulf.
bezdievis *m.* atheist, impious person.
bezdievība *f.* atheism, impiety.
bezdrāts *a.* wireless.
bezdzimtenes *a.* homeless.
bezdzimuma *a.* sexless.
bezdūmu *a.* smokeless.
bezgalība *f.* endlessness, infinity.
bezgalīgs *a.* endless, infinite.
bezgodis *m.* a dishonest, shameless person.
bezgodība *f.* dishonesty, infamy.
bezgodīgs *a.* dishonest, infamous.
bezgribas *a.* without a will of one's own.
bezīpašnieka *a.* abandoned, in abeyance; **- manta** — unclaimed property.
bezjūtība *f.* insensibility, cruelty.
bezjūtīgs *a.* insensible, cruel, hard.
bezkāju (dzīvnieks) *a.* apodous, footless.
bezkaunība *f.* impudence, shamelessness.
bezkauņa *m. f.* an impudent or shameless person.
bezmaksas *a.* gratuitous; **bez maksas** — free, gratis.

bezmēns *m.* Roman balance.
bezmēriba *f.* excess, unmeasurableness.
bezmērīgs *a.* enormous, excessive, immeasurable.
bezmiegs *m.* insomnia, sleeplessness.
bezpajumtnieks *&.* casual pauper; **-ku patversme** — casual ward.
bezpartējisks *a.* neutral, impartial.
bezpasnieks *m.* passportless.
bezprātis *m.* an impudent, foolish person.
bezprātīgs *a.* senseless, irrational, absurd.
bezprāts *m.* imprudence, senselessness, absurdity.
bezrakstura *a.* unprincipled.
bezrūpība *f.* carelessness, unconcern.
bezrūpīgs *a.* careless.
bezsakara *a.* desultory, incoherent.
bezsamaņa *f.* unconsiousness.
bezspārnis *m.* (a) wingless (apparatus).
bezspēciba *f.* impotence, weakness.
bezspēcīgs *a.* impotent, weak, feeble.
bezvērtiba *f.* worthlessness.
bezvērtīgs *a.* worthless.
bezviltība *f.* candour, sincerity.
bezzobis *m.* a toothless person.
bēda *f.* care, trouble; man maza **-** — what do' I care!
bēdas *f. pl.* grief, sorrow, affliction.

bēdāties *v. n.* -jos, -jos, to grieve, to fret
bēdīgs *a.* sad, **sorrowful; mournful**.
bēdu luga *f.* **tragedy; -leja** - - vale of tears; **-lis** — a woebegone person.
bēdzināt *v. a.* -nu, -nāju, to conceal, to hide (from).
bēglis *m.* fugitive, refugee.
bēgt *v. a.* -gu, -gu, to flee, to run away.
bēguļot *v. a.* to hide oneself in different places for a long time.
bēgums *m.* (jūrā) ebb.
bēniņi *m. pl.* attic, garret; **-ņu trepes** — garret staircase.
bēres *f. pl.* funeral, interment, burial.
bēris, bērais *m.* bay horse.
bērinieks *m.* funeral guest.
bērnaukle *f.* nurse.
bērnišķigs *a.* childish, infantile.
bērnība *f.* childhood, infancy.
bērns *m.* child; baby; **-nu ārsts** — children's doctor; **-nu bērni** — great grandchilren, descendants; **-nu dārzniece** — kindergarten teacher; **-nu dārzs** — kindergarten; **-nu literātūra** — juvenile literature; **-nu patversme** — children asylum; **-na slepkavība** — child murder.
bērt *v. a.* beru, bēru — to scatter, to strew.
bēru gājiens *m.* funeral procession; **- kase** *f.* burial-fund.
bērzaine *f.* birch-grove.

bērzlape *f.* agaric.
bērzs *m.* birch.
bēstija *f.* beast, brute.
bibliofils *m.* bibliophile, lover or collector of books.
bibliografija *f.* bibliograpy, periodical list of books.
bibliotēka *f.* library.
bibliotēkārs *m.* librarian.
bifelis *m.* buffalo, bison
bigamija *f.* bigamy.
bijāties *v. n.* -jos, -jos, to fear, to be awed.
bijība *f.* awe, fear, fright.
bijis *p. p.* been, past; **reiz bija** — long ago.
biklība *f.* shyness, timidity.
bikls *a.* bashful, shy, timid.
bikses *f. pl.* trousers, breeches; (līdz ceļiem) knickerbockers; (dāmu sabiedr. runājot) the inexpressibles, unmentionables; **šu lences** — braces; **-šu lences ordenis** (Anglijā) Order of the Garter; **-šu apsēja ap ceļiem** — garter.
bikstīt *v. a.* -stu, -stīju, to prick; (uguni) to poke; (uzmudināt) to goad on.
bikšturi *m. pl.* braces.
biķeris *m.* goblet, cup.
biķerītis (ziediem) *m.* calix.
bilance *f.* balance.
bilde *f.* picture.
bildinājums *m,* marriage-proposal, wooing.
bildināt *v. a.* -nu, -nāju — to propose, to woo.
biljards *m.* billiards.
biljons *m.* billion.

bilst v. a. -stu, -du, to say, to begin, to speak.
biļete f. ticket, card; **kredit** ~ — banknote.
binoklis m. opera-glass; binoculars.
birdināt v. a. -nu, -nāju, to shed, to cast; to pour.
birga f. coal-gas.
birģelis m. (iron.) person of narrow mind.
birka f. mind, score.
birkavs m. weight of 400 Russian pounds.
birojs m. office, bureau.
birokrats m. red- tapist, narrow-minded official.
birst v. imp. -stu, -zu, to crumble, to break up into small pieces.
birstala f. coppice, wood.
birste f. brush.
birt v. a. birstu, biru (lapas), to fall; to drizzle.
birums m. (raža) crop; produce, profit.
birze f. grove, birch-wood.
birža f. exchange; **~žas māklers** — broker.
bise f. gun.
biskvits m. bisquit; **~ta kūka** — sponge cake.
biste f. bust.
biškopis m. bee-keeper; apiculturist.
biškopība f. bee-keeping; apiculture.
bišu krēsliņi m. pl. tansy.
bišu māte f. queen-bee.
bite f. bee.
bitenieks m. sk. biškopis.

bize f. braid, tress; (mazām meitenēm) pig-tail.
bizot v. a. -ju, -ju, to run with lifted tail; to ramble, to stray.
bibele f. Bible, Holy Scripture.
bīdelēt v. a. -ju, -ju, to grind finely.
bīdīt v. a. -du, -dīju, to push.
bifsteks m. beefsteak.
bīstams a. dangerous, perilous.
biedēklis m. scare-crow, fright.
biedēt v. a. -ju, -ju, to frighten, to terrify.
biedi m. pl. bogies, bugbears; phantoms.
biedināt v. a. -nu, -nāju, to warn, to caution.
biedrība f. association, society, union.
biedrot v. a. -ju, -ju, to unite, to associate.
biedrs, biedrene m. f. companion; associate; (biedrības) comrade, member; (dzīves) mate.
biete f. beet, turnip.
biezausis m. somewhat deaf; tough of hearing.
biezenis m. (kartup.) mashed potatoes.
biezēt v. a. -ju, -ju, to thicken, (asinis) to clot, (piens) to curdle.
biezoknis m. thicket.
biezpiens m. curds; cream-cheese.
biezputra f. porridge; **kartupeļu** ~ mashed potatoes; **zirņu** — pease- pudding; **putraimu** ~ — Yorkshire pudding.

biezs *a.* thick; (migla) dense, compact.

biezumi *m. pl.* sediment; kafijas ~ — grounds; vīna ~ — dregs.

biezums *m.* thickness, denseness.

bieži *adv.* often, frequently.

biežs *a.* frequent, usual, numerous.

blakts *f.* bug.

blakus *adv.* next door, side by side, hard by; ~ iedzīvotājs — neighbour; ~ ienēmums — additional income; ~ istaba — next or adjoining room; ~ izdevumi — extra costs or expenses; ~ lieta — subordinate matter.

blamāža *f.* disgrace, public exposure.

blamēt *v. a.* to disgrace, to expose.

blandīties *v. n.* -dos, -dījos, to stroll, to saunter, to wander about.

blandonība *f.* vagrancy, vagabondage.

blandonis *m.* vagabond, tramp, vagrant.

blanka *f.* (koka) plank.

blankets *m.* blank form.

blašķe *f.* flask.

blaugzna *f.* scurf.

blāvs *a.* pale; fallow; dim.

blāzma *f.* glimmer, faint light; rīta ~ — red morning sky, aurora; **vakara** ~ — sunset glow.

bleķis *m. fig.* rubbish, nonsense, rot.

blēdis *m.* cheat, fraud, dodger.

blēdība *f.* deceit, cheat, fraud.

blēdīgs *a.* deceitful, false.

blēņas *f. pl.* bosh, nonsense, rubbish, twaddle.

blēņoties *v. n.* -jos, -jos — to play the fool, to indulge in jokes

blēt *v. a.* -ju, -ju, to bleat.

blindāža *f.* blind(age); dug-in.

blisināt *v. a.* -nu, nāju, to blink, to twinkle.

blīgzna *f.* sweet willow.

blīvēklis *m.* press; stamper.

blīvēt *v. a.* -ju, -ju, to pack up or together.

blīvs *a.* packed, compact.

bloks *m.* (trizulis) pulley-block.

blusa *f.* flea.

blusīties *v. n.* -sos, -sījos, to rid oneself of fleas.

blūze *f.* blouse, bodice.

blaustīties *v. n.* -stos, -stījos, to cry, to clamour, to bawl.

blaut *v. a.* -ju, blāvu, sk. blaustīties; bērni blauj — children squall; (ēzelis) the ass brays.

bļoda *f.* dish; porringer.

boikots *m.* boycott.

boikotēt *v. a.* -ju, -ju, to boycott.

boja . (jūrn.) buoy.

bojā eja *f.* destruction, decay, extinction; kuģa ~ — shipwreck.

bojāt *v. a.* -ju, -ju, to spoil, to corrupt, to damage; *v. n.* -jos, -jos, to rot, to get spoiled.

bojāts *a.* damaged.

bokseris *m.* pugilist.
bokss *m.* boxing.
bolīt *v. a.* -lu, -līju. to roll the eyes.
botanika *f.* botany.
boze *f.* club, stick.
bradāt *v. n.* -ju, -ju, to wade.
bramanis *m.* braggart, swaggerer.
brasls *m.* ford.
brašs *a.* brave, portly, stately.
brašums *m.* portliness, stateliness.
braucams *a.* (ceļš) — passable ~ **zirgs** — carriage horse ~**a maksa** — faŕe.
braucējs *m.* driver.
braucīt *v. a.* -ku, -cīju, to massage, to knead; (noplēst) to strip.
brauciens *m.* trip, journey; (ar ratiem) drive.
braukāt *v. a.* -ju, -ju, to drive about; (pa ūdeni) to sail to and fro.
braukšanās *f.* driving competition.
braukšus *adv.* by carriage.
braukt *v. a.* -cu, -cu, (ar zirgu) to drive, (citādi) to go, to travel.
brauniņš *m.* browning.
brāķers *m.* sorter (of goods).
brāķis *m.* refuse, trash; (preces) sweepings; spoiled goods.
brālēns *m.* cousin.
brālis *m.* brother; ~**ļa dēls** — nephew; ~**ļa meita** — niece; ~**ļa sieva** — sister-in-law; ~**ļa slepkavība** — fratricide.

brālība *f.* brotherhood, fraternity.
brālīgs *a.* brotherly, fraternal.
brāļoties *v. n.* -jos, -jos, to fraternize; to form a close friendship.
brāļu draudze *f.* Bohemian Brothers; **brāļu kapi** — common cemetery; community burial-place.
brāziens *m.* roaring, shock; (vēja) blast; (rājiens) rebuke, scolding.
brāzt *v. a.* -žu, -zu. to roar, to rage, to rush.
breksis *m.* bream.
bremze *f.* brake.
bremzēt *v. a.* to apply the brake.
bremzētājs *m.* brakesman.
bretliņš *m.* sprat.
brezents *m.* tarpaulin.
brēcējs *m.* clamourer, weeper.
brēcināt *v. a.* to provoke crying.
brēciens *m.* cry.
brēka *f.* noise, clamour; **liela ~** — a great fuss; **liela ~, maza vilna** — much ado about nothing.
brēkt *v. a.* -cu, -cu, to cry, to scream; to weep.
brēķis *m.* squalling child.
bridiens *m.* wading.
brikšķēt *v. imp.* brikšķ, brikšķēja, to crack, to crackle.
brikšķis *m.* cracking.
briljants *m.* diamond.
brilles *f. pl.* spectacles, eyeglasses.
brist *v. a.* brienu, bridu, to wade.

brišana *f.* wading; fording.
brīdināt *v. a.* -nu, -nāju, to caution, to warn.
brīdis *m.* while, time; pirms ~ža — a little while ago.
brīnišķīgs *a.* wonderful, marvellous.
brīnīties *v. n.* -nos, -nījos, to wonder, to marvel.
brīnums *m.* wonder, marvel; (cilvēks) prodigy.
brīv *adv.* free; man ~ — I am permitted.
brīvā *adv.* to be idle; ~ dzīvot — to lead an idle life.
brīvbiļete *f.* free pass.
brīvdiena *f.* holiday; (darbiniekiem) day off, off day; ~nas *f. pl.* holidays, vacations.
brīvdomātājs *m.* freethinker.
brīveksemplārs *m.* free copy.
brīvība *f.* freedom, liberty; ~bas cīņa — fight for liberty.
brīvlaiks *m.* vacation-time.
brīvlaišana *f.* liberation of serfs, release.
brīvmūrnieks *m.* freemason.
brīvprātīgs *a.* voluntary.
brīvs *a.* free, vacant, exempt (from); ~vi uzskati — liberal opinions; ~va konkurence — open competition; ļaut ~vu vaļu — (jūtām) to give full scope, (personai) free play; ~vā dabā — in the open air; ~vas stundas — leisure hours; ~va istaba — a spare room; piē visa ~va — free board and lodging; par ~vu — no charge.

Latviski-angliska vārdnīca.

brīvstunda *f.* recreation, playtime.
brīvvalsts *f.* republic, commonwealth.
brīžam *adv.* now and then, occasionally, sometimes.
briedināt *v. a.* -nu, -nāju, to let ripen.
briedis *m.* stag, deer, hart.
briedums *m.* maturity ripeness.
briesmas *f. pl.* danger, peril; ~mu signāls — signal of distress, danger-signal.
briesmīgs *a.* dreadful, terrible.
briesmonis *m.* monster, inhuman person.
briest *v. a.* -stu, -du, to swell, to ripen.
brokastis *f. pl.* breakfast.
brokāts *m.* brocade.
broša *f.* brooch.
brošēts *a.* in paper covers.
brošūra *f.* pamphlet.
brucināt *v. a.* to scald; (izkapti) to sharpen, to whet.
bruģējums *m.* pavement.
bruģēt *v. a.* -ju, -ju, to pave.
brukt *v. a.* brūku, bruku, (krāsa) to fade, to peel off; (virsū) to attack.
bruņas *f. pl.* armour; ~ņu rupucis — tortoise, turtle.
bruņinieks *m.* knight.
bruņniecība *f.* hnighthood.
bruņot *v. a.* to arm.
brutto (svars) *m.* — gross weight.
brūce *f.* wound, scar.
brūklenājs *m.* whortleberrybush.

brūklene *f.* whortleberry, red bilberry.
brūns *a.* brown.
brutāls *a.* brutal.
brūte *f.* bride; **-tes māsa** — bridesmaid, **-tes kleita** — wedding-dress; **-tes vedējs** — bride's best man.
brūtgans *m.* bridegroom.
brūvēt *v. a.* -ju, -ju, to brew.
brūzis *m.* brewery.
bubināt *v. a.* -nu, -nāju, to murmur; (zirgs) to neigh low
bubulis *m.* bogy, bugbear.
buča *f.* kiss.
bučot *v. a. n.* -ju, -ju, to kiss.
budzis *m. fig.* rich man.
budžets *m.* budget, yearly estimates; **-tu pieņemt** — to grant supply.
bufete *f.* (istaba) refreshment-room; (skapis) side-board.
buķete *f.* bouquet, nosegay, bunch of flowers.
bula *f.* sultriness.
buldurēt *v. a.* -ju, -ju, to blurt out, to speak incoherently.
buljons *m.* beef-tea, broth.
bullēns *m.* bullock.
bullis *m.* bull, steer.
bulta *f.* arrow, dart; (durvim) bolt.
bultēt *v. a.* -ju, -ju, to bolt.
bumba *f.* ball; (sprāgstoša) bomb.
bumbiere *f.* (auglis) pear; (koks) peartree.
bumbulis *m.* bulb.
bunduls *m.* wooden butter-box.
bundzinieks *m.* drummer

bundža *f.* tin; box.
bungas *f. pl.* drum.
bungādiņa *f.* membrane.
bungāt *v. a.* -ju, -ju, to drum.
burbulis *m.* bubble.
burbuļot *v. a.* -ju, -ju, to bubble; to murmur
burinieks *m.* sailship.
burka *f.* jar, pot.
burkāns *m.* carrot.
buršana *f.* magic, sorcery.
burt *v. a.* buru, būru, to conjure, to bewitch; to practise magic.
burtisks *a.* literal
burtlicis *m.* printer, compositor.
burtnīca *f.* exercise-book, copybook; (žurnāla) number, part.
burtniecība *f.* folklore.
burtnieks *m.* minstrel, prophet; magician.
burtot *v. a.* -ju, -ju, to spell.
burts *m.* letter, character; **spiestuves burti** — type; **iesākuma -ti** — initial letters; **lielie -ti** — capital letters.
burvis *m.* wizard, magician; **-vja zizlis** — magic wand or rod; **-ve** — enchantress witch.
burvība *f.* magic, witchcraft, spell; **-bas vārds** — spell, magic word.
burvīgums *m.* charm.
burzīt *v. a.* -zu, -ziju, to crumple, to crease.
burzma *f.* crowd, throng, tumult.
buržuāzija *f.* capitalist classes.
buržujs *m.* member of the capitalist classes.

buṛa *f.* sail.
būbēt *v. a.* -ju, -ju, to go mouldy.
būda *f.* hut, shanty; **sarga ~ —** sentry box; **suṇa ~ —** kennel.
būt *v. aux. irr.* esmu, biju, būšu, to be, to exist; to have; es esmu — I am; man ir — I have; lai būtu! — be it so! tev jā~ — you must be; ~ klāt — to be present.
būtība *f.* essence, nature; matter.
būtne *f.* being, creature.
būve *f.* building; structure.
būvēt *v. a.* -ju, -ju, to build, to construct; (plānot) to plan.
būvniecība *f.* architecture, art of building.

C

Carisms *m.* Tsarism.
cars *m.* Tsar; **~iene —** Tsarina.
cauna *f.* marten.
caur *prp.* through, by.
cauraudzis *a.* (speķis) streaky (bacon).
caurausts *a.* interwoven.
caurbraucējs *m.* through-passenger.
caureja *f.* passage, thoroughfare; (slimība) diarrhoea; viņam kārtīga ~ he goes regulary to the closet; (pretstats: aizcietējums — constipation).
cauri *adv.* through; (pāri) over; (pilnīgi) throughout.
caurlaists *a.* filtered, let through.
caurmērs *m.* average; diameter.

caurredzams *a.* transparent, pellucid.
caurs *a.* full of holes; (zobs) hollow; perforated; **~ru nakti —** the whole night; **~ras kurpes —** worn-out shoes; **~as zeķes —** holes in the stockings.
caurskatamība *f.* transparency, pellucidness.
caurspīdīgs *a.* transparent, clear.
caurule *f.* pipe, tube.
caurumains *a.* full of holes.
caurums *m.* opening, hole.
caurvējš *m.* draught.
cālis *m.* chicken.
cekulains *a.* crested, tufty.
cekuls *m.* crest, tuft; top.
celiņš *m.* foot-path, path; (matu) parting.
celis *m.* knee; **~los mesties —** to kneel; **~jus locīt —** to genuflect **~ju locīšana —** genuflection, kneeling.
celmains *a.* covered with stumps.
celmlauzis *m.* pioneer.
celms *m.* stump, stock, stem.
Celsija termometrs *m.* -centigrade, Celsius thermometer.
celt *v. a.* -ju, cēlu, to lift, to raise; (modināt) to awaken; (būvēt) to build, to raise; *v. n.* -los, cēlos, to rise, to get up; (vējš) to spring up; (no kā) to come from, to result.
celtne *f.* building, structure, edifice.
celtniecība *f.* architecture.
celtspēja *f.* leverage.
celtuve *f.* (pār upi) ferry; (krāns) crane.

4*

ce|gals *m.* knee.
ce|inieks *m.* traveller, wanderer.
ce|mala *f.* roadside, wayside; ~|ā — by the roadside.
ce|ojums *m.* journey, travel; (īss) trip, excursion; (jūŗas) voyage; (pāri jūŗai) passage.
ce|ot *v. a.* -ju, ju, -to journey, to travel; to go, to make a journey.
ce|š *m.* way, road; ~|u inženiers — constructor of roads; ~|u taisīšana — road-making; doties ~|ā — to start; griezt ~|u — to make way; likumīgā ~|ā — legally; mehāniskā ~|ā — mechanically; privātā ~|ā — confidentially; stāvēt ~|ā — to be in the way.
ce|vedis *m.* guide.
cements *m.* cement.
cemme *f.* cramp-iron.
cena *f.* price, value; ~nu paaugstinājums — rise in prices; ~nu pazeminājums — reduction; ~nu saraksts — price-list.
cenits *m.* zenith.
cenot *v. a.* -ju, -ju, to rate, to price, to value (at).
censonis *m.* striver, zealous man.
censties *v. n.* -šos, -tos, to strive, to endeavour; (pēc) to aim at.
centība *f.* ardour, sedulity, zeal.
centīgs *a.* assiduous, zealous, sedulous.
centieni *m. pl.* aspiration, endeavour.
centners *m.* quintal, hundred-weight (cwt).

centrāle *f.* central.
centrāls *a.* central, ~la apkurināšana — central heating.
centrs *m.* centre; **smaguma** ~ — centre of gravity.
cenzēt *v. a.* -ju, -ju, to censure.
cenzs *m.* census.
cenzūra *f.* censure.
cepešpanna *f.* frying-pan.
cepetis *m.* roast meat.
cepināt *v. a.* -nu, -nāju, to roast; (saulē) to burn, to parch.
cepiens *m.* batch.
cepjams *a.* to be baked (fried, roasted); ~ā forma — baking-pan (form); ~ā plāts — baking-plate; ~ais pulveris — baking powder.
ceplis *m.* (krāsns) oven; (ķieģeļu) brick-kiln, kiln.
ceplītis *m.* (putns) wren.
cept *v. a.* -pju, -pu, (maizi) to bake; (gaļu) to roast; (zivis) to fry; (sutināt) to broil.
ceptuve *f.* bakery, baker's shop.
cepums *m.* baking; (kūka) cooky, pastry.
cepure *f.* (ar malām) hat; (bez malām) cap; (siev.) bonnet; ~res mala — brim; ~res dibens — crown.
ceremonija *f.* ceremony.
cerēt *v. a.* -ru, -rēju, to hope.
ceriņi *m. pl.* lilacs.
cerība *f.* hope, expectation.
cers *m.* bush, shrub.
ceturksnis *m.* quarter
ceturtais *num.* fourth.

ceturtdiena *f.* Thursday; zaļā ~ Maundy Thursday.
ceturtkārt *adv.* fourthly, in the fourth place.
cēlājs *m.* ferry-man.
cēliens *m.* (darba) part of worktime; (lugas) act; (celšana) lifting, taking up; krietns ~ — a great weight.
cēlonis *m.* cause, reason.
cēlonība *f.* causality.
cēls *a.* noble, sublime.
cērme *f.* maw-worm.
ciba *f.* wooden box for butter.
cigarete *f.* cigarette; ~tes iemutis — cigarette holder; ~tu etvija — cigarette case.
cigārs *m.* cigar.
cigoriņi *m.* pl. chicory.
cik *num.* how much, how many; ~ drīz? how soon? ~ ilgi? how long? ~ pulkstens? what is the time? what o'clock is it? ~ viņš vecs? how old is he? ~ grūti tas man arī nenāktos — however hard it may be for me; ~ ļoti viņš maldas! how much he is deceived!
cikais *num.* which one.
cikcaks *m.* zig-zag.
cikkārt *adv.* how often.
ciklons *m.* cyclone.
ciknecik *adv.* a little.
cikos? *adv.* at what o'clock?
cikls *m.* cycle.
cilāt *v. a.* -ju, -ju, to lift up; (runā) to talk over many times; *v. n.* -jos, -jos, to rise and lie down repeatedly.

cildens *a.* laudable, noble.
cildināt *v. a.* -nu, -nāju, to praise, to commend.
cilindrs *m.* cylinder; (cepure) silk hat, top-hat.
cilnis *m.* relief.
cilpa *f.* loop, noose; ~s — snare; ~pu licējs — trapper.
cilpot *v. a.* to frisk, to leap; (soļot) to go on foot.
cilts *f.* race, family, tribe, progeny, origin; ~ koks — genealogical tree; ~ tēvs — ancestor.
cilvēce *f.* mankind, humanity.
cilvēcisks *a.* human; ~ki *adv.* — human, humanly.
cilvēcība *f.* humanity.
cilvēcīgs *a.* humane, kind.
cilvēkēdējs *m.* cannibal, man-eater.
cilvēks *m.* man; person.
cimdnieks *m.* glover.
cimds *m.* glove; dūrains ~ — mitten; bruņu ~ gauntlet.
ciniķis *m.* cynic.
cinisks *a.* indecent, offensive.
cinis *m.* hillock, mound
cinks *m.* zinc.
ciņains *a.* mounded.
ciparnīca *f.* dial.
cipars *m.* cipher, digit.
circenis *m.* cricket.
cirks *m.* circus.
cirksnis *m.* groin.
cirkulārs *m.* circular.
cirkulis *m.* (a pair of) compasses.
cirpe *f.* vai -is *m.* sickle.
cirpējs *m.* shearer; clipper.

cirpt *v. a.* cērpu, cirpu, to shear, to clip.

cirsma *f.* timber marked for felling.

cirst *v. a.* cērtu, cirtu, to cut, to hew; (kokus) to fell; (sist) to strike, to beat; ~ pliķi — to give a box on the ear, to give a blow on the face; (tēlniec.) to carve, to engrave.

cirta *f.* curl, lock, ringlet.

cirtains *a.* curly, frizzy.

cirtējs *m.* (malkas) cutter, (koku) feller, hewer.

cirtiens *m.* stroke, blow; (brūce) mark, scar.

cirtums *m.* clearing in the forest; place where timber has been felled.

cirvis *m.* axe; (gaļas) hatchet; ~ja kāts — axe-helve; ~ja piets — axe-head.

cisas *f. pl.* bed-straw, bed, couch.

ciska *f.* loin, haunch.

citara *f.* cithern, zither.

citāds *a.* different, other; ~di — otherwise; es nevaru citādi kā — I cannot but...

citāts *m.* quotation, citation.

citēt *v. a.* ~ju, -ju, to quote, to cite.

citkārt *adv.* formerly, sometime, once.

citreiz *adv.* another time, sometime.

citrons *m.* lemon; ~a mīza — lemon peel; ~āts — candied lemon peel, succade; ~skābe — citric acid.

cits *prn.* another, other, different.

cittautietis *m.* alien, foreigner.

citur *adv.* in another place.

cituriene *f.* another place.

civilizācija *f.* civilization.

civildienests *m.* civil service.

civillaulība *f.* civil marriage; free union.

cīkstēties *v. n.* -jos, -jos, to wrestle.

cīkstonis *m.* wrestler, combatant.

cīniņš *m.* struggle, combat, wrestling.

cīnities *v. n.* -nos, -nijos, to struggle, to combat, to resist; (sportā) to wrestle.

cīņa *f.* action, fight, struggle; (sportā) combat, contest; (pūles) effort, exertion; (gariga) conflict; ~ņas biedrs — fellow-combatant, or struggler; ~as nespējīgs — disabled; ~as vieta — scene of action.

cīpsla *f.* sinew, tendon.

cīrēt *v. a.* to cast eyes upon, to eye with longing.

cīrulis *m.* lark.

cītība *f.* industry, endeavour, diligence.

cītīgs *a.* assiduous, diligent, industrious.

ciedrs *m.* cedar.

ciekurzis *m.* cone.

cielava *f.* wag-tail.

ciemāts *m.* village, hamlet.

ciemiņš *m.* guest, visitor; mums ~ņi — we have visitors.

ciemkukulis *m.* gift, present; bread.

ciemoties — Čabata 55

ciemoties *v. n.* -jos, -jos, to pay a visit, to stay for a time.
ciems *m.* village; iet ~ā — to pay a visit, to call (on).
cienāt *v. a.* to entertain, to treat.
cieniba *f.* respect, regard; dignity.
cienigā *m.* (uzrunā) madam.
cienigs *a.* respectable; important.
cienijams *a.* honourable, estimable.
cienit *v. a.* to esteem, to respect.
cienitājs *m.* admirer, adorer.
ciena *f.* esteem, regard, respect
ciesa *f.* couch-grass.
ciest *v. a.* -šu, -tu, to endure, to bear, to suffer; (piejaut) to tolerate: laiks neciēš — time presses.
ciešamā kārta *f.* passive voice.
ciešanas *f. pl.* suffering.
cieši *adv.* hard by, close.
ciešs *a.* close.
cietējs *m.* sufferer, patient.
cietēt *v. a.* -ju, -ju, to harden.
cieti *adv.* close, fast, firmly ~ novārīta ola — hard-boiled egg; taisi durvis ~! close the door! ņem viņu ~ seize him!
cietoksnis *m.* citadel, fortress stronghold.
ciets *a.* hard; ~ti mati — stiff hair; ~ miegs — sound sleep; ~ vēders — constipation.
cietsirdis *m. a.* hard-hearted man.
cietsirdība *f.* cruelty, hard-heartedness.
cietsirdīgs *a.* hard-hearted, cruel.
cietumnieciba *f.* captivity, imprisonment.
cietumnieks *m.* prisoner, captive.
cietums *m.* prison, jail, gaol; ~a sargs — jailer, gaoler; (īpašība) hardness, firmness.
cietzeme *f.* continent.
colla *f.* inch.
cukurs *m.* sugar; ~a fabrika — sugar factory; ~a niedra — sugar cane; ~ biete — sugar-beet, sweet turnip; ~—salds — sugary; ~ slimība — diabetes; ~ zirņi — sweet peas; ~a trauks — sugar basin; ~a vārītājs — sugar refiner; smalkais ~ refined sugar; gabalu ~ — lump-sugar.
cunfte *f.* guild, corporation.
cūcene *f.* sow.
cūciņa *f.* (slimība) parotitis; jūras ~ — guinea-pig.
cūcisks *a.* filthy, hoggish.
cūcība *f.* filthiness, hoggishness, obscenity.
cūka *f.* pig, hog, sow; (lamu vārds) an obscene fellow; ~ku tauki — lard; ~ku pupas — horse-beans.
cūkgaļa *f.* pork; putraimaina ~ — measly pork, junk.
cūkgans *m.* swine-herd.
cūkkopība *f.* breeding of pigs.
cūkkūts *f.* pig-sty.
cūkpiene *f.* dandelion.
cvībaks *m.* biscuit.

Č

Čabata *f.* bast shoe

čabēt v. a. -bu, -bēju, to rustle.
čabināt v. a. -nu, -nāju, to make a rustle.
čagans a. spongy, soft.
čakarēt v. a. -ju, -ju, to poke, to pick.
čaklība f. assiduity, diligence, industry.
čakls a. assiduous, diligent, industrious.
čakste f. shrike, butcher-bird.
čala f. chatter, gabble.
čaloņa f. (ūdens) splashing, purl.
čalot v. a. -ju, -ju to chat, to purl.
čamdīt v. a. -du, -dīju, to grope, to feel.
čarka f. a small glass of strong liquor; iedzert -ku — to take a drop.
čaugans a. sk. čagans.
čaukste f. a soft cabbage-head.
čaukstene f. gossip, babbler, prattler.
čaukstēt v. a. -stu, -stēju, to rustle; to gossip.
čaula f. shell, peel; (pākste) husk; crust.
čaumala f. (olas) shell.
čāpāt v. a. -ju, -ju, to shamble.
čāpstināt v. a. -nu, -nāju, to smack.
čechoslovāks m. Czechoslovakian.
čeks f. cheque.
čello m. violoncello.
čemodāns m. trunk, box; (mazs) suit-case, valise, bag.
čempions m. champion.
čemurs m. cluster.
červeļains a. purled, puckered.
četracis m. a four (at cards).
četratā adv. four together.
četrbalsīgs a. four parts.
četrdesmit num. forty.
četrējāds a. quadruple.
četri num. four; zem -ām acīm — face to face.
četrkājis m. quadruped.
četrkārtējs a. fourfold, quadruple
četrpadsmit num. fourteen.
četrpadsmitais num. fourteenth.
četrrāpus adv. on all fours.
četrreiz adv. four times.
četrrocīgs a. four-handed; -ga sonāta — double sonata.
četrstūris m. square; quadrangle.
četrstūrains a. square, quadrangular.
čigāns m. gipsy.
činkstēt v. a. -stu, -stēju, to resound; fig. to weep.
čirkstēt v. a. -stu, -stēju, to creak, to chirp.
čivināt v. a. -nu, -nāju, to twitter.
čīgāt v. a. to scrape (on a fiddle).
čīkstēt v. a. -stu, -stēju, to creak; fig. to weep.
čīkstināt v. a. (durvis) to cause to creak; (vijoli) to scrape.
čiekurs m. sk. ciekurzis.
čiept v. a. -pju, -pu, to cheep to pule; (zagt) to steal
čokars m. entanglement.
čubināt v. a. -nu, -nāju, to fondle, to pamper; v. n. -jos,

-jos, to do something very slowly.
čučēt v. a. -ču, -čēju, (bērnu valodā) to sleep.
čugas f. pl. drift-ice.
čuguns m. cast-iron.
čukstēt v. a. -stu, -stēju, to whisper.
čukurs m. gable-end; top.
čulga f. blister, pimple.
čumeklis m. mess, turmoil.
čumēt v. a. -mu, -mēju, to crowd, to swarm.
čupa f. heap, pile.
čurkste f. martin, martlet.
čurkstēt v. a. -stu, -stēju, (ūdens) to purl, to ripple; (tauki) to sizzle, to hiss.
čūkslājs m. bog, morass.
čūkstēt v. imp. -st, -stēja, to fizz, to whiz.
čūlāt v. a. -ju, -ju, to ulcerate, to fester.
čūska f. snake, serpent.

Ch

Chalifs m. caliph.
chameleons m. chameleon.
chāns m. khan.
charakters m. sk. raksturs.
chaoss m. chaos, havoc.
cherubs m. cherub.
chimēra f. chimera.
chinīns m. quinine.
chirurģija f. surgery.
chirurgs m. surgeon.
chlōrkaļķis m. chloride of lime.
chlōrofils m. chlorophyll.
chlōroforms m. chloroform.
chlōrs m. chlorine.
cholera f. cholera.
chorda f. math. chord.
chrestomatija f. anthology.
chrizantema f. chrysanthemum.
chronika f. chronicle, annals.
chronisks a. chronical.
chronoloģija f. chronology
chronometrs m. chronometer.
chrōms m. chrome.

D

Daba f. nature, (raksturs) character; klusā ~ (glezn.) still-life; ~bas parādība — phenomenon; ~bas pētnieks — investigator of nature.
dabisks a. natural.
dabīgs a. genuine, natural, unaffected.
dabūjams a. to be had; ~ pirkt — available.
dabūt v. a. -ju, -ju, to get, to obtain, to receive.
dadzis m. thistle, bur.
daikts m. instrument, tool; thing.
daile f. art; beauty.
daiļava f. beauty, fair one.
daiļjūtība f. sense of beauty.
daiļkrāsotājs m. painter.
daiļrakstniecība f. fiction, imaginative literature.
daiļruna f. eloquence, rhetoric; (dekl.) declamation, recitation.
daiļskanīgs a. harmonious, euphonious.
daiļskaņa f. euphony.
daiļš a. beautiful, fair.
daiļums m. beauty, fairness.

daimons *m.* demon.
daiņa *f.* folk-song.
dakstiņš *m.* tile.
dakšas *f. pl.* pitch-fork.
dakšiņas *f. pl.* fork.
dakteris *m.* doctor, physician.
daktils *m.* dactyl.
dakts *f.* wick.
dalāmais *a.* divisible.
dalāmība *f.* divisibility.
dalība *f.* participation, share; ~bu ņemt — to take part, to participate.
dalībnieks *m.* participant, sharer; veikalā ~ partner.
dalījums *m.* division, distribution; quotient.
dalīšana *f.* division, sharing; ~as zīme — division-mark.
dalīt *v. a.* -lu, -līju, to divide, to part; *v. n.* -os, -jos, to share; (ceļš) to branch out; 12 daļās uz 3 — 12 is divisible by 3.
dalītājs *m.* divider, divisor.
daļa *f.* part, portion, share; (grāmatas) volume; liela ~ a great deal; pa ~ai — partly, in part; pa lielākai ~ai — mostly, for the most part; pa ~ām — partially, in parts; ~ļu maksājums — instalment, part payment; kas man par ~ļu! — what do I care!
daļskaitlis *m.* fraction.
dambis *m.* dam, dike; mole.
dambrete *f.* draughts.
dancis *m.* dance.
danis *m.* Dane.
daramā kārta *f.* active voice.

darbinieks *m.* employee; (ierēdnis) official, clerk.
darbība *f.* activity, action; ~as pārskats — account.
darbīgs *a.* active, busy.
darbnīca *f.* workshop.
darboties *v. n.* -jos, -jos, to work, to act; to be busy; no~ to be occupied with; līdz~ — to cooperate; (laikrakstā) to contribute.
darbs *a.* work, employment; (smags) labour; (varonīgs) deed; (uzdevums) task; ~a alga — wages; ~a biedrs — colleague, pal, mate, chum; ~a dalīšana — division of labour; ~a devējs — employer, master; ~a diena — working day; ~a lauks — sphere of action; ~a ļaudis — working class; ~ nams — workhouse; (sods) house of correction; ~ ministrija — Labour Department; ~a ņēmējs — employee, labourer, workman; ~a nespējīgs — disabled, unfit for work; ~a rīks — instrument, tool; ~a rūķis — work-slave; ~a spēja — ability of work; ~a spējīgs — ablebodied; ~a spēks (strādnieki) workmen, hands; ~a trūkums — want of work, unemployment; ~a vieta — working-place.
darbvedis *m.* secretary; (vadītājs) manager, chief clerk.
darbvedība *f.* business - management.
darināt *v. a.* -nu, -nāju; to

make, to do; (saknes) to cut off leaves and roots.
darījums *m.* action, deed.
darīšana *f.* business, doing, concern; tā nav mana ~ — it is not my business, or: it does not concern me.
darīt *v. a.* -ru, -riju, to do, to perform; ~ pāri — *tn* injure, to offend.
darva *f.* tar.
darvot *v. a.* -ju, -ju, to tar.
datele *f.* date
dati *m. pl.* facts, data.
datīvs *m.* dative.
datums *m.* date, day of the month.
daudz *num.* un *adv.* much, many, a great deal; ļoti ~ (priekšm.) a great many, (vielas) very much; diezgan ~ — a good many, pretty much; divreiz tik ~ — twice as many (much); par ~ — too many (much) ~ vairāk — much more.
daudzējāds *a.* various, multifarious.
daudzināt *v. a.* -nu, -nāju, to mention very often, to praise.
daudzkājis *m.* multipede, polypus.
daudzkārt *adv.* frequently, many times, often.
daudzkārtējs *a.* manifold (atkārt.) reiterated, frequent.
daudzkrāsains *a.* multicoloured.
daudzmaz *adv.* somewhat, to some extent.

daudzpunkts *m.* interpunction (...).
daudzpusīgs *a.* many-sided, various.
daudzreiz *adv.* many times.
daudzrunātājs *m.* a great talker, loquacious person.
daudzsievība *f.* polygamy.
daudzskaitlinieks *m.* noun used only in plural.
daudzskaitlis *m.* plural.
daudzstūris *m.* polygon.
daudzums *m.* multitude.
daudzvalodu *a.* polyglot.
daudzvārdība *f.* verbosity.
daudzvīrība *f.* polyandry.
daudzzinis *m.* person of extensive knowledge.
dauzeklis *m.* (cilvēks) bully, a rough; (lieta) a cane for beating clothes.
dauzīt *v. a.* -zu, -zīju, to beat; (pie durvīm) to knock, to rap; (kājas) to stamp; *v. n.* -jos, -jos, (pie durvīm) to knock; (apkārt) to gad about, to stroll; (bērni) to romp.
dažādība *f.* diversity, variety; (atšķir.) difference.
dažāds *a.* diverse, various, different (from).
dažreiz *adv.* sometimes.
dažs *prn.* some; ~ labs — many a; ~ā ziņā — in a way, to some extent.
dāma *f.* lady, gentlewoman; spēlē) queen; ~u istaba — ladies cloak-room; ~u nodaļa — compartment for ladies.

dārdēt v. a. -du, -dēju, to rumble, to rattle.
dārdoņa f. roar, rumbling.
dārdzība f. high prices, dearth.
dārgakmens m. jewel, precious stone.
dārgs a. expensive, dear, precious.
dārgums m. dearness, expensiveness.
dārzāji m. pl. greens, vegetables.
dārzkopis m. horticulturist.
dārzkopība f. gardening, horticulture.
dārznieks m. gardener.
dārzs m. garden; **augļu ~** orchard; **bērnu ~** — kindergarten; **sakņu ~** kitchengarden; **rūpniecības ~** — marketgarden.
dāvana f. gift, present; (ziedoj.) donation.
dāvāt v. a. -ju, -ju, to give, to present; (uzmanību) to bestow.
dāvināt v. a. -nu, -nāju, to give, to make a present.
dāvinātājs m. giver, donor, person who gives.
debess f. sky, heaven; **~ zils —** sky-blue, azure; skaidras **~is** — serene sky; **~ braukšana —** ascension; **~ valstība —** kingdom of heaven.
debesskrāpis m. sky-scraper.
debešķīgs f. heavenly; charming.
debija f. debut, first appearance.
debitants m. beginner, debutant(e).
decembris m. December.

decimāls a. decimal.
dedzināt v. a. -nu, -nāju, to burn (saulē) to scorch, to parch; kafiju **~** — to roast; (ķīm.) to distil; **~mais spirts —** methylated spirits.
dedzinātava f. distillery.
dedzinātājs m. incendiary.
dedzība f. ardour, eagerness, fervour.
dedzīgs a. ardent, eager, fervent.
deggāze f. lighting gas.
deglis m. fuse, burner, wick.
degpunkts m. focus.
degt v. a. -gu, -gu, to burn.
degums m. burn.
degunradzis m. rhinoceros.
deguns m. nose; līks **~** — hook-nose; bāzt **~u** — to poke one's nose into.
deguts m. tar.
degvīns m. spirits, whisky, gin.
degviela f. fuel; combustible.
deja f. dance.
dejot v. a. -ju, -ju, to dance.
dekāda f. decade.
dekadence f. decadency.
dekadents m. decadent.
dekāns m. dean.
deklamācija f. recitation.
deklamēt v. a. -ju, -ju, to recite.
deklarēt v. a. -ju, -ju, to declare, to announce.
dekorācija f. ornament; **~as —** scenery.
dekrēts m. decree.
deķis m. sk. sega.
deldēt v. a. -ju, '-ju, to diminish; (parādu) to pay, to dis-

charģe: (lietāt) to wear out by use.
delegāts *m.* delegate.
delfins *m.* dolphin.
delna *f.* palm (of the hand).
delverēties *v. n.* -jos, -jos, to romp, to be naughty; to bluster.
delveris *m.* thoughtless person, wanton.
demisija *f.* (atlaist) dismissal; (atkāpt.) resignation.
demolēt *v. a.* -ju, -ju, to demolish, to smash.
demonstrācija *f.* demonstration.
denaturāts *m.* methylated alcohol.
denaturēt *v. a.* -ju, -ju, to debase, to make undrinkable (uneatable).
dendijs *m.* dandy.
deniņi *m. pl.* temples.
denuncēt *v. a.* -ju, -ju, to denounce.
denuncētājs *m.* informer, spy; (skolā) sneak.
denunciācija *f.* espionage; denunciation; (skolā) tale-telling, sneaking.
depeša *f.* dispatch.
deputāts *m.* deputy, delegate.
derēt *v. a.* -ru, -rēju, to suit, to fit, to do; tas derēs — it will do; (līgt darbā) to hire, to contract, to engage; to go into service; (slēgt derības) to bet, to wager.
derība *f.* vecā un jaunā ~ Old and New Testaments.

derības *f. pl.* bet, wager; (saderin.) betrothal, engagement
derīgs *a.* useful, fit; (kam) apt for, suitable.
derīgums *m.* fitness, suitableness.
desa *f.* sausage; **asins ~** black — pudding; **aknu ~** — white pudding, liver sausage.
deserts *m.* dessert.
desinieks *m.* pork-butcher.
desmit *num.* ten.
desmitkārtīgs *a.* tenfold.
desmitnieks *m.* ten (at cards).
despots *m.* despot, tyrant.
devējs *m.* donor, giver.
deviņdesmit *num.* ninety.
deviņdesmitais *num.* ninetieth.
deviņi *num.* nine.
deviņpadsmit *num.* nineteen.
deviņpadsmitais *a.* nineteenth.
deviņstūris *m.* nonagon.
devība *f.* generosity, liberality.
devīgs *a.* generous, liberal.
devītais *num.* ninth.
devītnieks *m.* nine (at cards).
devums *m.* dose.
dezertēt *v. a.* to desert.
dezertieris *m.* deserter.
dežūra *f.* duty.
dežūrants *m.* person on duty, monitor.
dežūrēt *v. a.* -ju, -ju, to be on duty, to do duty.
dēbets *m.* debit.
dēbitors *m.* debtor.
dēdēt *v. a.* -du, -dēju, to pine away.
dēfekts *m.* defect.

deficits m. deficit; ~ svarā — shortness of weight.
definēt v. a. -ju, -ju, to define.
deformācija f. deformation.
deformēt v. a. -ju, -ju, to deform.
dējigs a. a good layer.
dēka f. adventure.
dēkainis m. adventurer.
dēklinācija f. declination.
dēklinēt v. a. -ju, -ju, to decline, to inflect.
dēle f. leech.
dēlis m. board.
dēls m. son; ~a dēls — grandson, ~a meita — granddaughter; ~a sieva — daughter-in-law.
dēļ prp. because of, for, for the sake of; viņa ~ — on his account.
dēmokratija f. democracy.
dēstīt v. a. -stu, -stīju, to plant.
dēsts m. seedling; kāpostu ~ sprout.
dēt v. a. -ju, -ju, to lay (eggs) v. n. -jos, -jos, (nezināt, kur ~) not to know where to take refuge.
dēvēt v. a. -ju, -ju, to call, to name, to nominate.
diadēma f. diadem, coronet, headband.
diagnōze f. diagnosis.
diagonāle f. diagonal.
diagramma f. diagram.
dialekts m. dialect.
dialogs m. dialogue.
diametrs m. diameter.
diapozitīvs m. lantern-slide.
diatermija z. diathermy.
dibens m. bottom.
dibināt v. a. -nu, -nāju, to base, to found; to establish; v. n. -jos, -jos, to rest upon.
dibinātājs m. founder.
didaktika f. didactics.
diēta f. diet, dietary.
difterija m. diphtheria.
dikcija f. diction, elocution.
diktāts m. dictation.
diktātūra f. dictatorship.
diktēt v. i. -ju, -ju, to dictate.
dikti adv. loudly, strongly; (ļoti) (pie īpaš. v.) very; (pēc darb. v.) very much.
diletants m. amateur
dille f. dell.
dilonis m. consumption, phthisis.
diloņslimnieks m. consumptive patient.
dilšana f. wane.
dilt v. a. -stu, -lu, to languish, to pine away; (lietas) to wear out; (mēness) to wane, to decrease; (parāds) to diminish.
dimants m. diamond.
dimdēt v. a. -du, -dēju, to rattle, to rumble.
dimdoņa f. rumbling.
diminutīvs a. diminutive.
dinamika f. dynamics.
dinamisks a. dynamic.
dinamīts m. dynamite.
dinamo (mašīna) f. dynamo.
dinastija f. dynasty.
diplomātija f. diplomacy.
diplomāts m. diplomatist; a cunning man.
diploms m. diploma; parchment.

direkcija *f.* board of directors.
direktors *m.* director; (skolas) head (of the school), headmaster; (teātra) manager, managing director; **cietuma ~** — governor; **techniskais ~** —chief engineer; **~a vieta** — directorship; manager's post.
diriģents *m.* conductor, leader.
diriģēt *v. a.* -ju, -ju, to conduct.
dis (mūzikā) 1) sharp; **~ dūr** — D sharp major; **~ moll** — D sharp minor.
disciplīna *f.* discipline.
disentērija *f.* dysentery.
disertācija *f.* dissertation; thesis.
disharmonija *f.* disharmony, want of harmony, dissonance.
diskants *m.* treble, soprano **~a atslēga** — treble-clef; **~a balss** — treble (or soprano) voice.
diskontēt *v. a.* -ju, -ju, to discount.
diskonts *m.* discount.
diskrēts *a.* discreet.
diskusija *f.* discussion, debate.
diskutēt *v. a.* -ju, -ju, to discuss.
disputs *m.* dispute.
distance *f.* distance.
divacis *m.* deuce (at cards).
divatā *adv.* two together, in pairs, in couples.
divbērnu sistēma *f.* two-child system
divdabis *m.* participle.
divdesmit *num.* twenty
divdesmitais *num.* twentieth.
divdomība *f.* obnoxiousness, scandalousness.
divdomīgs *a.* scandalous, obnoxious, slippery, offensive.
divējāds *a.* of two sorts, of two kinds.
divguļu *a.* double.
divi *num.* two.
divi simti *num.* two hundred.
divjūgs *m.* carriage and pair.
divkauja *f.* duel; single combat.
divkājis *m.* two-footed, biped.
divkāršot *v. a.* -ju, -ju, to double, to duplicate.
divkāršs *a.* double, twofold
divkosis *m.* double-dealer.
divkosība *f.* double-dealing, duplicity.
divkosīgs *a.* false.
divkrāsains *a.* two-coloured
divmāju *a.* dioecious.
divnadzis *m.* cloven-footed.
divnedēļu *a.* fortnightly.
divnieks *m.* (kārtīs) deuce; (atzīme) two.
divpadsmit *num.* twelve.
divpadsmitais *num.* twelfth.
divpadsmit pirkstu zarna — duodenum
divplāksnis *m.* biplane.
divpusīgs *a.* two- sided; ambiguous
divreiz *adv.* twice.
divriči *m. pl.* two-wheeled carriage, hanšom.
divrindu (pogu svārki) *a.* doublebreasted.
divritenis *m.* bicycle.
divrocīgs *a.* two-handed.
divsēžu *a.* double-seated.
divskaitlis *m.* dual (number)
divskanis *m.* diphthong.

divsliežu *a.* double-tracked.
divsleju *a.* doubly-cleft or split.
divspārnu *a.* (insekts) dipterous insect.
divstāvu *a.* two-storied.
divstobrene *f.* double-barrelled gun.
divtik *adv.* twice as much (many).
divvalodu *a.* bilingual.
divviru *a.* (durvis) folding (doors).
divzīmju *a.* (skaitlis) number of two digits.
dižoties *v. n.* -jos, -jos, to boast.
dižciltība *f.* nobility (of birth).
dižciltīgs *a.* noble.
dižens *a.* stately, portly.
dižcnums *m.* prominence, stateliness.
dižs *a.* big, great; eminent.
didīt *v. a.* -du, -dīju, to train; *v. n.* -dos, -dījos, to be restless.
dīglis *m.* germ, shoot.
dīgt *v. a.* -gstu, -gu, to germinate, to shoot, to sprout.
dīgtspēja *z.* germinative faculty.
dīkā *adv.* at leisure, idle.
dīkt *v. a.* dīcu, dīcu, to weep in a monotonous voice.
dīķis *m.* pond.
dīrāt *v. a.* -ju, -ju, to skin; *fig.* to charge high prices.
dīrātājs *m.* flayer, knacker.
distele *f.* shaft, pole.
dīvains *a.* strange, wonderful.
dīvāns *m.* couch, settee; **turku ~** ottoman.
dižāties *v. n.* -jos -jos, to be restive.

diedelēt *v. a.* -ju, -ju, to beg with importunity.
diedelnieks *m.* beggar, mendicant.
diedziņi *m. pl.* twine, yarn.
diedzēt *v. a.* -ju, -ju, to let grow.
diegs *m.* thread.
diegt *v. a.* -dzu, -dzu, to sew with large stitches; *fig.* **to clear off.**
diemžēl *adv.* un *int.* unfortunately; alas!
diena *f.* day; **pastara ~** Doomsday, Day of Judgment; **~as grāmata** — diary; **ik pārdienas** — every other day; **cauru ~u** — all day long; **~ aust** — it dawns; **~as avīze** — daily paper; **~as gaisma** — daylight; **~ jautājums** — topic of the day; **~ kārtība** — agenda; **~as vidus** — noon-time; **~as zaglis** — idler, sluggard, lazybones.
diendusa *f.* siesta, midday repose.
dienestnieks *m.* servant.
dienests *m.* service; employment.
dienēt *v. a.* -nu, -nēju, to be in service, to serve.
dieneniece *f.* day-labourer.
dienenieks *m.* day-labourer; journeyman.
dienišks *a.* daily, quotidian.
dienvidi *m. pl.* south; **~du saule** — meridian sun.
dienvidnieks *m.* southerner.
dienvidpols *m.* South Pole.
diet *v. a.* deju, dejoju, to dance.
dievbijība *f.* piety, devoutness.
dievbijīgs *a.* pious, devout.

dievdots a. weak, feeble; stupid.
dieve f. goddess.
dieveris m. brother-in-law.
dievgalds m. communion-table; ~nieks — communicant; iet pie ~a — to partake of the communion.
dievināt v. a. -nu, -nāju, to worship, to idolize.
dievišķība f. godliness, divinity.
dievišķīgs a. adorable, divine.
dievība f. deity, divinity; Godhead.
dievkalpojums m. divine service, worship
dievkociņš m. southern wood.
dievlūdzējs m. devotee.
dievmaize f. consecrated wafer.
dievmāte f. Blessed Virgin, Our Lady.
dievnams m. temple, church.
dievoties v. n. -jos, -jos, to swear, to take an oath.
dievpalīgs m. a welcome "God help you!" ~gu atņemt — to answer with thanks.
dievredzis m. prophet, fortuneteller.
Dievs m. God; ~a gotiņa (insekts) lady-bird; ~a liedzējs — blasphemer; ~a dēļ — for God's sake.
dievticīgs a. devout, religious.
dievturis m. God-seeker, devotee.
dievu ēdiens m. ambrosia; ~ dzēriens m. nectar.
dievvārdi m. pl. sermon, service; ~u laiks — hours of divine service.

dievzemīte f. (Kurzeme) little land of gods.
diezgan adv. enough, sufficiently.
dobe f. (puķu) bed, border.
dobjš a. dull.
dobums m. cavity, hollow.
dobt v. a. -bju, -bu, to hollow out.
docents m. university teacher or lecturer.
dogmats m. dogma.
doktors m. doctor; sieviete ~ — lady doctor; ~a kundze — Mrs. N. N. (bez tituļa!), doctor's wife. Dr. jur. — Doctor of Laws (LLD); Dr. med. — Doctor of Medicine (M. D.); Dr. phil. — Master of Arts (M. A.); Dr. theol. — Doctor of Divinity (D. D.).
dokuments m. document.
dollars m. dollar.
dolomīts m. dolomite.
doma f. thought, idea; ~mu izmaiņa — exchange of thoughts or opinions; ~u raksts — composition, essay, paper; ~u zīme — dash (—).
domāšana f. thinking, reflection, speculation.
domāt v. a. -ju, -ju, to think, to reflect, to speculate.
domātājs m. thinker.
dome f. council; **pilsētas ~** — Town Council; ~es nams — town hall, Council house, (Londonā) Mansion House.
dominēt v. a. -ju, -ju, to domineer, to lord it.

domīgs a. thoughtful, meditative.
domnieks m. councillor.
doms m. cathedral; minster.
domstarpība f. difference of opinion, disagreement.
dona f. crust; end of a loaf.
dot v. a. dodu, devu, to give, to bestow; v. n. dodos, devos, to set off, to start, to put out.
doze f. box, tin.
drabiņas f. pl. grounds, husks; dregs.
dragāt v. a. -ju, -ju, to damage; (sa-) to smash.
dragūns m. dragoon.
draiska (-ulis) m. romp, unruly creature; (meitene) tom-boy.
draņķis m. slops, swill, hogwash; (cilvēks) smutty fellow, obscene person; (laiks) — bad weather.
drapes f. pl. drops, medicine.
drasēt v. a. -ju, -ju, to walk singing.
draudēt v. a. -du, -dēju, to threaten, to menace.
draudi m. pl. threat, menace; **-du vēstule** — threatening note, letter of intimidation.
draudīgs, draudošs a. — menacing, threatening; **-šas briesmas** — imminent danger.
draudze f. (sapulc. baznīcā) congregation; parish; **-es loceklis** — parishioner.
draudzene f. (female) friend.
draudzēties v. n. -jos, -jos, to associate, to be friends with.
draudzība f. friendship, amity.
draudzīgs a. friendly.

draugs m. friend.
draugaļa f. mistress.
drausmas f. pl. fear, terror.
drausmīgs a. dreadful, terrible.
drava f. apiary.
dravniecība f. bee-keeping, apiculture.
dravnieks m. bee-keeper, apiculturist.
draza f. rubbish, chips.
drāma f. drama, play.
drāmatizēt v. a. -ju, -ju, to adapt for the stage, to dramatise.
drāmaturgs m. stage critic.
drāna f. cloth, material, stuff.
drānas f. pl. sk. drēbes.
drāts f. wire.
drāzējs m. cutter, wood-carver.
drāziens m. (sitiens) blow, strike; (bāriens) scolding.
drāzt v. a. -žu, -zu, to cut, to carve; (projām) to run away, to take to one's heels.
drāzums m. wood-carving, carved work.
drebelīgs a. fidgety, troublesome.
drebēt v. a. -bu, -bēju, to tremble, to shiver; (no aukstuma) to shake with cold; (sveces liesma) to flicker.
drebināt v. a. to shake, to jolt; v. n. -jos, -nājos, to shake, to shiver.
drebuļi m. pl. shiver, shudder, trembling.
dreijāt sk. virpāt.
drenas f. pl. drains.
drenāža f. drainage.

dresēt v. a. -ju, -ju, to train.
dresūra f. training.
drēbe f. sk. drāna.
drēbes f. pl. dress, clothes, clothing; **-bju skapis** — wardrobe; **-bju suka** — clothes brush; **-bju vadzis** — clothes-peg.
drēbnieks m. tailor.
drēgns a. damp, moist, humid.
drēgnums m. dampness, moisture, humidity.
driģenes f. pl. henbane.
driskas f. pl. rags, tatters.
drīksna f. (augu) stigma.
drīkstēt v. a. -stu, -stēju, to dare, to have permission; vai es drīkstu? May I? kā tu drīksti! How dare you!
drivēklis m. oakum.
drīvēt v. a. -ju, -ju, to caulk.
drīz adv. soon; **- šā, - tā**, now so, now otherwise; visā drīzumā — shortly.
drogas f. pl. drugs; **-gu veikals** — chemist's shop.
drosme f. courage.
drosmīgs a. brave, courageous.
droši adv. bravely, courageously; tas ir droši (zināms) — it is sure (certain); (neapdraudēts) safe.
drošināt v. a. to encourage, to comfort.
drošinieks m. a brave or daring man.
drošība f. surety; **-bas nauda** — security.
drošprātība f. bravery, courage.
drošs a. (cilvēks) courageous, brave; (zināms) certain; (neapdraudēts) safe, secure.
drošsirdība f. courage, valour, boldness, pluck.
drošsirdīgs a. brave, plucky, courageous.
drošums m. safety, security; courageousness.
droztala f. chip.
droztaliņa f. darling, sweet one, love; fig. duckie.
drudzis m. fever.
druka f. print; **-as kļūda** — misprint; **-as loksne** — printed sheet; **-as velniņš** — printer's devil.
drukāt v. a. -ju, -ju, sk. iespiest.
drukātava f. sk. spiestuve.
drukns a. corpulent, stout.
druknums m. corpulence, stoutness.
drumstala f. crumb, bit.
drupans a. crumby, brittly.
drupas f. pl. ruins.
drupata f. crumb.
drupināt v. a. -nu, -nāju, to crumble.
drupt v. a. drūpu, drupu, to crumble, to fall into ruins.
druscin adv. a bit, a little.
druska f. crumb, scrap.
druva f. corn-field.
druvmale f. ridge, border.
drūms a. gloomy, sombre, bleak.
drūmums m. gloom, bleakness, sombreness.
drūzma f. crowd, throng.
drūzmēties v. n. -jos, -jos, to crowd, to throng.
dubļains a. muddy, dirty, sloppy.

dubļi *m. pl.* mud, dirt, mire; **-ļu vannas** — mud-baths.
dubultnieks *m. pl.* double-consonant; diphthong; (cilvēks) double; second self.
dubults *a.* double, twofold, duplex.
ducināt *v. a.* -nu, -nāju, to roll, to thunder.
ducis *m.* dozen.
dudināt *v. a.* -nu, -nāju, to murmur, to coo.
dukāts *m.* ducat.
dukuris *m.* purse-shaped net.
dulburis *m.* blockhead, duffer, lout.
dullums *m.* giddiness.
dulls *a.* giddy; (piedzēris) inebriate; (neprātīgs) mad, frantic.
duļķains *a.* muddy.
duļķis *m.* dregs, grounds.
duļļi *m. pl.* thole-pins.
dumbrājs *m.* fen, miry place, bog.
dumjība *f.* (īpašība) stupidity, dullness; (darbība) bosh.
dumjš *a.* foolish, silly, stupid.
dumpēties *v. n.* -jos, -jos, to rebel, to rise up.
dumpinieks *m.* rebel, insurgent, mutineer.
dumpis *m.* rebellion, mutiny, riot; (putns) bittern.
dumpīgs *a.* rebellious, mutinous, **-gi raksti** — inflammatory writings.
dumpot *v. a.* -ju, -ju, to raise, to stir up.
duncis *m.* large knife, dagger.

dundurs *m.* gad-fly.
dunēt *v. a.* -nu, -nēju, to drone.
dunoņa *f.* droning.
dunka *f.* nudge, poke.
duplikāts *m.* duplicate, identical copy.
durklis *m.* bayonet.
durstīt *v. a.* -stu, -stīju, to prick repeatedly.
duršana *f.* (ar nazi) stabbing; (dzelonu) pricking..
durt *v. a.* duŗu, dūru, to stab; to prick.
durtiņas *f. pl.* small door; wicket.
durvis *f. pl.* door; **-vju kliņķis** — door-handle, knob of the door; **-vju logs** — fanlight.
dusa *f.* rest, repose, sleep.
dusēt *v. a.* dusu, -sēju, to rest, to repose, to sleep.
dusmas *f. pl.* anger, rage; (izmeklētā valodā) ire, wrath.
dusmīgs *a.* angry, enraged, wrathful.
dusmoties *v. n.* -jos, -jos, to be angry or enraged.
dusulis *m.* cough; asthma.
duša *f.* shower-bath, douche.
dūciens *m.* humming.
dūdot *v. a.* -ju, -ju, to coo.
dūja *f.* dove, pigeon.
dūkanais *m.* a dun horse.
dūkas *f. pl.* bag-pipe.
dūkoņa *f.* humming or buzzing sound.
dūksnājs *m.* hog, marsh, swamp.
dūksts *f.* slough, swamp.

dūkt *v. a.* dūcu, -cu, to hum, to buzz, to drone.
dūkuris *m.* diver, plunger.
dūlēt *v. a.* to fumigate; (zvejā) to fish by torchlight.
dūmains *a.* smoky.
dūmi *m. pl.* smoke, fume.
dūnas *f. pl.* down.
dūņains *a.* slimy, muddy
dūņas *f. pl.* slime, mud.
dūre *f.* fist.
dūrējs *m.* (cilvēks) stabber, butcher; (sāpes) stitch, pain.
dūriens *m.* stab, stitch, prick.
dūraiçi *m. pl.* mittens.
dūrs *m.* (mūz.) major.
dūša *f.* courage; tukšā -ā — (nedzēris) sober; (ńeēdis) jejune, with an empty stomach.
dūšīgs *a.* brave, courageous; strong.
dvaša *f.* breath, respiration.
dvašot *v. a.* -ju, -ju, to breathe, to respire.
dvēsele *f.* soul; -ļu aizlūgums — mass for the dead.
dvēsma *f.* breeze, soft wind.
dvēst *v. a.* dvešu, dvēsu, to breathe.
dvēšāmā skaņa *f.* aspirated sound.
dvinga *f.* coal-gas.
dvingains *a.* filled with fumes; vaporous.
dvīnis *m.* twin.
dviells *m.* towel.
dvieļturis *m.* towel-horse.

Dz

Dzeguze *f.* cuckoo. - kūko — the cuckoo calls.
dzeja *f.* poetry, poem.
dzejisks *a.* poetic (al).
dzejnieks *m.* poet, author; bard.
dzejolis *m.* poem, lyric.
dzejot *v. a.* -ju, -ju, to make verses, to write poetry.
dzelme *f.* depth, deep.
dzelonis *m.* (bites) sting, (ērkšķu) thorn, prickle.
dzeloņains *a.* prickly, thorny.
dzelt *v. a.* dzeļu, dzēlu, to sting, to prick, to bite.
dzeltānā kaite *f.* jaundice.
dzeltāns *a.* yellow.
dzeltānums *m.* the yellow; (olas) yolk.
dzeltene *f.* (nātra) common nettle.
dzeltēt *v. a.* -ju, -ju, to grow or turn yellow.
dzelzceļnieks *m.* railwayman.
dzelzceļš *m.* railway, railroad; -ļa sliedes — rails; -ļa stacija — station; apakšzemes - — the underground railway.
dzelzs *f.* iron.
dzelzslietuve *f.* iron-foundry, blast furnace.
dzelzsrūda *f.* iron-ore.
dzelzs skapis *m.* steel safe.
dzelzszāle *f.* sedge.
dzemde *f.* womb, matrix.
dzemdēt *v. a.* -ju, -ju, to bear, to bring forth.
dzemdētāja *f.* woman in childbed, mother.

dzemdības *f. pl.* childbed, delivery.
dzenāt *v. a.* -ju, -ju, to drive, to chase away.
dzenis *m.* wood-peck r
dzenulis *m.* motive, impulse.
dzeņaukste *f.* hame.
dzeroklis *m.* molar.
dzert *v. a.* dzeŗu, dzēŗu, to drink; (žūpot) to guzzle, to booze.
dzertuve *f.* ale-house, inn, tavern, pub.
dzesēt *v. a.* -ju, -ju, to cool; (slāpes) to quench.
dzesētuve *f.* cooler, refrigerator.
dzestrs *a.* cool, chilly, fresh.
dzestrums *m.* coolness.
dzēlīgs *a.* mordant, stinging.
dzēlums *m.* bite, sting.
dzērājs *m.* drunkard, tippler.
dzērējs *m.* drinker.
dzēriens *m.* drink, beverage, potion.
dzērums *m.* drunkenness, intoxication.
dzērve *f.* crane.
dzērvene *f.* cranberry.
dzēse *f.* black stork.
dzēst *v. a.* dzēšu, dzēsu, to put out, to extinguish; (parādu) to discharge, to pay; (noslaucīt) to rub or wipe.
dzidrs *a.* clear, serene.
dzidrums *m.* clearness, serenity.
dzija *f.* (vilnas) yarn, (linu) thread.
dzilna *f.* (melnā) black woodpecker; (zaļā) green woodpecker; (zilā) nut-hatch.

dziļdomība *f.* thoughtfulness, profundity.
dziļdomīgs *a.* pensive, thoughtful.
dziļš *a.* deep, profound.
dziļums *m.* depth, profundity; sirds ~os — in the bottom of the heart.
dzimstība *f.* birth-rate.
dzimšanas diena *f.* birth-day; ~ zīme — certificate of birth.
dzimt *v. a.* dzimstu, dzimu, to be born.
dzimta *f.* family; (izcelšanās); extraction, origin; (suga) species.
dzimtbūšana *f.* serfdom, bondage.
dzimtene *f.* native country, birth-place; ~es ilgas — homesickness.
dzimtīpašnieks *m.* owner by sucession, lord of the manor.
dzimtīpašums *m.* hereditary possession, heirloom.
dzimtkapi *m. pl.* family-vault, family tomb.
dzimtļaudis *m. pl.* serfs.
dzimts *a.* hereditary; native. ~cilvēks — bondman, serf.
dzimumdiena *f.* birth-day.
dzimums *m.* sex; **skaistais** ~ — fair sex; **odžu** ~ — generation of vipers.
dzinējs *m.* driver.
dzintars *m.* amber.
dzintarzeme *f.* amber-land.
dzinulis *m.* instinct, stimulus, impulse.

dziņa *f.* aspiration, inclination, instinct.
dzira *f.* drink (for cattle).
dzirdāms *a.* audible, intelligible.
dzirde *f.* hearing; labạ ~ — a quick ear.
dzirdēt *v. a.* -du, -dēju, to hear; kā dzird —, by all accounts.
dzirdīt *v. a.* -du, -dīju, to water (cattle), to give to drink.
dzirkalis *m.* mill-stone cutter.
dzirkles *f. pl.* shears; clippers.
dzirkste *f.* pain in the joints or limbs, gout; a big sparkle.
dzirkstele *f.* spark, sparkle.
dzirkstīt *v. a.* -ju, -ju, to emit sparks, to sparkle, to glitter.
dzirkstošs *a.* sparkling.
dzirnakmens *m.* mill-stone, grind-stone.
dzirnavas (dzirnas) *f. pl.* mill, ~nu gaņģis — set of mill-stones.
dzirnavnieks *m.* miller.
dzirnus *m.* sk. dzirnavas.
dzirties *v. n.* dziŗos, dzīros, to promise, to intend; to be about to.
dzisināt *v. a.* -nu, -nāju, to cool.
dzist *v. a.* dziestu, dzisu, (uguns) to go out, to be extinguished; (ūdens) to grow cold, to cool.
dzīle *f.* depth, profundity.
dzīpars *m.* zephyr, woollen yarn.
dzīres *f. pl.* feast, banquet.
dzīrnieks *m.* feaster.
dzīŗot *v. a.* -ju, -ju, to junket, to feast; ~ru dziesma — drinking song.

dzīsla *f.* sinew, vein.
dzīslains *a.* sinewy, veined.
dzīšana *f.* driving.
dzīšana (î) *f.* healing.
dzīt *v. a.* dzenu, dzinu, to drive, to chase away; ~ bārdu — to shave.
dzīt (î) *v. a.* dzīstu, dziju, to heal.
dzīties *v. n.* dzenos, dzinos, to strive; pakaļ ~ — to chase, to hunt, to pursue; ~ pēc goda — to seek advancement.
dzīve *f.* life, manner of living.
dzīves apnikums *m.* satiety; ~ apraksts — biography; ~ apstākļi — circumstances; ~ biedrs — partner for life; ~ gājums — career; ~ gudrība — practical wisdom; ~ mērķis — object of life; ~ uzturs — livelihood, subsistence; ~ vieta — residence; ~ uzskats — philosophy of life.
dzīvība *f.* life, existence; ~bas apdrošināšana — life insurance.
dzīvnieks *m.* animal, beast, creature; ~ku valsts — animal kingdom.
dzīvoklis *m.* apartments, lodgings, chambers, flat.
dzīvot *v. a.* -ju, -ju, to live, to dwell; *v. n.* -jos, -jos, to play; ~jamā ēka — dwelling house.
dzīvotājs *m.* inhabitant.
dzīvotspējīgs *a.* capable of living, fit to live.

dzivs *a.* alive, living; (satiksmē) vital, quick, active.
dzivsudrabs *m.* quicksilver, mercury.
dziedājums *m.* singing; song; lay; (dzejā) canto.
dziedāšanas stunda *f.* singing lesson.
dziedāt *v. a.* -du, -dāju, to sing; to chant.
dziedātājs *m.* singer; ~ **putns** — singing bird.
dziedēt *v. a.* -ju, -ju, to heal.
dziedināt *v. a.* -nu, -nāju, to cure, to heal, to treat.
dziedinātava *f.* hospital, nursing home; sanatorium.
dziedniecība *f.* cure, healing; therapeutics.
dziedonis *m.* singer, bard, poet.
dziedrs *m.* cross-beam.
dziedzerains *a.* glandulous.
dziedzeris *m.* gland; pl. adenoids.
dziesma *f.* song, air, lay; vairākbalsīga ~ — glee, madrigal; garīga ~ — anthem, hymn; ~**mu grāmata** — hymn-book.
dziesminieks *m.* poet, singer

Dž

džindžala *f.* gipsy-whip.
džinkstēt *v. a.* -stu, -stēju, (metals) to tingle, to tinkle; (muša) to hum.

E

ebrējs *m.* Hebrew.
ecēša *f.* harrow.
ecēt *v. a.* -ju, -ju, to harrow.
ecēties *v. n.* -jos, -jos, to quarrel (about), to fight.
efeja *f.* ivy.
efekts *m.* effect.
eglājs *m.* fir-grove, fir-wood.
egle *f.* fir.
eģe *f.* edge, margin.
eja *f.* passage, corridor.
ekipāža *f.* carriage, vehicle; (kuģa ļaudis); crew (of a ship).
ekonomisks *a.* economic; **armijas ~ais veikals** — Army Stores.
ekrāns *m.* screen.
eksaltācija *f.* exaltation.
eksāmens *m.* examination; izturēt ~nu — to pass; izkrist ~nā — to fail.
eksaminēt *v. a.* -ju, -ju, to examine.
ekscentrisks *a.* eccentric.
eksekūcija *f.* execution.
ekselence *f.* excellency.
eksemplārs *m.* (grāmatas) copy; (paraugs) specimen, sample.
eksistēt *v. a.* -ju, -ju, to exist.
ekskursija *f.* excursion.
eksotisks *a.* exotic.
ekspedīcija *f.* expedition.
ekspedītors *m.* sender, forwarder.
eksperiments *m.* experiment.
ekspertize *f.* report of experts.

eksplozija — eža 73

eksplozija *f.* explosion
ekspluatācija *f.* expioitation; (zemes) cultivation.
eksponāts *m.* exhibit.
eksports *m.* export.
ekspresija *f.* expression, expressiveness.
ekspresis *m.* express, messenger.
ekspromts *m.* improvisation, extemporisation.
ekstaze *f.* ecstasy.
eksternis *m.* external candidate.
ekstrakts *m.* extract.
ekstrēms *m.* extreme.
ekvātors *m.* equator.
ekvilibrists *m.* rope-dancer
elastisks *a.* elastic.
elefants *m.* elephant.
eleģija *f.* elegy; dirge.
elektrība *f.* electricity.
elkadievība *f.* idolatry.
elkons *m.* elbow.
elks *m.* idol.
elle *f.* hell.
ellisks *a.* hellish, infernal; *fig.* terrific.
ellipse *f.* ellipsis; ellipse.
elpa *f.* breath, respiration.
elpot *v. a.* -ju, -ju, to breathe, to respire.
elsas *f. pl.* sobs.
elsāt (elsot) *v. a.* -ju, -ju, to sob, to gasp.
eļļa *f.* oil.
eļļains *a.* oily.
eļļot *v. a.* -ju, -ju, to oil.
eļļas krāsām krāsot, to paint in oil.
emalja *f.* enamel.

emancipācija *f.* emancipation.
embrijs *m.* embryo.
emigrants *m.* emigrant.
empirisms *m.* empiricism.
emulsija *f.* emulsion.
enciklopēdija *f.* encyclopedia
enerģija *f.* energy.
enkurs *m.* anchor, kedge; pacelt -ru — to weigh anchor
entūziasms *m.* enthusiasm.
eņģelis *m.* angel.
epidēmija *f.* epidemic.
epika *f.* epic poetry
epilogs *m.* epilogue.
epitets *m.* epithet.
epizode *f.* episode.
erotisks *a.* erotic.
es *prn.* 1 (raksta ar lielo burtu).
esamība *f.* being, existence.
esence *f.* essence, substance.
eskadra *f.* squadron.
eskorts *m.* escort, convoy
eskimoss *m.* eskimo.
estētika *f.* aesthetics.
estrāde *f.* boards, dais, platform.
etape *f.* halting-place.
etažēre *f.* stand.
etiķete *f.* etiquette; (zīme) label.
etiķis *m.* vinegar.
etimoloģija *f.* etymology.
etīde *f.* study, sketch, exercise.
etvija *f.* case.
evaņģelijs *m.* gospel.
ezermala *f.* lake-shore.
ezers *m.* lake.
ezis *m.* hedgehog.
eža *f.* landmark, boundary.

Ē

ēdamais *m.* food, eatables.
ēdam galds *m.* dining-table; **~karote** — table-spoon; **~ istaba** — dining-room.
ēdams *a.* eatable.
ēde *f.* eczema, herpes.
ēdelība *f.* insatiableness, greed, appetite.
ēdējs *m.* eater; **liels ~ —** glutton.
ēdināt *v. a.* -nu, -nāju, to feed.
ēdiens *m.* dish, meal.
ēdienu karte *f.* bill of fare; **~ nams —** dining-rooms, eating-house; **~ pieliekamais** — pantry.
ēka *f.* building; erection, edifice.
ēna *f.* shade, shadow; *fig.* back-ground; **mest ~nu** *fig.* to discredit.
ēnains *a.* shady.
ēnojums *m.* shading.
ēnot *v. a.* -ju, -ju, to shade.
ēnu valsts *f.* realm of shades; Hades.
ēra *f.* era, epoch.
ērbeģis *m.* out-house, side-wing.
ērce *f.* tick.
ērglis *m.* eagle.
ērģeles *f. pl.* organ.
ērkšķains *a.* thorny, prickly.
ērkšķis *m.* thorn, prickle.
ērkšķoga *f.* gooseberry.
ērkšķu krūms *m.* gooseberry bush, thorn-bush.
ērkulis *m.* spindle, distaff.
ērmoties *v. n.* -jos, -jos, to play antics or tricks.
ērms *m.* buffoon, clown.
ērtība *f.* convenience.
ērts *a.* comfortable, convenient.
ērzelis *m.* stallion.
ēst *v. a.* ēdu, ēdu, to eat; *v. n.* -dos, -dos, to quarrel.
ēstgriba *f.* appetite, relish.
ēters *m.* ether.
ēvelbeņķis *m.* carpenter's bench.
ēvele *f.* plane.
ēvelēt *v. a.* -ju, -ju, to plane.
ēvelskaidas *f.* shavings.
ēze *f.* forge.
ēzelis *m.* ass, donkey.

F

fabricēt *v. a.* -ju, -ju, to manufacture.
fabrika *f.* factory, manufactory, mill; **~s zīme —** trade-mark; **~s strādnieks —** factory hand or worker.
fabrikants *m.* manufacturer.
faktisks *a.* real, founded on fact.
faktors *m.* foreman, overseer; factor.
fakts *m.* fact.
faktūra *f.* invoice.
fakultāte *f.* faculty.
falsifikācija *f.* falsification.
falsifikāts *m.* forgery.
familiārs *a.* familiar, free and easy.
familija *f.* family; surname.
fanātiķis *m.* fanatic.
fantastisks *a.* fantastical, chimerical.

fantasts m. visionary.
fantazija f. imagination, fancy; (mūzikā) fantasia.
fantoms m. phantom, vision.
farizējs m. pharisee.
farmaceits m. chemist, apothecary; pharmacist.
fasāde f. front, facade.
fasona f. cut, fashion.
fašings m. carnival.
fatamorgāna f. mirage, fata morgana.
favorīts m. favourite.
fazans m. pheasant.
faze f. phase, stage.
fābula f. fable, tale; plot, story.
fatāls a. fatal, fateful.
februāris m. February.
feja f. fairy, elf.
feldmaršals m. field-marshal.
feldšers m. assistant-surgeon, army-surgeon.
feļetons m. feuilleton.
feodalisms m. feudalism.
ferma f. farm.
federācija f. federation.
fēnomens m. phenomenon.
fibra f. fibre.
fideikomiss m. entail.
figūra f. figure, form, shape.
figurāls a. figurative, metaphorical.
fiktīvs a. fictitious.
filantropija f. philanthropy.
filcs f. felt.
filē m. (darbs) network; (gaļa) fillet.
filiāle f. branch-establishment.
filma f. film.

filologs m. philologist.
filoloģija f. philology.
filosofija f. philosophy.
filosofs m. philosopher.
filtrs m. filter, strainer.
finances f. pl. finances.
firma f. firm, house, company.
firziķis m. peach.
fisharmonija f. harmonium.
fizika f. physics.
fiziķis m. physicist.
fiziognomija f. physiognomy.
fizioloģija f. physiology.
fizisks a. physical.
flakons m. flagon, phial.
flegmatiķis m. phlegmatic.
flegmatisks a. phlegmatic; indolent.
fleita f. flute.
flirts m. flirt.
flīģelis m. grand piano.
flote f. fleet.
folklora f. folklore.
fonds m. fund.
forele f. trout; **lašu ~** — salmon-trout.
forma f. form, shape; model; mould; (tērps) uniform, dress.
formāls a. formal.
formāts m. size, form.
formulārs m. form, formulary.
formulēt v. a. -ju, -ju, to formulate, to define; (rakstiski) to draw up.
fosfāts m. phosphate.
fosfors m. phosphorus.
fotografija f. photograph.
fotografs m. photographer.
fōnētika f. phonetics.

fraka *f.* frock-coat, dress-coat -**kas apģērps** — dress-suit.
frakcija *f.* parliamentary group.
frakts *f.* freight, load, cargo.
francis *m.* Frenchman.
franciski *adv.* French.
fraze *f.* phrase.
fregāte *f.* frigate.
frizieris *m.* hair-dresser, barber.
frizūra *f.* arrangement of hair, coifure.
fronte *f.* front; face.
fuksis *m.* (studentu dzīvē) fag, freshman.
funkcionēt *v. a.* ju, -ju, to function, to act, to operate.
furaža *f.* forage.
futrāls *m.* case, box.

G

gabalains *a.* clotted; lumpy; consisting of pieces.
gabalgabalos *adv.* into pieces (to break).
gabals *m.* fragment, piece, bit; **rada** - — relation, relative; **pa** -**lu** — from far; saule lielā -**lā** — the sun is high in the sky; vienā -**lā** (pastāvīgi) — unceasing.
gada diena *f.* annual commemoration; - **gājums** — annual set; - **grāmata** — year-book, almanac; annals; - **laiks** — season; - **laikā** — within a twelvemonth; - **maiņa** — new year; - **pārskats** — annual report; - **maksa** (biedrībā) — fee; - **sapulce** — annual meeting; - **svētki** — anniversary; - **tirgus** — fair.
gadījums *m.* occasion, case; event; (kļūmīgs) accident; (izdevīgs) opportunity, chance.
gadīties *v. n.* -dos, -jos, to chance, to happen, to occur.
gads *m.* year; -**du desmits** — decade.
gadsimtenis *m.* century.
gadskārta *f.* season.
gadskārtējs *a.* annual, yearly.
gaida *f.* girl-guide; -**s** pl. expectation.
gaidīt *v. a.* -du, -dīju, to wait for, to expect.
gaigala *f.* diver; sea-mew, seagull.
gailene *f.* cowslip; -**nīte** (sēne) — chanterelle.
gailēties *v. n.* -jos, -jos, to glow, to burn faintly.
gailis *m.* cock.
gaiļa piesis *m.* (puķe) larkspur; - **sekste** — cock's-comb.
gainīt *v. a.* -ju, -ju, to drive off.
gaiņāties *v. n.* -jos, -jos, to wave one's hands.
gaisa atspoguļojums *m.* fata morgana; - **ceļš** — aerial course; - **grābslis** — windbag; - **kuģis** — airship; - **līnija** — aerial line; bee-line; - **spiediens** — atmospheric pressure; - **strāva** — current of air; - **tilts** — suspension bridge; - **vads** — aerial connexion; - **vanna** — air-bath.

gaisināt *v. a.* -nu, -nāju, to waste, to squander.
gaisīgs *a.* light-minded, thoughtless.
gaisma *f.* light; ~ aust — it dawns.
gaismas spiestuve *f.* photogravure.
gaiss *m.* air, atmosphere.
gaist *v. a.* -stu, -su, to dwindle, to vanish.
gaisveidīgs *a.* aeroform, gaseous.
gaišdzeltans *a.* pale yellow.
gaišmatis *m.* blond, fair, flaxenhaired.
gaišreģis *m.* clairvoyant, medium.
gaišs *a.* bright, shining, light, clear; ~šā dienas laikā — in broad daylight.
gaišums *m.* clearness, brightness.
gaita *f.* gait, pace; course, motion, run; pilnā ~tā — in full working order; in full swing.
gaitnieks *m.* unpaid labourer, servant.
galda biedrs *m.* neighbour at table; ~ kāja — leg of the table; ~ lūgšana — grace; ~ nazis — table-knife; ~ runa — after-dinner speech, toast; ~ trauki — table requisites; plate.
galdauts *m.* table-cloth.
galdniecība *f.* joinery.
galdnieks *m.* joiner, cabinetmaker.
galds *m.* table; lūgt pie ~a — to tell that the meal is served; klāt ~u — to lay the cloth; celties no ~a — to rise from table; sēsties pie ~a — to sit down at table.
galerija *f.* gallery.
galējība *f.* extremity.
galējs *a.* utmost, extreme.
galēties *v. a.* sk. dēties.
galīgs *a.* final, last; definite; ~gi norunāts — finally settled.
galmnieks *m.* courtier.
galms *m.* court.
galoda *f.* whetstone.
galops *m.* gallop.
galoša *f.* golosh.
galotne *f.* top; termination; *gram.* ending.
gals *m.* end; **deguna, pirksta** ~ — tip; **kalna** ~ — top; (nāve) death.
galu galā — in the end, last not least.
galva *f.* head; **cukura** ~ — a loaf of sugar; **pilsētas** ~ — mayor; **zābaka** ~ forepart, toe-cap; laist pār ~u — to disregard, to pay no heed; mācīties no ~as — to learn by heart; pa galvu pa kaklu — head over heels, headlong; uz manu ~u — on my responsibility, I'll be answerable.
galvanisks *a.* galvanic; ~ka apsudrabošana — electro-plating.
galvanizēt *v. a.* -ju, -ju, to galvanize; to electroplate.
galvas kauss *m.* skull.
galvaspilsēta *f.* capital city
galvas plikums *m.* bald.
galvas rēķini *m. pl.* mental arithmetic.

galvas sāpes *f. pl.* headache.
galvas sega *f.* head-wear.
galvas auts *m.* kerchief, head-cloth.
galvenais *a.* chief, essential, principal, main.
galvgalis *m.* head.
galviņu kāposti *m. pl.* white cabbage.
galviņu salāti *m. pl.* common lettuce.
galvnieks *m.* bail.
galvojums *m.* pledge.
galvot *v. a.* -ju, -ju, to bail, to answer for.
galvotājs *m* bail.
galvvidus *m.* crown, vertex; top.
gaļa *f.* meat; -ļas pārdotava — butcher's shop.
gaļēdis *m.* carnivore.
gaļīgs *a.* fleshy; pulpous.
gamma *f.* scale.
gan *adv.* indeed; yet; andi; labi ~! — all right! viņš nāks ~ — he will come, of course.
ganāmpulks *m.* herd.
gana puika *m.* shepherd-boy.
ganceļš *m.* drift-way.
gandarījums *m.* satisfiction.
gandēt *v. a.* -ju, -ju, sa~ — to spoil.
gandrīz adv. almost, nearly, about.
ganības *f. pl.* pasture-gronud, pasturage.
ganīt *v. a.* -nu, -nīju, to guard; *v. n.* -nos, -jos, to graze.
gans *m.* shepherd; (mācīt.) parson, curate.
gar *prp.* along, over, about.

garaiņi *m. pl.* vapour, steam.
garantēt *v. a.* -ju, -ju, to warrant.
garantija *f.* security, guarantee.
garderobe *f.* wardrobe, (telpa) cloak-room; **garderobnieks (ce)** — keeper of the wardrobe.
gardēdis *m.* gourmand.
gardīnes *f. pl.* curtains.
gards *a.* tasty, savoury.
gardums *m.* dainty, delicacy.
garens *a.* longish, oblong.
garīdzniecība *f.* clergy, priesthood.
garīdznieks *m.* clergyman, parson, ecclesiastic; (katoļu) priest.
garīgs *a.* spiritual; ecclesiastical; ~ga mūzika — sacred music.
garnēt *v. a.* -ju, -ju, to trim, to garnish.
garnitūra *f.* trimmings; (priekšmeti) set.
garnizons *m.* garrison.
garoza *f.* crust.
gars *m.* spirit; (dvēsele) soul; (prāts) mind.
gara dāvanas *f. pl.* intellectual gifts; ~ **pacilātība** — devoutness; ~ **slimība** — mental disease, insanity; ~ **spirgtums** — freshness of mind; ~ **stāvoklis** — mood, condition of mind, spirits; ~ **vājums** — feeblemindedness, imbecility.
garša *f.* taste, savour, flavour, relish.
garšas vielas *f. pl.* spices.
garšīgs *a.* sk. gards.

garšot v. a. -ju, -ju, to like, to relish; šī zupa man garšo — I like this soup; no- to taste.
garais kāss m. whooping cough.
garausis m. long-eared; fig. -sītis — hare; (ēzelis) ass.
garām adv. past, by.
garām ejot — in passing.
garamgājējs m. passer-by
gardibene f. top-hat.
garkājis m. long-legged.
garkāte f. long-handled scythe.
garkūlis m. truss of long straws.
garlaicība f. weariness, dulness, tediousness.
garlaicīgs a. tedious, tiresome; dull, boring.
garlaikoties v. n. -jos, -jos, to be bored, to feel dull.
garnadzis m. pickpocket, thief.
garš a. long, (no auguma) tall.
garšļauku adv. down at full length, prostrate.
garums m. length; (augumā) height; (ģeogrāfijā) longitude.
garzobis m. scoffer, wag, jester.
gatavība f. readiness; ripeness; -s apliecība — certificate of matriculation.
gatavot v. a. -ju, -ju, to prepare, to make ready.
gatavoties v. n. -jos, -jos, (darbam) to get ready, to prepare oneself; (nobriest) to ripen, to mature.
gatavs a. ready, (nobriedis) ripe.
gatva f. walk, avenue.
gaudas f. pl. lamentation, complaint; -du dziesma — plaintive song.

gaudenis m. cripple.
gaudens a. crippled, infirm.
gaudenums m. infirmity.
gaudot v. a. to howl; to wail, to cry.
gaume f. taste (skaistuma).
gauss a. slow, tardy, lingering.
gausties v. n. gaužos, gaudos, to complain, to lament.
gaužam adv. very, much, greatly
gavēnis m. fast, fasting; **lielais** - — Lent.
gavēt v. a. -ju, -ju, to fast.
gaviles m. pl. exultation, cheers.
gavilēt v. a. -ju, -ju, to exult; to shout, to cheer.
gavilnieks m. jubilant; a person celebrating his jubilee.
gādāt v. a. -ju, -ju, to care, to take care of.
gādība f. care, solicitude.
gādīgs a. careful, heedful.
gāgāt v. a. -ju, -ju, to cackle.
gājējs m. walker, passer-by; wanderer; (kalps) farm-labourer, servant; **kājām** - — pedestrian.
gājiens m. procession; (gaita) gait; pace; (šachā) move; (kārtīs) turn of play.
gājputns m. bird of passage, migratory bird.
gājums m. the result of going; (pēdas) trail; gada - — the whole year's numbers (of journal).
gāmurs m. larynx.
gānīt v. a. -nu, -nīju, to abuse, to call names, to slander, to defame.

gārdzēt v. a. -dzu, -dzēju, to rattle in the throat.
gārnis m. heron.
gārša f. a vast forest.
gāze f. gas; (drāna) gauze; (lietus) shower.
gāzelēties v. n. -jos, -jos, to wobble, to waddle.
gāzējs m. revolutionist.
gāzt v. a. -žu, -žu, to upset, to overturn; (lietus) to pour, to shower; lietus gāž — it is pouring with rain; (postā) to ruin.
gitara f. guitar.
glabāt v. a. -ju, -ju, to take care of, to keep.
glabātava f. store-house, warehouse; depot.
glabātājs m. keeper.
glaimi m. pl. flattery, cajolery.
glaimot v. a. -ju, -ju, to flatter, to coax.
glaimotājs m. flatterer, sycophant.
glaudīt v. a. -du, -dīju, to caress, to stroke.
glaust v. a. glaužu, glaudu, pie- — to press close against; v. n. žos, -dos, to cling, to, to snuggle up.
glābējs m. rescuer, deliverer.
glābt v. a. -bju, -bu, to save, to rescue; (atbrīvot) to set free, to liberate; v. n. -bjos, -bos, to save oneself; (bēgt) to escape.
glāstīt v. a. -stu, -stīju, to stroke gently, to caress, to fondle.
glāsts m. caress, endearment.

glāze f. glass, tumbler.
glezna f. picture, painting, canvas.
gleznains a. picturesque.
gleznlecība f. painting.
gleznot v. a. -ju, -ju, to paint; - uz stikla — to stain glass.
gleznotājs m. painter, artist.
gleznums m. delicacy, frailty.
glezns a. delicate, fragile, frail.
glītraksts m. calligraphy.
glīts a. pretty, smart, fine.
glītums m. prettiness, handsomeness.
glizda f. clay, loam.
glizdains a. loamy.
gliemene f. whelk.
gliemezis m. snail; slug.
globs m. globe.
gļodene f. blind-worm, slowworm.
gludeklis m. iron, smoothing-iron.
gludināt v. a. -nu, -nāju, to iron, to smooth.
gluds a. smooth, polished; (ledus) slippery; viss pagāja -i — everything passed off smoothly.
gludums m. smoothness.
glumēt v. a. -ju, -ju, to become slimy.
glums a. slippery, smooth; (līpīgs) slimy.
gluži adv. quite, completely, (pilnīgi) wholly, entirely.
glūda f. marl; clay.
glūnēt v. a. -nu, -nēju, to lurk, to lie in wait for.
glūnētājs m. lurker, listener.

glūnētuve *f.* ambush.
glēvība *f.* flabbiness, limpness, want of energy.
glēvs *a.* flabby, soft, feeble, sluggish.
glēvulis *m.* coward, weakling.
glēvulība *f.* cowardness.
glēvums *m.* flabbiness; (garīgs) want of energy.
glotas *f. pl.* slime, mucus, matter.
glotāda *f.* mucous membrane.
goba *f.* beech.
godalga *f.* prize, award.
godalgot -ju, -ju, to award a prize.
godājams *a.* honourable, venerable.
godāt *v. a.* -ju, -ju, to honour, to respect, to esteem; (vārdiem) to praise.
godbijība *f.* reverence, veneration.
godbijīgs *a.* respectful, reverent.
godība *f.* magnificence, splendour; ~s; *f. pl.* feast, festivity, party.
godīgs *a.* honest, fair;
godīgums *m.* honesty, fairness, reliability.
godkāriba *f.* ambition.
godkārīgs *a.* ambitious.
godprātība *f.* modesty, moderation.
godprātīgs *a.* decent, modest.
gods *m.* honour, respect, credit; ~da amats — honorary post; ~da biedrs — honorary member; ~da laupīšana — defamating; ~da laupītājs — defamer; ~da lieta — affair of honour; ~da mielasts — banquet. ~da parādīšana — mark of respect; ~da tiesa — court of honour; ~da vārti — triumphal arch; ~da zīme — decoration, medal.
gorīties *v. n.* -ros, -rījos, to totter, to stretch out, his limbs.
govgans *m.* cowherd.
govkūts *f.* cow-shed, byre.
govs *f.* cow; piena ~ — heifer.
gozēties *v. n.* -os, -jos, to bask in the sun; to dawdle.
grabaža *f.* trash, lumber.
grabēt *v. a.* -bu, -bēju, to rustle, to rattle, to clink; (runāt) to ramble.
grabināt *v. a. n.* -nu, -nāju, to rap, to rattle.
grabulis *m.* rattle.
gracija *f.* gracefulness, grace.
graciozs *a.* graceful.
grads *m.* degree.
grafs *m.* earl, count.
graizes *f. pl.* colic, gripes.
graizīt *v. a.* -zu, -zīju, to cut repeatedly; fig. to whip.
gramatika *f.* grammar.
gramatisks *a.* grammatical.
gramba *f.* rut, track of a wheel.
grambains *a.* rutty, uneven.
grammofons *m.* gramophone.
gramstīt *v. a.* -stu,- stīju, to feel, to grope.
granāta *f.* shell, bomb; (auglis) pomegranate.
granīts *m.* granite
grantēt *v. a.* -ju, -ju, to gravel.
grants *f.* gravel.

grantsbedre *f.* gravel-pit.
grasis *m.* groat.
grasīties *v. n.* -sos, -sījos, to prepare, to set about; (draudoši) to threaten, to menace with.
gratulēt *v. a.* -ju, -ju, to congratulate.
graudains *a.* granulous.
graudnieks *m.* farm-labourer paid in kind.
grauds *m.* grain, corn.
grausts *m.* humble dwelling, hut; *fig.* the human body.
graušana *f.* gnawing.
graut *v. a.* grauju, grāvu, (postīt) to destroy, (pērkons) to thunder.
grautiņš *m.* devastation, destruction; žīdu ~ — Jew-baiting.
grauzdēt *v. a.* -ju, -ju, to toast, to roast.
grauzējs *m.* rodent.
grauzt *v. a.* -žu, -zu, to gnaw.
grava *f.* ravine, gully, gorge.
gravējums *m.* gravure.
graži *m. pl.* whims, caprice (of a child), waywardness.
gražīgs *a.* capricious, stubborn, cross.
grābeklis *m.* rake.
grābējs *m.* raker; snatcher.
grābiens *m.* grasp, hold.
grābslis *m.* vēja ~ — windbag.
grābstīt *v. a.* -stu, -stīju, to feel, to grope; (runā) to babble, to gossip.
grābt *v. a.* -bju, -bu, to catch, to grasp, to snatch; sienu ~ — to rake hay.

grāmata *f.* book; (mērs) quire.
grāmatizdevējs *m.* publisher.
grāmatnīca *f.* bookseller's shop, book-store.
grāmatnieks *m.* bibliophil.
grāmatsējējs *m.* bookbinder.
grāmatskapis *m.* book-case.
grāmattirdzniecība *f.* book-trade.
grāmattirgotājs *m.* bookseller.
grāmattirgotava *f.* bookshop.
grāmatu krājējs *m.* collector of books; ~ noslēgums — balancing of books; ~ plaukts — bookshelf; ~ saraksts — catalogue of books, bookseller's circular; ~ tārps — bookworm, (skolēns) plodding boy.
gramatvedis *m.* book-keeper, accountant.
grāmatvedība *f.* book-keeping: vienkāršā (dubultā) ~ — single (double) entry.
grāpis *m.* kettle.
grāvējs *m.* destroyer; sezonas ~ — hit of the season.
grāvis *m.* ditch, moat.
grāviens *m.* clasp, rolling.
grāvmala *f.* the bank of a ditch.
grāvracis *m.* ditcher, digger.
greblis *m.* gouge, gouge-bit, scraper.
grebt *v. a.* -bju, -bu; to scrape to gouge.
grebzdi *m. pl.* sap-wood.
gredzens *m.* ring.
greizie vāgi (zvaigznājs) *m. pl.* the Great Bear.
greizs *a.* slant, oblique, wry; (uzskati) false.
greizsirdība *f.* jealousy.

greizsirdīgs *a.* jealous.
greizums *m.* obliqueness, obliquity.
gremdēt *v. a. n.* -ju, -ju, to sink, to plunge, to immerse, to lower, to dip.
gremoklis *m.* mastication.
gremot *v. a.* -ju, -ju, to chew, to masticate.
gremotājs *m.* ruminant.
grezele *f.* old shrump.
greznība *f.* luxury, pomp, splendour, magnificence.
greznot *v. a.* -ju, -ju, to adorn, to attire, to trim; ~ties; *v. n.* -jos, -jos, to adorn oneself to show off.
grezns *a.* luxuriant, magnificent, splendid.
greznums *m.* splendour, magnificence; ~ma priekšmets — fancy article.
grēcinieks *m.* sinner, transgressor.
grēcība *f.* sinfulness.
grēcīgs *a.* sinful.
grēda *f.* pile, heap, row; kalnu ~ — ridge, chain of mountains.
grēkot *v. a.* -ju, -ju, to sin, to trespass, to offend.
grēkplūdi *m. pl.* deluge, the Flood (in Bible).
grēks *m.* sin, trespass, offence; ~ka gabals — scape-grace, scamp, good-for-nothing; ~ku kalps — hardened sinner; ~ku nasta — burden of sin; ~ku nožēlošana — penitenc repentance; ~ sūdzētājs —

confessant; ~ sūdzēšana — confession; ~ku atlaišana — remission of sins; ~ka āzis — scape-goat.
grēmas *f. pl.* heartburn.
griba *f.* will, mind; ~as spēks — strength of will.
gribēt *v. a.* -bu, -bēju, to want, to wish, to desire, to have a mind, to intend; darāt, kā gribat — do as you like; gribot negribot — unwillingly; *v. imp.* -bas, -bējās, to wish; man gribās — I should like to.
grifele *f.* slate-pencil.
griķis *m.* buck-wheat.
grimase *f.* grimace.
grimt *v. a.* -mstu, -mu, to sink, to come down; (kuģis) to be wrecked.
grīda *f.* floor.
grīdberzis *m.* polisher of floors.
grīdsega *f.* carpet.
grīļoties *v. n.* -jos, jos, to totter, to stagger; to rock, to sway; (ēka) to waver, to shake.
grīslis *m.* reed-grass, sedge.
grīva *f.* mouth of a river, estuary.
grīzte *f.* wisp of straw.
griesti *m. pl.* ceiling.
griešana (~ās) *f.* winding; (apkārt) turning.
griešana (ie) *f.* cutting.
grieze (ie) *f.* corn-crake; ~ griež — corncrake calls.
griezīgs (ie) *a.* piercing, shrill, sharp.
griezlens *m.* turn; (ie) cut, section.

grieznis *m.* incisor, drill; (kālis) swede, turnip.

griezt *v. a.* -žu, -zu, to turn, to turn, to twist; (veļu) to wring; vējš griežas — wind changes;

griezt (- iê) to cut, to carve; matus ~ — to cut the hair; zobus ~ — to gnash or grind the teeth.

griezums *m.* turn; (iê) cut, incision, section.

grodi *m. pl.* well-curb, enclosure of a well.

grods *a.* tight.

grope *f.* groove, notch.

gropējums *m.* chamfer; folding; grooving.

gropēt *v. a.* -ju, -ju. to groove, to chamfer.

grozāmība *f.* changeableness; steerage.

grozāms *a.* manageable, tractable, steerable; ~mā skatuve — shiftscene.

grozība *f.* change, fickleness.

grozīgs *a.* changeable, variable; inconsistent, fickle; (laiks) unsettled; barometrs rāda grozīgu laiku — the barometer points to change.

grozīt *v. a.* -zu, zīju, to change, to alter, to modify; to turn.

grozs *m.* basket, hamper.

groži *m. pl.* reins.

grubuļains *a.* rough, rugged, uneven.

grumba *f.* (sejā) wrinkle; (drānā) crease; savilkt pieri ~bās — to knit one's brow, to frown.

grumbains *a.* wrinkled, shrivelled; uneven.

grundulis *m.* groundling.

gruntnieks *m.* landlord, yeoman.

grunts *f.* real estate, landed property; ~ **gabals** — building-plot, landed esate; ~ **nodoklis** — landed property tax; ~ **ūdens** — subsoil water.

grupa *f.* group, set, body.

gruvesis *m.* knoll, lump.

gruzdēt *v. a.* -du, -dēju, to glow, to smoulder.

gruzduma smaka *f.* burnt smell.

gruzis *m.* rubble.

gruži *m. pl.* rubbish.

grūbas *f. pl.* peeled barley, barley-groats.

grūdenis *m.* pounded hemp-seed; soup of pease and barley groats with smoked flesh.

grūdiens *m.* jostle, jerk, snove, push, shock; apakšzemes ~ — subterranean shock.

grūslis *m.* sk. grūdenis.

grūsnējs *a.* pregnant, big with young.

grūst *v. a.* grūžu, grūdu, to push, to knock, to jolt; (piestā) to pound.

grūstīt *v. a.* -stu, stīju, to jostle, to push repeatedly.

grūtdienis *m.* wretch, beggar.

grūtības *f. pl.* hardship, trouble, difficulty.

grūtniecība *f.* pregnancy.

grūts *a.* difficult; (darbs) hard;

ardous; (uz grūtām kājām) big with child, pregnant.
grūtsirdigs *a.* melancholy, low-spirited.
grūtums *m.* difficulty.
guba *f.* heap, pile; siena ~ — hay-cock.
gubenis *m.* hay-shed.
gudrinieks *m.* wiseacre.
gudriba *f.* prudence, intelligence; (viltiba) cunning.
gudrošana *f.* cogitation.
gudrot *v. a.* -ju, -ju, to speculate, to ponder, to cogitate.
gudrs *a.* wise, prudent, shrewd, intelligent; ~a atbilde — repartee.
gulbis *m.* swan; gulbēns — cygnet.
guldīt *v. a.* -du,- dīju, to put to bed; (naudu) to invest; (zemē) to bury, to inter.
guldziens *m.* draught, gulp.
gulēt *v. a.* guļu, guļēju, to sleep; to lie; iet ~ — to go to bed, to retire to rest.
gulētājs *m.* sleeper.
gulsnis *m.* sleeper.
gulta *f.* bed, couch; ~as drēbes —bedclothes; ~as sega — blanket; ~as veļa — bed-linen.
gulties *v. n.* -jos, -los, to lie down.
gultne *f.* bed of a river.
gulu (gulus) *adv.* lying; reclining, prostrate; (uz vēdera) prone.
guļamistaba *f.* bedroom; ~ais laiks — bedtime, sleeping time; ~ vagons — sleeping car; ~ā nodaļa — sleeping com-

partment; ~ dīvāns — sofa-bedstead; chesterfield, couch.
guļvieta *f.* night's lodging.
gumdīt *v. a.* -du, -dīju, to incite, to spur on.
gumdītājs *m.* instigator, agitator.
gumija *f.* gum; (dzēšamā) India-rubber; (stiepjamā) elastic.
gumijas koks *m.* India-rubber tree.
gumzīt *v. a.* -zu- -zīju, to crumple.
gundega *f.* buttercup.
gurdens *a.* weary, tired.
gurdenums (gurdums) *m.* weariness, fatigue.
gurkstēt *v. imp.* gurkst, -stēja, (sniegs) to creak.
gurķis *m.* cucumber.
gurns *m.* loin, hip.
gurt, *v. a.* gurstu, guru, to grow weak; to succumb.
gušņa *f.* thistle.
guvējs *m.* acquirer.
guvums *m.* acquisiton.
guzna *f.* gizzard.
gūsteknis *m.* captive, prisoner.
gūstīt *v. a.* -stu, stīju, to make captive, to catch, to take prisoner, to seize, to arrest.
gūstniecība *f.* captivity, confinement, imprisonment.
gūt *v. a.* gūstu, guvu, to get, to acquire, to obtain, to procure.
gūža *f.* haunch, hip.

ģeķība *f.* folly, foolishness

ģeķis *m.* fop, fool; (modes) dandy.
ģeķoties *r. n.* -jos, -jos, to behave foppishly.
ģelzis *m.* blade.
ģenerācija *f.* generation
ģenerālis *m.* general.
ģenģerēt *v. a.* -ju, -ju, to slagger, to tumble.
ģenģerisks *a.* tottering.
ģēnijs *m.* genius.
ģeorģīne *f.* dahlia.
ģērbkambaris *m.* vestry.
ģērbonis *m.* coat-of-arms.
ģērbs *m.* clothes, dress, attire.
ģērbt *v. a. n.* -bju, -bu, to dress, to clothe, to put on.
ģērbtuve *f.* cloak-room.
ģēvele *f.* gable-end, house-top.
ģīftigs *a.* sk. indīgs.
ģigantisks *a.* gigantic.
ģigants *m.* giant.
ģikts *f.* gout.
ģimene *f.* family.
ģimnastika *f.* gymnastics.
ģimnazija *f.* grammar-school; classical public-school.
ģimnazists *m.* grammar-school boy.
ģindenis *m.* skeleton.
ģinta *f.* family, kindred.
ģipss *m.* gypsum, plaster of Paris.
ģist *v. a.* ģiedu, ģidu, to perceive, to notice, to remark.
ģībonis *m.* fainting fit, swoon.
ģībt *v. a.* ģībstu, ģību, to faint, to swoon.
ģīmetne *f.* photograph, portrait.
ģīmis *m.* face, countenaunce, visage.

H

Haki *a.* (krāsa) khaki.
halāts *m.* morning-gown
harmonija *f.* harmony.
harmonika *f.* accordion.
hartija *f.* charter.
hercogs *m.* duke; giene — duchess.
hitons *m.* tunic.
honorārs *m.* gratification; (ārsta u. c.) fee.
horizonts *m.* horizon.
humors *a.* humour.

I

ideāls *m.* ideal.
ideja *f.* idea, notion.
identificēt *v. a.* -ju, -ju, to identify.
ideologs *m.* ideologist, visionary.
idile *f.* idyl.
idiots *m.* idiot.
igaunis *m.* Esthonian.
igauniski *adv.* Esthonian.
ignorēt *v. a.* -ju, -ju, to ignore.
igvāts *f.* fish tank.
ik *adv.* every; ik brīdi — every moment.
ikdiena *f.* every- day.
ikdienišķīgs *a.* common, ordinary, humdrum; everyday.
ikdienība *f.* every-day life, humdrum existence.
ikgadējs *a.* annual, yearly.
ikkatrs *prn.* each, every one.
ikmēnešus *adv.* monthly, every month.

iknedēļas adv. weekly.
ikrains a. spawny.
ikreiz adv. every time.
ikri m. pl. (kāju) calf; (zivs) roe, spawn.
ikstundas adv. hourly.
ikviens prn. every one, anybody.
ilgas f. pl. longing, desire; ~ pēc dzimtenes — homesickness, nostalgia.
ilgāks a. longer.
ilggadīgs a. of many years.
ilgoties v. n. -jos, jos, to long, to yearn for.
ilgs a. long; cik ilgi paies — how long will it take.
ilgt v. imp. ilgst, ilga, to last.
ilgtermiņa parāds m. a long-dated debt.
ilgviļņi m. pl. permanent waving or undulation.
ilgums m. length of time.
ilknis m. tusk; fang.
ilkss z. shaft, pole, beam.
imitēt v. a. -ju, -ju, to imitate.
imponēt v. a. to impress, to shine.
incidents m. incident; misunderstanding.
incis m. pussy.
inde f. poison, venom.
indeve f. plague, ill-luck.
indīgs a. poisonous, venomous.
individs m. individual.
informēt v. a. -ju, -ju, to inform.
iniciāļi m. pl. initials.
inscenēt v. a. -ju, ju, to stage, to get up.
interese f. interest.

intīms a. intimate.
inventārs m. inventory; ~ru uzņemt — to take stock.
inženieris m. engineer.
ir — is, pl. are; man ir — I have; ir lietas, kas... — there are things which...
irbe f. partridge.
irbenājs m. guelder rose.
irbulis m. pointer.
irdens a. spongy, loose, porous.
irdenums m. porosity, looseness.
irdināt v. a. -nu, -nāju, to loosen.
irklis m. scull.
ironija f. irony.
irt v. a. iŗu, īru, to row; v. n. irstu, iru, to rip open, to get undone.
istaba f. room, chamber; ~bas meita — chamber-maid.
it, itin adv. quite, fairly.
it kā adv. as if.
iz prp. out of, from.
izaicināt v. a. -nu, -nāju, to call forth, to challenge, to ask.
izalvot v. a. -ju, ju, to coat with tin.
izart v. a. -ŗu, -ru, to plough up.
izaudzēt v. a. -ju, ju, to bring up, to nurse.
izaudzis a. grown up.
izaugt v. a. -gu, -gu, to grow up.
izauklēt v. a. -ju, -ju, to nurse, to bring up.
izālēties v. n. -jos, jos, to have a good romp.
izārdīt v. a. -du, -dīju, vīli) to unrip, to undo; (postīt) to destroy, to take to pieces; (sienu) to spread out.

izārstēt *v. a.* -ju, -ju, to cure, to heal.
izbadoties *v. n.* -jos, -jos, to grow hungry.
izbaidīt *v. a.* -du, -diju, to frighten; *v. n.* -os. -jos, to take fright.
izbailes *f. pl.* fright, terror.
izbakstīt *v. a.* -stu, -stīju, (zobus) to pick out.
izbalēt *v. a.* -ju, -ju, to fade; to pale.
izbalināt *v. a.* nu, nāju, to bleach.
izbalsināt *v. a.* -nu, -nāju, to whitewash, to whiten.
izbalsot *v. a.* -ju- ju, to vote out, to blackball.
izbarot *v. a.* -ju, -ju, to use up as fodder.
izbaudīt *v. a.* -du, -dīju; (pārdzīvot) to undergo, to enjoy thoroughly.
izbālēt *v. a.* -ju, -ju, to fade, to lose colour.
izbārstīt *v. a.* -stu, -stīju, to strew about, to scatter, to disperse.
izbārt *v. a.* -baru, -bāru, to scold, to rebuke.
izbāzt *v. a.* -žu, -zu, to put out, to poke out; (dzīvniekus) to stuff, to pad.
izbeigt *v. a.* -dzu, -dzu, to finish, to conclude, to terminate.
izberzt *v. a.* -beržu, -berzu, to rub out; ~ acis — to rub one's eyes.
izbēgt *v. a.* -gu, -gu; (izvairīties) to avoid, to escape, to shun; (aizbēgt) to flee or run away.

izbērt *v. a.* -beru, -bēru, to strew out, to pour out; ātri ~ (izrunāt) — to blurt out.
izbirdināt *v. a.* -nu, -nāju, to strew out.
izbirt *v. a.* -birstu, -biru, to fall out.
izbizoties *v. n.* -jos, -jos, to ramble about.
izbilties *v. n.* -stos, -bijos, to take fright, to be frightened.
izbiedēt *v. a.* -ju, -ju, to frighten.
izblaustīties *v. n.* -stos, stījos, to cry one's fill.
izbradāt *v. a.* -ju, -ju, to tread or trample out.
izbraukt *v. a.* -cu, -cu,; (ar ratiem) to go for a drive, to drive out; (aizbraukt) to depart; to go away; izbraukts ceļš — beaten track.
izbrauktne *f.* gateway, drive, carriage way.
izbraukums *m.* excursion, trip, outing; (ar ratiem) drive.
izbrist *v. a.* -rienu, -bridu, to ford, to wade through.
izbrīna *f.* astonishment, surprise.
izbrīnēties *v. n.* -nōs, -nijos, to be astonished, surprised, amazed.
izbungāt *v. a.* -ju, -ju, to advertise, to praise up.
izburbējis *a.* decayed, rotten.
izburt *v. a.* -buru, -būru, to conjure up, to produce by magic.
izburtot *v. a.* -ju, -ju, to spell out, to decipher.

izbūve *f.* completion of a building.
izbūvēt *v. a.* -ju, -ju, to build up, to complete building.
izcelšanās *f.* origin, beginning.
izcelt *v. a.* -|u, -cēlu- to take out, to expose; (malā) to disembark; *v. n.* -|os, -cēlos, to arise, to get up; (notikt) to result, to happen; (uguns) to break forth.
izceļot *v. a.* -ju, -ju, to emigrate.
izcept *v. a.* -cepu, cepu, to bake, to r·ast.
izcilnis *m.* projection.
izcils *a.* prominent, eminent.
izcirst *v. a.* -cērtu, -cirtu, to hew out, to cut out; (mežu) to fell.
izcirtums *m.* clearing, glade.
izciemoties *v. n.* -jos, -jos, to stay on a prolonged visit.
izciest *v. a.* -ciešu, -cietu, to endure, to bear, to suffer.
izčibēt *v. a.* -ju, -ju, to vanish, to disappear.
izdabāt *v. a.* -ju, -ju, to please, to oblige.
izdabātājs *m.* obliging person.
izdabūt *v. a.* -ju, -ju, to get, to obtain.
izdaiļot *v. a.* -ju, -ju, to embellish, to decorate.
izdalīt *v. a.* to distribute, to divide; to spread; ~ lomas to assign parts.
izdarīgs *a.* quick, active, nimble.
izdarīt *v. a.* -ru, -rīju, to perform, to bring about, to realise, to accomplish.

izdaudzināt *v. a.* -nu, -nāju, to praise up.
izdauzīt *v. a.* -zu, -zīju, to beat out; (logus) to break.
izdāvāt *v. a.* -ju, -ju, to make a present of, to give away.
izdāvināt *v. a.* -nu, -nāju, sk. izdāvāt.
izdedzināt *v. a.* -nu, nāju, to burn, to scorch.
izdegt *v. a.* -gu, -gu, to burn out.
izdeldēt *v. a.* -ju, -ju, to exterminate, to destroy, to wipe out.
izdevējs *m.* publisher; editor.
izdevība *f.* chance, opportunity, occasion.
izdevīgs *a.* favourable.
izdevniecība *f.* publishing business, firm of publishers.
izdevums *m.* (grāmatu) edition, issue; (naudas) outlay; expenditure.
izdēdēt *v. a.* -du, -dēju, to fall off, to pine away, to decay.
izdibināt *v. a.* -nu, -nāju, to investigate, to find out.
izdilis *a.* emaciated, worn.
izdilt *v. a.* -stu, -dilu, to lose flesh, to grow thin.
izdīdīt *v. a.* -du, -dīju, to train.
izdīgt *v. a.* -gstu, -gu, to sprout, to germinate.
izdiedelēt *v. a.* -ju, -ju, to wheedle out, to cadge out.
izdiedzēt *v. a.* -ju, -ju, to bring to germination; to get soaked.
izdiena *f.* term of service.

izdienēt v. a. -nu, -nēju, to serve one's time.
izdobt v. a. -bju, -bu, to hollow out.
izdoma f. invention, device; fiction.
izdomāt v. a. -ju, -ju, to contrive, to find out, to devise.
izdot v. a. -du, -devu, to give out; (naudu) to spend; (grāmatu) to publish.
izdoties v. n. -dos, -devos, to succeed.
izdrāzt v. a. -žu, -zu, to carve, to sculpture.
izdrupt v. a. -drūpu, -drupu, to crumble away.
izdurt v. a. -duṛu, -dūru, to perforate; (cauri) to pierce, to prick.
izdvašot v. a. -ju, -ju, to exhale.
izdvēst v. a. -dvešu, dvēsu, to breathe out, to exhale· to speak softly.
izdzenāt v. a. -ju, -ju, to drive asunder.
izdzert v. a. -dzeṛu, -dzēru, to drink out, to empty by drinking.
izdzesēt v. a. -ju, -ju, to cool.
izdzēst v. a. -su,-su, (gaismu) to switch off, to turn out; (uguni) to extinguish, to put out; (rakstīto) to wipe off, to blot out.
izdzimums m. monster.
izdzinējs m. driver out, expeller; sweater.
izdzist v. a. -dziestu, -dzisu, (uguns, gaisma), to go out; to extinguish; (ēdiens) to grow cold.
izdzīt v. a. -dzenu, -dzinu, (izraidīt) to drive, out, to expel; (lopus) to take to pasture; (augus) to force plants in the hotbed.
izdzīve f. licence, libertinism, debauchery.
izdziedāt v. a. -du, -dāju, to sing.
izdziedēt v. a. -ju, -ju, to cure, to heal.
izeja f. way out, exit, egress; -jas punkts — starting point.
izejviela f. raw material.
izelpot v. a. -ju, -ju, to exhale.
izēdināt v. a. -nu, -nāju, to empty by feeding; (ar zālēm) to cauterise; to etch.
izēst v. a. -du, -du, to eat out or up, to empty; to corrode.
izgaisināt v. a. -nu, -nāju, to lose, to squander, to waste.
izgaist v. a. -stu, -su, to disappear, to vanish.
izgalvot v. a. -ju, -ju, to get release on bail; to give security.
izgarojums m. evaporation; perspiration.
izgarot v. a. -ju, -ju, to evaporate.
izgatavot v. a. -ju, -ju, to prepare, to make ready.
izgādāt v. a. -ju, -ju, to procure or obtain.
izgāzt v. a. -žu, -zu; (izliet) to pour out; (izlauzt) to break

out; (krūtis) to expand; (eksamenā) to reject.
izgāzties v. n. -žos, -zos; (iztukšoties) to empty, to discharge; (sabiedrībā) to bring shame upon oneself; (eksamenā) to fail.
izglābt v. a. -bju, -bu, to save, to rescue; ~ties v. n. -bjos, -bos, to escape.
izglītība f. education, training.
izglītot v. a. n. -ju, -ju, to educate, to train; to civilize.
izgludināt v. a. -nu, -nāju, to smooth; (veļu) to iron.
izgraust v. a. -žu, -zu, to gnaw through.
izgrābt v. a. -bju, -bu, to rake
izgrebt v. a. -bju, -bu, to gouge out, to hollow out.
izgreznot v. a. -ju, -ju, to adorn, to dress up.
izgriezt (with iē) v. a. -žu, -zu, to cut out, to carve; (kokus) to lop, to prune.
izgriezt (with iē) v. a. -žu, -zu, to wring out.
izgriezums (iē) m. cut, cutting; ~i — clippings.
izgriezums (iē) m. dislocation, sprain.
izgrozīt v. a. -zu, -zīju, change; to modify; ~ies v. n. -zos, -zījos, to slip out.
izgrūst v. a. -žu, -du, to push or knock out; (vārdus) to utter.
izgudrēm adv. slyly, cunningly.
izgudrojums m. invention, discovery.

izgudrot v. a. -ju, -ju, to invent, to contrive.
izgudrotājs m. inventor.
izgulēties v. n. -|os, -jos, to sleep one's fill.
izģērbt v. a. -bju, -bu, to undress; to dress up, to adorn; v. a. -bjos, -bos, to take off one's clothes.
izīrēt v. a. -ju, -ju, to let.
iziet v. a. izeju, izgāju, to go out; to walk abroad.
izjaukt v. a. -cu, cu, to mix, to turn upside down; (postīt) to destroy; (cerības) to blight, to frustrate.
izjautāt v. a. -ju, ju, to question, to examine.
izjokot v. a. -ju, -ju, to make fun of, to trifle with.
izjukt v. a. izjūku, izjuku; (mati) to be tousled or disheveled; to get into disorder.
izjust v. a. -jūtu, -jutu, to feel deeply.
izjūgt v. a. -dzu, -dzu, to unharness, to unyoke.
izjūta f. sensation, feeling.
izkaisīt v. a. -su, -sīju, to scatter, to disperse.
izkalpināt v. a. -nu, nāju, to enslave, to let serve.
izkalpot v. a. -ju, -ju, to finish one's time of service.
izkalt v. a. -lstu, -tu, to dry up, to dessicate, to parch; to wither, to pine away.
izkalt v. a. -ļu, -lu, to forge, to hammer out; (naudu) to stamp, to coin.

izkaltēt *v. a.* -ju, -ju, to dry.
izkapts *f.* scythe.
izkarot *v. a.* -ju, -ju, to obtain by exertion.
izkasīt *v. a.* -su, -sīju, to scrape out, to scratch out.
izkaulēt *v. a.* -ju, -ju, to obtain by begging.
izkausējums *m.* solution.
izkausēt *v. a.* -ju, -ju, to melt, to dilute.
izkaušana *f.* extermination, extirpation.
izkaut *v. a.* -ju, -kāvu, to kill in masses, to slaughter; to exterminate.
izkāmējis *a.* starved.
izkāpt *v. a.* -pju, -pu, to step out, to disembrak, to alight.
izkārnījumi *m. pl.* faeces, excrements.
izkārnīt *v. a.* -nu, -nīju, to clean up.
izkārpīt *v. a.* -pu, -pīju, to dig up.
izkārst *v. a.* -kāšu, ,kārsu, to comb out, to card.
izkārt *v. a.* -karu, kāru, to hang out.
izkārtne *f.* sign-board.
izkāst *v. a.* -šu, -su, to strain, to filter.
izklaida *f.* diversion, amusement.
izklaidēt *v. a. n.* -ju, -ju, to disperle, to dispel, to divert.
izklaidība *f.* absent-mindedness, absence of mind.
izklaidīgs *a.* absent-minded.

izklaušināt *v. a.* -nu, nāju, to question, to examine.
izklāstīt *v. a.* stu, stīju, to explain, to expound.
izklāt *v. a.* -ju, -ju, to spread out.
izklīdināt *v. a.* -nu, -nāju, to drive away, to disperse; to spread out.
izklīst *v. a.* -stu, -klīdu, to disperse; to come asunder, to part.
izkliegt *v. a.* -dzu, -dzu, to scream, to cry aloud or out.
izkļūt *v. a.* -stu, -kļuvu, to get out.
izkopt *v. a.* -pju, -pu, to cultivate, to improve; to develop.
izkost *v. a.* -žu, -du, to bite out.
izkratīt *v. a.* -tu, -tīju, to shake out; (policija) to search, to examine.
izkraut *v. a.* -ju, -krāvu, to unload, to discharge.
izkrautne *f.* staple, emporium.
izkraut *v. a.* -ju, -krāvu, to unload, to discharge.
izkrautne *f.* staple, emporium.
izkravāt *v. a.* -ju, -ju, to unpack, to empty; *v. n.* -jos, -jos, to move, to quit, to leave.
izkrāsot *v. a.* -ju, -ju, to paint.
izkrist *v. a.* -krītu, -kritu, to fall out; to get thin, to lose flesh.
izkulstīt *v. a.* -stu, -stīju, to swingle.
izkult *v. a.* -kulu, kūlu, to thresh out; *v. n.* -kuļos, -kūlos, to fight one's way through, to rough it.

izkurt *v. a.* -kuŗu, -kūru, to heat.

izkurtēt *v. a.* -ju, -ju, to become porous or brittle.

izkust *v. a.* -kūstu, kusu, to thaw, to melt.

izkustēt *v. a.* -stu, -stēju, to move forward, to be in motion.

izkūlums *m.* crop, yield of grain.

izkūņoties *v. n.* -jos, -jos, to break the cocoon; to throw off one's disguise.

izkūpēt *v. a.* -pu, -pēju, to go off in smoke; to disappear.

izkūsāt *v. n.* -ju, -ju, to boil over.

izkvēlot *v. a.* -ju, -ju, to die away, to cease burning.

izkvēpināt *v. a.* -nu, -nāju, to exfumigate.

izķepuroties *v. n.* -jos, -jos, to scramble out, to extricate oneself.

izķert *v. a.* -ŗu, -ķēru, to snatch away; to catch, to fish out.

izķēmot *v. a.* -ju, -ju, to disfigure, to deface.

izķīlāt *v. a.* -ju, -ju, to levy a distress upon.

izlabot *v. a.* -ju, -ju, to mend, to repair; to patch.

izlaidība *f.* unruliness, wantonness.

izlaidīgs *a.* naughty, wild, dissolute.

izlaidums *m.* letting out; (naudas) emission; (grāmatu) issue; (vārdu) omission; (drēbju) edging; students or pupils who have completed their studies.

izlaipot *v. a.* -ju, -ju, to cross over; *fig.* to evade.

izlaist *v. a.* -laižu, -laidu, to let out; (garu) to give up, the breathe one's last; (bērnus) to spoil, to fondle; (vārdus) to omit; *v. n.* -žos, -dos, (no būŗa) to fly out, to escape; (slinkumā) to go to the bad, to get spoiled; (izstiepties) to stretch.

izlaistīt *v. a.* -stu, -stīju, to spill.

izlaizīt *v. a.* -zu, -zīju, to lick up, to lap up.

izlakt *v. a.* -loku, -laku, to lap up.

izlamāt *v. a.* ju, -ju-, to abuse, to scold.

izlase *f.* selection, choice; pick.

izlasīt *v. a.* -su, -sīju, to select, to pick out, to choose; (grāmatu) to read to the end.

izlaupīt *v. a.* -pu, -pīju, to plunder.

izlauzt *v. a.* -žu, -zu, to break out or off; *v. n.* -žos, -zos, to escape; (uguns) to break forth.

izlāpīt *v. a.* -pu, -pīju, to mend, to repair; to patch up.

izleja *f.* sk. izlietne.

izlekt *v. a.* -lecu, -lēcu, to spring out, to jump out, to leap out.

izlējums *m.* pouring out; *mech.* cast.

izlikšanās *f.* disguise, pretence.

izlikt v. a. -lieku, -liku, to lay out, to put out, to expose; (no dzīvokļa) to turn out; v. n. -liekos, -likos, to pretend, to sham.

izlīdzēt v. a. to help out, to render aid.

izlīdzināt v. a. -nu, -nāju, to make even, to level (a road); (rindu) to get into line.

izlīgt v. a. -gstu, -gu, to reconcile; viņi atkal izlīga — they made it up again.

izlīst v. a. -lienu, -līdu, to creep out.

izlīt v. a. -līstu, -liju, to pour out, to be poured out; (cauri) to be drenched.

izliekt v. a. -liecu, -liecu, to bend outwards; v. n. -liecos, -liecos, to lean out.

izlielīt v. a. -ju, -ju, to praise, to set forth.

izliet v. a. -leju, -leju, to pour out; (veidot) to mould, to cast.

izlietne f. sink.

izlietot v. a. -ju, -ju, to use, to make use of.

izlobīt v. a. -bu, -bīju, to peel, to shell.

izlocīt v. a. -loku, -locīju, to bend outwards; (balsi) to modulate; v. n. -kos, -cījos, (no ķezas) to extricate oneself; (no darba) to shuffle.

izloksne f. dialect.

izloze f. lottery, raffle.

izlozēt v. a. -ju, -ju, to raffle, to draw lots for.

izlutināt v. a. -nu, -nāju, to spoil, to pamper.

izlūgt v. a. -lūdzu, -lūdzu, to obtain by request, to beg.

izlūkot v. a. -ju, -ju, to designate, to destine; (izpētīt) to sound, to explore; to spy.

izlūks m. spy, scout.

izlūzt v. a. -lūstu, to break out.

izļodzīt v. a. -ļogu, -dzīju, to shake loose.

izmainīt v. a. -nu, -nīju, to exchange.

izmaiņa f. exchange.

izmaisīt v. a. -su, -sīju, to mix, to mingle.

izmaksa f. payment, pay; **paš-** — cost-price, self-expense.

izmaksāt v. a. -ju, -ju, to pay (down); to cost.

izmakšķerēt v. a. -ju, -ju, to hook out, to fish out.

izmalt v. a. -ļu, -lu, to grind.

izmanīgs a. agile, nimble, dexterous.

izmanīties v. n. -nos, -nījos, to snatch ocassion; (laukā) to slip away.

izmantošana f. exploitation, sweating.

izmantot v. a. -ju, -ju, to exploit, to turn to account.

izmaņa f. business agility, skill, capacity.

izmazgāt v. a. -ju, -ju, to wash (out).

izmācīt v. a. -cu, -cīju, to instruct, to teach; v. n. -cos, cījos, to learn; **-ies no galvas** — to learn by heart.

izmānīt *v. a.* -nu, -nīju, to entice away, to obtain by cunning.
izmeklēt *v. a.* -ju, -ju, to select, to pick out, to choose; (izpētīt) to search, to examine; ~šanas cietums — imprisonment on remand; ~šanas tiesnesis — examining magistrate.
izmeloties *v. n.* -jos, -jos, to make one's way by lying.
izmest *v. a.* -tu, -tu, to throw out; ~ uz krasta — to cast ashore.
izmežģīt *v. a.* -ju, -ju, to dislocate.
izmēdīt *v. a.* -u, -ju, to jeer at, to ape, to deride.
izmēģināt *v. a.* -nu, -nāju, to try, to test; ~ laimi — to take one's chance.
izmērcēt *v. a.* -ju, -ju, to moisten; (veļu) to soak; (linus) to macerate.
izmērdēt *v. a.* -ju, -ju, to famish, to starve.
izmērīt *v. a.* -ju, -ju, to measure out.
izmētāt *v. a.* -ju, -ju, to scatter, to fling about.
izmēzt *v. a.* -žu, -žu, -zu, to sweep out.
izmirkt *v. a.* -kstu, -ku, to get wet, to be drenched or soaked.
izmirt *v. a.* -rstu, -ru, to die out, to become extinct.
izmist *v. a.* -mistu, -misu, to lose courage or heart, to despair.
izmisums *m.* despair.
izmīdīt *v. a.* -du, -dīju, to tread out, to trample out.
izmīt *v. a.* -minu, -minu, to tread out.
izmīt *v. a.* (with ī) -miju, -mīju, sk. izmainīt.
izmiekšķēt *v. a.* -ju, -ju, to wet, to steep, to soften.
izmieloties *v. n.* -jos, -jos, to feast, to eat heartily.
izmocīt *v. a.* -moku, -mocīju, to torment, to tire out.
izmukt *v. a.* -mūku, -muku, to slip away, to escape.
izmuldēt *v. a.* -du, -dēju, to blab out, to let out.
izmuļķot *v. a.* -ju, -ju, to deceive, to trick.
iznākt *v. a.* -ku, -cu, to come out; (rēķins) to result; (raža) to yield; cik liels rēķins iznāk? what does the acount come to?
iznākums *m.* result, consequence, outcome, product, (raža) yield.
iznest *v. a.* -nesu, -nesu, to carry out, to bring out; *v. n.* -sos, -sos, to behave, to conduct.
iznešanās *f.* behaviour, conduct.
iznēsāt *v. a.* -ju, -ju, (pastu) to deliver.
iznirt *v. a.* -rstu, -ru, to rise up, to emerge.
iznīcināt *v. a.* -nu, -nāju, to destroy, to eradicate, to exterminate.
iznīcība *f.* transitoriness; frailty.

iznīcīgs *a.* transient, transitory, fleeting; viss ir ~ — all things pass away.

izniekot *v. a.* -ju, -ju, to squander.

iznomāt *v. a.* -ju, -ju, to let, to lease.

izņemt *v. a.* -mu, -ņēmu, to take out; izņemot — except.

izņēmums *m.* exception.

izolēt *v. a.* -ju, -ju, to isolate, to insulate.

izošņāt *v. a.* -ju, -ju, to pry, to ferret.

izpakāt *v. a.* -ju, -ju, to unpack.

izpalīdzēt *v. a.* -dzu, -ju, to help out; ~ ar naudu — to supply with money.

izpalīdzīgs *a.* ready to help, helpful, obliging.

izpatikt *v. a.* -tīku, -tiku, to please.

izpaust *v. a.* -žu, -du, to make known; *v. n.* -žos, -dos, to express oneself; (ļaudīs) to go abroad, to spread about.

izpārdošana *f.* sale; galīga ~ — clearance sale.

izpārdot *v. a.* -dodu, -devu, to sell off, to clear.

izpeldēt *v. a.* -du, -dēju, to swim out.

izperēt *v. a.* -ju, -ju, to brood, to hatch; **~rināt**, -nu, -nāju, (izdomāt) to fabricate.

izpestīt *v. a.* -stu, -stīju, to redeem, to save, to release.

izpērt *v. a. n.* -peru, -pēru, to whip, to flog; (pirtī) to bathe, to foment.

izpētījums *m.* research, investigation, inquiry.

izpētīt *v. a.* -tu, -tīju, to explore, to investigate, to find out.

izpildīt *v. a.* -du, -dīju, to fulfil, to accomplish, to realise; ~ savu pienākumu — to do one's duty.

izpildītājs *m.* executor.

izpildraksts *m.* warrant of distress.

izpirkt *v. a.* -pērku, -pirku, to buy out, to discharge.

izpīpēt *v. a.* -ju, -ju, to smoke up or out.

izpīt *v. a.* -pinu, -pinu, to plait, to interlace.

izplatījums *m.* expansion, extension, dimension.

izplatīt *v. a.* -tu, -tīju, to extend, to expand; (sēklas) to disseminate; (baumas) to spread.

izplaucēt *v. a.* -ju, -ju, to scald; (ziedus) to force into bloom, to blossom.

izplaukt *v. a.* -kstu, -ku, to bud, to open, to flower.

izplātīt *v. a.* -tu, -tīju, to lay out, to expose, to spread.

izplēnēt *v. a.* -ju, -ju, to cease to burn, to die away.

izplēst *v. a.* -plešu, -plētu, to spread, to extend.

izplēst *v. a.* -šu, -su, (izraut) to pull, pluck or tear out.

izplēšanās *f.* expansion, dilation; (cīņa) fight, struggle, affray, row, scuffle.

izpliķēt v. a. -ju, -ju, to box ears, to slap or smack face.
izplosīties v. n. -os, -jos, to sow one's wild oats; to romp one's fill.
izplucināt v. a. -nu, -nāju, to pluck out; (ar karstu ūdeni) to scald.
izplūdis a. (rakstos) tedious; (sejā) bloated; (miesā) flabby.
izplūdums m. effluxion, effusion; diffuseness; (vārdos) verbosity
izplūkāt v. a. -ju, -ju, to pull out, to pluck out; (matus) to dishevel.
izplūkt v. a. -cu, -cu, to pluck out, to tear (one's hair); v. n. -cos, -cos, to fight, to scuffle.
izplūst v. a. -stu, -plūdu, to gush forth; (vārdos) to become tedious.
izplāpāt v. a. -ju, -ju, to blab out, to let out; ~ ties pēc sirds patikas — to talk to one's heart's content.
izpostīt v. a. -stu, -ju, to destroy, to ruin.
izprast v. a. -protu, -protu, to comprehend, to conceive.
izpratne f. perception, grasp, insight, appreciation.
izprātot v. a. n. -ju, -ju, to unriddle, to puzzle out, to devise, to find out.
izprecināt v. a. -nu, -nāju, to give in marriage; to marry
izprieca f. pleasure, amusement, pastime; ~as ceļojums — pleasure trip, ~as kārs — pleasure seeking.
izpriecāties v. n. -jos, -jos, to enjoy, to amuse oneself.
izpumpēt v. a. -ju, -ju, to pump out, to exhaust.
izpurināt v. a. -nu, -nāju, to shake out.
izpušķot v. a. -ju, -ju, to decorate, to adorn.
izputēt v. a. -tu, -tēju, to disappear, to lose, to go to ruin.
izputināt v. a. -nu, -nāju, to squander, to dissipate, to waste.
izpūris a. dishevelled, tousled.
izpūst v. a. -šu, -tu, to blow out; to blow through.
izpūt v. a. -pūstu, -puvu, to rot, to putrefy
izraibināt v. a. -nu, -nāju, to speckle, to spot.
izraidīt v. a. -du, -dīju, to turn out; to banish, to exile.
izraisīt v. a. -su, -sīju, to untie.
izrakņāt v. a. -ju, -ju, to dig up
izrakstīt v. a. -stu, -stīju, to write at full length, to write out; (izšūt) to embroider.
izraksts m. copy, extract.
izrakt v. a. -roku, -raku, to dig out, to excavate; (līķi) to exhume.
izrakums m. excavation, exhumation.
izraudāt v. a. -du, -dāju, to cry; ~ bēdas — to ease one's grief with weeping; v. n. -dos, -dājos, to weep one's fill, to have a good cry.

izraudināt v. a. -nu- -nāju, to make somebody cry, to move to tears.
izraudzēt v. a. -ju, -ju, to leaven or make sour.
izraudzīt v. a. n. -raugu, -dzīju, to select. to destinfor.
izraut v. a. -ju, -rāvu, to pull, to pluck out or up; (augu) to uproot; ~ **zobu** — to draw out a tooth.
izravēt v. a. -ju. -ju. to weed out.
izrāde f. performance.
izrādīt v. a. -du, -dīju, to perform; to show; ~ **spēku** — to wield power; v. n. -dos, -dījos, to prove, to turn out.
izrāpties v. n. -pjos. -pos. to creep out.
izredze f. view, prospect, outlook, chance.
izredzētā f. affianced, bride, fiancée.
izrentēt v. a. -ju. -ju, to let out, to lease.
izretināt v. a. -nu. -nāju, to thin, to space.
izrežģīt v. a. -ju, -ju, to disentangle, to extricate.
izrēķināt v. a. -nu, -nāju, to solve; to reckon, to calculate.
izritināt v. a. -nu, -nāju, to roll out; to unroll, to unwrap.
izridīt v. a. -du, -dīju, to bait out.
izrīkojums m. performance, entertainment.
izrīkot v. a. -ju, -ju, to do. to perform, to get up, to arrange; to order.
izrietēt v. imp. to result: no tā izriet — it follows.
izrobīt v. a. -ju, -ju, to notch.
izrotāt v. a. -ju. -ju. to adorn. to decorate.
izruna f. pronunciation: (atvainošanās) pretext.
izrunāt v. a. -ju, -ju, to speak out, to utter; to pronounce; v. n. -jos, -jos, to speak to the end; to disclose one's thoughts.
izrušināt v. a. -nu, -nāju to rake out, to dig up.
izrūgt v. a. -stu, -gu, to ferment thoroughly; izrūdzis (maize) — bread has risen.
izsacīt v. a. n. -ku, -cīju, to utter, to say, to express.
izsaimniekot v. a. -ju, -ju. to squander away.
izsalcis a. hungry, starving.
izsaldēt v. a. -ju, -ju, to freeze out, to kill by frost.
izsalkt v. a. -kstu, -ku. to get hungry.
izsalkums m. hunger, appetite.
izsalt v. a. -lstu, -lu, to freeze, to congeal; to perish with cold.
izsapņot v. a. -ju, -ju, to leave off dreaming; sapnis izsapņots — the dream is at an end.
izsargāt v. a. -gu, -gāju, to guard, to keep from, to preserve; v. n. -gos, -gājos to avoid, to elude.

izsaucējs *m.* crier auctioneer; (zīme) exclamation-mark.
izsauciens *m.* exclamation.
izsaukt *v. a.* -cu, -cu, to exclaim, to cry or call out; (izaicināt) to challenge, to invite; (izrunāt) to pronounce; (skolā) to call upon; *v. n.* -cos, -cos. to exclaim; to shout.
izsautēt *v. a. n.* -ju, -ju, to steam, to forment.
izsēdēt *v. a.* -sēžu, -sēdēju, to sit out, to outwear by sitting.
izsēdināt *v. a.* -nu, -nāju; (no ratiem) to hand out; (no kuģa) to disembark.
izsēt *v. a.* -ju, -ju, to sow, to scatter, to disseminate.
izsērot *v. a.* -ju, -ju, to fumigate with sulphur.
izsijāt *v. a.* -ju, -ju, to sift out.
izsikt *v. a.* -kstu, -ku, to dry up, to drain; to be exhausted.
izsist *v. a.* -tu, -tu, to beat or knock out, (~ ar) to line; *v. n.* -tos, tos, to get through, to cut one's way through; to rub on, to make a living; to come out in a rush.
izsitumi *m. pl.* pimples, rash.
izskaidrojums *m.* explanation, interpretation.
izskaidrot *v. a.* -ju, -ju, to explain, to interpret.
izskaitīt *v. a.* -tu, -tīju, to count out; to recite.
izskalot *v. a.* -ju, -ju, to clean, to rinse out; (krastu) to encroach upon.
izskanēt *v. a.* -nu, -ju, to die away, to end in, to sound through.
izskatīt *v. a.* -tu, -tīju, to look out; kāds viņš izskatās? what is he like?
izskats *m. v.* appearance, view.
izskaust *a. v.* -žu, -du, to expel, to drive away, to destroy, to blight.
izskolot *v. a.* -ju, -ju, to educate, to train, to school; to send to school.
izskraidīties *v. n.* -dos, -jos, to run oneself tired.
izskrāpēt *v. a.* -ju, -ju, to scratch out, to erase.
izskriet *v. a.* -skrienu, -skrēju, to run out; (no sliedēm) to run off the line; *v. n.* -skrienos, -skrējos, to get tired with running, to have a good run.
izskrūvēt *v. a.* -ju, -ju, to unscrew.
izslacīt *v. a.* -slaku, -slacīju, to sprinkle.
izslaucīt *v. a.* -ku, -cīju, to sweep out; to wipe out.
izslaukt *v. a.* -cu, -cu, to milk.
izslavēt *v. a.* -ju, -ju, to praise, to glorify.
izslāpis *a.* thirsty; eager.
izslāpt *v. a.* -pstu, -pu. to thirst, to long.
izslēdzējs *m.* switch.
izslēgšana *f.* (no skolas) expulsion.
izslēgt *v. a.* -dzu, -dzu, to shut out; to exclude; ~ no baznīcas — to excommunicate; ~ no

7*

skolas — to expel; **elektrību** — to switch off.
izslinkoties v. n. -jos, -jos, to lounge, to be lazy, to idle.
izslīdēt v. a. -du, -dēju, to slide out, to slip out.
izsliet v. a. -nu- -slēju, to uplift, to raise; v. n. -nos, -slējos, to rise, to stand up.
izsludināt v. a. -nu, -nāju, to advertise, to publish.
izsmalcināt v. a. -nu, -nāju, to refine.
izsmelt v. a. -smeļu, -smēlu, to ladle out, to drain, to bail; to exhaust.
izsmēķēt v. a. -ju, -ju, to smoke out, to finish smoking.
izsmērēt v. a. -ju, -ju, to smear, to grease.
izsmīdināt v. a. -n,u -nāju, to provoke laughter.
izsmiekls m. derision, mockery, scoffing.
izsmiet v. a. -smeju, -smēju, to ridicule, to laugh at, to deride; v. n. -smejos, -smējos, to laugh one's fill.
izsniegt v. a. -sniedzu, -sniedzu, to give, to deliver; to issue, to draw.
izsole f. auction; offer, proposal.
izsolīt v. a. -lu, -līju, to offer.
izspaidīt v. a. -du, -dīju, to squeeze out.
izspārdīt v. a. -du, -dīju, to kick asunder.
izspert v. a. -speru, -spēru, to knock or kick out, to scatter by kicking.

izspēle f. (kartīs) the turn to play; (sportā) lead, service.
izspēlēt v. a. -ju, -ju, to play first, to lead, to come out; (balli) to serve; to finish.
izspiedējs m. extortioner, bloodsucker.
izspiegot v. a. -ju, -ju, to spy out.
izspiest v. a. -žu, -du, to press out, to wring, to squeeze out; to extort, to thrust out, to displace, to supplant; v. n. -žos, -dos, to force one's way through.
izspļaut v. a. -ju, -spļāvu, to spit out.
izsprausties v. n. -žos, -dos, to elbow one's way.
izsprāgt v. a. -gstu, -gu, to explode; (lopi) to fall.
izspriest v. a. -žu, -du, to decide, to resolve, to settle; (tiesu) to judge.
izsprukt v. a. -sprūku, -spruku, to slip away, to escape, to elude.
izstaigāt v. a. -ju, -ju, to wander; v. n. -jos, -jos, to take long walks.
izstaipīt v. a. n. -pu, -pēju, to extend, to stretch out.
izstarot v. a. -ju, -ju, to radiate, to emit rays.
izstāde f. exhibition, exposition, show.
izstādīt v. a. -du, -dīju, to exhibit, to put out; (augus) to transplant.

izstāstīt v. a. -stu, -stīju, to tell, to relate, to report; to explain.
izstāties v. n. -jos, -jos, to retire; (no biedrības) to discontinue one's membership.
izsteigties v. n. -dzos, -dzos, to hasten, to hurry out.
izstigot v. n. -ju, -ju, to cut a path through.
izstīdzējis a. v. grown lanky.
izstiept v. a. n. -pju, -pu, to extend, to stretch, to enlarge; (vilkt) to drag out, to take away.
izstrādājums m. composition, fabrication; finish, dressing; (ādas) tanning.
izstrādāt v. a. -ju, -ju, to work out, to elaborate, to make, to manufacture; v. n. -jos, -jos, to have worked much; ~ par... — to become.
izstrādināt v. a. -nu, -nāju, to to empty with a spoon; to sweat.
izstreipuļot v. a. -ju, -ju, to stagger out.
izstrēbt v. a. -strebju, -strēbu, to empty with a spoon; to sip up.
izstrīpot v. a. -ju, -ju, to strike out.
izstudēt v. a. -ju, -ju, to complete one's studies; to study thoroughly.
izstumt v. a. -stumju, -stūmu, to shove out, to drive out; to cast off.

izsukāt v. a. -ju, -ju, to comb out.
izsunīt v. a. -ju, -ju, to abuse, to call names, to curse.
izsusēt v. a. -su, -sēju, to become dry.
izsusināt v. a. -nu, -nāju, to dry up; to drain.
izsust v. a. -sūtu, -sutu, to foment.
izsutināt v. a. -nu, -nāju, to soften (in hot water or steam); to foment.
izsūcējs m. blood-sucker, oppressor.
izsūdzēt v. a. dzu, -dzēju, (vainu) to confess; (pie tiesas) to sue for.
izsūkt v. a. -sūcu, -sūcu, to suck up; to grind, to sweat.
izsūtīt v. a. -tu, -tīju, to send out, to forward, to despatch; (no zemes) to exile.
izsvaidīt v. a. -du, -dīju, to scatter, to fling about.
izsvērt v. a. -sveŗu, -svēru, to weigh out.
izvilināt v. a. -nu, -nāju, to singe, to scorch.
izsvīst v. a. -stu, -du, to exude, to perspire.
izsvītrot v. a. -ju, -ju, to strike or cross out.
izsviedrēt v. a. -ju, -ju, to sweat.
izsviest v. a. -sviežu, -sviedu, to throw out; ~ uz krasta — to cast ashore.
izšaut v. a. -ju, -šāvu, to discharge, to shoot off, to fire;

v. n. -jos, -šāvos, to jump up, to appear.

izšķērdētājs *m.* spendthrift, squanderer, prodigal.

izšķērdēt *v. a.* -ju, -ju, to dissipate, to squander, to spend, to waste; ~ **visu naudu** — to throw away one's money.

izšķērdība *f.* waste, squandering, prodigality.

izšķērdīgs *a.* wasteful, prodigal, profuse; lavish.

izšķilt *v. a.* -ļu, -šķīlu; (uguni) to strike; *v. n.* -los, šķīlos, to brood, to hatch.

izšķirība *f.* difference, discrimination, distinction; bez konfesiju ~bas — irrespective of creed; tur nav nekādas ~bas — it's all the same.

izšķirot *v. a.* -ju, -ju, to single out, to sort out; to assort.

izšķirošs *a.* final, decisive; ~šā brīdī — at the critical moment; ~ša balss (priekšsēdētāja) — casting vote (of the chairman).

izšķirstīt *v. a.* -stu, -stīju, to glance over, to peruse, to skim.

izšķirt *v. a.* -ŗu, -šķīru; (sadalīt) to separate; (atšķirt) to distinguish, to discern; (nolemt) to decide, to determine; *v. n.* -ŗos, -šķīros; (atšķirties) to differ from, to be unlike; (nolemt) to resolve, to determine upon, to make up one's mind; (atvadīties) to part, to take leave

izšķīst *v. a.* -stu, -du, to break up, to fall in pieces.

izšķiedējs *m.* spendthrift, squanderer, prodigal.

izšķiest *v. a.* -žu, -du, to scatter, to throw about; to waste, to squander.

izšķobīt *v. a.* -ju, -ju, to shake loose; ~ seju — to make a wry face.

izšļākt *v. a.* to splash out, to squirt out.

izšļukt *v. a.* -šļūku, -šļuku, to slipt out, to slide from.

izšmaukt *v. a.* -cu, -cu, to escape, to slip away.

izšņaukt *v. a.* -ca, -cu, to blow one's nose.

izšuvums *m.* embroidery.

izšūpot *v. a.* -ju, -ju, to rock, to swing; (bērnu uz ceļiem) to dance on one's knees; *v. n.* -jos, -jos, to have enough of rocking.

izšūt *v. a.* -šuju, -šuvu, to embroider.

iztaisīt *v. a.* -su, -sīju, to work out, to make.

iztapība *f.* obligingness.

iztapīgs *a.* obliging, solicitous.

iztapsēt *v. a.* -ju, -ju, to paper.

iztapt *v. a.* -topu, -tapu, to oblige, to please.

iztauja *f.* interview.

iztaujāt *v. a.* -ju, -ju, to question, to interview.

iztaustīt *v. a.* -stu, -stīju, to finger, to feel.

iztālēm *adv.* from afar, from a distance.

iztecēt v. a. -teku, -tecēju; (ūdens) to flow out; (skriet) to run out.

iztecināt v. a. -nu, -nāju, to draw off, to tap.

izteicējs m. predicate.

izteiciens m. remark, sentence, phrase.

izteiksme m. expression, term, idiom, utterance; **īstenības ~ —** indicative mood; **pavēles ~ —** imperative; **vēlamības ~ —** subjunctive; **nenoteicamā ~ —** infinitive.

izteiksmīgs a. expressive, eloquent.

izteikt v. a. -cu, -cu, to express, to speak out; v. n. -cos, -cos, to express one's opinion, to have one's say.

izteka f. source, outlet.

iztēlojums m. presentation; version.

iztēlot v. a. -ju, -ju, to present, to display, to act.

iztērēt v. a. -ju, -ju, to consume, to spend; to waste.

iztēst v. a. -tešu, tēsu, to roughhew, to chip.

iztika f. maintenance; living; nopelnīt savu ~ku — to earn one's living.

iztikt v. a. -tieku, -tiku, to get on; es nevaru ar to ~ — I can't live on that, I can't make both ends meet; ~ laukā — to come out, to get out.

iztirza f. discussion, investigation, inquiry; (gramat.) analysis.

iztirzāt v. a. -ju, -ju, to discuss, to analyse, to investigate.

iztīrīt v. a. -ru, -rīju, to clean, to cleanse.

iztīt v. a. -tinu, -tinu, to unwrap; (striķi) to uncurl.

iztiesāt v. a. -ju, -ju, to judge; (sūdzību) to try.

iztrakoties v. n. -jos, -jos, to cease raging; viņš nu ir ~kojies — he has sown his wild oats.

iztramdīt v. a. -du, -dīju, to scare, to frighten away.

iztraucēt v. a. -ju, -ju, to disturb, to stir up.

iztrenkt v. a. -cu, -cu, to drive out, to turn out.

iztrīt v. a. -trinu, -trinu, to sharpen; to whet; to set.

iztriekt v. a. -cu, -cu, to drive out; v. n. -cos, -cos, to chatter to one's heart's content.

iztrumpot v. a. -ju, -ju, to play trumps.

iztrūcināt v. a. -nu, -nāju, to frighten, to terrify.

iztrūkt v. a. -kstu, -ku; (vajadzēt) to want; (pazudis) to miss; (skolā) to be absent; v. n. -kstos, -kos, to be frightened, to start up.

iztrūkums m. deficit, shortage.

iztukšot v. a. -ju, -ju, to empty, to clean out.

iztulkojums m. interpretation; (paskaidrojums) explanation; (pārtulkojums) translation.

iztulkot v. a. -ju, -ju, to inter-

izturēšanās — **izvelvēt**

pret, to explain; (pārtulkot) to translate.

izturēšanās *f.* attitude; (uzvešanās), behaviour, conduct.

izturēt *v. a.* -ru, -rēju, to hold out, to endure, to bear; (pārbaudījumu) to pass; *v. n.* -ros, -rējos, to behave, to act.

izturība *f.* endurance, persistence, perseverance; durability (valkāšanā).

izturīgs *a.* lasting, strong, enduring, durable; patient.

iztvaikot *v. a.* -ju, -ju, to evaporate.

izurbt *v. a.* -bju, -bu, to bore out or through.

izurkņāt *v. a.* -ju, -ju, to dig up, to grub up.

izūtrupēt *v. a.* -ju, -ju, to sell by auction, to bring to the hammer.

izvadāt *v. a.* -ju, -ju, to convey, to transport.

izvadības *f. pl.* seeing-off.

izvadīt *v. a.* -du, -dīju, to see off, to escort, to lead out; (laivu) to guide, to steer.

izvagot *v. a.* -ju, -ju, to furrow.

izvaicāt *v. a.* -ju, -ju, to question.

izvairīties *v. n.* -ros, -rījos, to shun, to avoid; to deviate; viņš -ras no sava pienākuma — he shirks his duty.

izvandīt *v. a.* -du, -dīju, to rummage, to put in disorder.

izvarošana *f.* rape; (pārestība) assault.

izvarot *v. a.* -ju, -ju, to ravish, to violate; (pāri darīt) to assault.

izvazāt *v. a.* -ju, -ju, to mislay; (slimību) to carry.

izvākt *v. a.* -cu, -cu, to get out, to remove.

izvārdzināt *v. a.* -nu, -nāju, to exhaust, to torment, to tire out.

izvārgt *v. a.* -gatu, -gu, to be tired out.

izvārīt *v. a.* -ru, -rīju, to boil; (ēdienu) to cook, to prepare, to make; *v. n.* -ros, -rījos, to boil out; to be ready cooked, to be done.

izvārtīt *v. a.* -tu, -tīju, to soil, to roll in the dirt; *v. n.* -tos, -tījos, to wallow.

izvedams *a.* achievable; grūti (viegli) ▸ — difficult (easy) to accomplish; ne ▸ — impracticable.

izvedīgs *a.* clever, handy.

izvedmuita *f.* export duty.

izvedums *m.* export; (darbs) execution, performance.

izveicība *f.* capacity, dexterity, skill.

izveicīgs *a.* skilful, clever, nimble.

izveidot *v. a.* -ju, -ju, to form, to shape; *v. n.* -jos, -jos, to shape or form oneself, to turn out.

izvelēt *v. a.* -ju, -ju, to wash by beating out.

izvelt *v. a.* -ļu, -vēlu, to roll out.

izvelvēt *v. a.* -ju, -ju, to form an arch.

izvemt *v. a.* -mju, -vēmu, to vomit.
izveseļoties *v. n.* -jos, jos, to get well, to recover.
izvest *v. a.* -du, -du, to lead out; to export; (izdarīt) to carry out, to realise.
izvēdināt *v. a.* -nu, -nāju, to air, to ventilate.
izvēle *f.* choice, selection; ar -li — discriminately.
izvērsties *v. n.* -šos, -tos, to turn out, to change into.
izvērt *v. a.* -veŗu- vēru, to pass through; (diegu) to thread.
izvētīt *v. a.* -tu, -tīju, to winnow
izvilināt *v. a.* -nu, -nāju, to draw out, to elicit.
izvilkt *v. a.* -velku, -vilku, to draw out, to extract; *v. n.* -kos, -kos, to drag oneself out; (no dzīvokļa) to move, to leave.
izvilkums *m.* extract.
izvilt *v. a.* -viļu, -vilu, to obtain by cunning, to wheedle out.
izvingrināt *v. a.* -nu, -nāju, to exercise, to practise.
izvirdums *m.* eruption.
izvirst *v. a.* -rstu, -tu, to degenerate, to debase.
izvirt *v. a.* -verdu, -verdu, to gush out; (vāroties) to boil over.
izvirtis *a.* licencious, profligate; degenerated.
izvirtība *f.* degeneration; debauchery, vice.
izvirtulis *m.* raķē, debauchee, profligate.

izvirtums *m.* monster.
izvirzit *v. a.* -zu, -zīju, to move out, to put out; *v. n.* -zos, -zījos, to put oneself forward, to come forward.
izvizināt *v. a.* -nu, -nāju, to take for a drive; *v. n.* -nos, -nājos, to go for a drive, to drive about.
izvilēt *v. a.* -ju, -ju, to file out.
izvistīt *v. a.* -stu, -stīju, to unwrap; (bērnu) to unswathe, to take out of.
izzagt *v. a.* -zagu, -zagu, to steal; *v. n.* -gos, -gos, to steal oneself off; to get off by stealth.
izzāģēt . *a.* -ju, -ju, to saw out.
izzākāt *v. a.* -ju, -ju, to calumnate, to slander.
izzināt *v. a.* -nu, -nāju, to find out, to inquire about.
izziņa *f.* inquiry.
izziņot *v. a.* -ju, -ju, to publish, to make known.
izzīmēt *v.* *a.* -ju, -ju, to design, to draw.
izzīst *v. a.* -žu, -du, to suck out.
izziedēt *v. a.* -du, -dēju, to break into flower; -dējis — blosoming, fully opened.
izziest *v. a.* -žu, -du, to smear, to grease.
izzobojums *m.* mocking, scoffing.
izzobot *v.* *a.* to sneer at, to mock at, to deride.
izzust *v. a.* -zūdu, zudu, to disappear, to vanish.
izzvanīt *v. a.* -nu, nīju, to ring out.

izzvejot — ieaust

izzvejot *v. a.* -ju, -ju, to catch, to fish out.
izžaut *v. a.* -ju, -žāvu, to hang out for airing or drying.
izžāvēt *v. a.* -ju, -ju, to dry up; (gaļu) to smoke dry.
izžūt *v. a.* -stu, -žuvu, to dry up; *fig.* to pine away.

Ī

Īdēt *v. a.* īdu, īdēju, to bellow, to blubber.
īdzība *f.* moroseness, peevishness, surliness.
īgns *f.* morose, peevish, surly, annoyed.
īgnums *m.* annoyance, indignation, disgust.
īgņa *f.* grumbler, peevish person.
īkšķis *m.* thumb; **Īkšķītis** — Tom Thumb.
īlens *m.* awl.
īpaši *adv.* especially; (atsevišķi) separately.
īpašība *f.* quality; -bas vārds — adjective.
īpašnieks *m.* owner, proprietor.
īpašs *a.* special, peculiar; separate.
īpašums *m.* possession, property nekustams - landed propriety.
īpašvārds *m.* proper name.
īpatnējs *a.* peculiar, original.
īpatnība *f.* characteristic quality, originality.
īpatnis *m.* individual.
īre *f.* rent; hire.

īrēt *v. a.* -ju, -ju, to rent; (darba spēku) to hire.
īrnieks *m.* tenant; **apakš** - — lodger.
īsināt *v. a.* -nu, -nāju, to shorten.
īslaicīgs *a.* ephemeral, transient, transitory.
īsredzība *f.* short-sightedness.
īsredzīgs *a.* short-sighted.
īss *a.* short, brief; īsos vārdos — in a few words.
īstenība *f.* actuality, reality; -bā — in fact.
īstens *a.* genuine, real, true.
īsts *a.* authentic, genuine, real, true.
īsums *m.* shortness, brevity.
īve *f.* yew.

Ie

Ie — inseparable prefix in, into.
ieadīt *v. a.* -du, -dīju, to knit in.
ieaicināt *v. a.* -nu, -nāju, to invite.
ieaicināt *v. a.* -nu, -nāju, to invite.
ieaijāt *v. a.* -ju, -ju, to lull or rock to sleep.
ieapaļš *a.* roundish.
ieart *v. a.* -ŗu, -ru, to plough in.
ieaudi *m. pl.* weft, woof.
ieaudzēt *v. a.* -ju, -ju, to grow; (lopus) to rear.
ieaudzināt *v. a.* to impart by education.
ieaugt *v. a.* -gu, -gu, to graw into.
ieaust *v. a.* -žu, -du, to weave into.

ieāķēt v. a. -ju, -ju, to hook in.
iebaidīt v. a. -du, -dīju, to frighten, to scare.
iebalts a. whitish.
iebaudīt v. a. -du -dīju, to taste.
iebāzt v. a. -žu, -zu, to shove in, to thrust in.
ieberzēt v. a. -ju, -ju, to rub in.
iebēgt v. a. -gu, -gu, to run in.
iebērt v. a. -beŗu, -bēŗu, to strew in, to pour in.
iebildums m. objection.
iebilst v. a. -stu, -du, to object, to protest.
iebirt v. a. -stu, -ru, to fall in, to be strewn in.
iebidīt v. a. -du, -dīju, to push in.
iebiedēt v. a. -ju, -ju, to frighten, to terrify.
ieblakām adv. by, close to, by the side of.
ieblandīties v. a. -das, -dījos, to wander in.
iebļauties v. n. -jos, -jos, to cry out.
iebraukt v. a. -cu, -cu, to drive in; (zirgu) to break in.
iebrēkties v. n. -cos, -cos, to scream aloud.
iebrist v. a. -brienu, -bridu, to wade in.
iebrukt v. a. -brūku, -bruku, (apgāsties) to fall down; (ielausties) to burst in, to intrude.
iebūvietis m. cottager.
iecelt v. a. -celu, ceļu, (ratos) to hand into; (amatā) to appoint, to nominate.

iecejot v. a. -ju, -ju, to immigrate.
iecerēt v. a. -ru, -rīju, to court, to pay one's attentions to.
iecerētā f. intended, one's girl.
iecirknis m. district, quarter.
iecirst v. a. — cērtu, cirtu, to cut in; (zīmi) to notch; (brūci) to wound.
iecienīt v. a. -nu, -nīju, to esteem.
iecietība f. toleration, tolerance.
iecietīgs a. tolerant, broad-minded.
iecukurots a. candied (fruit).
iečukstēt v. a. -stu, -stēju, to insinuate, to whisper.
iedalījums m. classification, division.
iedalīt v. a. -lu, -līju, to divide into.
iedaļa f. portion, share.
iedarbināt v. a. -nu, -nāju, to put in motion.
iedarbība f. influence; impression.
iedarbofies v. n. -jos, -jos to affect, to influence.
iedauzīt v. a. -zu, -zīju, to break up; v. n. -zos, -zījos, to stroll in.
iedāvināt v. a. -nu, -nāju, to give, to present.
iededzināt v. a. -nu, -nāju, to light up, to kindle.
iedegt v. a. -gu, -gu, (gaismu) to light up; (no saules) to become sunburnt, to tan; v. n. -gos, -gos, to catch or take fire.

iedēstīt *v. a.* -stu, -stīju, to plant.
iederēties *v. n.* -ros, -rējos, to suit.
iedēvēt *v. a.* -ju, -ju, to call, to name.
iedīdīt *v. a.* -du, -dīju, to break in, to drill in.
iediegt *v. a.* -dzu, -dzu, to thread.
iedobt *v. a.* -bju, -bu, to deepen, to hollow out.
iedobums *m.* cavity, hollow, recess.
iedoma *f.* idea, notion; (niķi) whim, caprice.
iedomāties *v. n.* -jos, -jos, to imagine; to recall.
iedomība *f.* conceit, vanity.
iedomīgs *a.* conceited, vain.
iedot *v. a.* -du, -devu, to give, to hand.
iedraudzēties *v. n.* -jos, -jos, to make friends with.
iedrāzties *v. n.* -žos, -zos, to break or run in.
iedrebēties *v. n.* -bos, -bējos, to shudder, to tremble.
iedrīkstēties *v. n.* -stos, -stējos, to dare.
iedrošināt *v. a.* -nu, -nāju, to encourage; *v. n.* -nos, -nājos, to dare, to make bold.
iedrupināt *v. a.* -nu, -nāju, to crumble in.
iedurt *v. a.* -duŗu, -dūru, to prick, to stab; *v. n.* -ŗos, -dūdos, to stick in.
iedūkties *v. n.* -cos, -cos, to begin buzzing.
iedvesma *f.* inspiration.
iedvesmīgs *a.* inspirating.
iedvest *v. a.* -dvešu, -dvesu, to inspire, to suggest.
iedzelt *v. a.* -ļu, -dzēlu to sting, (čūska) to bite.
iedzeltāns *a.* yellowish.
iedzert *v. a.* -ŗu, -dzēru, to drink something, to take (medicine).
iedzimtais *m.* native.
iedzimtība *f.* heredity.
iedzimts *a.* hereditary.
iedzīt *v. a.* -dzenu- dzinu, to drive in.
iedzīve *f.* effects, goods.
iedzīvot *v. a.* -ju, -ju, to inhabit, to live in; *v. n.* -jos, -jos, (bagātībā) to become wealthy, to grow rich; (pierast) to accustom oneself.
iedzīvotājs *m.* inhabitant, inmate.
iedziedāt *v. a.* -du, -dāju, to sing in; *v. n.* -dos, dājos, to begin singing; to get skilled in singing.
ieecēt *v. a.* -ju, -ju, to harrow in.
ieeja *f.* entrance; -jas karte — admission ticket; -jas maksa — admission fee.
ieelpot *v. a.* -ju, -ju, to inhale.
ieeļļot *v. a.* -ju, -ju, to grease, to oil.
ieēsties *v. n.* -dos, -dos, to eat into.
iegailēties *v. n.* -jos, -jos, to gleam up.
iegalvot *v. a.* -ju, -ju, to recommend, to persuade.
iegarens *a.* longish, oblong.

iegaŗām *adv.* along.
iegaume *f.* faculty of observation; memory.
iegaumēt *v. a.* -ju, -ju, to observe, to notice; to memorize.
iegādāt *v. a.* -ju, -ju, to obtain, to procure; *v. n.* -jos, -jos, to provide oneself with, to obtain.
iegātnis *m.* one who has married into a farm.
iegāzt *v. a.* -žu, -zu, to throw in, to tumble in; (sist) to strike; *v. n.* -žos, -zos, to fall in.
iegrauzt *v. a.* to begin nibbling or gnawing.
iegrāmatot *v. a.* -ju, -ju, to book, to enter up, to make a note.
iegremdēt *v. a.* -ju, -ju, to dip, to immerse.
iegriba *f.* caprice, whim.
iegribēties *v. imp.* -bās, -jās, to long for, to wish for.
iegrimt *v. a.* -mstu, -mu, to sink into.
iegriezt (iêg) *v. a.* -žu, -zu, to cut, to carve in; (brūci) to wound.
iegriezt *v. a.* -žu, -zu, to fit in; *v. n.* -žos, -zos, to put up; (vējš) to set in.
iegrozīt *v. a.* -žu, -zīju, to arrange, to fix, to manage.
iedabūt *v. a.* -ju, -ju, to get in.
iegruvums *m.* collapse, downfall.
iegrūst *v. a.* -žu, -du, to push in, to shove in.

iegrūt *v. a.* -stu, -gruvu, to fall down, to fall in ruins.
ieguldīt *v. a.* -du, -dīju, to put in, (naudu) to invest.
iegulties *v. n.* -los, -gulos, to lie down in.
ieguvums *m.* acquirement.
iegūt *v. a.* -gūstu, -guvu, to obtain, to acquire, to gain.
ieilgt *v. imp.* -ilgst, -ilga, to be prolonged, to drag on.
ielet *v. a.* -eju, -gāju, to enter.
iejaukšanās *f.* interference.
iejaukt *v. a.* cu, -cu, (nepatikšanās) to get into trouble; *v. n.* -cos, -cos, to interfere, to meddle with.
iejaukt *v. a.* -ju, -javu, to knead.
iejava *f.* leaven.
iejāt *v. a.* -ju, -ju, to break in, to train; to ride in.
iejukt *v. a.* -juku, -juku, to be mixed.
iejūgs *m.* harness, trappings.
iejūgt *v. a.* -dzu, -dzu, to harness in.
iejūsmināt *v. a.* -nu, -nāju, to inspire.
iekabināt *v. a.* -nu, -nāju, to hang in, to hook.
iekairināt *v. a.* -nu, -nāju, to excite, to tempt, to incite.
iekaisīt *v. a.* to strew in.
iekaist *v. a.* -stu, -su, to inflame, to flare up; to become irritated.
iekaisums *m.* inflammation; irritation.
iekalt *v. a.* -ļu, -lu. to put in

iekarsēt — iekult

īrons; (iemācīt) to coach; (iemācīties) to cram.
iekarsēt v. a. -ju, -ju, to heat, to incense; v. n. -jos, -jos to grow hot; (dusmās) to become irritated.
iekarst v. a. -stu, -su, to become red hot; to get angry.
iekarot v. a. -ju, -ju, to conquer, to gain.
iekarotājs m. conqueror.
iekasēt v. a. -ju, -ju, to encash, to collect.
iekāsīt v. a. -su, -sīju, to cover up with earth.
iekava f. bracket.
iekāpt v. a. -pju, -pu, to enter, to step in; iekāpt! — take your seats!
iekārdināt v. a. -nu, -nāju, to tempt.
iekārot v. a. -ju, -ju, to desire, to long for.
iekārta f. arrangement; (dzīvokļa) furniture; (valsts) constitution.
iekārtot v. a. -ju, -ju, to arrange, to fit up; v. n. -jos, -jos to establish oneself, to furnish one's house.
iekāsēties v. n. -jos, -jos, to cough a little.
ieklāt v. a. to spread in.
ieklepoties v. n. -jos, -jos, sk. iekāsēties.
ieklibot v. a. -ju, -ju, to limp in.
iekliegt v. a. -dzu, -dzu, to cry in; v. n. -dzos, -dzos, to cry out.

ieklupt v. a. -klūpu, -klūpu, to break in, to fall into.
iekļūt v. a. -stu, -kļuvu, to get in.
ieknābt v. a. -bju, -bu, to pick.
iekniebt v. a. -bju, -bu, to pinch.
iekopt v. a. -pju, -pu, to cultivate.
iekost v. a. -žu, -du, to bite.
iekratīt v. a. -tu, -tīju, to shake in.
iekraut v. a. -ju, -krāvu, to load, to freight.
iekravāt v. a. -ju, -ju, to pack in, to put in; v. n. -jos, -jos, to move in.
iekrāt v. a. -ju, -ju, to save up.
iekrist v. a. -kritu, -krītu, to fall in; ~ prātā — to come to mind.
iekša f. inside; ~ā (telpās) indoors, in; no ~as — from within; uz ~u — inside.
iekšas f. pl. bowels, entrails.
iekšā adv. within, inside.
iekš prp. in, (kustībā) into.
iekšējs a. inner, interior; (sāpes) inward; (slimība) internal.
iekšlietas p. pl. internal affairs; domestic policy; ~tu ministrija — Ministry of the Interior, Home secretary; ~pilsēta — municipal centre, inner part of a town; ~telpa — inner room, interior; ~zeme — inland; ~zemes ražojumi — home-produce; ~zemē — at home.
iekult v. a. -ļu, -kūlu, to thresh

iekurināt — iemaksāt 111

out; *v. n.* -ļos, -kūlos, to get in, to entangle oneself.
iekurināt *v. a.* -nu, -nāju, to make a fire.
iekurs *m.* fire-wood.
iekurt *v. a.* -kuŗu, -kūru. *sk.* iekurināt.
iekustināt *v. a.* -nu, -nāju, to move, to stir up.
iekūlums *m.* grain got from the harvest, threshed out grain.
iekvēloties *v. n.* -jos, -jos, to glow.
iekķerties *v. n.* -ķeŗos, -ķēros, to hook in; *fig.* to fall in love.
ieķīlāt *v. a.* -ju, -ju, to pawn.
iekļūt *v. a.* -stu, -kļuvu, to get in.
iela *f.* street, road, lane; -las bruģis — pavement; -las dzelzceļš — tramway; -las puika — guttersnipe, urchin; -las satiksme — traffic; -las slaucītājs — street-sweeper; -las staigule — prostitute.
ielaidens *a.* concave.
ielaist *v. a.* -žu, -du, to let in, to admit to; *v. n.* -žos, -dos. to fly in; to get oneself entangled with; (iesākt) to start.
ielaušanās *f.* burglary; intrusion.
ielauzīt *v. a.* -zu, -zīju, to break (iemācīt) to coach, to drill.
ielauzties *v. a.* -žos, -zos, to break in.
ielavīties *v. n.* -vos, -vījos, to steal in.
ielāgot *v. a.* -ju, -ju, to bear in mind.

ielāps *m.* patch.
ieleja *f.* valley, dell.
ielenkt *v. a.* -cu, -cu, to encircle, to encompass.
ielēkt *v. a.* -cu, -cu, to jump in.
ielikt *v. a.* -lieku, -liku, to put in, to set in; (vietā) to appoint; (sludinājumu) to insert.
ielīgot *v. a.* -ju, -ju, to begin St. John's Eve with singing; (ienākt) to come in swaying.
ielīksmot *v. a.* -ju, -ju, to cheer up, to rejoice; *v. n.* -jos, -jos, to become merry.
ielīkt *v. a.* -kstu, -ku. to bend inward.
ielīmēt *v. a.* -ju, -ju, to paste in.
ielīst *v. a.* -lienu, -līdu, to crawl or creep in.
ieliekt *v. a.* -cu, -cu, to bend in.
ieliet *v. a.* -leju, -lēju, (glāzē) to pour out (a glass).
ielocījums *m.* fold, plait.
ielocīt *v. a.* -oku, -locīju, to fold, to tuck up.
ieloks *m.* tuck, fold.
ielūgt *v. a.* -dzu, -dzu, to invite.
ielūgums *m.* invitation.
ielūzt *v. a.* -lūstu, -lūzu, to break.
iemainīt *v. a.* -nu, -nīju, to exchange.
iemaisīt *v. a.* -su, -sīju, to mix up; *v. n.* -jos, -jos, to interfere, to meddle with.
iemaksa *f.* instalment; (rokas nauda) earnest-money.
iemaksāt *v. a.* -ju, -ju, to pay in, to deposit.

iemaldīties — ieņēmība

iemaldīties v. n. -dos, -dījos, to blunder in.
iemanīties v. n. -nos, -nījos, to acquire skill or dexterity.
iemantot v. a. -ju, -ju, to get, to acquire.
iemaņa f. cleverness, dexterity, skill.
iemaukti m. pl. bridle, curb.
iemācīt v. a. -cu, -cīju, to teach, to instruct; (kustoni) to train, to break in; v. n. -cos, -cījos, to learn, to study.
iemānīt v. a. -nu, -nīju, to entice, to decoy.
iemesls m. motive, reason.
iemest v. a. -tu, -tu, to cast in, to throw in; *fig.* to take a drop.
iemetējs m. drunkard.
iemērcēt v. a. -cu, -cēju, to dip into.
iemērīt v. a. -ṛu, -rīju, to measure out.
iemēslot v. a. -ju, -ju, to manure, to fertilize.
iemidzināt v. a. -nu, -nāju, to lull to sleep.
iemidzinošs a. producing sleep; ~ līdzeklis — sleeping-draught.
iemigt v. a. -miegu, -migu, to fall asleep, to doze off.
iemīnēties v. n. -nos, -nējos, to mention, to refer to.
iemirdzēties v. n. -dzos, -dzējos, to flash or light up.
iemīcīt v. a. -cu, -cīju, to knead in.
iemīlēt v. a. -lu, -lēju, to become fond of; v. n. -los, -lējos, to fall in love.
iemīt v. a. -minu, -minu, to tread in; (teku) to beat.
iemīt (ī) v. a. -miju, -miju, sk. iemainīt.
iemītnieks m. inmate, lodger.
iemiesot v. a. -ju, -ju, to embody, to incarnate.
iemukt v. a. -mūku, -muku, to sink in; (bēgt) to run in.
iemutis m. mouth-piece.
iemūrēt v. a. -ju, -ju, to wall in, to immure.
ienadzis m. agnail.
ienaidnieks m. enemy, foe; (velns) fiend.
ienaids m. hate, hatred.
ienācējs m. newcomer.
ienākšana f. entrance.
ienākšanās f. ripening, mellowing.
ienākt v. a. -ku, -cu, to come in; ~ prātā — to come to mind; v. n. -kos, -cos, to ripen, to mature.
ienākums m. income; revenue; ~ma nodoklis — income-tax.
ienāši m. pl. glanders.
ienesīgs a. profitable.
ienesīgums f. profitableness.
ienest v. a. -su, -su, to carry or bring in; (peļņu) to bring.
ienīst v. a. -stu, -nīdu, to hate.
ienīsts a. odious, hateful.
ieņemt v. a. -mu, -ņēmu, to take in; ~ naudu — to receive; ~ vietu — to occupy a place; (apsēsties) to take a seat.
ieņēmība f. susceptibility.

ieņēmums *m.* income.
iepakaļ *adv.* behind.
iepatikties *v. n.* -kos, -kos, to take fancy to.
iepazīstināt *v. a.* -nu, -nāju, (ar personu) to introduce to; (ar lietu) to initiate in.
iepazīties *v. n.* -stos, -zinos, to become acquainted, to meet.
iepelēks *a.* grayish.
iepelēt *v. a.* -lu, -lēju, to grow mouldy.
iepelnīt *v. a.* -nu, -nīju, to earn.
ieperināties *v. n.* -nos, -najos, to nest; to gain a hold on.
iepildīt *v. a.* -du, -dīju, to fill up, to pour in.
iepilināt *v. a.* -nu, -nāju, to let drop.
iepirkt *v. a.* -pērku, -pirku, to buy, to purchase; *v. n.* -pērkos, -pirkos, to go shopping.
iepirkums *m.* purchase.
iepīpēt *v. a.* -ju, -ju, to light up.
iepīt *v. a.* -pinu, -pinu, to plait in; (runā) to use, to put in.
ieplaka *f.* hollow.
ieplēst *v. a.* -šu, -su, to tear, to rend; (muti) to gape, to open wide.
ieplīst *v. a.* -stu, -su, to tear, to split.
ieplīsums *m.* rent, split; crevice.
ieplūst *v. a.* -stu, -du, to flow in.
iepotēt *v. a.* -ju, -ju, (stādus) to inoculate, to engraft; (bakas) to vaccinate.
ieprasīties *v. n.* -sos, -sījos, to ask about, to inquire.

iepretīm *adv.* opposite, over the way.
iepriecināt *v. a.* -nu, -nāju, to cheer up.
iepriekš *adv.* before, beforehand, in advance.
iepriekšējs *a.* preliminary; (agrāks) former.
ieputināt *v. a.* -nu, -nāju, to snow up.
iepūst *v. a.* -šu, -tu — to blow in.
iepuvis *a.* putrid, rotten.
iepūt *v. a.* -pūstu, -puvu, to go bad, to begin rotting.
ieradināt *v. a.* -nu, -nāju, to accustom; *v. n.* -nos, -nājos, to grow into the habit.
ieradums *m.* habit, way.
ierakstīt *v. a.* -stu, -stīju, to inscribe; (vēstuli) to register; *v. n.* -stos, -stījos to enlist.
ieraksts *m.* entry, note.
ierakt *v. a.* -roku, -raku, to dig in, to bury; *v. n.* -rokos, -rakos, to dig in.
ierakums *m.* entrenchment, dugout.
ierast *v. a.* -rodu, -radu, to accustom oneself; *v. n.* -rodos, -rados, to appear.
ieraša *f.* custom, way.
ierašanās *f.* appearance, arrival; coming.
ieraudzēt *v. a.* -ju, -ju, to leaven.
ieraudzīt *v. a.* -gu, -dzīju, to perceive, to see.
ieraušana *f.* (naudas) rapacity.
ieraut *v. a.* -ju, -rāvu, to drag

in; to snatch up, to gather; v. n. -jos, -rāvos, to shrink.
ierādīt v. a. -du, -dīju, to instruct, to show.
ierāpot v. a. -ju, -ju, to crawl or creep in.
ieredzēt v. a. -dzu, -dzēju. to like.
ieredzēts a. esteemed, valued.
iereibt v. a. -bstu, -bu, — to get tipsy
ierēdnis m. clerk, official, employee.
ierinda f. front; line.
ierindot v. a. -ju, -ju, to place in line.
ieritināt v. a. -nu. -nāju. to roll in.
ierīce f. equipment, outfit.
ierīkot v. a. -ju, -ju, to fix up; v. n. -jos, -jos, to establish oneself.
ierīt v. a. -ju, -ju, to swallow.
ierietēt v. imp. ieriet, ierietēja, to be filled with
ierobežojums m. restriction; limitation.
ierobežot v. a. -ju, -ju, to limit, to restrain.
ierocis m. weapon, arms; (rīks) instrument, tool; -ču atļauja — licence for carrying arms; -ču pārdotava (noliktava) armoury
ierosinājums m. suggestion, motion.
ierosināt v. a. -nu, -nāju. to move, to suggest.
ierosinātājs m. mover
ierosme f. iniative.

ieruna f. objection, protest.
ierunāt v. a. -ju, -ju, to talk into; v. n. -jos. -jos, to start speaking
ierušināt v. a. -nu, -nāju, to cover over with earth
ierūsēt v. a. -su, -sēju, to grow rusty
iesaiņojums m. packing.
iesaiņot v. a. -ju -ju, to pack up
iesakņojies a. rooted
iesakņoties v. n. -jos. -jos. to take root
iesalnīca f. malt-house
iesals m. malt.
iesalt v. a. -lstu, -lu, to freeze in
iesarkans a. reddish
iesaukt v. a. -cu, -cu, to call in; (dot vārdu) to name.
iesaukums m. call, convocation.
iesācējs m. beginner
iesākt v. a. -ku, -ku, to begin, to commence, to start; ko nu iesāksim? What's to be done? - strīdu — to pick up a quarrel
iesākums m. beginning, start, origin; -ma burts — initial letter
iesālīt v. a. -lu, -līju, to salt. (gaļu, siļķes) to cure.
iesānis adv. sidemays, laterally
iesāņš a. lying beside, (coī) lateral
iesārts a. pinkish, roseate.
iesēdināt v. a. -nu, -nāju, to make one sit down, to place

iesējums *m.* (sēklas) sowing; (grāmatas) binding.
iesēsties *v. n.* -žos, -dos, to sit down in, to take a seat in.
iesēt *v. a.* -ju, -ju, to sow.
iesildīt *v. a.* -du, -dīju, to warm, to heat.
iesilums *m.* tipsiness; intoxication.
iesirms *a.* grayish, grizzled.
iesist *v. a.* -tu, -tu, to strike; (naglu) to drive in.
iesiet *v. a.* -sienu, -sēju, to bind, to tie up.
ieskaidrot *v. a.* -ju, -ju, to explain; to define.
ieskaitīt *v. a.* -tu, -tīju, to reckon in, to include.
ieskaitot *pr. p.* including.
ieskaņa *f.* gentle sound; initial sound.
ieskanēties *v. n.* -nos, -nējos, to resound, to ring out.
ieskatīties *v. n.* -tos, -tījos, to look into; *fig.* to fall in love.
ieskats *m.* opinion, thought; -tam — (grāmatas), for inspection, for review.
ieskābs *a.* sourish.
ieskābt *v. a.* -bstu, -bu, to get sour.
ieskāt *v. a.* -ju, -ju, to louse.
ieskrambāt *v. a.* -ju, -ju, to scratch a little.
ieskriet *v. a.* -skrienu, -skrēju, to run in; *v. n.* -nos, -jos, to take a run (for).
ieslavēt *v. a.* -ju, -ju, to praise, to recommend.
ieslēgt *v. a.* -dzu, -dzu, to lock up or in; (elektr.) to connect. (motoru) to put in; *v. n.* -dzos, -dzos, to shut oneself up, to lock oneself in
ieslīpi *adv.* obliquely, slantingly, awry.
ieslodzījums *m.* imprisonment.
ieslodzīt *v. a.* -gu, -dzīju, to lock up, to confine, to imprison.
iesmelt *v. a.* -ļu, -smēlu, to bale.
iesmērēt *v. a.* -ju, -ju, to grease, to oil; *fig.* to cheat.
iesmieties *v. n.* -smejos, -smējos, to burst out laughing.
iesms *m.* spit.
iesnas *f. pl.* cold.
iesnausties *v. n.* -žos, -dos, to fall into a slumber.
iesnidzis *a.* snowed up.
iesnigt *v. imp.* snieg, -sniga, to become snowed over.
iesniegt *v. a.* -dzu, -dzu, (sūdzību) to bring an action against (lūgumu) to give a petition.
iesniegums *m.* (lūgums) petition; (sūdzība) complaint; note.
iespaidīgs *a.* influential.
iespaidot *v. a.* -ju, -ju, to influence, to impress.
iespaids *m.* impression; influence.
iespert *v. a.* -speru, -spēru, to kick; (zibens) to strike.
iespēja *f.* possibility; pēc ~as — as far as possible.
iespējams *a.* possible; ~, ka viņš nāk — he may possibly come; darīšu, kas ~ — I will do my

utmost; cik drīz ~ — at your (my) earliest convenience.
iespēt v. a. -ju, -ju, to be able.
iespilēt v. a. -ju, -ju, to press in, to squeeze in.
iespiedējs m. printer.
iespiedums m. print; impression; (izdevums) impression.
iespiest v. a. -žu, -du, to print; to press in; ~ atmiņā — to commit to memory.
iesplaut v. a. -ju, -splāvu, to spit in.
iespraust v. a. -žu, -du, to stick in, to put in; ~s teikums — inserted clause, parenthesis.
iespriest v. a. -žu, -du (rokas sānos) to put arms akimbo; v. n. -žos, -dos — to stick.
iestāde f. institution, establishment.
iestādīt v. a. -du, -dīju, to plant.
iestāstīt v. a. -stu, -stīju, to persuade, to make believe.
iestāšanās f. (amatā) entering on one's duties; (skolā) entrance; (sākums) beginning.
iestāties v. n. -jos, -jos, (biedrībā) to enter, to join; (laiks) to set in; (aizstāvēt) to defend.
iesteigties v. n. -dzos, -dzos, to hurry or hasten in.
iestigt v. a. -stiegu, -stigu, to sink in, to stick in.
iestiepiens m. strain.
iestiept v. a. -pju, -pu, to drag in.
iestrādāties v. n. -jos, -jos, to get oneself acquainted with.

iestrēbt v. a. -strebju, -strebu to eat some soup.
iestudēt v. a. -ju, -ju, (lomu) to rehearse; to learn by heart, to commit to memory.
iestumt v. a. -ju, -stūmu, to push in.
iesūdzēt v. a. -dzu, -dzēju, to sue, to bring an action against.
iesūkt v. a. -cu, -cu, to absorb, to suck in; v. n. -cos, -cos, to be absorbed.
iesūtīt v. a. -tu, -tīju, to send in; iesūtīts (avīzē) — correspondence, private contribution.
iesvērt v. a. -sveŗu, -svēru, to weigh out.
iesvētīt v. a. -ju, -ju (ticībā) to confirm; (svinēt) to celebrate.
iesviest v. a. -žu, -du, to throw or fling in.
iešana f. going, walking.
iešaut v. a. -ju, -šāvu, to shoot in, (trāpīt) to hit; (ievainot) to wound by shooting; v. n. -jas, -šāvās, to rush upon; (prātā) to come to mind, to occur.
iešļircinājums m. injection.
iešļircināt v. a. -nu, -nāju, to inject.
iešuve f. insertion.
iešuvums m. tuck, seam; sewed-in piece.
iešūt v. a. -šuju, -šuvu, to sew in, to tuck in.
iet v. irr. eju, gāju, iešu, to go, to walk; ~ gaŗām — to pass; ~ gulēt — to go to bed; ~ mazumā — to diminish; ~ pakaļ

— to follow; ~ pa priekšu — to precede; ~ priekšā (pulkst.) to be fast; ~ labi — to be well; (pulkst.) to keep good time; ej nu! — come, now! — you don't say so! tas neiet! — 'that won't do! lai ~ kā iedams — whatever may happen; kā iet? how do you do? how are you? ~ valodas... people say...

ietaise f. arrangement, equipment.

ietaupījums m. savings.

ietaupīt v. a. -pu, -pīju, to save up.

ietecēt v. a. -teku -tecēju, to run in; (upe) to flow into, to discharge into.

ieteikt v. a. -cu, -cu, to advise, to recommend.

ieteka f. estuary, mouth.

ietekme f. influence.

ietērps m. clothing, dress; (vārdos) wording.

ietērpt v. a. -pju, -pu, to clothe to dress up; to word.

ietikt v. a. -tieku, -tiku, to get in.

ietilpt v. a. -pstu, -pu, to contain, to go in.

ietīt v. a. -tinu, -tinu, to wrap up, to enfold; v. n. -nos, -nos, to muffle oneself up.

ietiepība f. caprice, stubbornness.

ietramdīt v. a. -du, -dīju, to frighten.

ieturēt v. a. -ru, -rēju, to keep in; (kārtību) to maintain or-

ietvars m. frame, setting.

ietvert v. a. -ŗu, -tvēru, to contain, to hold.

ieurbt v. a. -bju, -bu, to bore; v. n. -bjos, -bos, to penetrate by boring.

ieva f. berry-alder.

ievadīt v. a. -du, -dīju, to lead in, to introduce; (sapulci) to open.

ievadraksts m. leader.

ievads m. introduction.

ievaicāties v. n. -jos, -jos to ask suddenly.

ievainojums m. wound, hurt, injury.

ievainot v. a. -ju, -ju, to wound.

ievazāt v. a. -ju, -ju, to drag in (slimību) to infect.

ievākt v. a. -cu, cu, to gather, to harvest, to reap.

ievārījums m. jam, preserves.

ievārīt v. a. -ru- rīju, to preserve; (etiķī) to pickle.

ievedmuita f. import duty.

ievedums m. import.

ievelt v. a. -veļu, -vēlu, to roll in.

ievest v. a. -du, -du, to import; to lead in.

ievēlēt v. a. -lu, -lēju, to elect.

ievērība f. attention.

ievērojams a. remarkable, eminent; ~ma persona — a person of account.

ievērojot pr. p. considering, taking into account.

ievērot v. a. -ju, -ju, to notice, to observe.

ievērt v. a.¹ -veŗu, -vēru, to thread.
ievilināt v. a. -nu, -nāju, to entice, to decoy.
ievilkt v. a. -velku, -vilku, to draw in; v. n. -velkos, -vilkos, to move in; (laiks) to last.
ievingrināt v. a. -nu, -nāju, to exercise, to drill, to practise; v. n. -nos, -nājos, to get practised.
ievirzīt v. a. -zu, -zīju, to settle, to put right.
ievīt v. a. -viju, -viju, to plait in, to intertwine.
ievietot v. a. -ju, -ju, to put in, to place; (rakstu) to insert.
iezagties v. a. -zogos, -zagos, to steal in.
iezaļgans a. greenish.
iezāģēt v. a. -ju, -ju, to to saw up.
iezārkot v. a. -ju, -ju, to coffin.
iezilgans a. bluish.
iezilināt v. a. -nu, -nāju, (veļu) to blue.
iezis m. sand-stone, geological formation.
iezīme f. feature, characteristic mark.
iezīmēt v. a. -ju, -ju, to mark, to note.
iezīepēt v. a. -ju, -ju, to soap.
iezvanīt v. a. -nu, -nīju, to ring in.
iezvelt v. a. -ļu, -zvēlu, to strike.
iežņauga ū. contriction.
iežņaugt v. a. -dzu, -dzu, to lace in, to constrict; (saspiest) to compress.

iežogojums m. fencing in, enclosure.
iežogot v. a. -ju, -ju, to fence or hedge in, to enclose.
iežūt v. a. -stu, -žuvu, to dry up.
iežūžot v. a. -ju, -ju, to lull to sleep.
iežvadzēties v. n. -dzos, -jos, to begin tinkling.

J

Ja conj. if, in case.
jachta f. yacht; jachtklubs — yachting club.
jaguārs m. jaguar.
jaka f. jacket; blouse.
jambs m. iamb; piecpēdu iambic pentameter.
jandaliņš m. Latvian folkdance; (troksnis) hubbub, noise.
janvāris m. January.
japanis s. Japanese, Jap.
japaniski adv. Japanese.
jasmīns m. jessamine, jasmine.
jau adv. already.
jaucējs m. interferer, meddler; **kokteiļu** ~ — shaker.
jauda f. power, ability.
jaudāt v. a. -ju,- ju, to be able.
jauks a. pretty, lovely.
jaukt v. a. -cu, -cu, to mingle, to mix; ~ kārtis — to shuffle; v. n. -cos, -cos, to meddle with.
jaukums m. prettiness, loveliness, beauty; (maisījums) mixture.
jaunatne f. youth; adolescence.
jaunaudze f. nursery; sprouts.

jaunava — jēdziens 119

jaunava *f.* virgin, maiden; spinster.
jaunavība *f.* virginity.
jauneklis *m.* a youth.
jauninājums *m.* innovation.
jaunība *f.* youth.
jaunkareivis *m.* recruit, newly enlisted soldier.
jaunkundze *f.* miss.
jaunnedēļ *adv.* next week.
jaunpiens *m.* beestings
jauns *a.* (dzīvs) young; (nedzīvs) new, novel; (nesen noticis) recent; (mūsu laikam piederošs) modern; ~nās valodas — modern languages.
jaunsaimnieks *a.* farmer who has got his farm after the world war.
jaungads *m.* New Year's Day.
jaunsidrabs *m.* argentine or German silver.
jaunskungs *m.* young man, young master.
jaunstrāvnieks *m.* adherent of a radical movement in Latvian history.
jaunums *m.* novelty, newness.
jaunvārds *m.* neologism.
jausma *f.* idea, smattering.
jaust *v. a.* -šu, -tu, to guess, to feel.
jautājums *m.* question; ~ma zīme — question or interrogation mark.
jautāt *v. a.* -ju, -ju, to ask, to question.
jautrība *f.* cheerfulness, gaiety.
jautrs *a.* cheerful, gay, merry.
jū *adv.* yes; (vecā forma) yea, aye.

jā *prefix.* of debitive mood; man jālasa — I am to read, I must read; tas jādara — it has to be done; man jābūt — I must be. I have to be.
jādelēt *v. a.* -ju, -ju, to ride here and there.
jājējs *m.* rider, horseman.
jājiens *m.* ride.
jānudien *adv.* by Jove, to be sure, indeed.
jāņdiena *f.* St. John's Day, Midsummer Day.
jāņoga *f.* currant.
jāņtārpiņš *m.* glow-worm.
jāņuguns *f.* bonfire, St. John's fire.
jāšana *f.* riding on horseback.
jāšus *adv.* astride, mounted, on horseback.
jāt *v. a.* -ju, -ju, to ride on horseback.
jāteniski *adv.* sk. jāšus.
jātnieks *m.* rider, jockey; (armijā) cavalryman; ~ki (armijā) — cavalry.
jāva *f.* mixture.
jāvārds *m.* yes; dot ~du — to accept a suitor.
jeb *conj.* or.
jebkad *adv.* ever.
jebkur *adv.* anywhere, somewhere.
jebkurš *pron.* anyone; either.
jel *adv.* imperative particle; nāc jel iekšā! — Do come in.
jemt *v. a.* -mu, jēmu, to take.
jestrs *a.* brisk, lively.
jezga *f.* bustle, crowd.
jēdziens *m.* conception, idea, notion.

jēga *f.* sense; meaning.
jēgt *v. a.* -dzu, -dzu, to grasp, to comprehend.
jēlkula *f.* long straw, thatch.
jēls *a.* raw; (brūce) sore; (neizvārīts) not done.
jēlums *m.* wound, sore, rawness
jēlviela *f.* raw material.
jērene *f.* sheepskin cap
jērs *m.* lamb; ~a dvēsele — coward.
jo *conj.* because; ~ vairāk, ~ labāki — the more, the better; un tā ~projām — and so on.
jocīgs *a.* comical, funny
jods *m.* iodine; (velns) devil; pie ~da! By Jove!
jokdaris *m.* jester, wag
jokmīlis *m.* person who likes a joke.
jokot *v. a.* -ju, -ju, to jest, to joke, to make fun; ar to nav ko ~ — it is no joking matter.
joks *m.* jest, joke; ~ku luga — farce, comedy; pa ~am — in fun, by way of a joke; tas bij tikai ~ — it was only fun.
joma *f.* strait
jonis *m.* while; ar ~ni — by storm, in running
joņiem *adv.* at times, sometimes.
joņot *v. a.* -ju, -ju, to gallop.
joprojam *adv.* on and on; un tā — and so on; vēl ~ list — it goes on raining
josla *f.* zone
josta *f.* belt, sash, girdle; bērna ~ — swaddling-band
jozīens *m.* course, run

jozt *v. a.* -žu, -zu, to girdle; (skriet) to hurry, to run.
jubileja *f.* jubilee, anniversary.
juceklis *m.* confusion, havoc.
jucis *a.* deranged in one's mind, mad.
jukas *f. pl.* confusion, disorder, juku jukām — pell-mell, all in a jumble
jukt *v. a.* jūku, juku, to become confused; (prātā) to go mad.
jumiķis *m.* thatcher.
jums *m.* arch, vault.
jumstiņš *m.* (skaida) shingle.
jumt *v. a.* -ju, -jūmu, to roof, to thatch
jumtistaba *f.* attic, garret-room
jumts *m.* roof; ~ta rene — eaves
junda *f.* roll-call; reveille.
jundīt *v. a.* -du, -diju, to announce, to trumpet forth.
jupis *m.* devil, evil spirit; kad tevi ~! go to the devil!
jurģi *m. pl.* 23rd April, when farm-hands usually change their masters; moving-day.
juridiskā fakultāte *f.* faculty of law; ~tes students — student of law.
jurisprudence *f.* law, jurisprudence
jurists *m.* lawyer; law-student.
just *v. a.* jūtu, jutu, to feel
jušana *f.* feeling
juteklis *m.* organ of sense
jutekliba *f.* sensuality.
jutekligs *a.* sensual, sensuous.
jutoņa *f.* feeling, mood
juvēlis *m.* jewel
juvellers *m.* jeweller.

jūds m. Hebrew, Jew.
jūdze f. mile; (jūŗas) league.
jūgs m. yoke.
jūgt v. a. -dzu, -dzu, to put to, to harness.
jūlijs m. July.
jūnijs m. June.
jūrlietas f. pl. naval affairs; -tu pārvalde — admiralty.
jūrmala f. seaside, sea-shore, coast, beach.
jūrmalnieks m. inhabitant of sea-shore; visitor at a sea-place.
jūrniecība f. navigation.
jūrnieks m. mariner, sailor.
jūŗa f. sea; -ŗas ceļojums — voyage; -ŗas cūciņa — guinea-pig; -ŗas laupītājs — pirate; -ŗas līcis — bay; -ŗas līmenis — sea-level; -ŗas slimība — sea-sickness; -ŗas šaurums — straits; -ŗas vēzis — lobster.
jūŗskola f. naval school.
jūs prn. you.
jūsējs prn. adj. yours.
jūsma f. delight.
jūsmīgs a. delighted, sensitive.
jūsmot v. a. -ju, -iu, to be enthusiastic about.
jūsu pm. your.
jūtams a. (fiz.) tangible; (garīgi) perceptible.
jūtas f. pl. feeling, emotion, sentiment.
jūtelīgs a. irritable, touchy.
jūtis f. pl. ceļa - cross-roads.
jūtīgs a. sensitive, delicate.

K

Ka conj. that; tāpēc — because; as.
kabata f. pocket; -tas pulksŗenis — watch.
kabatdrāna f. handkerchief.
kabatgrāmatu f. pocket-book, note-book.
kabatzaglis m. pickpocket
kabelis m. cable.
kabināt v. a. -nu, -nāju, to hook, to fasten.
kabinets m. study, library.
kablis m. hook.
kabzeķe f. sock.
kacens m. stalk, trunk.
kad adv. when; - nekad — at any time; - vien gribi — at any time you wish.
kafija f. coffee; -jas biezumi — grounds; -jas kanna — coffee-pot.
kaija f. gull, sea-mow.
kails a. naked, bare; nude.
kailums m. nakedness, bareness, nudity.
kaimiņš m. neighbour; -ņos — in the vicinity; (pilsētā) next door.
kaireklis m. irritant, stimulant.
kairinājums m. irritation, stimulus.
kairināt v. a. -nu, -nāju, to irritate, to stimulate.
kairs a. desirable.
kaisīt v. a. -su, -sīju, to scatter, to strew.
kaisle f. desire, passion, lust.
kaisls a. passionate, lustful.

kaist — kaltēt

kaist v. a. -stu, -su, to glow with, to burn.
kalte f. (slimība) sore, illness; (pārestība) injury, harm.
kaiteklis m. noxious insect.
kaitēt v. a. -ju, -ju, to do harm; tas nekaitē — it does no harm, it does not matter; (karsēt) to heat.
kaitēt v. imp. kaiš, kaitēja, kas tev kaiš? — what is the matter with you? what ails you?
kaitināt v. a. -nu, -nāju, to annoy, to tease.
kaitīgs a. injurious, noxious.
kaitigums m. injuriousness, noxiousness.
kajīte f. cabin.
kakao m. cocoa.
kaklakungs m. tyrant.
kaklauts m. neckerchief, neckcloth.
kakls m. neck; (rīkle) throat; -la rota — necklace; -saite — neck-tie; tie; man - sāp — I have a sore throat; pa kaklu, pa galvu — headlong, head foremost; man tas ir līdz -am — I am fed up with it, pilnā kaklā smieties — to shout with laughter.
kakts m. corner; -tu advokāts — hedge-lawyer.
kaķene f. cat, tib-cat.
kaķēns m. kitten.
kaķis m. cat; (runcis) tom-cat.
kaķpēdiņa f. cat's foot.
kaldināt v. a. -nu- nāju, to forge, to hammer
kalendārs s. calendar, almanach,
noplēšamais - — block calendar.
kalējs m. smith.
kalme f. iris.
kalnains a. hilly, mountainous.
kalnājs m. highlands.
kalngals m. peak, summit.
kalninieks m. mountaineer.
kalnkaza f. chamois
kalnpus adv. above.
kalnracis m. miner.
kalnraktuve f. mine, pit.
kalnrūpnieciba f. mining.
kalns m. mountain, hill; -na gars — goblin; -nu iedzīvotājs — mountaineer; -nā kāpējs — climber, alpinist; pāri visiem -niem — over the hills and far away.
kalnup adv. uphill.
kalošas f. pļ. goloshes.
kalpināt v. a. -nu, -nāju, to enslave, to make a drudge of.
kalpiņš m. (zābaku velkamais) boot-jack; fig. slavey.
kalpība f. bondage, servitude.
kalpone f. maid-servant, maid.
kalpot v. a. -ju, -ju, to serve.
kalpotājs m. domestic.
kalps m. farm-hand, farm-labourer; servant.
kalsnējs a. gaunt, thin.
kalsnums m. meagerness, thinness.
kalst v. a. -stu, -tu, to dry up, to wither.
kalt v. a. -ju, -lu, to forge, to hammer; (apkalt zirgu) to shoe; (naudu) to coin.
kaltēt v. a. -ju, -ju, to dry.

kaltētava *f.* drying-room, stove-room, kiln-house.
kalts *m.* chisel.
kalts *a.* forged, cast, wrought; ~tā dzelzs — wrought iron; asi ~ — rough-shod.
kaltuve *f.* forge, smithy.
kalvis *m.* smith.
kaļams *a.* malleable, forgeable.
kaļķains *a.* limy.
kaļķceplis *m.* lime-kiln.
kaļķis *m.* lime; dzēsts ~ — slaked lime; nedzēsts ~ — quick lime.
kaļķot *v. a.* -ju, -ju, to whitewash.
kam *pm.*; dātīvs no **kas,** whom, to whom; ~ laužu? — from what parts? ~ tas der? — of what use is it? ~ tu man to teici? why did you tell it to me?
kamanas *f. pl.* sledge, sleigh; ~nu sliece — sledge-runner.
kambaris *m.* chamber, room.
kamdēļ *adv.* why, wherefore.
kamene *f.* bumble-bee.
kamera *f.* camera.
kamermūzika *f.* chamber-music.
kamēr *adv.* while, whereas, till.
kamīns *m.* fire-place; ~na plaukts — mantelpiece.
kamielis *m.* camel.
kamiesis *m.* shoulder.
kamols *m.* ball.
kampars *m.* camphor.
kampiens *m.* grasp, grip.
kampt *v. a.* -pju, -pu, to seize, to snatch, to grasp.
kamzolis *m.* doublet.

kanālis *m.* canal, channel.
kanārijas putns *m.* canary.
kancele *f.* pulpit.
kanceleja *f.* office.
kandidāts *m.* candidate, applicant.
kanēlis *m.* cinnamon.
kankarains *a.* ragged, tattered.
kankaris *m.* a ragged person.
kankars *m.* rag, tatter.
kanna *f.* can, tankard.
kantains *a.* angular, edged.
kants *f.* edge.
kantoris *m.* counting-house, office.
kantorists *m.* clerk.
kaņepājs *m.* hemp-close.
kaņepāji *m. pl.* hemp-stalks.
kaņepe *f.* hemp.
kapars *m.* copper.
kapāt *v. a.* -ju, -ju, to chop; ~ gaļu — to hash; ~ta gaļa — minced meat; ~mais dēlis — chopping board; ~jamais nazis — chopper.
kapeika *f.* copeck.
kapella *f.* (baznīca) chapel; (mūz. vienība) musical band.
kapellmeistars *m.* conductor of the band.
kapenes *f. pl.* tombs; cemetery.
kapitāls *m.* capital.
kapkalns *m.* cemetery, graveyard.
kapliča *f.* chapel.
kaplis *m.* hoe.
kaprucis *m.* grave-digger; sexton.
kaprūlis *m.* corporal.
kaps *m.* grave, tomb, sepulchre;

~pa akmens — tombstone; **~pa dziesma** — funeral song, dirge; **~pa klusums** — deathlike silence; **~pa kopiņa** — mound, tomb; **~pa runa** — funeral sermon; **~pa uzraksts** — epitaph.
kapsēta *f.* cemetery, churchyard.
kapsele *f.* capsule.
kapteinis *m.* captain.
kapuce *f.* hood.
karalis *m.* king.
karalisks *a.* royal.
karaliste *f.* kingdom.
karaliene *f.* queen.
karantīna *f.* quarantine.
karaša *f.* flat-cake.
karātavas *f. pl.* gallows.
karāties *v. n.* -jos, -jos, to hang, to be suspended.
karbols *m.* carbolic acid.
karbonāde *fr.* (cūkas) pork chop; (teļa) veal-cutlet.
karcers *m.* lock-up room.
kareivis *m.* soldier, warrior.
kareivisks *a.* martial, military.
karikatūra *f.* cartoon, caricature.
karināt *v. a.* -nu, -nāju, to provoke, to tease; to tempt.
kariete *f.* carriage, coach.
karjera *f.* career.
karnīzs *m.* cornice.
karodznieks *m.* ensign; standard-bearer.
karogs *m.* banner, flag, standard, ensign.
karsēt *v. a.* -ju, -ju, to heat.
karsonis *m.* fever.
karst *v. a.* -stu, -su, to heat; to grow hot.
karstgalvis *m.* hot-head, hotspur.
karsts *a.* hot; **~stā zona** — torrid zone.
karstumguļa *f.* burning fever.
karstums *m.* heat, glow.
karstvīns *m.* mulled wine.
karte *f.* card; (ģeogr.) map.
kartons *m.* cardboard, pasteboard.
kartupelājs *m.* potato-field.
kartupelis *m.* potato.
karuselis *m.* merry-go-round.
karūsa *f.* crucian.
karot *v. a.* -ju, -ju, to make war, to war, to fight.
karote *f.* spoon.
karš *m.* war; **~ra atlīdzinājums** — war-indemnity; **~ra biedrs** — companion in arms; **~ra dienests** — military service; **~ra gājiens** — military expedition; **~ra gūsteknis** — prisoner of war; **~ra kuģis** — man-of-war; **~ra lauks** — seat of war; **~ra likums** — martial law; **~ra spēks** — army, forces; **~ra tiesa** — court-martial; **~ra vadonis** — commander-in chief; **~ra vīrs** — soldier, warrior.
kas *pr.* (pers.) who; (lietām) what, which; tas kas — he who; that.
kase *f.* cash; (biļešu) booking-office.
kasieris *m.* cashier, treasurer.
kasīklis *m.* scraper.
kasīt *v. a.* -su, -sīju, to scrape,

to scratch; *v. n.* -sos, -sījos, to scratch oneself.
kaska *f.* helmet.
kasta *f.* caste.
kastānis *m.* chestnut; ēdamais - - sweet or edible chestnut.
kaste *f.* chest, box.
kastrāts *m.* eunuch.
kastrēt *v. a.* -ju, -ju, to castrate, to geld
kastrolis *m.* casserole, pan, sauce-pan.
kašāt *v. a.* -ju, -ju, to paw, to scrape.
kašķains *a.* itchy, scabby, scabbed.
kašķēties *v. n.* -jos, -jos, to pick a quarrel, to quarrel.
kašķis *m.* itch, scabies; *fig:* a quarrelsome, person.
katalogs *m.* catalogue, list.
katastrofa *f.* catastrophe.
katedra *f.* professor's desk.
katedrāle *f.* cathedral.
katls *m.* kettle; (lielāks) copper; (ļoti liels) boiler; -la kalējs — brazier, coppersmith.
katolis *m.* Roman Catholic.
katorga *f.* penal servitude.
katrpus *adv.* on either side.
katrreiz *adv.* every time; - kad — whenever.
katrreizējs *a.* in each case.
katrs *prn.* every, cach; -trā laikā — at any time; -trō ziņā — at any rate, by all means; - mans vārds — my every word.
katūns *m.* cotton.
kaucējs *m.* howler, bawler.

kauciens *m.* howl.
kaudze *f.* heap, pile; siena - — hayrick or stack; likt -dzē — to stack, to heap, to pile.
kauja *f.* battle, fight.
kaukšana *f.* howling.
kaukt *v. a.* -cu, -cu, to howl, to yell; vējš kauc — wind roars.
kaulains *a.* bony; meager.
kaulēties *v. n.* -jos, -jos, to higgle.
kauliņauglis *m.* stone-fruit.
kauliņš *m.* (ogā) stone, kernel; (spēlē) die, *pl.* dice.
kaulkambaris *m.* a gaunt person.
kauls *m.* bone; -lu līme — bone-glue; -lu milti — bone-dust; -lu sāpes — rheumatics; -lu smadzenes — marrow.
kaunēties *v. n.* -nos, -nējos, to be or feel ashamed.
kaunināt *v. a.* -nu, -nāju, to shame, to put to shame.
kaunīgs *a.* bashful, shy.
kauns *m.* shame; -na darbs — mean action; -na lieta — disgrace; -na stabs — pillory; -na traips — blemish, stain; kā tev nav -na! — for shame! man - I'm ashamed.
kaunums *m.* genitals, sexual organs.
kaupiņš *m.* toad.
kausējums *m.* smelting, fusion.
kausēt *v. a.* -ju, -ju, to dissolve, to melt.
kausētava *f.* smeltry.
kauslīgs *a.* pugnacious.
kauslis *m.* bully, ruffian, brawler.

kauss *m.* (dzeŗamais) cup, goblet; (galvas) skull; (pavārnīca) ladle.
kaušana *f.* butchery, slaughter.
kaušanās *f.* brawl, fight.
kaut *v. a.* -ju, kāvu, to kill, to slaughter; *v. n.* -jos, -vos, to fight.
kaut *conj.* if only, would that, even if; ~ cik — somewhat, to some extent; ~ gan — although; ~ kad — at some time or other; (vispār) any time; ~ kas — anything, something; ~ kā — somehow, in some way; ~ kāds — somebody, some one; anybody, any one; ~ kur — somewhere, anywhere; ~ kuŗš — somebody, anybody.
kautrēties *v. n.* -jos, -jos. to be shy, to be timid; to hesitate.
kautrība *f.* bashfulness. timidity.
kautrīgs *a.* shy, timid.
kautrs *a.* shy, bashful, timid.
kautuve *f.* slaughter-house.
kavēklis *m.* hindrance, obstacle; laika ~ — pastime.
kavēšanās *f.* delay; bez ~ — without delay, immediately.
kaviens *m.* thrashing.
kaza *f.* she-goat, goat.
kazāks *m.* Cossack.
kazarma *f.* barracks *(pl.)*.
kazenājs *m.* bramble-bush.
kazene *f.* blackberry, brambleberry.
kazlēns *m.* kid.
kazrags *m.* stickleback.
kažokāda *f.* fur.
kažoks *m.* fur-coat.
kā *prn.* genit. no kas, whose; ~ grāmata? — whose book?
kā *adv.* how, as, like; ~ nekā — anyhow; ~ tā? — how is that? ~ tad! — of course! ~ to (puķi) sauc? — what is it called? lēns ~ jērs — as gentle as a lamb; tāds cilvēks ~ viņš — a man like him; ~ zibens ķerts — as if struck by lightning; ne~di — in no way.
kādējādi *adv.* how, in what way.
kādēļ *adv.* why, wherefore.
kādība *f.* quality.
kādreiz *adv.* once, some day; (pasakā) once upon a time.
kāds *prn.* what, what kind; (persona) somebody, anybody.
kāja *f.* foot, leg; no galvas līdz ~jām — from top to toe; uz grūtām ~jām — in the family way; dabūt uz ~jām — to set going, tikt uz ~jām — to recover; viņš jau ~jās — he has got up; likt ~ju priekšā — to trip a person up; palaist uz brīvām ~jām — to set free; pretoties ar rokām un ~jām — to resist with all one's might; ņemt ~jas pār pleciem — to take to one's heels.
kājauts *m.* leg-band, leg-wrapping.
kājām *adv.* on foot.
kājbumba *f.* foot-ball.
kājceliņš *m.* foot-path.
kājgalis *m.* foot of the bed.
kājnieks *m.* pedestrian, walker; ~ki (armijā) infantry.

kājslaukis *m.* mat
kāķis *m.* pillary.
kālab *adv.* why.
kālis *m.* turnip, swede.
kāls *m.* a score and a half.
kāpa *f.* dune, sand-hill.
kāpalāt *v. a.* -ju, -ju, to climb.
kāpe *f.* step.
kāpēc *adv.* why.
kāpējs *m.* climber.
kāpelētājs *m.* climber.
kāpiens *m.* step, tread.
kāposti *m. pl.* cabbage; **puķu ~** — cauliflower; **skābi ~** — kraut, salted cabbage.
kāpslis *m.* carriage-step; stirrup.
kāpt *v. a.* -ju, -pu (uz augšu) to climb, to ascend, (uz leju) to descend; (zirgā) to mount; (no zirga) to alight; **ūdens kāpj** — water is rising.
kāpties *v. n.* -jos, -pos, (atpakaļ) to retrace one's steps.
kāpurs *m.* caterpillar.
kāravs *m.* (spēlē) diamonds; **~va dūzis** — ace of diamonds.
kārba *f.* box.
kārdinājums *m.* temptation.
kārdināt *v. a.* -nu, -nāju, to tempt.
kāre *f.* desire, appetite; (mèdus) comb-honey.
kārība *f.* craving, lust.
kāribnieks *m.* voluptuary.
kārigs *a.* greedy for, eager.
kārkls *m.* osier.
kārniņš *m.* tile.
kārnis *m.* heron.
kārnīt *v. a.* -nu, -nīju, to clean, to tidy up.
kārot *v. a.* -ju, -ju, to desire, to want, to long for
kārpa *f.* wart.
kārpains *a.* warty
kārs *a.* greedy.
kārsējs *m.* carder, wool-comber.
kārst *v. a.* -šu, -su, to card, to comb.
kārstuvis *m.* hackle, comber.
kārt *v. a.* karu, kāru, to hang; *v. n.* -ŗos, -ros, to hang oneself.
kārta *f.* rank, social status; (rinda) turn; (veids) way, manner; (slānis) layer; ciešamā ~ (gram.) passive voice; **drēbju ~** — suit of clothes; **garīdznieku ~** — clergy; **pēc ~tas** — in turn; **pirmām ~tām** — in the first place; **~tas skaitļa vārds** — ordinal number; **~tas vārds** — article.
kārtējs *a.* ordinary, usual.
kārtība *f.* order.
kārtībnieks *m.* policeman; supervizor
kārtigs *a.* (tīrīgs) orderly, tidy; (darbā) regular
kārtot *v. a.* -ju, -ju, to put in order, to regulate; (art) to plough for the second time.
kārts *f.* pole; **~šu roze** — hollyhock; (spēļu) card; **~šu licējs** — fortune-teller; **~šu spēle** — game of cards.
kārumnieks *m.* pilferer, daintyfeeder.
kārums *m.* dainty, sweet.
kāsēt *v. a.* -ju, -ju, to cough.
kāsis *m.* hook.

kāst v. a. -šu, -su, to filter
kāstuvis m. filter; strainer
kāsus m. cough; garais - — whooping cough.
kāts m. (rīka) handle; (auga) stalk.
kāvējs m. butcher, slaughterer.
kāvi m. pl. arctic lights.
kāzas f. pl. wedding, nuptials.
kāznieks m. wedding-guest.
kilovatstunda f. Board of Trade Unit (B. T. U.).
klabēt v. imp. klab, -bēju, to rattle.
klabinät v. a. -nu, -nāju, to rap, to knock; v. n. -nos, -nājos, to knock a little.
klade f. waste-book.
kladzinät v. a. -nu, -nāju, to cackle.
klaidēt v. a. to disperse, to scatter.
klaidonis m. vagabond, scamp.
klaiga f. cry, shout.
klaigāt v. a. -ju, -ju, to cry, to shout.
klaips m. loaf.
klajs a. level, open.
klajums m. plain, level.
klakšķinät v. a. -nu, -nāju, to clack (one's tongue).
klanīt v. a. -nu- -nīju, to nod; v. n. -nos, -nījos, to bow.
klapatas f. pl. trouble.
klase f. class.
klau! interj. hark! listen!
klaudzēt v. a. -dzu, -dzēju, to flap, to rumble.
klaudzinät v. a. -nu, -nāju, to knock.

klauns m. clown.
klausība f. obedience; kaŗa - — military-service.
klausīt v. a. -su, -sīju, to obey, to follow; v. n. -sos, -sījos, to listen.
klausītājs m. hearer; -ji — audience.
klausītava f. auditory.
klaušas f. pl. service due to the farmers in the country; bondage.
klaušināt v. a. -nu, -nāju, to inquire, to investigate.
klaušinātājs m. inquirer, searcher.
klauvēt v. a. -ju, -ju, to knock.
klājiens m. layer, covering.
klājs m. (kuģa) board, deck.
klāstīt v. a. -stu, -stīju, to spread to expound.
klāt v. a. -ju, -ju, to cover, to spread.
klāt adv. to, here, in addition; near, close; še - — hereby, viņš ir - — he is present.
klātbūtne f. company, presence.
klātesošs a. present.
klāties v. n. -jos, -jos, to be; kā klājas? how are you? tas neklājas — it is not proper.
klejojošas smiltis f. pl. blowing sand.
klejot v. a. -ju, -ju, to rove, to stroll.
klejotājs m. rover, wanderer.
klenderēt v. a. -ju, -ju, to ramble about, to wander.
klenderis m. vagabond, vagrant.
kleperis m. hack; jade.

klepot v. a. -ju, -ju, to cough.
klēpis m. lap; likt rokas -pī — to stand with folded hands.
klētnieks m. overseer of the granary.
klēts f. granary, corn-loft.
klibiķis m. lame person.
klibot v. a. -ju, -ju, to limp.
klibs a. lame.
klijas f. pl. bran.
klijāns m. screecher.
klike f. gang, coterie.
klimats m. climate.
klimpa f. dumpling.
klīnika f. infirmary; (dzemdētājām) lying-in hospital.
klintains a. rocky, full of rocks.
klints f. cliff, rock.
kliņģeris m. twist, cracknel.
kliņģerīte f. marigold.
klizma f. accident, mishap.
klīdināt v. a. -nu, -nāju, to disperse, to scatter.
klīst v. a. -stu, -du, to err, to stroll, to rove.
klīsteris m. paste.
kliedēt v. a. -ju, -ju, sk. klīdināt.
kliedzējs m. crier, clamourer.
kliedziens m. cry, shriek, yell; ēzeļa - — bray; pūces - screech.
kliedzošs a. crying, shrieking; -šas krāsas — glaring colours.
kliegt v. a. -dzu, -dzu, to cry, to shriek, to yell.
kloķis m. handle.
klons m. barn-floor, threshing floor; (grīda) flagged floor.
klosteris m. monastery, nunnery; iestāties -rī — to turn monk; (sievicte) to take the veil; ieslēgt -rī — to cloister up.
klubs m. club.
klucis m. log, stump of a tree.
klukstēt v. a. -stu, -stēju, to cluck.
klunkstēt v. a. -stu, -stēju, to gurgle.
kluplens m. false step, stumbling.
klupt v. a. klūpu, klupu, to stumble; to trip up.
klusām adv. secretly, quietly.
klusēt v. a. -ju, -ju, to be quiet, to keep silence.
klusināt v. a. -nu, -nāju, to calm, to set at rest.
klusība f. silence.
kluss a. calm, still, quiet, low, silent; -sā nedēļa — Holy Week.
klusums m. stillness, silence.
klūga f. osier switch.
kļava f. maple.
kļūda f. mistake, error; (rupja) blunder.
kļūdains a. erroneous, wrong, faulty.
kļūdīties v. n. -dos, -dījos, to err, to be wrong, to be mistaken.
kļūmīgs a. fatal, unfortunate.
kļūt v. a. -stu, kļuvu, to become, to turn; viņš kļuva ārprātīgs — he went mad.
knaģis m. hook, peg; veļas - clothes-peg.
knaibīt v. a. -bu, -bīju, to pinch.
knaibles f. pl. pincers, tongs.
knakstīties v. n. -stos, -stījos, to grasp, to touch lasciviously

knakšķēt v. a. -šķu, -ķēju, to crack.
knašs a. nimble, quick.
knauķis m. nipper, little boy.
knābāt v. a. -ju, -ju, to peck, to pick often.
knābis m. beak, bill.
knābt v. a. -bju, -bu, to peck, to pick.
knēvelis m. youngster, midget.
knibināt v. a. -nu, -nāju, to do something very slowly, to peck.
knikšķēt v. a. -šķu, -šķēju, to crack, to crackle.
knipis m. snap; ⁓pi sist — to snap.
knislis m. midget, gnat.
kniebiens m. pinch, nip.
kniebt v. a. -bju, -bu, to pinch.
kniede f. rivet.
kniedēt v. a. -ju, -ju, to rivet, to clinch.
kniepe f. pin.
kniest v. imp. man knieš, knieta, to itch.
knosīties v. n. -sos, -sījos, to scratch oneself.
knubināt v. a. -nu, -nāju, to pick out.
knupis m. sucking bundle.
kņada f. hubbub, uproar.
ko prn. (akūz. no kas) whom, what; that.
kodaļa f. distaff-full of flax.
kode f. moth.
kodelēt v. a. -ju, -ju, to chew, to gnaw.
kodināt v. a. -nu, -nāju, to corrode, to etch.

kodīgs a. biting, sharp.
kodiens m. bite.
kodolīgs a. solid, substantial.
kodols m. kernel; lietas ⁓ — vital point.
kodums m. bite.
kokains a. stringy, woodens
kokalis m. corn-cockle.
kokeļļa f. sweet-oil, olive-oil.
kokgrauzis m. (tārps) wood-mite, wood-fretter.
kokgriezējs m. wood-carver.
kokgriezums m. wood-cut, wood-engraving.
kokle f. harp.
koklēt v. a. -ju, -ju, to strike the harp.
koklētājs m. harper.
kokoss m. (koks) cocoa-nut tree; (auglis) cocoa-nut.
kokroze f. hollyhock.
koks m. tree; ⁓ku skola — nursery garden; no ⁓ka — wooden; lapu ⁓ — broadleaf-tree; skuju ⁓ coniferous-tree.
koksne f. cellulose, wood-pulp.
kokvilna f. cotton.
kollēga m. f. colleague.
kolera f. cholera.
kolīdz adv. as soon as.
koloniālpreces f. pl. groceries; ⁓ču tirgotava — grocery; ⁓ču tirgotājs — grocer.
kolonijas f. pl. colonies.
kolonna f. column.
kolportāža f. hawking of books.
kolportieris m. hawker of books.
komerss m. students'· revelry.
komēdija f. comedy.

komijs *m.* salesman; commercial clerk.
komiķis *m.* comic actor.
komisārs *m.* commissary, inspector.
komisija *f.* commission nodot ~jā — to give in consignment, on commmission.
komiteja *f.* committee.
kommats *m.* comma.
kommentārs *m.* commentary.
kommilitonis *m.* fellow-student.
kompānija *f.* company.
kompanjons *m.* companion (veikalā) partner.
komparātivs *m.* comparative.
kompass *m.* compass; ~sa adata — magnetic needle.
komponēt *v. a.* -ju, -ju, to compose, to set to music.
komponists *m.* composer.
kompots *m.* preserved fruit.
komprese *f.* bandage, compress.
kompromiss *m.* agreement, compromise.
kompromitēt *v. a.* -ju, -ju, to expose; *v. n.* -jos, -jos, to expose oneself.
komūna *f.* (draudze, pagasts) community; Parīzes 1871. g. ~ — Commune.
komūnisms *m.* communism.
komūnists *m.* communist.
koncepts *m.* copy, draft.
koncerts *m.* concert.
konditoreja *f.* confectioner's or pastry-cook's shop; café.
konduktors *m.* conductor.
konfekte *f.* confectionery, sweet.
konfekcija *f.* ready-made clothing, ~ju veikals — warehouse for clothing.
konjaks *m.* French brandy
konjugācija *f.* conjugation.
konjuktivs *m.* subjunctive mood.
konkurence *f.* competition
konkurents *m.* competitor, rival.
konkurss *m.* (sacensība) competition; (sabrukums) bankruptcy.
konservatorija *f.* school of music.
konservēt *v. a.* -ju, -ju, to preserve.
konservi *m. pl.* preserved or tinned food; ~vu fabrika — factory of preserves.
konstatēt' *v. a.* -ju, -ju, to ascertain, to state.
konstruēt *v. a.* -ju, -ju, to construct.
konsuls *m.* Consul.
konsulāts *m.* Consulate; general ~ Consulate General.
konsuma biedrība *f.* cooperative society; ~ veikals cooperative stores.
kontrabanda *f.* smuggled goods.
kontrabandists *m.* smuggler
kontrapunkts *m.* counter-point.
kontrolēt *v. a.* -ju, -ju, to control.
kontrolētājs *m.* controller; rēķinu ~ — auditor; tramvaja — time-keeper.
konts *m.* account.
konuss *m.* cone.
konusveidīgs *a.* conical.
konversācija *f.* conversation ~jas vārdnīca — encyclopaedia.

kopa *f.* heap, band; group.
kopaina *f.* general impression, total view
kopaudzināšana *f.* coeducation.
kopā *adv.* together, jointly; (rēķinos) totally
kopceļš *m.* common road.
kopdarbība *f.* cooperation.
kopdzīve *f.* cohabitation (laulība) conjugal or marital life.
kopēdināšana *f.* common meals; feeding of school-children.
kopējs *m.* attendant; (siev.) nurse
kopējs *m.* attendant; (siev.)
kopēt *v. a.* -ju, -ju, to copy **-pējamais papīrs** — carbon paper.
kopgalds *m.* sk. kopēdināšana.
kopiņa *f.* stack, heap; **kapa -** mound.
kopizdevums *m.* complete edition
kopiznākums *m.* sum total, total amount
kopība *f.* communion
kopīgs *a.* common, general
kopīpašums *m.* joint estate, common property.
kopieņēmums *m.* the whole of the receipts.
kopiespaids *m.* general impression.
kopjēdziens *m.* general idea
kopmanta *f.* common property.
kopmielasts *m.* banquet, official dinner
kopnieks *m.* corporal.
kopojums *m.* classification, putting together
kopot *v. a.* -ju, -ju, to collect, to unite; *v. n.* -jos, -jos, (biedroties) to unite; (pāŗoties) to mate; (seksuāli) to copulate.
koppienotava *f.* cooperative dairy.
kopsaimniecība *f.* cooperative or collective farming; (mājtur.) cooperative household.
kopsaucējs *m.* common denominator.
kopsēde *f.* plenary session.
kopskaits *m.* total, sum total.
kopspēle *f.* ensemble.
kopš *prp.* since, from, **- daudz gadiem** — these many years.
kopšana *f.* care, nursing; (augu) cultivation; (lopu) rearing; **kāju -** — pedicure, **roku -** manicure.
kopt *v. a.* -pju, -pu, to nurse, to take care of, to cultivate, to rear.
kopums *m.* (viss) totality.
kopvērtība *f.* total value.
korallis *m.* coral.
korālis *m.* hymn.
kore *f.* top of the roof.
koris *m.* choir; **-ra dziedāšana** — community singing.
koridors *m.* corridor, passage.
korinte *f.* currant.
korists *m.* chorister; **-ste** — chorus girl.
korķis *m.* cork; pudeles **- —** stopper; **-ķa vilķis** — corkscrew.
korpulents *a.* corpulent, stout.
korpuss *m.* corps, body of troops.
korrekts *a.* correct.

korrektūra f. proof reading; -ras loksne — proof; otrā - — revise.
korsete f. corset, stays.
kosa f. asparagus, sparrow-grass.
kosmētika f. cosmetics.
kost v. a. -žu, -du, to bite; (nazis) to be sharp; tas kož kaulā — it cuts to the quick.
kostīms m. costume, suit.
košļāt v. a. -ju, -ju, to chew; -jamā gumija — chewing-gum.
košs a. beautiful, pretty.
košums m. beauty, loveliness.
kotlete f. mince-meat ball.
kovārnis m. jack-daw.
kraistīt v. a. -stu, -stīju, (pienu) to skim.
krakšķēt v. a. šķu, -šķēju, to crack, to crash.
kraķis m. jade, hack.
kramenīca f. fire-lock gun; an old gun.
krampis m. cramp; (slimība) spasm, convulsion.
kramplauzis m. burglar, housebreaker.
krams m. flint.
krancains a. striped round the neck.
krasts m. coast, shore; (upes) bank; -sta iela — embankment; -sta mala — quay.
kratīt v. a. -tu, -tīju, to jolt, to shake; (pārmeklēt) to ransack, to search.
kratītājs m. shaker; (drudzis) feverish chill; (okšķeris) searcher.
krauja f. a steep bank.
kraujš a. steep.
kraukas f. pl. expectoration.
kraukāt v. a. -ju, -ju, to expectorate.
krauklis m. raven.
kraupa f. scab.
kraupains a. scabby.
kraut v. a. -ju, krāvu, (kaudzē) to heap, to pile; (orē) to load.
krava f. load, cargo, freight.
kravate f. cravat, necktie.
kravāt v. a. -ju, -ju, to pack.
krāce f. rapid.
krācējs m. snorer.
krāciens m. snore.
krāģis m. trestle, frame; (sols) stool.
krājējs m. collector; (taupīgs cilvēks) economizer.
krājīgs a. economical, thrifty.
krājkase f. savings-bank.
krājums m. collection; (nauda) savings.
krākšana f. roaring, snoring.
krākt v. a. -cu, -cu, to snore; (jūŗa) to roar.
krāmēt v. a. -ju, -ju, to rummage.
krāms m. lumber, trash; visādi -mi — adds and ends; -mu bode — second-hand articles shop; -mu tirgus — rag-fair, old-clothes market.
krāns m. tap.
krāpnieks m. deceiver, impostor.
krāpšana f. fraud, deception.

krāpt v. a. -pju, -pu, to cheat, to deceive.
krāsa f. colour, hue, dye.
krāsains a. coloured, tinted.
krāsmata f. heap of stones, remains of an oven after a fire.
krāsnesis m. wearer of colours.
krāsnkuris m. fireman, stoker.
krāsns f. oven, stove; (cepļi) kiln; (fabrikā) furnace.
krāsojums m. colouring, dyeing.
krāsot v. a. -ju, -ju, to colour; (mērcējot) to dye; (traipiem) to stain; (ar otu) to paint.
krāsotava f. dye-house.
krāsotājs m. painter, dyer.
krāsots a. coloured, dyed, painted.
krāsviela f. colouring matter, dye, pigment.
krāšņs a. magnificient, splendid.
krāšņums m. magnificence, splendour
krāt v. a. -ju, -ju, to keep, to save.
krātiņš m. (būris) cage; (cietums) prison-cell.
krātuve f. (grāmatu) library.
kreicis (karšu spēlē) clubs.
kreilis m. a left-handed person.
kreimene f. lily of the valley
kreisers m. cruiser
kreiss a. left; ~sā puse — left side, left hand; iet pa ~si — to the left; stāvēt pa ~si — on the left; ~sās partijas — the left parties.
krejot v. a. -ju, -ju, to skim, to cream.
krekls m. (vir.) shirt; (siev.) chemise; izģērbt līdz ~lam — to strip naked, to fleece.
kreklos adv. in shirt sleeves.
krelles f. pl. beads; (lūgšanu) rosary.
kreveļains a. scabby.
krevele f. scab, bark.
krējums m. cream.
krējumains m. cream-cheese.
krēpas f. pl. saliva, spittle.
krēpes f. pl. mane.
krēsla f. twilight; (rīta) dawn, (vakara) dusk.
krēslains a. dusky, dark.
krēsls m. chair, stool.
krija f. roofing bark.
krikums m. bit, trifle.
krimslains a. gristly.
krimslis m. gristle.
krimst v. a. kremtu, krimtu, to gnaw.
krimstala f. sk. krimslis.
kriņģelis m. cracknel, twist.
kripata f. a little crumb.
krislītis m. granule, jot.
krist v. a. kritu, kritu, to fall, to tumble, to drop; v. n. -kritos, -kritos, to decrease.
kristības f. baptism, christening.
kristīgs a. Christian.
kristīt v. a. -ju, -ju, to baptize, to christen.
kristītājs m. baptizer; Jānis John Baptist.
kritika f. criticism, (raksts) review.
kritiķis m. critic, reviewer.
kritizēt v. a. -ju, -ju, to review, to criticize.
kritiens m. fall, tumble.

kritums *m.* decline, fall; **ūdens ~ waterfall**, cataract.
krisdams klupdams *adv.* head over heels.
krize *f.* crisis.
kritains *a.* chalky.
kritamais širmis *m.* parachute.
kritamā kaite *f.* epilepsy.
krīts *m.* chalk; **~ta glezna —** pastel or done in crayons.
krietni *adv.* thoroughly.
krietns *a.* able, thorough, excellent.
krietnums *m.* ability, excellence, thoroughness.
krieviski *adv.* Russian.
krievisks *a.* Russian.
krievs, krieviete *m. f.* Russian.
krodzinieks *m.* innkeeper.
krogus *m.* tavern, pub.
kroka *f.* fold, pleat.
krokots *a.* folded, pleated.
kronēt *v. a.* -ju, -ju, to crown.
kronika *f.* chronicle.
kronis *m.* crown; (vaiņags) wreath.
kroņlukturis *m.* lustre.
kroplains *a.* crippled.
kroplis *m.* cripple.
kropls *a.* crippled, maimed.
kropļot *v. a.* -ju, -ju, to maim, to cripple.
kruķis *m.* crutch; (krāsns) rake, oven-fork; (kamīna) poker.
krunka *f.* (sejā) wrinkle; (drēbēs) crease.
krunkains *a.* wrinkled, shrivelled; creased.
krunkot *v. a.* -ju, -ju, to wrinkle, to frown; (pieri) to knit the brow; (drēbes) to crease.
krupis *m.* toad.
krusa *f.* hail; **~sas grauds —** duckshot.
krustām *adv.* crosswise.
krustām šķērsam *adv.* crisscross, this way and that.
krustceļš *m.* cross-ways, crossing.
krustdēls *m.* godson.
krustiski *adv.* sk. krustām.
krustīties *v. n.* -stos, -stījos, to cross oneself.
krustknābis *m.* cross-bill.
krustmāte *f.* aunt, godmother.
krustmeita *f.* goddaughter.
krustnesis *m.* crusader.
krustojums *m.* (ceļu) crossing; (sugas) interbreeding.
krustot *v. a.* -ju, -ju, to cross; (rokas) to fold; (sugas) to interbreed; *v. n.* -jos, -jos, to intersect, to cross; (šķēpi) to clash.
krusts *m.* cross; (bēdas) affliction; (mūz.) b ar **~stu —** b sharp; **~sta dūriens —** cross-stitch; **~sta kauls —** rump-bone; **~sta nāve —** crucifixion; **~sta sējums** (pa pastu) by book post.
krusttēvs *m.* godfather, uncle.
krustziedaiņi *m. pl.* cruciferous plants.
krūka *f.* stone jug.
krūmains *a.* bushy.
krūms *m.* bush.
krūtis *f.* breast, chest; bosom.
krūze *f.* jug, pitcher.

krūzmētra f. mint.
kubiksakne f. cube-root.
kubls m. tub; coop.
kubs m. cube; **-ba mērs** — cubic measure; cubature.
kuce f. bitch; (lamas vārds) slut.
kucens m. pup, cub, whelp.
kučiers m. coachman, driver.
kuģinieks m. sailor, mariner, seaman.
kuģis m. ship, (tvaikonis) steamer, (okeana-pasaž.) liner; (bruņu) man-of-war, war-ship; **-ga bojā eja** — ship-wreck; **-ga klājs** — deck; **-ga krava** — cargo; **-ga ļaudis** — crew; **-ga pakaļgals** — stern; **-ga priekšgals** — bow; **-ga puika** — cabin-boy.
kuģniecība f. navigation.
kuģot v. a. -ju, -ju, to navigate.
kuilis m. boar.
kukainis m. insect; beetle.
kukulis m. (maizes) loaf; (ciemkukulis) gift, present; (uzpirkšana) bribe.
kulaiņi m. pl. mittens.
kulba f. top of a simple coach;
kulciens m. gulp, mouthful.
kule f. pocket, bag, sack.
kulise f. wing, side-scene.
kuls m. hard-beaten clay floor.
kulstīkla f. flax-beater.
kulstīšana v. swingling, beating.
kulstīt v. a. -stu, -stīju, to beat, to swingle flax.
kulšana f. threshing.
kult v. a. kuļu, kūlu, to thresh; (pērt) to whip; (sviestu) to churn; v. n. -ļos, -los, to get along miserably, to worry.
kultūra f. culture; **-ras filma** — instructional film.
kuļātles v. n. -jos, -jos, to dangle.
kuļmašīna f. threshing-machine
kumelīte f. camomile.
kumeļš m. colt, foal; (ķēvīte) filly.
kumode f. chest-of-drawers.
kumoss m. bit, morsel, piece.
kumpa f. hump, hunch.
kumpt v. a. -mpju, -pu, to bend, to curve one's back.
kunde f. customer.
kundze f. lady; jūsu **~** — your wife; N. kundze — Mrs. N.; cienītā **~** (uzrunā) madam; (vēstulēs) Dear madam; direktora N. kdze — (tikai) Mrs. N.
kundzība f. domination, rule.
kundzisks a. masterful, haughty.
kungs m. gentleman; (pavēlnieks) master; N. kungs — Mr. N.; (uzrunā un vēstulēs) sir; kakla **~** — tyrant.
kunkstī m. pl. groans.
kunkstēt v. a. -stu, -stēju, to groan.
kunkulis m. lump, clod.
kuņģis m. stomach.
kupeja f. compartment.
kupena f. snow-drift, heap of snow.
kupica f. landmark.
kupināt v. a. -nu, -nāju, to curdle; **-ts piens** — curdled milk.

kuplaste *f.* bushy-tail.
kuplināt *v. a.* -nu, -nāju, to enrich, to adorn.
kupls *a.* bushy, leafy, tufty.
kuplums *m.* (lapu) foliage, leafage; (pilnība) fulness, abundance.
kupols *m.* dome.
kuprains *a.* hump-or hunchbacked.
kupris *m.* hump, hunch; ~rītis — hunchback.
kur *adv.* where; ~ vien — wherever.
kurēties *v. imp.* -ras, -rējās, to
kurināmais *m.* fuel. [burn.
kurināms *a.* easily heated; (istaba) containing a stove.
kurināšana *f.* heating; **centrāla** ~ — central-heating.
kurināt *v. a.* -nu, -nāju, to heat.
kurinātājs *m.* stoker; (uz dzelzceļa) fireman.
kuriene *f.*; uz ~ni — where to? whither? no ~nes — where from? whence?
kurjers *m.* express-messenger, courier.
kurkstēt *v. a.* -stu, -stēju, to
kurkulis *m.* frog-spawn. ‖croak.
kurlmēms *a.* deaf and dumb,
kurls *a.* deaf. [deaf-mute.
kurlums *m.* deafness.
kurmis *m.* mole; ~mja rakums — mole-hill.
kurnēt *v. a.* -nu, -nēju, to grumble at.
kurp *adv.* where to, whither.
kurpe *f.* shoe,. slipper. pump; ~pju saites — laces.

kurpites *f. pl.* (puķes) aconite.
kurpnieks *m.* shoemaker; (vienkāršs) cobbler.
kursi *m. pl.* courses of study.
kursists *m.* student of courses.
kurt *v. a.* -ŗu, kūru, to make fire.
kurtēt *v. a.* -ju, -ju, to become spongy or hollow.
kurts *m.* greyhound.
kurvis *m.* basket.
kuŗamais *m.* fuel.
kuŗš *prn.* which, what, who, that.
kusls *a.* delicate, weak, tender.
kust *v. a.* kūstu, kusu, to thaw, to melt; to dissolve.
kustams *a.* movable; ~ īpašums — monables.
kustēt *v. a.* -stu, -stēju, to move, to stir; *v. n.* -stos, -stējos, to move, to stir.
kustināt *v. a.* -nu, -nāju, to move, to put in motion.
kustība *f.* movement, motion (vingrin.) excercise.
kustīgs *a.* mobile, nimble.
kustonis *m.* animal, beast.
kuš! *interj.* hush! silence!
kušete *f.* couch.
kušķis *m.* bunch, tuft.
kutelīgs *a.* ticklish; *fig.* delicate.
kutēt *v. a.* -tu, -tēju, to itch.
kutināt *v. a.* -nu, -nāju, to tickle.
kūdīt *v. a.* -du, -diju, to incite, to spur.
kūdra *f.* peat; ~rājs — peat-marsh, turfy bog.
kūja *f.* staff, stick.

kūka *f.* cake, pastry; (pašcepta) cookie.
kūkot *v. a.* -ju, -ju, to cuckoo, to cry like a cuckoo.
kūkums *m.* hump, hunch.
kūla *f.* dry marsh-grass.
kūlenis *m.* somersault; -ni mest — to turn a somersault.
kūleniski *adv.* headlong, head
kūlējs *m.* thresher [over heels.
kūlis *m.* sheaf, truss.
kūliens *m.* threshing; (pēriens) thrashing.
kūma *f.* godfather or godmother
kūmiņš *m.* (lapsa) Reynard.
kūmnieki *m. pl.* godparents.
kūniņa *f.* cocoon.
kūņoties *v. n.* -jos, -jos, to move with difficulty.
kūpēt *v. a.* -pu, -pēju, (dūmi) to smoke; (tvaiks) to steam; (putekļi) to be dusty.
kūpināt *v. a.* -nu, -nāju, to emit smoke, to smoke.
kūsāt *v. a.* -jū, -ju, to boil over, to run over.
kūtrība *f.* laziness, idleness, indolence.
kūtrs *a.* lazy, idle, indolent.
kūtrums *m.* sk. kūtrība.
kūts *f.* cattle-shed, byre; -mēsli — stable-manure; cūk- — pig-
kvadrāts *m.* square. [sty.
kvadrātūra *f.* squaring, quadrature.
kvalificēt *v. a.* -ju, -ju. to qua-
kvalitāte *f.* quality. [lify.
kvantitāte *f.* quantity.
kveksis *m.* little dog, setter.
kvekšķēt *v. a.* -šķu, -ju, to bark, to yap.
kveldināt *v. a.* -nu, -nāju, to scald.
kvernēt *v. a.* -nu, -ju, to dawdle, to idle, to wait in vain.
kvēlains *a.* glowing, burning.
kvēle *f.* glow, fire; *fig.* ardour, heat.
kvēllampa *f.* glow-lamp.
kvēlot *v. a.* -ju, -ju, to glow, to be red-hot.
kvēpains *a.* sooty.
kvēpi *m. pl.* soot.
kvēpināt *v. a.* -nu, -nāju, to cover with soot; to smoke.
kvēpt *v. a.* -stu, -pu, to blacken with smoke.
kvintāls *m.* quintal.
kvite *f.* receipt.
kviekt *v. a.* -cu, -cu, to squeak.
kviesājs *m.* wheat-field.
kviešalus *m.* ginger-beer.
kvieši *m. pl.* wheat.

Ķ

Ķeblis *m.* footstool.
ķeceris *m.* heretic.
ķecerība *f.* heresy.
ķegums *m.* rapids, waterfall.
ķeiris *m.* left-handed person.
ķeizariene *f.* empress.
ķeizariste *f.* empire.
ķeizars *m.* emperor.
ķekars *m.* bunch, cluster.
ķeksis *m.* hook; punt-pole
ķelle *f.* trowel.
ķemme *f.* comb.
ķemmēt *v. a.* -ju, -ju, to comb;

v. n. -jos, -jos, to comb one's hair.
ķengas *f. pl.* calumny.
ķengāt *v. a.* -ju, -ju, to calumniate, to call names.
ķengurs *m.* kangaroo.
ķepa *f.* paw.
ķepēt *v. a.* -ju, -ju, to spread thick with butter; *v. n.* -jos, -jos, to eat with one's fingers.
ķepuroties *v. n.* -jos, -jos, to kick, to struggle.
ķerains *a.* shaggy.
ķermenis *m.* body; solid
ķerra *f.* wheel-barrow.
ķerstīt *v. a.* -stu, -stīju, to try to catch.
ķert *v. a.* -ŗu, ķēru, to catch, seize; *v. n.* -ŗos, ķēros, to take hold; to have luck in fishing.
ķesele *f.* spoon-net, bow-net; (baznīcā) collection-staff.
ķesteris *m.* sexton
ķeša *f.* pocket
ķetna *f.* paw.
ķeza *f.* unpleasantness, trouble, misfortune.
ķēde *f.* chain, fetter.
ķēdēt *v. a.* -ju, -ju, to chain, to fetter.
ķēkatas *f. pl.* (koka kājas) stilts; (maskas) buffoonery, Morris-dancing.
ķēķis *m.* kitchen, -ķa lietas — kitchen utensils
ķēkša *f.* cook, cook-maid.
ķēmīgs *a.* odd, queer.
ķēmoties *v. n.* -jos, -jos, to fool.
ķēms *m.* apparition, ghost.
ķēniņiene *f.* queen.
ķēniņš *m.* king.
ķēpāties *v. n.* -jos, -jos, to do some dirty job, to work awkwardly.
ķērciens *m.* shriek.
ķērējs *m.* catcher, taker.
ķēriens *m.* catch, grasp; **labs ~ —** a good hit.
ķērkt *v. a.* -cu, -cu, to croak.
ķērne *f.* churn; **-nes piens —** butter-milk.
ķērpji *m. pl.* lichens.
ķērums *m.* capture, seizure.
ķēve *f.* mare.
ķēvpupi *m. pl.* (sēnes) morels.
ķēzit *v. a.* -ju, -ju, to foul, to smirch; (lamāt) to abuse.
ķibele *f.* annoyance, trouble.
ķibelēt *v. a.* -ju, -ju, to trouble.
ķidas *f. pl.* entrails; tripe.
ķikeriki! *interj.* cock-a-doodle-doo.
ķikuts *m.* snipe, jack-snipe.
ķilava *f.* pilchard, killo.
ķilda *f.* quarrel, conflict.
ķildīgs *a.* quarrelsome.
ķildoties *v. n.* -jos, -jos, to quarrel.
ķiļķens *m.* flour-dumpling.
ķimenes *f. pl.* caraway-seeds.
ķipis *m. pl.* dipper, scoop.
ķiploks *m.* garlic.
ķirbis *m.* pumpkin.
ķircināt *v. a.* -nu, -nāju, to tease, to rally.
ķirmis *m.* death-watch.
ķirpa *f.* heap, pile, stack.
ķirsis *m.* cherry.
ķirurgs *m.* surgeon.
ķirzaka *f.* lizard.
ķite *f.* putty.

ķitēt — labot

ķitēt v. a. -ju, -ju, to cement, to putty.
ķivere f. helmet; *fig.* **drunkenness.**
ķivulis m. goldfinch
ķīla f. forfeit, pawn; **-lu nams** — loan-office; **-lu raksts** (apķīl.) — mortgage-deed; **-lu rotaļa** — game of forfeits; **-lu zīme** — pawn ticket.
ķīlāt v. a. -ju, -ju, (lopus) to pound.
ķīlēt v. a. -ju, -ju, to wedge.
ķīlis m. wedge.
ķīlnieks m. hostage.
ķīmija f. chemistry.
ķīmiķis m. chemist.
ķīpa f. bale.
ķīsis m. smelt.
ķīvēties v. n. -jos, -jos, to quarrel.
ķīvīte f. peewit.
ķieģelis m. brick.
ķieģelnieks m. brick-moulder.
ķieģeļceplis m. brick-kiln.
ķuļķis m. a short pipe.

L

Labais a. good, right; labā roka — the right hand.
labā, labad adv. for the sake of.
labāki adv. better; jo - — the better; vēl jo - — all the better.
labāks a. better.
labdabīgs a. benevolent, good-natured; - **audzējs** — benign tumour.
labdaris m. benefactor.
labdarība f. benefit, charity.
labdarīgs a. beneficent, philanthropic, charitable.
labdien! *interj.* good-day!.
labdienas f. pl. greetings; aiznes viņai - — tell her my compliments; dot - nu — to greet.
labdomīgs a. well - disposed, loyal.
labi adv. well; - daudz — a good many, very much; cik - iespējams — in the best possible way; pa labi (iet) — to the right; pa labi (būt) — on the right; - klāties — to be well off.
labināt v. a. -nu, -nāju, (glāstiem) to caress, to fondli; (vārdiem) to wheedle, to coax.
labirints m. maze.
labība f. (graudi) corn, grain; (raža) crop, harvest; **-bas klēts** — granary; **-bas pļaujamā mašīna** — corn-harvester; - **tīramā mašīna** — winnowing-mill, corn-dressing machine.
labierīcība f. commodity, comfort.
labieši m. pl. people of rank.
labietis m. well-born man.
labklājība f. prosperity, welfare.
labojums m. improvement, repair; (kļūdu) correction.
labošana f. improving, correction; **-nas iestāde** — reformatory, house of correction.
labošanās f. improvement; (veselība) recovery.
labot v. a. -ju, -ju, to improve.

labpatika — laiks

(kļūdas) to correct; (lāpīt) to mend; (remontēt) to repair; *v. n.* -jos, -jos, to improve, to grow better.
labpatika *f.* pleasure.
labprāt *adv.* gladly, willingly, readily.
labprātība *f.* benevolence.
labprātīgs *a.* benevolent, kind, willing.
labrīt! *interj.* good morning!
labs *a.* good; ~ ir! — all right! ~ **laiks** — fair or fine weather; **~bās partijas** — conservative parties; esi tik ~ — be so good; man par ~bu (naudas) — still to my favour; tas jāņem par ~bu — we must put up with it; tas viņam par ~bu — it is for his good; ar ~bu — willingly; for asking.
labsajūta *f.* feeling of comfort.
labsirdība *f.* good nature, goodness of heart.
labsirdīgs *a.* kind-hearted, good-
labskaņa *f.* harmony. [natured.
labums *m.* good, benefit; (peļņa) profit.
labvakar! *interj.* good evening!
labvēlis *m.* patron, philanthropist.
labvēlība *f.* benevolence, attachment; vislielākās ~bas princips (tirdzniec.) — most favoured nation clause
labvēlīgs *a.* benevolent, kindly disposed; (bridis) favourable.
lai *adv.* (atļauja) let, may; (no-lūks) to be able; ~ viņš nāk — let him come; vai viņš var nākt? May he come? — lai nāk! — he may; saki, ~ viņš nāk — tell him to come.
lai *conj.* that, in order to, so that; ~ gan although, though.
laicīgs *a.* temporal; (pasaulīgs) secular.
laiciņš *m.* a little while.
laida *f.* row, turn; vienā ~dā — incessantly, continuously, without intermission.
laidars *m.* cattle-yard.
laide *f.* gun-stock.
laidelēties *v. n.* -jos, -jos, to flutter, to fly.
laidējs *m.* (iekšā-) usher; porter
laidiens *m.* (skrējiens) run, course.
lai dzīvo! *adv.* long live! ~ brīvība! — liberty forever!
laikam *adv.* probably, presumably, very likely.
laikā *adv.* at the right time; (drēbes) fitting, suitable.
laikiem *adv.* from time to time, occasionally.
laikmets *m.* age, epoch, era, period.
laikraksts *m.* periodical; (avīze) newspaper, paper; (žurnāls) journal, magazine.
laikreģis *m.* weather-prophet, metereologist.
laiks *m.* time, space; (meteor.) weather; **~ka aprēķins** — temporary; **~ka kavēklis** — pastime, amusement; **~ka spridis** — space of time; **~ka**

zaudējums — delay, loss of time; beidzamais ~ — it is the highest time; brīvs ~ — leisure; grūti ~ki — hard times; kopš tā ~ka — ever since; līdz šim ~kam — till now; pa to ~ku — meanwhile; vienā ~kā — simultaneously; visu savā ~kā — all in due time; ~u pa laikam — now and then, ever and anon.

laikus *adv.* early, in good time.

laime *f.* happiness;. (izdevība) luck, fortune; ~mes bērns — lucky fellow; ~mes gadījums — lucky incident, piece of luck; ~mes mednieks — adventurer, fortune-hunter; ~mes spēle — game of hazard; ~mes vēlējums — congratulation, good wishes; ~mes vēlētājs — congratulator; vēlu tev ~mes! I congratulate ·'you! uzdzert vai uzsaukt ~s — to bring out a cheer or a toast: long may he live!

laimēties *v. imp.* -jas, -jās, to succeed, to turn out well; man ~jas — I succeed in.

laimība *f.* blessedness, bliss.

laimīgs *a.* happy, lucky, successful.

laipa *f.* plank-way.

laipnība *f.* goodness, kindness.

laipns *a.* kind, friendly, affable, amiable.

laipot *v. a.* to cross dryshod; *fig.* to adapt oneself.

laisks *a.* indolent, lazy.

laiskums *m.* indolence, laziness.

laist *v. a.* -žu, -du, to let, to let go; ~ asinis — to bleed; ~ bērnus (bites) to swarm; ~ brīvībā — to set free; ~ darbā — to start, to set to work; ~ ikrus — to spawn; ~ pār galvu — . to disregard; ~ klajā (grāmatu) — to publish; (noslēpumu) — to make known; ~ pārdošanā — to put up for sale; ~ plostus — to float; ~ ziņu — to send word.

laisties *v. n.* -žos, -dos, to fly; ~ lapās → to bolt; laiks ~žas — the weather grows warmer; (saule) to set.

laistīšanās *f.* (mirdzums) play of colours, iridescence; ~ ar ūdeni — mutual bespattering with water.

laistīt *v. a.* -stu, -stīju, to sprinkle, to moisten; (puķes) to water; *v. n.* -stos, -stījos, to glitter, to sparkle.

laiva *f.* boat.

laivinieks *m.* boatman; bargee, bargeman.

laizīt *v. a.* -zu, -zīju, to lick; *v. n.* -zos, -jos, to lick one's lips.

laiža *f.* sweet-tooth.

laka *f.* lacquer, varnish.

lakāda *f.* patent leather.

lakats *m.* neckerchief; kakla ~ — muffler; lielais ~ — shawl.

lakot *v. a.* -ju, -ju, to lacquer, to varnish.

laksti *m. pl.* stalks.

lakstīgala *f.* nightingale.

lakstoties v. n. -jos, -jos, to flirt.
lakt v. a. loku, laku, to lap.
lakta f.. (kalēja) anvil; (vistu) henroost, perch.
lamas f. pl. abusive words.
lamatas f. pl. trap, pitfall.
lamāt v. a. -ju, -ju, to call names, to abuse, to scold.
lampa f. lamp.
lanka f. wet meadow.
lapa f. leaf; (papīra) sheet.
lapains a. leafy, foliaged.
lapas f. pl. foliage; -pu koki — foliage-trees.
lapene f. arbour, bower, summerhouse.
lapot v. a. -ju, -ju, to put forth leaves.
lappuse f. page.
lapsa f. fox; (mātīte) vixen; -sas aste — brush.
lapsene f. wasp.
lasāms a. readable, legible; -mā grāmata — reader; -mā zīme — book-mark; - galds — reading-room.
lasis m. salmon.
lasījums m. reading.
lasīt v. a. -su, -sīju, (augļus u. c.) to gather; (grāmatu) to read; daudz -jis — well-read; v. n. -sos, -sījos, to assemble.
lasītājs m. reader; (vācējs) collector, gatherer.
lasītava f. reading-room.
lasmanis m. ice-hole.
lata f. lath.
laterna f. lantern.
latīniski adv. Latin.

latiņu valoda f. Latin.
latvietis m. Latvian; Lett; -šu valoda — Latvian.
latviski adv. Latvian, Lettish.
latvisks a. Latvian.
laucinieks m. rustic, a man from the country.
laucis m. horse with a blaze.
laukakmens m. boulder; -mūris — rubble-wall.
laukdarbs m. agricultural labour.
laukkopība f. agriculture.
lauks m. field; (zināšanu) province, line; (darbības) sphere.
lauksaimniecība f. agriculture, husbandry.
lauksaimnieks m. farmer.
laukskola f. country - school, rural-school.
laukskolotājs m. country schoolmaster.
laukstrādnieks m. farm-hand, agricultural labourer.
laukums m. square, plane; (piere) blaze; (trepju) landing.
laulāt v. a. -ju, -ju, to marry.
laulāts a. married; - draugs — husband; -ta draudzene — wife.
laulībā f. marriage; -bas — wedding; -bas pārkāpšana — adultery; -bas pārkāpējs (a)— adulterer(ess).
lauma f. fairy, enchantress, witch.
launags m. afternoon-tea or meal.
laupījums m. booty, plunder, spoil.
laupīt v. a. -pu, -pīju, to plun-

laupītājs — iecekts

der, to rob; ∼ **godu** — to disgrace, to dishonour.
laupītājs *m.* plunderer, robber.
laupītājputns *m.* bird of prey.
lauri *m. pl.* laurels; ∼**ru lapas** — bay-leaves.
lausks *m.* frost-sprite; ∼ **sper** — it is crackling with cold.
laušanās *f. pl.* wrestling, fight.
lauva *f. m.* lion.
lauvene *f.* lioness.
lauvmutīte *f.* snap-dragon.
lauzējs *m.* breaker; celmu ∼ — *fig.* pioneer, blazer of a trail.
lauzīt *v. a.* -zu, -zīju, to break repeatedly; ∼ta valoda — broken language; *v. n.* -zos, -zījos, to practise.
lauznis *m.* crow-bar.
lauzt *v. a.* -žu, -zu, to break; *v. n.* -žos, -zos, to wrestle, to struggle.
lauztuve *f.* (akmens) quarry.
lauzums *m.* fracture, breach.
laužņi *m. pl.* bit, bridle.
lava *f.* lava.
lavīna *f.* avalanche;
lavīties *v. n.* -vos, -vījos, to shift.
lazda *f.* hazel-tree.
lācene *f.* cloud-berry.
lācis *m.* bear.
lācīgs *a.* awkward, clumsy.
lāčauza *f.* brome-grass.
lāčot *v. a.* -ju, -ju, to trample.
lāču māte *f.* she-bear.
lāde *f.* chest.
lādēt *v. a.* -ju, -ju, to charge, to load.
lādēt (â) -ju, -ju, to curse.

lādētājs(â) *m.* curser.
lādiņš *m.* (kŗava) freight, cargo; (šautenes) charge.
lādzīgs *a.* good, suitable.
lāgā *adv.* hardly, exactly; **ēs ∼ nesapratu** — I did not fully understand; **es ∼ nezinu** — I hardly know; **man nav ∼ ap dūšu** — I feel queer; **man neiet ∼** — I am not doing well.
lāgu lāgiem *adv.* now and then, occasionally, sometimes.
lāga *a.* good.
lākturis *m.* candlestick, sconce.
lāma *f.* (ūdens) puddle, quagmire.
lāpa *f.* torch.
lāpamadata *f.* darning-needle.
lāpāmdiegs *m.* darning-cotton or yarn.
lāpīt *v. a.* -pu, -pīju, (zeķes) to darn, (drēbes) to patch, to mend; (kurpes) to repair.
lāpītājs *m.* mender, patcher.
lāpsta *f.* spade, shovel.
lāpstiņa *f.* (mūrnieka) trowel; (plecu) shoulder-blade.
lāsains *a.* speckled, spotted.
lāse *f.* drop.
lāsot *v. a.* -ju, -ju, to drip, to trickle.
lāsteka *f.* icicle.
lāsts *m.* curse, imprecation, (baznīcas) excommunication.
lāva *f.* lava.
lāva *f.* (â) rack; (pirtī) sweating-place.
iecekts *f.* forcing-bed, hotbed.

lecināt — lēti

lecināt v. a. -nu, -nāju, to daņce. to let spring.
ledains a. icy.
ledlauzis m. ice-breaker; (ierīce) starling.
ledus m. ice; ~gabals — floating ice, ice-floe; ~laikmets — ice-age, glacial period; ~ skapis — refrigerator.
lefkoja f. gilly-flower.
leierkaste f. barrel-organ.
leitis m. sk. lietuvietis.
leitnants m. lieutenant.
leja f. valley, dale, vale; lowland.
lejā adv. down; braukt ~ — to drive downhill; pa trepēm ~ — downstairs.
lejkanna f. watering-can.
lejpus adv. below.
lejputrija f. Cockaigne.
lejup adv. sk. lejā.
lekcija f. lecture; (stunda) lesson.
lekt v. a. -cu, lēcu, sk. lēkt.
lektīra f. reading, reading matter.
lektors m. lecturer.
lelle f. doll; (logā) dummy, puppet; **leļļu teātrs** — Punch-and-Judy show.
lemesis m. ploughshare.
lempis m. churl, boar.
lempīgs a. boorish, churlish.
lemt v. a. -mju, -mu, to decide.
lences f. pl. braces.
lenta f. ribbon; ~tas tārps — tape-worm.
leņķis m. angle, corner.
lepnība f. haughtiness, pride.
lepns a. proud, haughty.

lepnums m. pride.
lepoties v. n. -jos, -jos, to be proud of, to boast of, to pride oneself on.
lepra f. leprosy.
lete f. counter.
lēca f. (stikls) lens; (grauds) lentil; ~cu virums — lentil porridge.
lēcējs m. hopper; jumper.
lēciens m. bound, jump, leap; ~ sāņus — swerve.
lējējs m. (metala) caster, moulder; (ūdens) waterer.
lējums m. (veidnī) cast; (ūdens) shower, torrent.
lēkāt v. a. -ju, -ju, to hop, to jump, to leap.
lēkme f. attack, fit, seizure.
lēkšana f. jumping, leaping, springing.
lēkši m. pl. gallop.
lēkšot v. a. -ju, -ju, to gallop.
lēkšus adv. at a gallop.
lēkt v. a. -cu, -cu, to jump, to hop, to spring.
lēkts m. (saules) sunrise.
lēmējs m. arbitrator, judge.
lēmums m. decision, resolution.
lēnām, lēni adv. slowly.
lēnība f. mildness, meekness, softness.
lēnīgs a. gentle, mild, meek.
lēnprātība f. gentleness, meekness.
lēns a. slow, tardy; (kustonis) tame.
lēpe f. colt's foot.
lēse f. account, reckoning, bill.
lēti adv. cheaply, easily.

lēts *a.* cheap.
lētticīgs *a.* credulous.
lētums *m.* cheapness.
lēvenis *m.* a great deal, many.
lēzens *a.* flat, plain.
lēzenums *m.* flatness, shallowness.
lidināties *v. n.* -nos, -nājos, to hover, to plane.
lidmašīna *f.* aeroplane, airplane.
lidojums *m.* flight.
lidonis *m.* pilot.
lidot *v. a.* -ju, -ju, to fly; to aviate.
lifts *m.* lift.
līga *f.* (savienība) league; (slimība) epidemic, infection.
ligzda *f.* nest.
likme *f.* rate, tax, fixed price.
liksta *f.* accident, mishap.
likšana *f.* putting, setting.
likt *v. a.* lieku, liku, (novietot) to put, to place, to lay, to set; (pavēlēt) to bid, to command to order; (piespiest) to force, to oblige; (aprēķināt) to charge, to lay upon; ~ gaidīt — to make one wait; liec mani mierā! let me alone!
likties *v. n.* liekos, likos, (gultā) to lie down; (rādīties) to appear, to seem; kā liekas — as it seems; tā liekas — it seems so.
liktenis *m.* fate.
likumdevējs *m.* legislator, lawgiver.
likumība *f.* lawfulness, legality.
likumīgs *a.* lawful, legal; (attiecības) legitimate.

likums *m.* law; (noteikums) rule; ~mu krājums — code.
likvidācija *f.* liquidation.
likvidēt *v. a.* -ju, -ju, to liquidate, to clear accounts.
liķieris *m.* liqueur.
lillā *a.* purple, violet.
limonāde *f.* lemonade, squash.
linčot *v. a.* -ju, -ju, to lynch.
lindraki *m.* skirt, petticoat.
lineļļa *f.* linseed oil.
linga *f.* sling.
lingot *v. a.* -ju, -ju, to sling.
lini *m. pl.* flax; ~nu dzija — linen yarn, thread; ~nu šķiedra — harl; linu — flaxen, of flax; **linu audekls** — linen.
linolējs *m.* oil-cloth, linoleum.
linsēklas *pl.* linseed.
lipināt *v. a.* -nu, -nāju, to glue, to paste.
lipīgs *a.* limy, sticky; (slimība) contagious.
lipīgums *m.* stickiness; contagiousness.
lipt *v. a.* līpu, lipu, to stick; (slimība) to infect; pie ~ — to catch.
lira *f.* lyre.
lirika *f.* lyric.
liriķis *m.* lyric poet.
liste *f.* list, register, roll; panel
lišķēt *v. a.* -ju, -ju, to flatter.
lišķis *m.* flatterer.
lišķība *f.* flattery, adulation.
literārisks *a.* literary.
literātūra *f.* literature.
litrs *m.* litre.
lize *f.* bread-shovel, peel.
līcis *m.* bay, inlet.

līču ločus — līdzvaina 147

līču ločus *adv.* zigzag.
līdaka *f.* pike; ~eiņa — pickerel.
līderis *m.* leader.
līdējs *m.* creeper, sneak.
līdums *m.* clearance; virgin soil; assart; ~mu līst — to clear; to assart.
līdz *prp.* (laiks) till, until; (vieta) as far as, up to; (kopā) with; ~ šim — till now, up to now, hither to; ~ asarām — to tears; es gāju viņiem ~ — I went along with them.
līdzapsūdzētājs *m.* codefendant.
līdzās *adv.* by the side, beside, close to.
līdzceļotājs *m.* fellow- traveller.
līdzcilvēks *m.* fellowman.
līdzcietējs *m.* fellow-sufferer.
līdzcietība *f.* compassion, pity.
līdzcietīgs *a.* compassionate.
līdzdalība *f.* participation, share.
līdzdalībnieks *m.* companion, partner.
līdzdarbinieks *m.* collaborator, fellow-worker.
līdzdarbība *f.* assistance, co-operation.
līdzdarboties *v. n.* -jos, -jos, to contribute, to cooperate.
līdzens *a.* even, level, plain.
līdzenums *m.* level ground, plain.
līdzeklis *m.* expedient, remedy; ~ķi — means (sing.).
līdzēt *v. a.* -dzu, -dzēju, to aid, to help, to assist; (slimībā) to be good for, to remedy.
līdzgalvotājs *m.* fellow-bailor.

līdzinājums *m.* equation; ~ ma zīme — sign of equality
līdzināšanās *f.* likeness; (vingr.) formation in line.
līdzināt *v. a.* -nu, -nāju, to level; (parādus) to settle, to pay; *v. n.* -nos, -nājos, to be like, to~resemble, to be equal; (rindā) to form up, to dress.
līdzība *f.* likeness, resemblance.
līdzīgs *a.* alike, resembling, similar; ~a nauda — even money.
līdzīgums *m.* likeness, resemblance.
līdzīpašnieks *m.* joint proprietor, partner.
līdziedzīvotājs *m.* fellow-lodger, co-inhabitant.
līdzjūtība *f.* sympathy.
līdzjūtīgs *a.* sympathetic.
līdzmantinieks *m.* joint heir.
līdznoziedznieks *m.* accomplice.
līdzredaktors *m.* coeditor.
līdzskanis *m.* consonant.
līdzskrējējs *m.* follower.
līdzspēlētājs *m.* partner.
līdzstrādniecība *f.* colloboration.
līdzstrādnieks *m.* contributor, correspondent.
līdzsvarots *a.* even.
līdzsvars *m.* balance, equilibrium.
līdzšinējs *a.* hitherto made or done.
līdztekus *adv.* parallel.
līdztiesība *f.* equality of rights.
līdztiesīgs *a.* with equal rights.
līdzvaina *f.* participation in guilt.

10*

līdzvainīgais *m.* accomplice.
līdzvainīgs *a.* accessory.
līdzvaldnieks *m.* coregent.
līdzvērtīgs *a.* equivalent.
līdzzinātājs *m.* party, accessory.
līgans *a.* pliant, shaky.
līgava *f.* bride, fiancée, betrothed.
līgavainis *m.* bridegroom, fiancé.
līgo *interj.* used on St. John's Eve.
līgot *v. a.* -ju, -ju, to sing Līgo songs; (šūpot) to sway, to rock; *v. n.* -jos, -jos, to swing, to totter.
līgotājs *m.* singer of Līgo songs.
līgt *v. a.* -gstu, -gu, to hire, to engage.
līgums *m.* agreement, contract; (starptaut.) treaty.
līkne *f.* curve, curved line.
līkop! *interj.* agreed! all right!
līks *a.* crooked, curved, bent.
līksmība *f.* joy, gaiety.
līksmoties *v. n.* -jos, -jos, to be glad, to rejoice at.
līksms *a.* joyful, gay.
līkstis *f. pl.* shelves.
līksts *f.* cradle-pole.
līkt *v. a.* līkstu, līku, to bend, to bow down.
līkumains *a.* crooked; (ceļš) winding.
līkums *m.* bend, winding; curve; tas ir liels ~ — it is a roundabout way.
lilija *f.* lily.
līme *f.* glue, paste; ~mes krāsa — distemper.
līmenis *m.* horizontal plane; kultūras ~ — cultural level; ūdens ~ — surface, water-level.
līmeņmērs *m.* spirit-level.
līmēt *v. a.* -ju, -ju, to glue, to paste.
līnija *f.* line.
līnijāls *m.* ruler.
līnijēt *v. a.* -ju, -ju, to line.
līnis *m.* tench.
liņāt *v. imp.* liņā, -ja, to drizzle.
līst *v. a.* lienu, līdu, to crawl, to creep; to cringe.
līst *v. a.* līžu, līdu, to clear the ground, to root uptrees.
liste *f.* border, ledge.
līt *v. imp.* līst, lija, to rain; to pour.
liecināt *v. a.* -nu, -nāju, to bear witness, to give evidence, to testify.
liecinieks *m.* witness.
liecība *f.* (mutes vārdiem) evidence, testimony; (apliec.) certificate; (ziņojums) report.
liedēt *v. a.* to expose, to rain.
liedzējs *m.* denier
liegs *a.* gentle, mild, meek.
liegšana *f.* denial.
liegšanās *f.* disavowal.
liegt *v. a.* -dzu, -dzu, to deny, to forbid, to prohibit; *v. n.* -dzos, -dzos, to deny; to refuse, to decline.
liegums *m.* forbidden part in a forest.
liekēdis *m.* idler, drone.
liekēžaugs *m.* parasitical plant.
liekna *f.* lowland, meadow.

lieks a. excessive, superfluous, unwanted.
liekšķere f. shovel, winnowing-fan.
liekt v. a. -cu, -cu, to bend, to bow, to curve; v. n. -cos, -cos, to bend, to bow, to cringe.
liekulis m. hypocrite, dissembler.
liekulība f. hypocrisy, sham.
liekulīgs a. hypocritical.
liekuļot v. a. -ju, -ju, to dissemble, to simulate.
liekums m. bend.
liekvārdība f. verbosity.
lielceļš m. highway.
lieldienas f. pl. Easter; -nu nedēļa — Passion Week.
lielgabalnieks m. artilleryman.
lielgabals m. cannon, gun.
lielgruntnieks m. great landowner.
lieliski adv. lieliski; man iet - — I am A1.
lielība f. boastfulness.
lielībnieks m. boaster, braggart.
lielīgs a. boastful.
lielisks a. excellent; clipping.
lielīt v. a. -lu, -līju, to praise; v. n. -los, -jos, to boast, to show off, to talk big.
liellaiva f. barge.
liellopi m. pl. cattle, livestock.
lielmanība f. pomposity.
lielmutis m. boaster, braggart.
lielpilsēta f. city.
liels (īe) m. shin-bone; (zābaka) leg of a top-boot.
liels a. great, large; (no auguma) big, tall; (pieaudzis) grown-up, adult; -lais burts — capital letter; -lā piektdiena — Good Friday.
lieltirdzniecība f. wholesale business.
lielumā adv. (pārdot) wholesale.
lielums m. bigness, greatness, largeness, size; dabīgā -mā — life-size.
lielvalsts f. great power, state.
lielvēderis m. belly, paunch.
lienēt v. a. -nu, -nēju, (otram) to lend; (no otra) to borrow.
liepa f. lime.
liesa f. milt.
liesēt v. a. -ju, -ju, to grow lean.
liesma f. flame, blaze.
liesmains a. flaming, blazing.
liesmot v. a. to flame, to blaze.
liess a. lean, meager.
lieste f. last.
liesums m. lean meat.
liet v. a. leju, lēju, to pour, (apliet) to water; (metalu) to found, to cast.
lieta f. thing, subject, matter; (darīšana) business, affair; -tas apstākļi — state of affairs; -tas izbeigšana — end of the matter; -tas kodols — the actual facts of the case; -tas vārds — noun, substantive; -tas koki — timber; pie lietas! — keep to the point! (parlamentā) question! pie -as nepiederīgs — irrelevant, not to the point; kā stāv -as? — how are matters progressing (going on)?
lietains a. rainy, wet.

lietderīgs a. fit, suitable, useful.
lietišķība f. objectivity, essentiality.
lietišķs a. objective, real.
lietot v. a. -ju, -ju, to employ, to use.
lietpratējs m. expert, competent person, specialist.
lietpratīgs a. professional, expert.
lietus m. rain, shower.
lietussargs m. umbrella.
lietuve f. foundry.
lietuvēns m. nightmare; -na krusts — magic cross.
lietuvis m. Lithuanian.
lievenis m. porch, veranda.
lobīt v. a. -bu, -ju, to peel, to pare; (zirņus) to shell; v. n. -bos, -jos, to peel off.
loceklis m. (ķermeņa) limb, (sabiedr.) member; (ķēdes) link.
lociņš m. (vijoles) bow.
locis m. pilot.
locījums m. bending; (gram.) inflection; case.
locīt v. a. -ku, -ju, to bend, to bow, to curve; (gram.) to decline, to conjugate, to inflect; (balsi) to modulate; v. n. -kos, -jos, to bend, to bow.
locītava f. joint.
lodāt v. a. -ju, -ju, to crawl; fig. to spy, to eavesdrop.
lode f. ball, bullet; (zemes) globe.
lodējums m. plumbing.
lodēt v. a. -ju, -ju, to solder.
loģika f. logic.

logs m. window.
lokāms a. flexible.
lokans a. flexible, pliant, supple.
lokanība f. flexibility, pliancy.
lokāls m. locality.
lokāls a. local.
lokomotīve f. engine.
loks m. leek.
loks (ō) m. bow, arch; -kā — in a circle.
loksne f. sheet; (drukas) printed sheet.
lolojums m. pet, darling.
lolot v. a. -ju, -ju, to cherish, to pet.
loma f. part, character.
lombards m. pawn-house.
loms m. catch; prey.
lopārstniecība f. veterinary medicine.
lopārsts m. veterinary surgeon.
lopbarība f. fodder, forage.
lopdzinējs m. drover.
lopisks a. bestial, brutal.
lopkopis m. cattle-breeder, stock-farmer.
lopkopība f. cattle-breeding, stock-farming.
lops m. beast, animal; lopi — cattle, stock; fig. brute.
loterija f. lottery.
loze f. lottery-ticket; (rekrūšu) lot.
lozēt v. a. -ju, -ju, to cast or draw lot.
lozungs m. watch-word.
ložmetējs m. machine-gun.
loža f. box.
ložņa f. sneak, spy.

ložņāt — ļaunais 151

ložņāt v. a. -ju, -ju, to glide along, to sneck, to spy.
luba f. bast; ~bu literatūra — trash, penny-dreadful, shilling-shocker.
lubiņa f. shingle.
luga f. play, drama.
luģe f. ski, snow-shoe.
luksus m. luxury.
lukta f. organ-loft, church-gallery.
lukturis m. candlestick; lantern.
luncināt v. a. -nu, -nāju, to wag the tail; v. n. -nos, -jos, to wriggle, to shuffle.
lunkans a. flexible, elastic.
lupata f. rag; (ielāps) patch; (slaukamā) duster; ~tu lupatās — in tatters.
lupatlasis m. rag-man, rag-picker.
lupināt v. a. -nu, -nāju, to pare, to peel, to shell; (plēst) to pluck.
lupstājs m. lovage.
lupt v. a. lūpu, lupu, to peel, to come off.
luteklis m. pet, darling; laimes ~ — fortune's favourite, lucky dog.
luterānis m. Lutheran.
luterticība f. Lutheran confession.
lutināt v. a. to fondle, to spoil.
lutināts a. spoiled.
lūdzams! interj. please, be so good!
lūdzējs m. petitioner, supplicant.

lūgšana f. prayer; **galda ~ —** grace.
lūgt v. a. -dzu, -dzu, **to ask,** to beg; (dievu) to pray, to say one's prayers; v. n. **-dzos,** -dzos, to beg, to implore, to entreat.
lūgumraksts m. petition.
lūgums m. request, entreaty
lūk! interj. look! there! behold!
lūka f. trap-door.
lūkot v. a. -ju, -ju, to try, to test; v. n. -jos, -jos, to look forward to, to look.
lūkotava f. observatory.
lūkotājs m. looker.
lūks m. bast, inner bark.
lūpa f. lip.
lūpenis m. labial.
lūsis m. lynx.
lūzt v. a. lūztu, lūzu, to break, to go to pieces.
lūzums m. breach, breaking, fracture.
lūžņa f. rubbish, garbage, offal.

Ļ

Ļaudaviņa f. beloved, betrothed.
ļaudis m. pl. folk, people; ~žu bende — sweater, nigger-driver; ~žu drūzma — crowd; ~žu istaba — servant's room; ~žu ķēķis — soup-kitchen; žu skaitīšana — census; laist ļaudīs (valodas) — to spread about ~ runā — it is spoken of.
ļaunais m. the evil one, devil.

ļaundaris m. evil-doer, malefactor.
ļaunoties v. n. -jos, -jos, to be angry, to take offence at.
ļaunprātis m. malicious or wicked person.
ļaunprātība f. malice, malevolence.
ļaunprātīgs a. malicious, malevolent.
ļauns a. evil, bad, wicked; (dusmīgs) angry, malicious; ņemt -nā — to be angry.
ļaunums m. evil, harm, mischief.
ļaut v. a. -ju, ļāvu, to allow, to permit, to give leave; v. n. -jos, -vos, to give way, to indulge in; (padoties) to yield.
ļautiņi m. pl. sk. ļaudis.
ļekas f. pl. laiž - vaļā — he bolts or runs away.
ļenkans a. limp, flabby, slack.
ļipa f. scut, short tail.
ļodzīt v. a. ļogu, ļodzīju, to shake loose; v. n. -gos, -dzījos, to sway, to waver.
ļogans a. shaky.
ļoti adv. very, highly, extremely, exceedingly; (pie darbības vārda) very much; ~, - — ever so much.
ļuļķīs m. an old pipe.
ļumēt v. a. -mu, -mēju, to waddle.

M

Madara f. madder.
madarains a. coloured, speckled.
madarnieks m. madder-dyer.
madrace f. mattress.
magazīna f. stores, storehouse, warehouse.
magone f. poppy.
maģija f. magic art, occult science.
maģiķis m. magician.
maģisks a. magic.
maģistrs pm. (grads) Master of Arts (M. A.).
maide f. pole, rod.
maigi adv. gently, softly.
maigle f. bifurcated pole; (vēža) claw.
maigles f. pl. pincers, tongs.
maigs a. gentle, meek, soft mild.
maigums m. gentleness, mildness, softness.
maijs m. May.
maijvabole f. cockchafer, May-bug.
maile f. whitebait.
mailīte f. groundling.
mainīgs a. changeable, inconstant.
mainīt v. a. -nu, -nīju, to alter, to change; v. n. -nos, -nījos, to change, to vary; -ties vietām — to change places with a person.
mainītava f. money-exchange.
maiņa f. change, exchange.
maiņstrāva f. alternate current.
maiseklis m. implement, mixing; (rīks) rake.
maisījums m. mixture.
maisīt v. a. -su, -sīju; to mix, to mingle; kārtis - to shuffle; v. n. -sos, -sījos, to interfere, to meddle with.

maisītājs *m.* mixer, shaker.
maisveidīgs *a.* bag-shaped.
maiss *m.* bag, sack; **grēku ~ —** great sinner; **niķu ~ —** wag, joker.
maiss *m.* (labība) maize, sweet-corn.
maita *f.* carrion, bait.
maitāt *v. a.* -ju, -ju, to spoil, to corrupt; *v. n.* -jos, -jos, to be spoiled, to go bad.
maizcepis *m.* baker.
maizceptuve *f.* bakery.
maize *f.* bread; **Dieva ~ —** altar-bread, the consecrated wafer; **~zes garoza — crust; ~zes naids —** professional jealousy; **~zes tēvs —** employer; **~zes zemīte —** a good arable land.
maiznīca *f.* baker's shop.
maiznieks *m.* baker.
makaroni *m. pl.* macaroni.
maks *m.* purse, pouch.
maksa *f.* price, pay.
maksājums *m.* payment.
maksāšanas grūtības *f. pl.* pecuniary difficulties.
maksāt *v. a.* -ju, -ju, to pay; to cost; cik maksā? — What does it cost? How much is it? What is the price of it?
maksātājs *m.* payer.
maksātnespējīgs *a.* insolvent.
maksātspēja *f.* solvency.
maksātspējīgs *a.* able to pay.
maksts *f.* sheath, case; **zobena ~** scabbard.
makšķere *f.* angle, fishing-rod.
makšķerēt *v. a.* -ju, -ju, to angle, to fish.
makšķeraukla *f.* fishing line.
makšķerkāts *m.* fishing-rod.
makšķernieks *m.* angler.
maķenīt *adv.* a little.
mala *f.* edge, rim; (cepures) brim; (grāmatas) margin; (upes) bank; (jūras) shore, beach; (apgabals) region; **~lu mednieks —** poacher; **~las piezīme ~ —** marginal note; malu malās — everywhere.
malcinieks *m.* wood-cutter; wood-carrier.
malciena *f.* plase where firewood is stocked.
maldi *m. pl.* error, delusion; **~du mācība —** false doctrine, heresy.
maldināt *v. a.* -nu, -nāju, to deceive, to mislead.
maldīgi *adv.* erroneously, by mistake.
maldīgs *a.* erroneous, false, wrong.
maldīties *v. n.* -dos, -jos, to err, to be mistaken; (meklēt ceļu) to get lost, to lose one's way.
malduguns *f.* will o'the wisp.
malējs *m.* one who takes corn to the mill; miller.
malējs *a.* outer, border one.
malēnietis *m.* provincial.
maliena *f.* border-land, province.
malka *f.* fire-wood; **~kas laukums —** wood-yard.
malks *m.* draught, drink.
malšana *f.* grinding.
malt *v. a.* -ļu, -lu, to grind.
maltīte *f.* meal.

maltuve *f.* room with a handmill.
malums *m.* result of grinding.
mammuts *m.* mammoth.
man *prn.* datīvs no **es** — me, to me.
manāms *a.* perceptible, marked; (sataustāms) tangible.
mandāts *m.* mandate; **nolikt ~tu** — to resign one's seat.
mandele *f.* almond; (anat.) tonsil.
mandolīne *f.* mandolin.
manējs *a.* mine.
manevrs *m.* manœuvre, field-practice, sham fight.
mangalis *m.* mangle.
mangot *v. a.* -ju, -ju, to beg, to mendicate.
mani *prn.* akūz. no **es** — me.
manikīrs *m.* manicure.
manis *prn.* ģenit. no **es** — of me; **~ pēc** (viņš var to darīt) — he may do it for all I care; **~ dēļ** — for my sake.
manīgs *a.* alert, skilful.
manīt *v. a.* -nu, -ju, to notice, to observe, to perceive; *v. n.* -nos, -jos, to be nimble, to hasten; **manies!** look sharp! look alive!
manna *f.* grits; semolina; **putra** — semolina pudding.
mans *prn.* my; (bez lietu vārda) mine.
manšete *f.* cuff.
manta *f.* property; (dārga) treasure; **nekustama ~** realty, immovables; **~tas novēlētājs** — testator.

mantinieks *m.* heir, inheritor.
mantība *f.* property, goods, chattels.
mantīgs *a.* prosperous, well-off.
mantkārība *f.* avarice, greed.
mantkārīgs *a.* avaricious, greedy.
mantojums *m.* inheritance; **~ma nodoklis** — estate duty; **~ma tīkotājs** — legacy hunter; **~ma tiesība** — hereditary right.
mantot *v. a.* -ju, -ju, to inherit; (iegūt) to acquire, to gain.
mantots *a.* hereditary.
mantracis *m.* treasure-seeker.
mantrausis *m.* miser, money-grubber.
mantrausība *f.* avarice, greed.
mantrausīgs *a.* avaricious, greedy.
mantzinis *m.* treasurer.
maņa *f.* sense; consciousness.
mape *f.* (nešanai) portfolio; (gleznām) album.
marcipans *m.* marchpane.
marga *f.* railing, balustrade.
margot *v. a.* -ju, -ju, to glisten, to glitter.
marka *f.* (pasta) stamp; (nauda) mark; (šķirne) sort, brand.
marmelāde *f.* marmelade.
marmors *m.* marble.
maršēt *v. a.* -ju, -ju, to march.
maršruts *m.* route.
maršs *m.* march.
marts *m.* March.
masa *f.* mass, multitude; **~as** — the masses.
masalas *f. pl.* measles.
masāža *f.* massage.

masēt *v. a.* -ju, -ju, to massage, to rub.
masētājs *m.* masseur; (siev.) masseuse.
maska *f.* mask.
maskarāde *f.* fancy-dress ball.
maskot *v. a.* -ju, -ju, to mask; *v. n.* -jos, -jos, to put on a mask.
masštābs *m.* scale.
mastkoks *m.* mast-tree.
masts *m.* mast.
maša *f.* mat.
mašīna *f.* machine; engine; ~nu fabrika — engine-works, machine-factory; ~nu inženieris — mechanical engineer.
mašīnists *m.* engineer, engine-driver.
mašīnrakstītājs(-ja) *m.(f.)* typist.
mat! *interj.* (šacha spēlē) mate; check and mate.
matadata *f.* hairpin.
matains *a.* haired, hairy.
mataukla *f.* hair-ribbon; (cilpa) bow in the hair.
matceliņš *m.* parting.
mateļļa *f.* hair-oil.
matēmatika *f.* mathematics.
matīt *v. a.* -tu, -tīju, to feel, to perceive.
matpīne *f.* plait, braid of hair.
matracis *m.* mattress.
matrikula *f.* matricula, register roll.
matriculēt *v. a.* -ju, -ju, to enter in the register.
matrozis *m.* sailor, seaman.
mats *m.* hair; uz ~ta — to a hair; exactly; ne par ~tu — not a whit.
maturitāte *f.* leaving examination; maturity.
maukt *v. a.* -cu, -cu, to draw off; (drēbes) to take off; (kartupeļus) to dig up.
maurot *v. a.* -ju, -ju, to bellow, to moo.
maurs *m.* grass, lawn.
maut *v. a.* -ju, māvu, to low, to moo.
maz *adv.* little, few; vai maz — if at all.
mazapdzīvots *a.* sparsely inhabited.
mazasinība *f.* anaemia, bloodlessness.
mazasinīgs *a.* anaemic, bloodless.
mazatne *f.* childhood, infancy.
mazāk *adv.* less.
mazākais *a.* least, smallest; *adv.* at least.
mazākums *m.* minority.
mazhērns *m.* infant, baby.
mazcienīgs *a.* contemptuous.
mazdūšība *f.* despondency, cowardice.
mazdūšīgs *a.* despondent, cowardly.
mazgadība *f.* minority, nonage.
mazgadīgs *a.* minor, underaged.
mazgājams *a.* to be washed; tas labi ~ — this material washes well.
mazgāšana *f.* washing.
mazgāšanās *f.* bathing, washing.
mazgāt *v. a.* -ju, -ju, to wash;

v. n. -jos, -jos, to bathe, to wash oneself.
mazgātājs *m.* washer, laundryman; -tāja — laundress, washerwoman.
mazgātava *f.* laundry.
mazgruntnieks *m.* farmer.
mazinājums *m.* reduction.
mazināmais *m.* minuend.
mazināt *v. a.* -nu, -nāju, to diminish, to reduce, to cut down; *v. n.* -nos, -nājos, to decrease, to grow smaller.
mazinātājs *m.* diminisher, subtrahend.
maziņš *m.* tiny.
mazisks *a.* base, mean.
maziskums *m.* baseness, meanness, pettiness.
mazliet *adv.* a bit, a little, somewhat.
mazmājiņa *f.* cottage.
mazmājnieks *m.* cottager.
mazmuiža *f.* small estate.
mazpilsēta *f.* provincial town.
mazpilsētnieks *m.* provincial.
mazpilsonis *m.* narrowminded person, philistine.
mazrocība *f.* poverty, want.
mazrunība *f.* reticence, taciturnity.
mazrunīgs *a.* reticent, taciturn.
mazs *a.* little, small, minute.
mazsaimnieks *m.* small farmer.
mazsirdība *f.* cowardice.
mazsvarīgs *a.* insignificant, trifling.
mazticība *f.* incredulity, little faith.
mazticīgs *a.* faint-hearted.

mazturība *f.* slender means, indigence, penury.
mazturīgs *a.* indigent, needy.
mazulis *m.* little one, young one.
mazumā *adv.* (pārdošana) retail business.
mazums *m.* littleness, smallness; iet -mā — to diminish, to decrease.
mazvērtība *f.* inferiority, insignificance; -bas sajūta — inferiority feeling.
mazvērtīgs *a.* inferior, trivial.
māceklis *m.* (amata) apprentice; (idejisks) disciple.
mācēt *v. a.* māku, -cēju, to know, to understand; es māku peldēt — I know how to swim.
mācība *f. v.* instruction, teaching; (amata) apprenticeship; -bas iestāde — educational establishment; (skola) school; (vidusskola) college; -bas grāmata — text-book; -bas kursi — course of instruction; -bas laiks (amatā) — time of apprenticeship; -bas plāns — syllabus; -bas priekšmets — subject of instruction; -bas stunda — lesson; iesvētīšanas - — confirmation lessons.
mācīt *v. a.* -cu, -cīju, to instruct, to teach; *v. n.* -cos, -cījos, to learn, to study; - no galvas — to learn by heart; - amatā — to serve one's apprenticeship.
mācītājs *m.* clergyman, parson, minister, vicar; -ja muiža — rectory, vicarage, parsonage.

mācīts a. learned.
māja f. house, home; ~jas **aptieka** — medicine chest; ~jas **darbs** (skoln.) — home-work; ~jas **grāmata** — register book; ~jas **īpašnieks** — landlord, owner; ~jas **lopi** — domestic animals; ~jas **ļaudis** — domestics; ~jas **māte** — hostess, mistress of the house; ~jas **miers** — domestic peace; ~jas **pārvaldnieks** — steward; ~jas **putni** — domestic birds; ~jas **tēvs** — host, master of the house; ~jas **uzvalks** — everyday dress, morning dress; uz ~ju — home.
mājās adv. at home; ~ **tupētājs** — home-bird, stay-at-home.
mājas f. pl. farm, homestead.
mājnieks m. member of the family; (īrnieks) lodger; (kalpotājs) domestic.
mājoklis m. dwelling, lodging.
mājot v. a. -ju, -ju, to live, to reside, to dwell, to lodge.
mājrūpniecība f. domestic industry.
mājskolotājs m. tutor, governor; ~ja — governess.
mājturība f. housekeeping; ~bas **skola** — (augstāka) school of domestic science; (zemāka) school of cookery.
mājvieta f. shelter, abode.
māklers m. agent, factor; broker.
mākonis m. cloud.
mākoņains a. cloudy, overcast.
māksla f. art; skill; ~las **akademija** — academy of arts; ~las **amatniecība** — applied art; ~las **draugs** — patron, lover of art; tā nav nekāda ~ — it is easy enough.
māksliniecisks a. artistic.
mākslinieks m. artist; ~ka **darbnīca** — studio.
mākslīgs a. artificial.
mākslot v. a. -ju, -ju, to over-refine; to falsify.
mākslots a. artificial, falsified.
mākt v. a. -cu, -cu, to oppress, to distress; v. n. -cos, -cos, to become cloudy; (virsū) to intrude.
mālaine f. clay-soil.
mālains a. clayey, loamy.
mālājs m. sk. mālaine.
mālene f. sk. lēpe.
māls m. clay, loam.
māmiņa, māmuliņa f. mother, mamma, mummy, mum.
māmuļnieks m. reactionary.
māneklis f. (aina) mirage, illusion, fata morgana; (spoks) apparition, phantom.
mānīgs a. deceiving, sham.
mānīšanās f. pl. fibbing, sham, brag.
mānīt v. a. -nu, -nīju, to cheat, to deceive, to delude; (vilināt) to entice; v. n. -nos, -nījos, to tell fibs.
mānītājs m. deceiver, liar.
māņi m. pl. superstious misconceptions; ~ņu **tēls** — phantom, delusive image.
māņticība f. superstition.
māņticīgs a. superstitious.

mārciņa f. pound.
mārīte f. ladybird.
mārks m. retting pond.
mārpuķe f. daisy.
mārrutks m. horse-radish.
mārša f. brother's wife.
māsa f. sister; žēlsirdīgā ∗ — nurse; ∼sas dēls — nephew; ∼sas meita — niece; ∼sas vīrs — brother-in-law.
māsīca f. cousin.
māt v. a. -ju, -ju (ar galvu) to nod; (ar roku) to beckon, to wave.
māte f. mother; (dzemde) matrix, womb; tes meita — maiden, young girl; ∼tes mīlestība — maternal love; ∼tes valoda — mother tongue; ∼tes brālis — uncle; ∼tes māsa — aunt; bišu ∗ — queen-bee.
mātīte f. female, she; (putnu) hen.
māviens m. bellowing, lowing.
māži m. pl. jugglery, conjuring tricks.
māžoties v. n. -jos, -jos, to do tricks, to juggle.
medains a. honeyed, melifluous.
medaljons m. locket.
medalus m. mead.
medaļa f. medaļ.
medicīna f. medicine.
mediķis m. physician, doctor; medical student.
medības f. pl. chase, hunt; ∼bu soma → game-bag; ∼bu suns — hound, hunting-dog.
medīgs a. (kaķis) a good mouser.

medījums m. game; (cepetis) venison.
medīt v. a. -ju, -ju, to chase, to hunt.
mednis m. grouse, mountain-cock.
medniecība f. huntsmanship; malu ∗ — poaching.
mednieks m. hunter, huntsman; ∼ka šautene — fowling-piece; malu ∗ poacher.
medots a. sk. medains.
medus m. honey; ∗ vīns — mulse; ∼du nest — to hive.
medūza f. jelly-fish.
meiča f. girl, maid, lass.
meija f. birch-bough for decoration.
meijot v. a. -ju, -ju, to adorn with birch-boughs.
meimurot v. a. -ju, -ju, to stagger, to waddle.
meirāns m. marjoram.
meistars m. master.
meita f. daughter; (jaunava) maiden, spinster; (kalpone) maid - servant; ∼tas dēls — grandson; ∼tas meita — granddaughter; ∼tas vīrs — son-in-law.
meitene f. girl.
meitietis m. woman, girl.
meklēt v. a. -ju, -ju, to look for, to seek; ko tu te ∼lē? — what do you want here?
meklētājs m. searcher, seeker; piedzīvojumu ∗ — adventurer.
melancholija f. melancholy.
meldija f. air, melody, tune.
meldri m. pl. bulrush.

meli *m. pl.* lie.
melis *m.* liar; fibber.
meliba *f.* falsehood; mendacity.
meligs *a.* false, lying, mendacious.
melkulis *m.* liar, story-teller.
melnalksnis *m.* black alder.
melnbārdis *m.* black-bearded man.
melnene *f.* bilberry.
melnis *m.* black horse.
melnigsnējs *a.* swarthy, of dark complexion.
melnkoks *m.* ebony.
melnot *v. a.* -ju, -ju, to blacken.
melnplauka *f.* blight, mildew, rust.
melns *a.* black; (netīrs) dirty.
melnsimtnieks *m.* reactionary.
melnsvarcis *m.* of the cloth; -či — the black brigade.
melnums *m.* blackness; (traips) stain, speck of dirt.
melnzeme *f.* humus, mould, vegetable soil; black earth.
melot *v. a.* -ju, -ju, to lie.
melsigs *a.* gossipy.
melst *v. a.* -šu, -su, to gossip.
melša *f.* liar, gossip-monger.
menca *f.* cod.
merģelis *m.* marl.
mesli *m. pl.* contribution, tribute.
mest *v. a.* -tu, -tu, to fling, to throw, to cast; —.~ acīs — to reproach; ~ ar acīm — to wink at; ~ krustu — to cross oneself; ~ kūleņus — to turn somersaults; ~ mieru — to cease, to stop; ~ pār galvu — to disregard; ~ spalvu — to shed one's hair.
mesties *v. n.* -tos, -tos, to fling or throw oneself, to rush upon; to pounce upon, to fall to; ~ ārā no istabas — to dash or rush out of the room; man ~tas auksti — I begin to be cold, I am getting cold; ~ ceļos → to kneel; tur metas — there's a rub; putni sametas — the birds perch; ~ sirms — to get gray; ~ tumšs — to grow dark; metas vakars — it is growing dark; āboli aizmetušies — apples begin to grow.
mešana *f.* flinging, throwing.
metals *m.* metal.
metenis *m.* Shrovetide, carnival; (tīkls) throwing-net.
metējs *m.* flinger, hurler, thrower.
meti *m. pl.* weft.
metināt *v. a.* -nu, -nāju, to add, to join, to weld.
metiens *m.* cast, throw, fling; (kustoņa bērni) litter, brood; (labība) corn spread out for threshing.
metrika *f.* metrics, versification; (dzimšanas zīme) cerfificate of birth.
metrs *m.* metre.
mets *m.* sketch, outline, project, design.
mezglains *a.* knotty; (rupjš) coarse.
mezgls *m.* knot.
mežaine *f.* woodland.

mežains *f.* wooded.
mežābele *f.* crab-tree.
mežģines *f. pl.* lace.
mežģīt *v. a.* -ju, -ju, (kāju) to discolate, to sprain; (adīt) to knit, to mesh; (sajaukt) to entangle, to involve; (siet) to tie.
mežinieks *m.* woodcutter, woodman.
mežirbe *f.* partridge.
mežkopis *m.* forester.
mežkopība *f.* forestry, silviculture.
mežonis *m.* savage.
mežonība *f.* wildness, savageness, ferocity.
mežonīgs *a.* savage, wild, fierce, ferocious; unsociable.
mežrags *m.* bugle, huntsman's horn; French horn.
mežroze *f.* dog-rose.
mežs *m.* forest, wood; ~ža brālis — outlaw; ~ža cūka — wild boar.
mežsargs *m.* forest-keeper.
mežzinis *m.* forester, ranger.
mēbeles *f. pl.* furniture.
mēbelēts *a.* furnished.
mēdīt *v. a.* -du, -dīju, to ape, to mimic, to sneer.
mēdītājs *m.* scoffer.
mēgt *v. a.* -dzu, -dzu, to be accustomed, to be used; kā mēdz teikt — as the saying is.
mēģinājums *m.* experiment, attempt, test; (teātra) repetition, rehearsal.
mēģināt *v. a.* -nu, -nāju, to try, to attempt; to test; *v. n.* -nos, -nājos, to exercise oneself, to practise.
mēle *f.* tongue; (valoda) language.
mēlgalis *m.* chaffer, chatterer.
mēlgalība *f.* raillery.
mēlīte *f.* clapper, catch.
mēlnesis *m.* liar, gossip, slanderer.
mēlnesīgs *a.* calumnious, slanderous, gossipy.
mēļot *v. a.* -ju, ju-ju, to gossip, to tell tales.
mēļš *a.* violet.
mēms *a.* dumb, mute.
mēnesis *m.* month; šī ~ša 10. dienā — on the 10th instant (inst.); nākošā ~ša pirmajā — on the first proximo; pag. mēneša pirmajā — on the first ultimo; pēc trim mēnešiem — this day three months; pusotra ~ša — six weeks.
mēnesnīca *f.* moonlight, moonshine.
mēness *m.* moon; augošs ~ — increasing, waxing moon; dilstošs ~ — decreasing, waning moon; ~ aptumšošanās — lunar eclipse; ~ sirpis — crescent.
mēnessērdzība *f.* somnambulism.
mēnessērdzīgs *a.* somnambullistic, walking in one's sleep.
mēnessgrieži *m. pl.* lunar phases.
mēnessripa *f.* disc of the moon.
mēnešraksts *m.* monthly (magazine).
mēraukla *f.* measure, scale.

mērce *f.* gravy, sauce.
mērcēt *v. a.* -ju, -ju, to dip, to steep; *v. n.* -jos, -jos, to moisten oneself.
mērdēt *v. a.* -ju, -ju, to starve, to let famish; *v. n.* -jos, -jos, to diet.
mērenība *f.* frugality, temperance.
mērens *a.* frugal, temperate.
mēris *m.* plague, pestilence; black death.
mērījums *m.* measurement.
mērīt *v. a.* -ju, -ju, to measure, *v. n.* -jos, -jos, to be match for, to measure one's strength against.
mērītājs *m.* measurer.
mērkaķis *m.* ape, monkey.
mērkoks *m.* pole, rod.
mērkt *v. a.* -cu, -cu, to soak, to steep; (linus) to ret.
mērķēt *v. a.* -ju, -ju, to aim at
mērķis *m.* aim, end; goal.
mērniecība *f.* surveying.
mērnieks *m.* surveyor, geodesist.
mērogs *m.* measure, scale.
mērs *m.* measure.
mēs *prn.* we; - **abi** — both of us; - **paši** — we ourselves.
mēslaine *f.* muckpit, dustheap, rubbish-place.
mēslains *a.* dusty, mucky.
mēsli *m. pl.* dung, manure; rubbish; -slu dakšas — dung-fork; -slu kaudze — dung-hill; mākslīgie - artificial manure, fertilizers.
mēslojums *m.* manure, fertilizer.
mēslot *v. a.* -ju, -ju, to manure,
mēslots *a.* manured.
mētāt *v. a.* -ju, -ju, to keep out of place; to throw repeatedly; *v. n.* -jos, -jos, to lie about; rokām - — to gesticulate.
mētelis *m.* cloak, overcoat.
mētra *f.* bilbery bush.
mēzt *v. a.* mēžu, mēzu, to sweep, to clear of dung.
midzenis *m.* hole, lair, den.
midzināt *v. a.* -nu, -nāju, to lull asleep.
miga *f.* den, haunt.
migla *f.* fog, mist.
miglains *a.* foggy, misty.
miglot *v. a.* -ju, -ju, to sprinkle.
migt *v. a.* miegu, migu, to fall asleep.
mikls *a.* damp, moist.
miklums *m.* dampness, moisture, humidity.
mikrobs *m.* microbe.
mikroskops *m.* microscope.
miljards *m.* milliard.
miljonārs *m.* millionaire.
miljons *m.* million.
milna *f.* cudgel, staff.
miltains *a.* floury, mealy.
miltenes *f. pl.* haw-berries, viburnum.
milti *m. pl.* flour, meal.
miltumaiss *m.* flour-bag.
miltumiņš *m.* bit, a little something.
miltums *m.* mealy pulp of fruits; a bit of flour.
milzis *m.* giant.
milzīgs *a.* enormous, immense, gigantic, vast.

milzums *m.* crowd, concourse, vast number.
mina *f.* mine.
mināms *a.* to be mentioned.
minerālavots *m.* mineral spring.
minerāleļļa *f.* mineral oil, petroleum.
minerāloģija *f.* mineralogy.
minerāls *m.* mineral.
minerālūdens *m.* mineral water.
minējs *m.* treader.
minēt *v. a.* -nu, -nēju, (mīklu) to guess; (runā) to mention.
ministrija *f.* ministry.
ministrs *m.* minister; -ru kabinets — Cabinet Council; -ru prezidents — prime minister, premier.
minūte *f.* minute; -šu rādītājs — minute-hand.
miņa *f.* trace, sign.
mirdzēt *v. a.* -dzu, -dzēju, to glitter, to shine.
mirdzināt *v. a.* -nu, -nāju, to let sparkle; (lietus) to drizzle.
mirdzums *m.* glimmer, glitter.
mirējs *m.* a dying person.
mirgot *v. a.* -ju, -ju, to drizzle.
miris *a.* dead.
mirklis *m.* instant, moment, twinkling.
mirkšķināt *v. a.* -nu, -nāju, to wink.
mirkt *v. a.* -kstu, -ku, to be soaked; - asarās — to melt in tears; - asinīs — to bleed, to be soaked in blood.
mironis *m.* corpse, body.
mirstība *f.* mortality; -bu skaits death-rate.

mirstīgs *a.* mortal.
mirt *v. a.* -rstu, -ru, to die, to pass away.
mirte *f.* myrtle.
mirušais *m.* deceased, **defunct.**
misa *f.* mash.
miseklis *m.* error, fault, mistake, slip.
misēties *v. n.* -jos, -jos, to make a mistake.
misija *f.* mission.
misiņš *m.* brass.
misionārs *m.* missionary.
mist *v. a.* mītu, mitu, to dwell, to live.
mistrojums *m.* interbreeding, mixture.
nistrs *m.* barley and oats mixed, mixed corn.
miša *f.* mass.
miteklis *m.* abode, dwelling.
mitēties *v. n.* -jos, -jos, to cease, to stop; - raudāt — to leave off crying.
mitināt *v. a.* -nu, -nāju, to give lodging and board; *v. n.* -nos, -nājos, to live, to stay.
mitrs *a.* humid, moist.
mitrums *m.* humidity, moisture.
miza *f.* (koka) bark; (augļa) peel.
mizot *v. a.* -ju, -ju, to bark, to peel; *fig.* (sist) to whip.
mīcīt *v. a.* -cu, -cīju, to knead.
mīdīt *v. a.* -du, -dīju, to trample, to tread; *v. n.* -dos, -dījos, to stamp, to trample.
mīkla *f.* dough; (uzmināma) enigma, riddle, puzzle.

miklains *a.* doughy; puzzling, mysterious.
mīklenes *f. pl.* mulberries.
mīkstčaulis *m.* soft-shelled egg; (cilvēks) weakling, ninny.
mīkstinājums *m.* softening, mitigation.
mīkstināt *v. a.* -nu, -naju, to soften; ~nuši apstākļi — extenuating circumstances.
mīksti *adv.* softly, tenderly; ~ vārīta ola — soft-boiled egg.
mīkstmiesis *m.* mollusc.
mīksts *a.* soft, tender, mellow.
mīkslums *m* (gaļas) tender part, (augļa) pulp.
mīla *f.* love; ~las dēka — love affair.
mīla, mīlestība *f.* love.
mīlēt *v. a.* -lu, -lēju, to love, to care, to be fond of, to like.
mīlināšanās *f.* flirtation.
mīlināties *v. n.* -nos, -nājos, to flirt, to court.
mīlīgums *m.* amiability, lovableness.
mīlīgs *a.* amiable, sweet.
mīlošs *a.* loving.
mīlulis *m.* darling, favourite, pet.
mīļākais (-kā) *m. (f.)* lover, sweetheart, beloved.
mīļi *adv.* fondly, lovingly.
mīļots *a.* beloved.
mīļš *a.* dear, beloved.
mīmika *f.* mimicry.
mīmiķis *m.* mimic.
mīņāt *v. a.* -ju, -ju, to stamp; *v. n.* -jos, -jos, to linger, to tarry; zirgs ~jas — the horse paws the ground.

mīstīklas *f. pl.* flax or hemp brake.
mīstīt *v. a.* -stu, -stīju, to brake, to beat.
mīt *v. a.* minu, minu, to tread; (ādu) to tan.
mīt (ī) *v. a.* miju, miju, to change, to exchange.
mits *a.* (taka) trodden; (āda) tanned.
mītiņš *m.* meeting.
mītne *f.* abode, dwelling, residence.
mīzene *f.* a species of ants.
miegains *a.* drowsy, sleepy.
miegs *m.* sleep; ~ga pūznis — sleepy head, lazy fellow; ~ga zāles — soporific.
miekšķēt *v. a.* -ju, -ju, to soften, to steep.
mielasts *m.* banquet.
mieles *f. pl.* dregs, feculence.
mielot *v. a.* -ju, -ju, to entertain, to treat; *v. n.* -jos, -jos, to feast.
mierināt *v. a.* -nu, -nāju, to calm, to pacify, to appease.
mierīgs *a.* calm, still, peaceful, quiet.
miermīlība *f.* love of peace.
miers *m.* peace, rest, repose. calm, tranquility; ~ra līdzibinātājs — peacemaker; ~ra pīpe — calumet; ~ra piekritējs — pacifist; ~ra sarunas — peace negotations; ~ra traucētājs — disturber, rioter; atstāt ~rā — to leave or let alone; doties pie ~ra — to go to bed, to retire.

miertiesa *f.* county-court.
miertiesnesis *m.* justice of peace (J. P.).
miesa *f.* flesh, the quick; ~sas kārība — lust, voluptuousness; ~sas sargs — life-guardsman; ~sas sods — corporal punishment; ~sas veļa — body linen, underwear.
miesīgs *a.* brālis — my own brother.
miesnieks *m.* butcher.
miestiņš *m.* home-made beer; (vieta) small town.
miests *m.* market-town.
miešķi *m. pl.* woodruff.
mietnieks *m.* horse-dealer, horse-coper.
mietpilsonis *m.* Philistine.
miets *m.* pole, stake.
miezāji *m. pl.* barley-straw.
miezājs *m.* field where barley has been cultivated.
miezeris *m.* mortar.
mieži *m. pl.* barley; ~žu putraimi — barley groats; ~žu grauds — barley-corn.
mobilizēt *v. a.* -ju, -ju, to mobilize.
moceklis *m.* martyr.
mocība *f.* torture, torment.
mocīt *v. a.* moku, mocīju, to torment, to torture; *v. n.* -kos, -jos, to suffer, to worry oneself; (darbā) to drudge, to toil.
mocītājs *m.* tormentor.
mode *f.* fashion; (veids) way; ~des žurnāls — ladies' magazine; ~des lapa — fashion plate.

modelēt *v. a.* -ju, -ju, to mould.
modelis *m.* model.
modere *f.* dairy-maid.
moderniecība *f.* dairy.
moderns *a.* fashionable, up-to-date.
modināt *v. a.* -nu, nāju, to waken, to arouse, to wake.
modinātājs *m.* (pulkst.) alarum-clock.
modiste *f.* milliner, dressmaker.
modrība *f.* vigilance, watchfulness.
modrs *a.* cheerful, lively, brisk.
mokas *f. pl.* agony; (sāpes) pain; (pūles) pains; (bēdas) distress; ~ku sols — rack.
molls *m.* (mūz.) minor key.
moments *m.* moment.
monarchija *f.* monarchy.
monotons *a.* monotonous.
montiers *m.* fitter, mounter.
mopsis *m.* pug-dog; *fig.* blockhead.
morgs *m.* mortuary, deadhouse.
moris *m.* negro, black; nigger.
moskīts *m.* mosquito.
mosties *v. n.* ~stos, -dos, to awake.
motivēt *v. a.* -ju, -ju, to motivate, to state the motive of.
motīvs *m.* motive, incentive; (mākslā) subject, theme.
motto *m.* motto, epigraph.
možs *a.* awake, lively.
mōls *m.* mole, pier.
muca *f.* barrel, cask, tub.
mucinieks *m.* cooper.
mudināt *v. a.* -nu, -nāju, to spur on, to urge on, to incite.

mudīgs *a.* prompt, quick.
mudrs *a.* quick, brisk, vigilant.
mudrums *m.* watchfulness, briskness.
mudžeklis *m.* throng, crowd; havoc.
mudžēt *v. a.* -džu, -džēju, to swarm.
mugura *f.* back; kalnu ~ — ridge; kāpt zirgam ~ — to mount a horse; viņam svārki ~ — he has a coat on.
mugurkauls *m.* backbone, spine; -la dilonis — spinal consumption; -la smadzenes — spinal marrow, cord.
mugurkaulaiņi *m. pl.* vertebrate animals, vertebrates.
mugursoma *f.* knapsack, rucksack.
muita *f.* excise, duty; toll; muitā (preces) — goods in bond; izpirkt no -s — to take out of bond; -tas karš — tariff-war; brīvs no -tas — custom free.
muitnīca *f.* custom-house.
muitnieks *m.* custom-house officer, revenue officer.
muitot *v. a.* -ju, -ju, to pay duty; tas jāmuito — it is subject to duty.
muiža *f.* estate, country-seat; -žas pārvaldnieks — bailiff, steward.
muižniecība *f.* landed gentry.
muižnieks *m.* landlord, country nobleman.
mūklājs *m.* marsh, swamp.

mukls *a.* boggy, marshy, swampy.
mukt *v. a.* mūku, muku, to escape, to slip away; (grimt) to sink in; (nokust) to slip off, to drop off.
mulāts *m.* mulatto.
mulda *f.* trough, hutch.
muldēt *v. a.* -du, -dēju, to babble; (slimība) to rave, to talk incoherently.
muldoņa *f.* raving; (cilvēks) babbler, crazy Jack.
mulsināt *v. a.* -nu, -nāju, to puzzle, to bewilder.
mulst *v. a.* -stu, -su, to become confused.
multiplicēt *v. a.* -ju, -ju, to multiply.
multiplikands *m.* factor, multiplicand.
multiplikācija *f.* multiplication.
multiplikātors *m.* multiplicator, multiplier.
muļķis *m.* blockhead, fool, dunce; -ķim laime — fools for luck; -ķu ķērājs — cheat, taker-in.
muļķība *f.* nonsense, stupidity.
muļķīgs *a.* foolish, stupid, silly.
muļķot *v. a.* -ju, -ju, to fool, to mock; *v. n.* -jos, -jos, to fool, to play the fool.
muļļa *f.* dirty fellow.
mums *prn.* datīvs no **mēs** — to us, us.
mundrs *a.* lively, jolly, sprightly
mundrums *m.* liveliness, sprightliness.
munīcija *f.* munition.

murds *m.* wear; (zušu) eel-pot, eel-basket.
murdzīt *v. a.* -dzu, -dzīju, to crumple, to ruffle.
murgi *m. pl.* ravings, fancies; phantoms.
murgot *v. a.* -ju, -ju, to rave, to talk wildly; (neiet gulēt) to keep late hours.
murkšķis *m.* (kustonis) mountain-rat; (cilvēks) grumbler, peevish fellow.
murmināt *v. a.* -nu, -nāju, to murmur, to mutter.
musināt *v. a.* -nu, -nāju, to incite, to instigate, to goad on.
musinātājs *m.* agitator, instigator, firebrand.
muskātrieksts *m.* nutmeg.
muskuļains *a.* muscular.
muskulis *m.* muscle.
musturs *m.* pattern, design.
muša *f.* fly; spāniešu - — cantharis.
mušmire *f.* toad-stool.
mutautiņš *m.* handkerchief.
mute *f.* mouth; -tas vārdiem — orally; -ti turēt — to hold one's tongue; turi muti! shut up!
mutēt *v. a.* -ju, -ju, to kiss.
mutisks *a.* oral.
mutīgs *a.* talkative, loquacious.
mutulis *m.* bubble, gush.
mutuļot *v. a.* -ju, -ju, to bubble, to gush.
muzejs *m.* museum.
mužiņa *f.* kiss.
mūdzis *m.* vermin.

mūks *m.* monk, friar.
mūķēt *v. a.* -ju, -ju, to pick a lock.
mūķizeris *m.* picklock.
mūķiene *f.* nun.
mūlis *m.* mule; (purns) jaw, chops.
mūmija *f.* mummy.
mūrēt *v. a.* -ju, -ju, to build in stone or bricks.
mūris *m.* stone or brick wall.
mūrnieks *m.* bricklayer, mason.
mūs *prn.*, akūz. no **mēs**, us.
mūsējs *a.* our, ours.
mūsu *prn.* our.
mūza *f.* Muse.
mūzicēt *v. a.* -ju, -ju, to play, to make music.
mūzika *f.* music.
mūzikālijas *f. pl.* music; -ju veikals — music-shop.
mūzikants *m.* bandsman, fiddler.
mūziķis *m.* musician.
mūžam *adv.* eternally; **mūžīgi** - — for ever and ever.
mūžība *f.* eternity.
mūžīgs *a.* eternal, everlasting, perpetual; -gais žīds — the Wandering Jew; uz -giem laikiem — for ever; padarīt -gu — to immortalize.
mūžs *m.* life, lifetime, age; -ža ilgums — duration of life; -ža mežs — primeval forest, virgin forest; -ža nams — coffin; -ža nams — coffin; -ža rente — life-annuity; uz -žu — for ever.

N

Na! *interj.* now! how now!
naba *f.* navel; ~bas saite — navel-string, funicle.
nabadze *f.* a poor woman, beggar woman.
nabadziba *f.* poverty, need, want.
nabadzīgs *a.* poor, needy.
nabadziņš! *m.* poor thing!
nabagmaize *f.* beggarly living, paltry pittance.
nabagmāja *f.* poorhouse, almshouse.
nabagot *v. a.* -ju, -ju, -ju, sk. ubagot.
nabags *m.* a poor man, beggar; ~gu apgāde — poor-law system; relief of the poor.
nacionalizācija *f.* nationalizat-
nacionāls *a.* national. [ion.
nacionāl-sociālists *m.* national-socialist.
nadzene *f.* (cepure) cap.
nadzīgs *a.* active, lively, quick.
nafta *f.* naphtha, rock oil.
naftalīns *m.* naphthalene.
nagainis *m.* (dzīvn.) ungulate, hoofed animal.
nagla *f.* nail; (koka) peg, pin; sezonas ~ — hit.
nagliņas *f. pl.* (garšviela) cloves.
naglot *v. a.* -ju, -ju, to nail, to peg.
nags *m.* (cilvēka) nail; (lopa) claw, clutch; (putna) talon, fang; (zirga) hoof; (cepures) peak; palaist ~gus — to steal; (sist) to beat; šķeltiem ~giem

— cloven-footed; ko ~gi nes — as quick as one's legs will carry.
nagu sērga *f.* claw sickness.
naģe *f.* sk. varde.
naidīgs *a.* hostile, inimical.
naidnieks *m.* enemy, foe.
naids *m.* hatred, hate; hostility, animosity.
naidoties *v. n.* -jos, jos, to be hostile, to quarrel.
naigs *a.* quick, sharp, brisk.
naigums *m.* briskness.
naivitāte *f.* naivety, simple mindedness.
naivs *a.* naive, simple minded.
nakts *f.* night; cauru ~ti — all night long.
naktsdarbs *m.* night-work.
naktsgaldiņš *m.* bedside-table.
naktsguļa *f.* night's lodging; (ārā) camp.
naktskrekls *m.* night-dress, night-shirt.
natksmāja *f.* night's lodging, shelter for the night.
naktspatversme *f.* night-shelter, night-ward.
naktspods *m.* chamber-pot.
naktssargs *m.* night-watchman.
naktsstaigulis *m.* nightly reveller; ~le — prostitute.
naktstauriņš *m.* moth; *fig.* night-bird, prostitute.
naktsvidus *m.* midnight.
naktsvijole *f.* dame's violet.
namdaris *m.* carpenter.
namdurvis *f. pl.* house-door, front-door, street-door.
namiķis *m.* house-porter.

namīpašnieks — ne

namīpašnieks m. landlord, owner.
nams m. house, building; ~ma pārvaldnieks — steward.
narcise f. narcissus; dzeltenā ~ — daffodil.
narkoze f. narcosis, narcotism.
narkotiķis m. drug-addict.
narkotiskie līdzekļi m. pl. drugs.
nasks a. agile, brisk, nimble.
naskums m. agility, nimbleness, speediness.
nasta f. burden, load.
nastnesis m. porter.
našķēt v. a. -ju, -ju, to pilfer.
našķis m. pilferer.
natrijs m. sodium (Na).
natrons m. soda (Na₂O).
naturālijs f. pl. payment in natural produce.
naturālizēts v. n. -jos, -jos, to become naturalized, to settle down.
nauda f. money; ~das aristokratija — plutocracy; ~das gabals — coin; ~das kaltuve — coining-mill; ~das mainītava — exchange of money; ~das maks — purse; ~das pārvedums — money-order; ~das skapis — safe; das sods — fine.
naudīgs a. rich, wealthy.
naudnieks m. capitalist.
nav v. imp. is not; man ~ — I have not; man ~ draugu — I have no friends.
nazis m. knife; ~ža asmens — blade of knife; ~ža dūriens — thrust (stab) with a knife; ~ža kalējs — cutler; ža gals — point of a knife; ~paliekamais — knife-rest; ~ža spals — handle; ~žu trinējs — grinder.
nāburgs m. neighbour.
nācējs m. comer.
nācija f. nation, people.
nāciens m. walk coming.
nākamais m. next; (iecerētais) intended.
nākamība f. future, time to come.
nākošs a. coming, future, next.
nākotne f. future.
nākt v. a. -ku, -cu, to come; kā tas nāk, ka ... — what is the reason that...; kā tas nāk, ka viņa ir te? How comes she to be here?
nākums m. coming, walk.
nāra f. mermaid, waternymph.
nārstot v. a. -ju, -ju, to spawn.
nārsts m. spawn, spawning-time.
nāsenis m. nasal.
nāsis f. pl. nostrils.
nātns a. flaxen, linen.
nātra f. nettle.
nātrains a. full of nettles.
nāve f. death, demise; ~ves bailes — fear of death; mortal dread; ~ves mokas — agony; ~ves sods — capital punishment; ~ves spriedums — sentence of death; ~ves briesmas — peril of losing one's life.
nāvēklis m. poison; venom.
nāvēt v. a. -ju, -ju, to kill.
nāvīgs a. deadly.
ne adv. not; ne vairāk — no

more; vai ne? ist it not so? isn't it so? tu viņu redzi, vai ne? you see him, don't you? — tu viņu nepazīsti, vai ņe? — you don't know him, do you? ne... ne... — neither ... nor.

neaicināts *a.* unasked, unbidden.
neaizdomīgs *a.* above suspicion, unsuspected.
neaizkarts *a.* untouched; (ēdiens) untasted; (mežs, zeme) virgin; (neaizgrābts) unmoved.
neaizkaŗamība *f.* inviolability, intangibility.
neaizkaŗams *a.* inviolable.
neaizmirstāms *a.* never to be forgotten.
neaizmirstele *f.* forget-me-not.
neaizņemts *a.* unoccupied, vacant.
neaizsalstošs *a.* ice-free.
neaiztikts *a.* untouched.
neaiztiekams *a.* intangible.
neaizvietojams *a.* not to be replaced, indispensable; (zaudēj.) irretrievable.
neakurātība *f.* inaccuracy.
neakurāts *a.* inexact, inaccurate.
neaparts *a.* unploughed, untilled.
neapbruņots *a.* unarmed; defenceless.
neapdāvinātība *f.* incapacity.
neapdāvināts *a.* untalented.
neapdomāts *a.* heedless, inconsiderate, rash.
neapdomība *f.* indiscretion, rashness.

neapdomīgs *a.* inconsiderate, indiscreet, thoughtless.
neapdrošināts *a.* uninsured.
neapdzīvojams *a.* uninhabitable.
neapdzīvots *a.* uninhabited, desert.
neapgādāts *a.* unprovided for.
neapgāžams *a.* irrefutable.
neapgriezts (ie) *a.* (koki) unlopped, untrimmed; (grāmatas) uncut.
neapķērība *f.* lack of wit; unintelligense.
neapķērīgs *a.* slow of comprehension.
neapmācies *a.* cloudless, unclouded.
neapmierināts *a.* dissatisfied; (alojies) disappointed.
neapnicis *adv.* assiduously, perseveringly.
neapnicīgs *a.* assidous, persevering, untiring.
neaprakstāms *a.* inexpressible, indescribable, beyond words.
neaprakstīts *a.* undescribed; (tukšs) blank.
neapraudāts *a.* unlamented, unwept for.
neaprēķināms *a.* incalculable, unreliable, uncertain.
neaprobežots *a.* limitless, boundless, unrestricted; (valdnieks) absolute.
neapsegts *a.* uncovered, bare.
neapskaužams *a.* unenviable; bad.
neapslāpējams *a.* unappeasable, unallayable.
neapstrādāts *a.* (zeme) unculti-

vated; (viela) raw, unmanufactured

neapstrīdāms a. indisputable.

neapšaubāms a. unquestionable, undoubted.

neaptēsts a. unhewn; *fig.* unpolished, ill-bred.

neaptraipīts a. spotless, stainless, unstained.

neapturāms a. not to be stopped.

neaptverams a. inconceivable, elusive.

neapzināms a. unknown.

neapzinība f. unconsciousness; ignorance.

neapzinīgs a. ignorant, unconscious; naware; instictive.

neass a. blunt; (redze) dim; - leņķis — obtuse angle.

neatalgots a. unrewarded, unrecompensed.

neatbildīgs a. irresponsible.

neatceļams a. irrevocable.

neatdabūjams a. irrecoverable, irretrievable.

neatgūstams a. irreclaimable.

neatkarība f. independence.

neatkarīgs a. independent.

neatlaidība f. perseverance, persistence; pertinacy.

neatlaidīgs a. persevering, persistent.

neatļauts a. unpermitted, not allowed; (nelikum.) illegal.

neatliekams a. pressing, urgent; not to be put off.

neatraidāms a. imperative; importune.

neatrisināms a. insoluble; insolvable.

neatriebts a. unavenged.

neatrodams a. undiscoverable, not to be found.

neatsaucams a. irrevocable.

neatsavināms a. inalienable; (zeme) entailed.

neatšķaidamība f. indissolubility.

neattapīgs a. sk. neapķerīgs.

neattīstīts a. undeveloped.

neatvairāms a. irresistible.

neatvietojams a. irreparable; (cilvēks) not to be replaced.

neatzinība f. ingratitude.

neatzinīgs a. ungrateful.

neatzīt v. a. -stu, -nu, to disown, to disavow; v. n. -stos, -nos, to repudiate.

neauglība a. infertility, infecundity; barrenness.

neauglīgs a. infertile, infecund, sterile; barren.

nebalsīgs a. mute, voiceless.

nebalts a. unfortunate, unhappy; -tas dienas — need, poverty.

nebaudāms a. unfit for consumption.

nebēdīgs a. care-free, heedless, unconcerned.

nebēd(ne), -nieks f. un m. daring or foolhardy person; daredevil.

nebeidzams a. endless, unending.

nebojāts a. unspoilt; (garīgi) incorrupt.

nebraucams a. impassable; (upe) not navigable.

nebrīvība f. slavery, servitude.

nebrīvs a. unfree.
nebūšana f. disorder.
nebūtība f. non-existence.
necaurejams a. impenetrable.
necaurlaidīgs a. water- (or air-) proof.
necaurredzamība f. opacity, intransparency.
necaurredzams a. opaque, intransparent.
neceļš m. wrong way; noklīst uz -iem — to go astray, to go to the bad.
necerēts a. unhoped for; unexpected.
necik adv. not at all; not in the least.
necilvēcība f. inhumanity; brutality.
necilvēcīgs a. inhuman, brutal; heartless.
necilvēks m. brute, monster.
necienība f. disrespect, disesteem; disregard.
necienīgs a. unworthy, undeserving.
nedabisks a. unnatural; artificial.
nedalāmība ū. indivisibility.
nedalāms a. indivisible.
nedalīts a. undivided.
nedarbnieks m. mischief-maker; rascal, rogue.
nedarbs m. mischief, roguery, piece of folly.
nederīgs a. useless, unfit; good for nothing.
nedēļa f. week; -jas avīze — weekly.
nedēļniece f. woman in childbed.
nedibināts a. groundless, unfounded.
nediena f. fatal day.
nedrošs a. unsafe, insecure.
nedz adv. nor.
nedzērājs m. abstainer; teetotaller.
nedzēsts a. unquenched; -i kaļķi — unslaked lime.
nedzirdāms a. inaudible.
nedzirdēts a. unheard of; outrageous.
nedzīvs a. inanimate; lifeless; (neapmeklēts) unfrequented; - piedzimis — dead-born.
nedziedējams a. incurable.
neejošs a. (preces) unsaleable.
neēdis a. jejune.
neērtība f. inconvenience.
neērts a. inconvenient, uncomfortable; troublesome.
neesošs a. non-existent.
negaiss m. thunder-storm.
negals m. trouble.
negantība f. atrocity; villainy.
negantnieks m. wicked or malicious person.
negants a. ill-natured; (nerātns) naughty; (briesmīgs) awful.
negaršīgs a. unpalatable, unsavoury.
negatavs a. unfinished; crude; (augļis) unripe.
negausis m. glutton.
negausība f. gluttony, intemperance.
negausīgs a. gluttonous, intemperate, immoderate.

negādīgs a. careless, indifferent.
neglābjams a. past saving; ruined.
neglīts a. ugly, ill-shaped.
negludenums m. unevenness, ruggedness.
negluds a. uneven.
negodis m. infamous person.
negodīgs a. dishonest, dishonourable; (apkaunojošs) disgraceful.
negods m. dishonour, disgrace.
negriba f. dislike, aversion.
negrozamība f. unalterableness.
negrozāms a. unalterable, inexorable, irrevocable.
neģēlis m. scoundrel, villain.
neģēlība f. baseness, villainy.
neģēlīgs a. base, mean.
neitrāls a. neutral.
neizbēgams a. inevitable, unavoidable.
neizdarāms a. impracticable, unfeasible; impossible.
neizdarīts a. not carried out, unperformed.
neizdevīgi adv. to the disadvantage of.
neizdevīgs a. disadvantageous, unfavourable.
neizdevies a. abortive; a failure.
neizdibināms a. inscrutable, unfathomable; impenetrable.
neizdoties v. imp. -das, -devās, to fail.
neizdzēšams a. (uguns) inextinguishable; (tinte) indelible; (raksts) ineffaceable; fig. lasting, deeply impressed.
neizglītots a. uneducated, uncultured, illiterate; (izturēš.) ill-bred, unpolished; -tais pūlis — the ignorant masses.
neizmērojams a. immense, immeasurable.
neiznīcība f. imperishableness.
neizpaužams a. confidential.
neizpratne f. ignorance, misunderstanding.
neizprotams a. incomprehensible.
neizsakāms a. inexpressible, ineffable, unspeakable.
neizskaidrojams a. inexplicable.
neizskaitāms a. innumerable, countless, numberless.
neizsmeļams a. inexhaustible.
neizstrādāts a. unwrought, not made up; raw (materials).
neizšķirts a. undecided, undetermined; - jautājums — open question; -a sacīkste — dead beat.
neiztrūcīgs a. infallible, unfailing, inevitable.
neizturams a. intolerable, insufferable, unendurable.
neizturīgs a. not durable, not lasting.
neizveicīgs a. awkward, clumsy, unskilful.
neīsts a. false, not genuine; sham.
neiecietīgs a. intolerant.
neiedomājams a. unimaginable, unthinkable, inconceivable.
neienesīgs a. unprofitable.
neiepriecīnāms a. disconsolate.
neieradis a. unaccustomed, unused.

neierasts *a.* unusual, unwonted.
neieredzēts *a.* disliked, unpopular.
neiesiets *a.* unbound.
neiespējamība *f.* impossibility.
neiespējams *a.* impossible.
neievainojams *a.* invulverable.
neievērība *f.* disregard.
neievērojams *a.* insignificant; unimportant.
neievērojot to *adv.* un *conj.* notwithstanding (that), nevertheless, however, yet.
neievērots *a.* disregarded, unappreciated.
neievingrinājies *a.* unpractised, untrained.
nejauks *a.* ugly.
nejaukums *s.* ugliness.
nejauši *adv.* unexpectedly, unawares; by accident.
nejaušība *f.* coincidence, unexpectedness; matter of chance.
nejaušs *a.* unexpected, sudden, casual, random; forturitous.
nejēdzība *f.* absurdity, irrationality.
nejēdzīgs *d.* absurd, unreasonable; (nejauks) ugly.
nejēga *f. m.* fool, idiot.
nejūtams *a.* imperceptible.
nejūtība *f.* insensibility.
nejūtīgs *a.* unfeeling, insensible; (pret aukstumu) inured to cold; (pret sitieniem) hardened against...
nekad *adv.* never, at no time; gandrīz ~ — hardly ever.
nekaitīgs *a.* harmless, innocent.
nekas *prn.* no one, none; (persona) nobody, (lieta) nothing, not anything; tas ~! it does not matter! man nav nekā — I have nothing.
nekatrs *a.* neuter.
nekaunība *f.* impudence, shamelessness.
nekaunīgs *a.* impudent, shameless.
nekauņa *m. f.* shameless person.
nekavējams *a.* immediate, instant.
nekavējoties *adv.* without delay, directly.
nekavēts *a.* unhindered, unhampered, unchecked.
nekavēti *adv.* without hindrance, freely.
nekā *conj.* than; he is poorer than I (bez kommata!); viņš ir vecāks ~ es — he is my senior.
nekā *adv.* sk. nekādi.
nekādi *adv.* in no way, nowise, by no means.
nekāds *prn.* no, not any, nothing; ~ā ziņā — on no account, on no condition; (nemaz) not in the least.
nekārtība *f.* disorder, untidiness.
nekārtīgs *a.* disorderly, untidy.
nekārtns *a.* irregular.
nekļūdīgs *a.* infallible, faultless.
neko *prn.* nothing.
nekopts *a.* uncared for; neglected; (zeme) uncultivated.
nekorekts *a.* incorrect.
nekrāsots *a.* unpainted, uncoloured.
nekristīgais *a.* unchristian.

nekrietnība *f.* baseness, meanness.
nekrietns *a.* base, mean.
nekrologs *m.* obituary, necrology.
nekur *adv.* nowhere.
nekurp *adv.* nowhere.
nekustams *a.* immovable; (manta) real estate.
nekustīgs *a.* motionless, immobile.
neķītrība *f.* obscenity, filthiness.
neķītrs *a.* obscene, filthy, ribald.
nelabais *m.* devil, the evil spirit.
nelabojams *a.* (persona) incorrigible; (lieta) unmendable.
nelabs *a.* bad, wretched; man ~ba dūša — I am poorly; I feel sick.
nelabums *m.* sickly feeling, nausea.
nelabvēlība *f.* disfavour, ill-will.
nelabvēlīgs *a.* unfavourable, adverse, decided in my disfavour.
nelaiks *m.* bad weather; ~kā — at the wrong time; untimely, (par agru) prematurely.
nelaiķis *m.* deceased, late, defunct.
nelaime *f.* misfortune, ill-luck; par ~mi — unfortunately, unluckily; (katastrofa) disaster, catastrophe.
laimēties *v. imp.* -jas, -jās, to fail.
nelaimīgs *a.* unfortunate, unlucky; (garīgi) unhappy; ~ga mīlestība — blighted affection;

~ gadījums — accident; disaster.
nelaipns *a.* unfriendly, disobliging.
nelāga *a.* bad, unseemly.
nelga *m. f.* fool, fop.
nelikumīgs *a.* unlawful, illegal.
nelīdzens *a.* uneven.
nelīdzenums *m.* unevenness.
neliekuļots *a.* sincere, unfeigned.
nelietis *m.* villain, scoundred.
nelietība *f.* villainy, vileness; dirty trick.
nelietīgs *a.* base, vile, villainous.
nelietojams *a.* unfit, useless.
neloģisks *a.* illogical.
nelokāmība *f.* inflexibity, persistence.
nelokāms *a.* inflexible, unyielding; (ietiepīgs) obstinate.
nelūgts *a.* unbidden, uninvited; unasked; ~ viesis — intruder.
nelūkojot (ies) *conj.* regardless of, in spite of; though.
neļķe *f.* carnation, pink.
nemainīgs *a.* invariable, unchangeable.
nemaldība *f.* infallibility.
nemaldīgs *a.* infallible, unerring.
nemanāms *a.* imperceptible, unnoticeable.
nemantīgs *a.* impecunious.
nemaņa *s.* unconsciousness, insensib'ity
nemaz *adv.* not at all; nothing at all; .nav ~ maizes — no bread at all.
nemācīts *a.* unlettered, untaught, untrained.

nemākslots a. artless, unaffected, i. rtificial.
nemākulis m. duffer, muddler.
nemākulība f. ignorance.
nemēbelēts a. unfurnished.
nemēģināts a. untried, **unattempted**.
nemirstība f. immortality.
nemirstīgs a. immortal.
nemitība f. continuousness, endlessness.
nemitīgi adv. without ceasing, without intermission, incessantly.
nemitīgs a. unceasing, incessant.
nemīts a. (taka) untrodden; (āda) untanned, undressed.
nemierīgs a. restless, fidgety; -gi laiki — turbulent times.
nemiernieks m. mutineer, rebel.
nemiers m. unrest, disturbance; nemieri — mutiny, rebellion.
nemoderns a. unfashionable, out-of-date.
nemoralisks a. immoral.
nemotivēts a. not founded on any motive, without motive.
nenoderīgs a. unsuitable, unfit.
nenogurstošs m. untiring.
nenoliecīgs a. envious.
nenoliedzams a. undeniable.
nenormāls a. abnormal, anomalous.
nenoskaidrots a. unsolved, unexplained.
nenoteicams a. uncertain, indefinite; -mā izteiksme — infinitive mood.
nenoteiklība f. uncertainty, vagueness.

nenoteikts a. indeterminate, vague; - laiks (astron.) indefinite time; (meteorol.) unsettled weather; uz -tu laiku (atlikt) to put off indefinitely.
nenovalkājams a. not to be worn off.
nenovēlēt v. a. -lu, -lēju, to grudge.
nenovēlība f. envy, ill-will.
nenovēlīgs a. envious, grudging.
nenovēršams a. inevitable.
nenovērtējams a. inestimable, invaluable.
nenovilcinams a. undelayable, urgent.
nenovīdīgs a. sk. nenovēlīgs.
nenozīmīgs a. insignificant.
nenoziedzīgs a. guiltless, innocent.
nenožēlojošs a. unrepentant, impenitent; - grēkus — hardened sinner.
neomulība f. uncomfortableness.
neomulīgs a. cheerless, uneasy.
nepabeigts a. unfinished, incomplete.
nepacietība f. impatience.
nepacietīgs a. impatient.
nepadevīgs a. disobedient, obstinate.
nepagalam adv. by no means, by no account.
nepakalpīgs a. disobliging.
nepaklausība f. disobedience.
nepaklausīgs a. disobedient, insubordinate.
nepamanīts a. unheeded; unnoticed.

nepamatots *a.* groundless, unfounded; šī sūdzība ~a — this is no case.
nepanesams *a.* unbearable, intolerable.
nepanesīgs *a.* intolerant.
neparasts *a.* uncommon, strange.
neparedzams *f.* unforeseen; ~ gadījums — emergency.
nepareizība *a.* error, fault, mistake.
nepareizs *a.* false, wrong, incorrect.
neparocīgs *a.* incovenient.
nepastāvība *f.* inconstancy, fickleness, instability.
nepastāvīgs *a.* (cilvēks) inconstant, fickle; (lieta) unstable, unsettled.
nepateicība *f.* ingratitude, ungratefulness.
nepateicīgs *a.* ungrateful.
nepatika *f.* dislike, disinclination; aversion.
nepatikšanas *f. pl.* annoyance, trouble.
nepatīkams *a.* unpleasant, disagreeable, annoying.
nepatiess *a.* false, untrue.
nepavisam *adv.* not at all
nepazīstams *a.* strange, unknown, unfamiliar, unacquainted with.
nepazīts *a.* unrecognized, unknown; *adv.* incognito.
nepāra... *a.* not paired, odd.
nepārbaudīts *a.* untested, untried.
nepārdodams *a.* not for sale, unsaleable; (preces) dead stock.
nepārdomāts *a.* rash, heedless.
nepārdots *a.* unsold.
nepārejams *a.* impassable.
nepārejošs *a.* imperishable; (ilgstošs) everlasting, perpetual; *gram.* intransitive.
nepāris *m.* odd number; pāris vai ~? — even or odd?
nepārkāpjams *a.* insurmountable; intransgressible.
nepārprotams *a.* clear, distinct.
nepārredzams *a.* immense, vast.
nepārspējams *a.* (labs) unrivalled; (stiprs) unconquerable, indomitable; (grūtības) insurmountable.
nepārtraukts *a.* (darbs, runa) undisturbed; (līnija) uninterrupted.
nepārtulkojams *a.* untranslatable.
nepārvaramība *f.* invincibleness.
nepārvarams *a.* invincible.
nepelnīts *a.* undeserved, unearned, unmerited.
nepilngadība *f.* minority, nonage.
nepilngadīgs *a.* minor.
nepilnība *f.* imperfection, frailty.
nepilnīgs *a.* incomplete, imperfect, defective.
nepieaudzis *a.* under-aged, minor.
nepieciešamība *f.* necessity, urgency; emergency.
nepieciešams *a.* indispensable, necessary.

nepiederīgs *a.* improper, un seemly; having no right; (cilvēks, kas ielaužas svešā īpašumā) trespasser.
nepiedodams *a.* *unpardonable, unjustifiable.
nepiedzīvojis *a.* inexperienced in, new to.
nepieejams *a.* inaccessible; *fig.* forbidding.
nepiecēdināms *a.* insatiable, greedy.
nepiekāpība *f.* obstinacy, stubbornness.
nepiekāpīgs *a.* obstinate, stubborn, unyielding.
nepieklājība *f.* impoliteness (rupjība) impropriety, indecency
nepieklājīgs *a.* impolite; shocking, unbecoming, indecent.
nepieklājīgs *a.* reserved.
nepiekukuļojams *a.* incorruptible.
nepielaižams *a.* inadmissible.
nepielūdzams *a.* inexorable, unrelenting; pitiless.
nepielūkots *a.* uncontrolled, without supervision.
nepieņemams *a.* inacceptable.
nepiemirkstams *a.* waterproof.
nepiesardzīgs *a.* incautious, heedless.
nepiespiests *a.* unforced, unconstrained, (izturēš.) unaffected.
nepieteikts *a.* unannounced; un reported.
nepieticība *f.* insatiability, greed.

nepieticīgs *a.* insatiable, not easily satisfied.
nepietiekošs ' *a.* insufficient, scanty.
nepraktisks *a.* not practical.
nepraša *m.* ignoramus.
neprātigs *a.* unreasonable, absurd.
neprāts *m.* absurdity, folly, madness.
neprecējies *a.* single, unmarried.
neraudzēts *a.* unleavened.
neraža *f.* bad harvest.
neražīgs *a.* unfruitful, (darbs) unproductive.
nerātnība *f.* naughtiness, frolic.
nerātnis *m.* wag.
nerātns *a.*' naughty, ill-behaved; (piedauzīgs) indecent.
neredzams *a.* invisible.
neredzēts *a.* unseen.
neredzīgs *a.* blind, sightless.
neredzot *adv.* furtively, by stealth.
nereti *adv.* pretty often, now and again.
nerimstīgs *a.* incessant, unceasing, restless.
nerrot *v. a.* -ju, -ju, to make a fool of, to chaff, to dupe.
nerrs *m.* jester, fool.
nervozitāte *f.* nervousness, nervous state.
nervozs *a.* fidgety, nervous.
nervs *m.* nerve; ~vu lēkme — nervous fit; ~vu sistēma — nervous . system; ~vu slimnieks — neurolic; ~vu trieka — apoplexy.

nesabaidāms *a.* undaunted, dauntless, fearless.
nesadabūjams *a.* unobtainable, not procurable.
nesadalāms *a.* indivisible.
nesadedzināms *a.* incombustible, fireproof.
nesaderība *f.* unsociableness, quarrelsomeness.
nesaderīgs *a.* disagreeing; (strīdīgs) quarrelsome.
nesagatavots *a.* unprepared; (runa) offhand, extempore; runāt ~ — to extemporize.
nesagremojaams *a.* indigestible.
nesaīsināts *a.* unabridged.
nesakarīgs *a.* disconnected, incoherent.
nesalasāms *a.* illegible, undecipherable.
nesalaužams *a.* unbreakable.
nesalīdzināms *a.* incomparable, matchless, unparallelled, without peer.
nesamais *m.* burden, load.
nesamaksājams *a.* invaluable, priceless.
nesamaņa *f.* insensibility, unconsciousness.
nesamaņā *adv.* senseless.
nesamērīgs *a.* disproportionate.
nesamērs *m.* disproportion.
nesamierināms *a.* irreconcilable, unforgiving.
nesaplēšams *a.* untearable.
nesapraša *f.* fool, stupid person.
nesaprašana *f.* lack of understanding.
nesaprašanās *f.* misunderstanding.
nesapratīgs *a.* incapable o. comprehending.
nesaprotams *a.* incomprehensible.
nesaredzams *a.* sk. neredzams.
nesaskaņa *f.* discord, discordance, disagreement; (mūz.) disharmony.
nesasniedzams *a.* unattainable, out of reach.
nesaticība *f.* discord, incompatibility.
nesaticīgs *a.* discordant, quarrelsome.
nesatricināms *a.* imperturbable, unswerving.
nesaudzība *f.* relentlessness, harshness.
nesaudzīgs *a.* merciless, pitiless, ruthless.
nesaukts *a.* uncalled, unbidden; without being called.
nesavaldāms *a.* intractable, unmanageable.
nesavienojams *a.* incompatible, inconsistent (with), contradictory (to).
nesavtīgs *a.* unselfish.
nesālīts *a.* unsalted.
nesātis *m.* glutton.
nesātība *f.* insatiableness, greed, gluttony.
nesātīgs *a.* insatiable, greedy; (ēdiens) insatiating.
nesegts *a.* (kredits) uncovered.
nesekmēties *v. imp.* -jas, -jās, to fail.
nesekmīgs *a.* unsuccessful.

nesen *adv.* recently, not long ago.
nesenējs *a.* last, recent.
nesējs *m.* porter.
nesieni *m. pl.* yoke for carrying pails.
nesievišķīgs *a.* unwomanly.
neskaidrība *f.* indistinctness, obscurity.
neskaidrs *a.* indistinct, obscure; (runa) inarticulate.
neskaitāms *a.* countless, innumerable, numberless.
neskanīgs *a.* toneless, hollow.
neskatoties (uz to) *conj.* notwithstanding, however, yet.
neskolots *a.* unschooled, untrained.
neslava *f.* discredit, slander; -vu celt — to slander, to discredit.
neslīpēts *a.* uncut; (cilvēks) impolite, rustic, uncivil.
nesmēķētājs *m.* non-smoker.
nesmiņķēts *a.* unpainted, not rouged.
nesmuks *a.* ugly.
nesodīts *a.* unpunished.
nespēcīgs *a.* feeble, weak.
nespēja *f.* inability, impotence
nespējīgs *a.* unable, impotent.
nespējnieks *m.* invalid, poor man; -ku nams — almshouse.
nespēks *m.* feebleness, weakness.
nespodrs *a.* dull, dim, lustreless.
nest *v. a.* -su, -su, to carry, to bear; (atnest) to bring, (aiznest) to take; *v. n.* -sos, -sos, to hurry; vinam prāts nesas—he is longing or yearning (to); to be inclined.
nestavas *f. pl.* ambulance, stretcher.
nestiprs *a.* feeble, weak.
nestunda *f.* black hour.
nesvarīgs *a.* unimportant.
nesverams *a.* (fizikā) imponderable.
nešana *f.* carriage, conveyance; taking, bringing.
nešķirams *a.* inseparable.
nešķīstība *f.* immorality, unchastity.
nešķīsts *a.* immoral, unchaste.
nešķobams *a.* steady, steadfast.
nešpetns *a.* malicious.
nešus *adv.* by carrying.
netaisnība *f.* injustice.
netaisns *a.* unfair, unjust.
netālu *adv.* not for, near.
neticamība *f.* incredibility.
neticams *a.* incredible.
neticība *f.* incredulity, unbelief.
neticīgais *m.* infidel, unbeliever.
neticīgs *a.* incredulous; sceptic.
netikle *f.* prostitute, harlot, whore.
netiklība *f.* prostitution, adultery.
netīkumība *f.* immorality.
netikumīgs *a.* immoral.
netikums *m.* vice, bad habit.
netikvien... bet arī *conj.* not only... but also.
netīrība *f.* uncleanliness, dirt.
netīrīgs *a.* uncleanly, untidy, slovenly.
netīrs *a.* unclean, dirty; (ūdens) impure; -ais raksts — foul copy.

netīrums m. dirt, filth.
netīšām adv. by chance, without purpose, by accident.
netīšs a. chance..., accidental.
netiešs· a. indirect, figurative.
netraucēts a. undisturbed.
netrāpīt v. a. -pu, -pīju, to miss.
netrūdošs a. undecaying.
neuzmanība f. inattention.
neuzmanīgs a. inattentive.
neuzsvērts a. unaccented, unstressed.
neuzteicams a. (līgums) unredeemable.
neuzticams a. unreliable.
neuzticība f. infidelity, faithlessness.
neuzticīgs a. disloyal, faithless.
neuzvarams a. invincible.
neuzvarēts a. unconquered, unsubdued.
nevaicāts a. unasked.
nevainība f. innocence.
nevainīgs a. innocent, guiltless; chaste.
nevainojams a. blameless, faultless.
nevajadzīgs a. unnecessary, superfluous.
nevajaga impers. it is not necessary to...; to ≠ — there is no need for it; viņam ~ to darīt — he need not do it.
nevaldāms a. unmanageable,
nevaļa f. want of time. {wild.
nevaļīgs a. busy.
nevar — to nevar v. imp. it can't be done.
nevarīgs a. unable, incapable.
nevārīts a. unboiled; (gaļa) raw.

neveiklība f. awkwardness; clumsiness.
neveikls a. awkward, clumsy.
neveiksmi f. failure, unsuccessfulness.
neveikties v. imp. neveicas, — to fail.
neveselīgs a. unhygienic, unhealthy.
nevesels a. unwell.
neveselums m. indisposition, ill-health.
nevēlams a. unwelcome, undesirable.
nevērība f. inattention, negligence, neglect.
nevērīgs a. inattentive, careless, negligent, neglectful.
nevērtība f. worthlessness, unworthiness.
nevērtīgs a. worthless.
nevilšs a. unintentional; accidental.
neviltots a. genuine, pure, real.
nevilus, nevilšus adv. involuntarily, by chance, by accident.
nevīstams a. unfading, evergreen.
nevīžība f. negligence, carelessness.
nevīžīgs a. neglectful, careless,
nevīžot v. a. -ju, -ju, not to care, to disline.
nevien adv. not only.
nevienādība f. dissimilarity (atsev. daļās) disproportion.
nevienāds a. unlike, dissimilar; (virsma) uneven; (mainīgs) varying; irregular; (laiks) changeable.

nevienlīdzība f. unequality, want of uniformity.
nevienlīdzīgs a. unequal, not uniform.
nevienprātība f. disagreement, discord, disunion.
nevienprātīgs a. disagreeing, discordant.
neviens *pron.* nobody, no one; ~ cits kā — no other than.
nevietā adv. unfit, out of place.
nezāle f. weed.
nez cik adv. how much or many; (izsauc.) nez cik! — Heaven knows!
nezināms a. uncertain, unknown.
nezināšana f. ignorance, lack of information.
nezināt v. a. -nu, -nāju, not to know, to wonder; es ~nu — I wonder; I don't know.
nezinātnieks m. layman
nezinātnisks a. unscientific.
nezinot adv. not knowing; man ~ — without my knowing (it).
neziņa f. ignorance, perplexity, insensibility.
nezūdamība f. indestructibility.
nezvērs m. monster.
nežēlastība f. disgrace; disfavour.
nežēlība f. ruthlessness, cruelty, atrocity.
nežēlīgs a. merciless, cruel, pitiless, atrocious.
nē adv. no; ~ un ~! — a thousand times no! kad ~, ~! — as you like! vai tu sauci? — Nē! — Did you call? — I did not! Nē! tas taču ir par daudz! Well! that is too much!
nēģeris m. negro, moor, (nicin.) nigger.
nēģis m. lamprey.
nēši m. sk. nesieni.
nianse f. shade, tint, tinge.
nicinājums m. contempt, scorn, disdain.
nicināms a. contemptible.
nicināt v. a. -nu, -nāju, to despise, to look down upon, to abuse; tas nav ~nāms; that is not to be despised.
nicinātājs m. despiser.
nicinošs a. contemptuous, disdainful, scornful.
nikns a. fierce, violent, angry, ferocious.
niknums m. anger, wrath, ferocity, ardour, vehemence.
niķelis m. nickel.
niķis m. caprice, whim.
niķīgs a. fitful, whimsical, capricious.
niķoties v. n. -jos, -jos, to be capricious.
nirējs m. diver.
nirt v. a. nirstu, niru, to dive, to plunge.
nivelēt v. a. -ju, -ju, to level.
nīcība f. transitoriness, transience.
nīcīgs a. transient, fleeting.
nīdējs m. hater.
nīkšana f. protracted suffering.
nīkt v. a. -stu, -ku, to pine away; (puķes) to die; (gaidīt) to wait.

nīkulis *m.* a weakling, a sickly person.
nīkulība *f.* decrepitude; infirmity.
nīkuligs *a.* frail, weak; (no vecuma) decrepit.
nīkuļot *v. a.* -ju, -ju, to be sickly, to languish, to pine away.
nīlzirgs *m.* hippopotamus, riverhorse.
nīst, *v. a.* -stu, nīdu, to hate, to loathe, to detest, to abhor; *v. n.* -stos, -dos, to quarrel.
nīša *f.* niche, recess (in the wall).
niecināt *v. a.* -nu, -nāju, to contemn, to despise, to hold in contempt.
niecīgs *a.* trivial, trifling.
niecīgums *m.* futility; perishableness.
niedrājs *m.* reed-plot.
niedre *f.* reed, rush.
niekalbis *m.* petty fellow, babbler.
niekoties *v. a.* -jos, -jos, to trifle, to tamper.
nieks *m.* trifle; nieki! nonsense.
niere *f.* kidney; **-ru gabals** — saddle.
nievājošs *a.* contemptuous; disdainful.
nievāt *v. a.* -ju, -ju, to denounce, to abuse, to revile, to despise.
nievātājs *m.* reviler, abuser, despiser.
nieze *f.* niezulis *m.* itching; itch, irritation.

niezēt *v. imp.* niez, -ēja, to itch.
no *prp.* from, by, of, out of through; viņš izkāpa **-** bedres — he got out of the pit; viņš runāja **-** ceļojuma — he spoke about the journey; **-** vakardienas — since yesterday.
noadīt *v. a.* -du, -dīju, to knit.
noapaļot *v. a.* -ju, -ju, to make round, to round off; maksājumu **-** —to make it a lump sum.
noart *v. a.* -ŗu, -aru, to plough off.
noasināt *v. a.* -nu, -nāju, to sharpen, to whet, to hone.
noaudzis *a.* grown; labi **-** — well set up.
noaust *v. a.* -aužu, -audu, to weave.
noaut *v. a.* -aunu, -āvu, to take off (shoes, stockings).
noārdīt *v. a.* -du, -dīju, to pull down, to demolish.
nobadīt *v. a.* -du, -dīju, to butt, to gore down or dead.
nobaidīt *v. a.* -du, -dīju, to frighten, to terrify; *v. n.* dos, -dījos, to be frightened, to have fright at.
nobalsot *v. a.* -ju, -ju, to vote, to poll; te divide.
nobarot *v. a.* -ju, -ju, to feed, to batten, to fatten; *v. n.* -jos, -jos, to grow fat.
nobaudīt *v. a.* -du, -dīju, to taste; to try.
nobažīties *v. n.* -jos, -jos, to

be anxious, to trouble one's head about.
nobālēt *v. a.* -lu, -lēju, to grow pale; to fade.
nobārt *v. a.* -baru, -bāru, to chide, to scold, to rebuke.
nobeidzies *a.* (kustoņis) fallen.
nobeigt *v. a.* -dzu, -dzu, to end, to finish, to bring to a conclusion; *v. n.* -dzos, -dzos, to be ended; to die, to expire.
nobeigums *m.* end, conclusion.
nobendēt *v. a.* -ju, -ju, to execute, to put to death.
noberzt *v. a.* -beržu, -berzu, to rub off; to scrape.
nobēdāties *v. n.* -jos, -jos, to wear oneself out with care.
nobēdzināt *v. a.* -nu, -nāju, to conceal; to receive stolen goods.
nobēgt *v. a.* -gu, -dzu, to run away, to hide.
nobērt *v. a.* -beru, -bēru, to strew out; to pour off.
nobiras *f. pl.* rubbish, chippings.
nobirdināt *v. a.* -nu, -nāju, to shake off, to throw off; (asaras) to shed.
nobirt *v. a.* -stu, -biru, to fall off, to drop.
nobīdīt *v. a.* -du, -dīju, to move away, aside, back or off, to push aside.
nobīlis *m.* fear, fright.
nobīties *v. n.* -jos, -jos, to take fright at, to be frightened at.
noblēdīt *v. a.* -du, -dīju, to embezzle, to defraud.

noblikšķēt *v. imp.* -šķ, -šķēja, to clap.
noblīvēt *v. a.* -ju, -ju, to make compact.
nobradāt *v. a.* -ju, -ju, to tread or trample down.
nobraucīt *v. a.* -ku, -cīju, to strip off, to scrape off.
nobraukšana *f.* departure; starting place.
nobraukt *v. a.* -cu, -cu, (pie) to arrive at; to come down; (no) to drive off; viņam -ca kājas — he lost his legs by getting run over.
nobristies *v. n.* -brienos, -bridos, to become wet by walking.
nobrīnēties *v. n.* -nos, -nījos, to be surprised, to wonder, to marvel.
nobriedums *m.* (augļu) ripeness, mellowness; *fig.* maturity.
nobriest *v. a.* -stu, -du, to ripen; to mature.
nobrucināt *v. a.* -nu, -nāju, to scald.
nobrukt *v. a.* -brūku, -bruku, to slide down; (krāsas) to fade off.
nobrukums *m.* landslip.
nobružāt *v. a.* -ju, -ju, to wear off by friction.
nobučot *v. a.* -ju, -ju, to kiss.
noburt *v. a.* -buru, -būru, to bewitch, to enchant.
nobūrums *m.* witchery, enchantment.
nocelt *v. a.* -ļu, -cēlu, to take off, to lift off, to dismount;

- kuģi no sēkļa — to refloat a ship; *fig.* to steal.
nocilpot *v. a.* -ju, -ju, to walk a ditance.
nocirpt *v. a.* -cērpu, -cirpu, to shear.
nocirst *v. a.* -cērtu; cirtu, to cut off, to fell, to hew down; - galvu — to behead, to decapitate.
nociesties *v. n.* -šos, -tos, to refrain, to obstain from, to forbear.
nocietēt *v. a.* -ju, -ju, to grow hard.
nocietināt *v. a.* -ņu, -nāju, to fasten; (kaŗā) to entrench, to fortify; *v. n.* -nos, -nājos, to be strengthened, to be fortified.
nodabā *adv.* iet savā nodabā, to walk sunk in one's thoughts.
nodalījums *m.* compartment; section.
nodalīt *v. a.* -lu, -līju, to divide, to allot, to aportion; *v. n.* -los, -lījos, to separate, to seclude oneself.
nodaļa *f.* department, (organiz.) section; (veikala) branch-establishment; (grāmatas) chapter.
nodambēt *v. a.* -ju, -ju, to dam in, to dike.
nodarbināt *v. a.* -nu- nāju, to employ, to occupy.
nodarbošanās *f.* employment, profession.
nodarboties *v. n.* -jos, -jos, to busy oneself with; to employ or occupy oneself; to study.
nodarināt *v. a.* -nu, -nāju, (saknes) to cut off roots and stalks; (kokus) to prune, to lop.
nodarījums *m.* action; bargain; offence.
nodarīt *v. a.* -ru, -rīju, (nobeigt) to finish, to complete; (būt par iemeslu) to cause.
nodarvot *v. a.* -ju, -ju, to tar.
nodauzīt *v. a.* -zu, -zīju, to beat off, to knock off.
nodardēt *v. a.* -du, -dēju, to reverberate, to resound.
nodedzināt *v. a.* -nu, -nāju, to burn down.
nodegt *v. a.* -gu, -gu, to be burnt down.
nodeldēt *v. a.* -ju, to wear off or out; - parādus: to pay debts.
noderēt *v. a.* -ru, -rēju, (salīgt) to make agreement, to hire out; (lietojot) to be worth, to be of use.
noderīgs *a.* fit, suitable, adequate.
nodevas *f. pl.* taxes, rates dues; (muita) duties, customs.
nodevējs *m.* deliverer; (idejiski) traitor, betrayer.
nodevīgs *a.* treacherous, false.
nodibināt *v. a.* -nu, -nāju, to found, to establish; *v. n.* -nos, -nājos, to be founded, to be set up.
nodilis *a.* worn, shabby; (drē-

nodilt — noēnot 185

bes) threadbare; (frāzes) trivial.

nodilt v. a. -lstu, -lu, to wear out.

nodirāt v. a. -ju, -ju, to skin, to strip, to flay.

nodoklis m. tax, rate; tribute; ~ļu maksātājs — tax-payer, rate-payer; ~ļu valde — administration of taxes; ~ļu vacējs — tax-collector.

nodomāt v. a. -ju, -ju, to have in view, to consider, to intend.

nodoms m. purpose, intention, design, aim.

nodot v. a. -dodu, -devu, to deliver, to hand over; ~ tiesai: to bring up for trial; (lauzt zvērastu) to betray; v. n. -dodos, -devos, to give oneself up, to indulge in, to devote oneself to.

nodrāzt v. a. -žu, -zu, to cut off, to pare or whittle off.

nodrebēt v. a. -bu, -bēju, to tremble, to shiver.

nodriskāt v. a. -ju, -ju, to wear out.

nodriskāts a. ragged, worn.

nodrošinājums m. security.

nodrošināt v. a. -nu, -nāju, to secure; v. n. -nos, -nājos, to provide (against).

nodrupt v. a. -drūpu, -drupu, to crumble off.

nodurt v. a. -duŗu, -dūru, to stab, to slaughter; to kill, *fig*. ~ acis: to cast down one's eyes; (galvu) to hang down one's head; v. n. -ŗos, dūros, to stab oneself.

nodzeltēt v. a. -ju, -ju, to grow yellow.

nodzert v. a. -ŗu, -dzēru, to spend on drink; to drink or sip off; v. n. -ŗos, -dzēros, to quench one's thirst, to drink one's fill.

nodzēst v. a. -dzēšu, -dzēšu, (gaismu) to extinguish, to put out; (rakstu) to sponge off; to blot out; (elektrību) to switch off.

nodziļināties v. n. -nos, -nājos, to absorb oneself in.

nodzist v. a. -dziestu, -dzisu, to go out, to cease burning.

nodzīt v. a. -dzenu, -dzinu, to chase or drive away or off; ~ bārdu — to shave; ~ zirgu — to overdrive; (kuģi no ceļa) to drift.

nodzīvot v. a. -ju, -ju, to live, to pass; (mantu) to spend, to waste; v. n. -jos, -jos, to ruin oneself, to go to the bad.

nodziedāt v. a. -du, -dāju, to sing through.

noecēt v. a. -ju, -ju, to harrow.

noeja f. exit, the way down.

noejošs a. (preces) **saleable** goods.

noenkurot v. a. -ju, -ju, to anchor, to moor.

noēdināt v. a. -nu, -nāju, to batten, to pasture, to graze; (ar kodīgām zālēm) to cauterize.

noēnot v. a. -ju, -ju, to shade.

noēst v. a. -ēdu, -ēdu, to eat up, to consume; (zāli) to graze, v. n. -ēdos, -ēdos, to be fattened, to eat one's fill.

noēvelēt v. a. -ju, -ju, to plane off.

nogaidīt v. a. -du, -dīju, to wait for; ~ beigas — to stay to the end of; ~ izdevību — to bide one's opportunity; nogaidiet! — have patience!

nogaidošs a. expectant; ieņemt ~šu stāvokli — to assume an attitude of expectation.

nogalināt v. a. -nu, -nāju, to kill, to murder; v. n. -nos, -nājos, to commit suicide.

noganīt v. a. -nu, -nīju, to graze, to pasture.

nogaršot v. a. -ju, -ju, to taste, to try.

nogatavoties v. n. -jos, -jos, to ripen; fig. to mature.

nogādāt v. a. -ju, -ju, to send, to deliver.

nogājies a. tired out with walking.

nogāze f. slope, descent, declivity.

nogāzens a. sloping, steep.

nogāzt v. a. -žu, -zu, to cast or throw down; v. n. -zos, -zos, to fall down.

noglabāt v. a. -ju, -ju, to hide, to conceal.

noglaudīt v. a. -du, -dīju, to fondle, to caress.

noglāstīt v. a. -stu, -stīju, sk. noglaudīt.

nogludināt v. a. -nu, -naju, to smooth down, to iron slightly

noglumējis a. beslimed.

noglūnēt v. a. -nu, -nēju, to watch secretly for

nogorīties v. n. ros, -rījos, to loiter.

nograntet v. a. -ju, -ju, to gravel.

nograuzt v. a. -žu, -zu, to gnaw off.

nogrābt v. a. -bju, -bu, to take off; (sienu) to rake.

nogremdēt v. a. -ju, -ju, to sink; v. n. -jos, -jos, to plunge into, to be absorbed in.

nogrēkoties v. n. -jos, -jos, to sin, to offend against, to trespass.

nogrimt v. a. -mstu, -mu, to sink.

nogriezt (iē) v. a. -žu, -zu, to turn off; (aizdzīt) to ward off; v. n. -žos, -zos, to turn away.

nogriezt (iē) v. a. -žu, -zu, to cut off, to clip.

nogriezums m. cutting.

nogrūzt v. a. -žu, -du, to push off or down.

noguldījums m. deposit.

noguldīt v. a. -du, -dīju, to put to bed; to lay down; (naudu) deposit.

noguldītājs m. depositor.

nogulēt v. a. -guļu, -gulēju, to miss by sleeping, to oversleep; to smother in sleep.

nogulsnes f. pl. dregs, grounds.

nogulties v. n. -guļos, -gūlos, to lie down.

nogurdināt v. a. -nu, -nāju, to tire, to **wear** out.

noguris a. tired, exhausted, weary; ļoti ~ — dog-tired.

nogurt v. a. -rstu, -ru, to get tired.

nogurums m. fatigue, weariness.

noģērbt v. a. -bju, -bu, to undress, to take off.

noģida f. notion, perception; ~s spējas — power of perception, imaginative faculty.

noģist v. a. -ģiedu, -ģidu, to perceive, to conceive.

noģibt v. a. -bstu, -bu, to faint, to swoon.

noildzis a. obsolete, superannuated.

noilgt v. a. -gstu, -gu, to be cancelled by the statute of limitations.

noilgums m. superannuation.

noirt v. a. -iŗu, -īru, to row away.

noirt v. a. -irstu, -īru, to unrip.

noīrēt v. a. -ju, -ju, to hire, to rent.

noiet v. in. -eju, -gāju, (lejā) to go down, to descend; (no ska tuves) to leave; (saule) to set; (no ceļa) to deviate from; fig. to go the bad; (krāsa) to fade.

nojaukt v. a. -cu, -cu, to pull down.

nojaust v. a. -šu, -tu, to foresee, to anticipate, to guess.

nojauta f. foreboding, presentiment.

nojāt v. a. -ju, -ju, to ride. (zirgu) to fatigue by riding.

nojemt v. a. -mu, -jēmu, sk. noņemt.

nojēga m. notion, perception, grasp.

nojozties v. n. -žos, -zos, to gird oneself.

nojume f. shed, penthouse.

nokabināt v. n. -nu, -nāju, to unhook.

nokaisīt v. a. -su, -sīju, to strew over.

nokaist v. a. -stu, -tu, to come to a glow.

nokaitēt v. a. -ju, -ju, to heat, to make redhot.

nokaitināt v. a. -nu, -nāju, to anger, to vex.

nokalne f. elevation, hill; stāva ~ — acclivity.

nokalpot v. a. -ju, -ju, to serve.

nokalst v. a. -stu, -tu, to dry up, to wither.

nokalt v. a. -ļu, -lu, to forge.

nokampt v. a. -pju, pu, to snatch away.

nokarāties v. n. -jos, -jos, to dangle, to hang down.

nokarsēt v. a. sk. nokaitēt.

nokasīt v. a. -su, -sīju, to scrape off.

nokaulēt v. a. to haggle down.

nokaunēties v. n. -nos, -nējos, to be ashamed.

nokaunināt v. a. -nu, -nāju, to (put to) shame.

nokausēt v. a. -ju, -ju, to fatigue, to tire; (sniegu) to melt off

nokaut v. a. -ju, -kāvu, to kill,

to slaughter; *v. n.* -jos, -kāvos (ar darbu) to drudge; (ar rūpēm) to barve the brunt of it.

nokauts *m.* (sportā) knock out.

nokavējies *a.* belated; (vilciens u. c.) overdue

nokavējums *m.* delay, retardation.

nokavēt *v. a.* -ju, -ju, to miss, to retard; *v. n.* -jos, -jos, to be late; (vilciens u. c.) to be overdue.

nokāpt *v. a.* -pju, -pu, (no zirga) to alight; (no trepēm) to descend.

nokāre *f.* sk. nogāze.

nokāries *a.* hanging; drooping; pendulous.

nokārt *v. a.* -karu, -kāru, to hang; (puķe) to droop.

nokārtot *v. a.* -ju, -ju, to settle, to put in order; (satiksmi) to regulate; (mēle) to be furred; *v. n.* -jos, -jos, to get settled.

noklausīties *v. n.* -sos, -sījos, to listen, to hear out

noklaušināt *v. a.* -nu, -nāju, to examine, to question.

noklāt *v. a.* -ju, -ju, to cover.

noklenderēt *v. a.* -ju, -ju, to idle away, to waste.

noklīst *v. a.* -stu, -du, to get lost, to go astray; (neceļos) to go bad.

nokliegties *v. n.* -dzos, -dzos, to scream oneself hoarse; (mežā) to shout.

noklusēt *v. a.* -ju, -ju, to conceal something, to be reticent about something.

noklusināt *v. a.* -nu, -nāju, to hush up.

noklust *v. a.* -stu, -su, to become silent.

nokļūt *v. a.* -stu, -kļuvu, to arrive at, to get to.

nokopt *v. a.* -pju, -pu, to arrange, to put in order; (traukus) to clear away; (laukus) to harvest; (sienu) to house hay; *v. n.* -jos, -pos, to put everything in order.

nokost *v. a.* -žu, -du, to bite or snap off.

nobalsojums *m.* voting, poll; aizklāts ~ — ballot; vārdisks ~

nokratīt *v. a.* -tu, -tīju, to shake off, to throw off.

nokŗaut *v. a.* -ju, -kŗāvu, to unload; (kaudzē) to put into a stack.

nokrākties *v. a.* -cos, -cos, to snort.

nokrāpt *v. a.* -pju, -pu, to obtain by cheating.

nokrāsa *f.* shade, tint; *fig.* touch, smack.

nokrāsojums *m.* painting; (līmes krāsa) colouring; pirmais, pēdējais ~ — first, last coat of paint.

nokrāsot *v. a.* -ju, -ju, to colour, to paint over; (iemērcējot) to dye.

nokrejot *v. a.* -ju, ju, to skim, to cream.

nokrejots *a.* skimmed.

nokrēsla *f.* dusk, twilight.

nokrist *v. a.* -krītu, -kritu, to fall down, to drop; *v. n.* -tos,

nokristīt — noliktava

-tos (svarā) to lose flesh; (vērtībā) to sink in value; to decrease.
nokristīt *v. a.* -ju, -ju, to baptise, to christen.
nokrišņi *m. pl.* precipitations.
nokturns *m.* nocturne; notturno.
nokulstīt *v. a.* -stu, -stīju, (linus) to swingle.
nokult *v. a.* -kuļu, -kulu, to thresh out; fig. to beat.
nokust *v. a.* -kūstu, -kusu, to melt; (nogurt) to get tired.
nokūpēt *v. a.* -pu, -pēju, to be blackened with smoke.
nokvēpināt *v. a.* -nu, -nāju, to cover with sooth or smoke; (baznīcā) to fill with incense.
nokvēpt *v. a.* -pstu, -pu, sk. nokūpēt.
noķert *v. a.* -ru, -ķēru, to catch, to seize.
noķīlāt *v. a.* -ju, -ju, to distrain.
nolaidens *a.* inclined, sloping.
nolaidība *f.* carelessness, negligence; laxity.
nolaidīgs *a.* careless, neglectful, unheeding.
nolaidiens *m.* descent, running down; (laivas) launching.
nolaist *v. a.* -žu, -du, to let down; ~ acis — to cast down; ~ buras — to strike; ~ dīķi — to empty; ~ laivu ūdenī — to launch; ~ priekškaru — to drop; ~ ūdeni *(fig.)* to make water; (aizmirst) to neglect; (pazemināt cenu) to reduce; *v. n.* -žos, -dos, (putni) to alight, to fly down; **(zemoties)** to condescend, to demean oneself; (kļūt nekārtīgs) to become careless.
nolaistīt *v. a.* -stu, -stīju, to water, to sprinkle with water.
nolaizīt *v. a.* -zu, -ziju, to lick off.
nolamāt *v. a.* -ju, -ju, to abuse, to scold.
nolasīt *v. a.* -su, -sīju, to pick off, to gather up; (grāmatu) to read, to recite; (vārdus) to call over; (vēlēšanos) to anticipate one's wishes.
nolaupīt *v. a.* -pu, -pīju, to rob; (cilvēku) to kidnap.
nolauzt *v. a.* -žu, -zu, to break off.
nolādēt *v. a.* -du, -dīju, to curse.
nolāpīt *v. a.* -pu, -pīju, to mend, to repair; (drēbes) to patch; (zeķes) to darn.
noledot *v. a.* -ju, -ju, to cover with ice.
noleja *f.* slope.
nolekt *v. a.* -cu, -cu, to jump down, to leap off.
nolemt *v. a.* -mju, -lēmu, to decide, to determine, to resolve, to make up one's mind.
nolējums *m.* cast.
nolēmums *m.* determination resolution.
nolēse *f.* settling of accounts.
nolikt *v. a.* -lieku, -liku, to put down; (laiku) to fix, to appoint.
noliktava *f.* warehouse, storehouse.

nolīdzinājums *m.* levelling, smoothing; (matēm) equation.

nolīdzināt *v. a.* -nu, -nāju, to even, to level; (parādu) to settle, to pay up; (matēm.) to equal.

noligot *v. a.* -ju, -ju, to end the Midsummer Day celebrations; *v. n.* -jos, -jos, to rock, to sway.

noligt *v. a.* -gstu, -gu, to agree, to settle: ~ mieru — to make peace.

noligts *a.* ~! agreed! done! all right!

noligums *m.* agreement, pact, treaty, compact.

nolikt *v. a.* -kstu, -ku, to bend, to bow, to droop.

nolīst *v. a.* -lienu, -līdu, to creep down; (paslēptiies) to hide oneself; (līdumu) to hew out, to cut down, to fell.

nolīt *v. a.* -līstu, -liju, to be wet with rain; to rain.

noliedēt *v. a.* -ju, -ju, to wet with rain.

noliedzējs *m.* denier, one who denies.

noliedzošs *a.* denying, negative.

noliegt *v. a.* -dzu, -dzu, (neatzīt) to deny, to disown; (aizliegt) to forbid, to prohibit.

noliegums *m.* prohibition, inhibition; negation; denial.

noliekt *v. a.* -cu, -cu, to bend down.

noliesējums *m.* emaciation; wasting (of the body).

noliesējis *a.* emaciated.

noliesēt *v. a.* -ju, -ju, to get thin, to lose flesh.

nollet *v. a.* -leju, -lēju, to pour off.

nolietot *v. a.* -ju, -ju, to wear off or out, to use up; *v. n.* -jos, -jos, to be worn out.

nolobīt *v. a.* -bu, -bīju, to peel off, to bark; *v. n.* -bos, -bījos, to peel off, to scale off.

nolocīt *v. a.* -loku, -locīju, to bend off or aside.

nolūgties *v. n.* -dzos, -dzos, to beg pardon, to make excuses.

nolūgums *m.* apology.

nolūkoties *v. n.* -jos, -jos, to gaze at, to look on; (izvēlēties) to choose.

nolūks *m.* purpose, intention, object, aim, end; ar ~ku — on purpose, by design; ~kam atbilstošs — to the purpose; ~kam nederīgs — unsuitable, inexpedient.

nolūzt *v. a.* -lūzu, -lūzu, to break off.

noma *f.* lease, hire, rent.

nomadi *m. pl.* nomads.

nomaitāt *v. a.* -ju, -ju, to kill, to exterminate; to ruin; to blight.

nomaksa *f.* paying off, payment; ~su sistēma — instalment system.

nomaksāt *v. a.* -ju, -ju, to pay off.

nomaldīšanās *f.* erring, straying; (idej.) aberration; error.

nomaldīties *v. n.* -dos, -dījos, to lose one's way, to go astray, to get lost; (garīgi) to err;

-dījusies avs — stray or lost sheep.
nomale *f.* (pilsētas) suburb; (lauku) borderland, province.
nomaļš *a.* remote, distant.
nomaļvalsts *f.* Border State.
nomaļu *adv.* aside, apart; turēties ~ — to keep aloof.
nomanīt *v. a.* -nu, -nīju, to perceive, to notice, to observe, to remark.
nomaukt *v. a.* -cu, -cu, to strip off, to pull or take off
nomazgāt *v. a.* -ju, -ju, to wash up, to wash away or off; *v. n.* -jos, -jos, to wash oneself, to bathe, to take a bath.
nomākt *v. a.* -cu, -cu, to oppress, to overcome, to depress; *v. n.* -cos, -cos, to become overcast.
nomāktība *f.* low spirits, depression.
nomāt *v. a.* -ju, -ju, to hire, to rent.
nomedīt *v. a.* -dīju, -dīju, to get by hunting.
nomeklēt *v. a.* -ju, -ju, to search for a time.
nomelnot *v. a.* -ju, -ju, to blacken, to calumniate, to slander.
nomest *v. a.* -tu, -tu, to throw off; *v. n.* -tos, -tos, (uz dzīvi) to settle; ~ ceļos — to kneel down.
nomešanās *f.* settling down, domicilation; ~ brīvība — freedom of domicile
nometināt *v. a.* -nu, -nāju, to settle, to locate.
nometne *f.* settlement, camp; colony.

nomērdēt *v. a.* -ju, -ju, to starve.
nomerējis *a.* gaunt, haggard, thin.
nomērīt *v. n.* -ju, -ju, to measure.
nomērķēt *v. a.* -ju, -ju, to aim at.
nomēslot *v. a.* -ju, -ju, to manure, to fertilize, to dung.
nometāt *v. a.* -ju, -ju, to throw or cast; (ar akmeņiem) to stone to death.
nomigloties *v. n.* -jos, -jos, to be misty or foggy.
nomirt *v. a.* -rstu, -ru, to die, to expire.
nomizot *v. a.* -ju, -ju, to bark, to peel; (sist) to beat soundly, to drub; ~zoti zobi — blunt teeth.
nomīdīt *v. a.* -du, -dīju, to tread down, to trample down.
nomiņāt *v. a.* -ju, -ju, sk. nomīdīt.
nomīt *v. a.* -minu, -minu, to trample; (apavus) to wear down one's shoes at the heels.
nomiegoties *v. n.* -jos, -jos, to be sleepy or drowsy.
nomierināšana *f.* pacification (kādas zemes).
nomierināšanās *f.* calming down.
nomierināt *v. a.* -nu, -nāju, to quieten, to appease, to set at rest; *v. n.* -nos, nājos, to become quiet, to cool down.
nomnieks *m.* tenant-farmer, lease-holder.
nomocīt *v. a.* -nu, -cīju, to torture, to torment; *v. n.* -nos, -cījos, to worry, to drudge.

nomoda *f.* wakefulness; -dā būt: to watch, to keep vigil to sit up.

nomultojums *m.* payment of duty; clearance.

nomuitot *v. a.* -ju, -ju, to declare, to pay duty

nomukt *v. a.* -mūku, -muku, to glide down; (aizbēgt) to slip off

nomurmināt *v. a.* -nu, -nāju, to mutter, to murmur to oneself

nomutēt *v. a.* -ju, -ju, to kiss.

nonākt *v. a.* -nu, -cu, to come.

nonāvēt *v. a.* -ju, -ju, to kill, to murder; *v. n.* -jos, -jos, to kill or to make away with oneself

nonest *v. a.* -su, -su, to take away, to carry away

nonēsāt *v. a.* -nu, -nāju, to wear out.

nonicināt *v. a.* -ju, -ju, to despise, to disdain

nonicis *a.* degenerate, ruined, depraved

nonikt *v. a.* -nikstu, -niku, to pine away, to decay, to die (away), to perish.

nonievāt *v. a.* -ju, -ju, to decry, to abuse

noņemt *v. a.* -mu, -ņēmu, to take off or away; *v. n.* -mos, -mos, to occupy oneself with; to resolve upon.

noņēmies *p. p. un a.* determined, resolved.

noņēmējs *m.* customer.

noņurdēt *v. a.* -du, -dēju, to mutter

nopakaļus *adv.* in the rear, after something, at somebody's heels

nopaļāt *v. a.* -ju, -ju, to blame, to rebuke.

nopelnīt *v. a.* -nu, -nīju, to earn, to gain.

nopelns *m.* merit; gain; -nu bagāts — meritorious.

nopelt *v. a.* -peļu, -pēlu, to decry, to abuse

nopērt *v. a.* -peru, -pēru, to beat soundly, to drub; *v. n.* -peros, -pēros, to bathe in a vapour-bath

nopildīt *v. a.* -du, -diju, to bottle.

nopilēt *v. a.* -lu, -lēju, to drop, to drip

nopilināt *v. a.* -nu, -nāju, to let trickle down, to let fall in drops.

nopinkājies *a.* shaggy.

nopirkt *v. a.* -pērku, -pirku, to buy, to purchase

nopīpēt *v. a.* -ju, -ju, to smoke up

nopīt *v. a.* -pinu, -pinu, (vainagu) to weave a garland, to plait.

nopietnība *f.* seriousness.

nopietns *a.* earnest, serious.

noplakums *m.* abatement, decrease.

noplakt *v. a.* -ploku, -plaku, to diminish, to abate, to grow less.

noplakums *m.* sinking, decrease.

noplaucēt v. a. -ju, -ju, to scald.
noplēst v. a. -plēšu, -plēsu, to pull off, tear off or down; (valkājot) wear out.
noplicināt v. a. -nu, -nāju, to make poor, to exhaust.
noplīst v. a. -stu, su, (drēbes) to wear·out; to break off.
noplītēt v. a. -ju, -ju, to squander, to waste.
noplucināt v. a. -nu, -nāju (spalvas), to pick or pluck off; (ar ūdeni) to scald.
noplucis a. (krāsa) faded; (cilvēks) shabby.
noplukt v. a. -plūku, -pluku, to fade off, to lose colour; (ar karstu ūdeni) to be scalded.
noplūkt v. a. -cu, -cu, to pluck off.
noplūst v. a. -stu, -plūdu, (sauszeme) to be inundated or flooded; to flow down.
nopļaut v. a. -ju, pļāvu, (zāli) to mow down; (labību) to cut.
nopļāpāt v. a. -ju, -ju, to waste time in prattling.
nopostīt v. a. -stu, -stīju, to devastate, to destroy, to ruin; to blast, to blight.
noprasīt v. a. -su, -sīju, to question; to claim; (cenu) to charge.
noprast v. a. protu, -prātu, to perceive, to understand.
nopratinājums m. cross-examination, trial.
nopratināt v. a. -nu, -nāju, to cross-examine, to try.

nopukoties v. n. -jos, -jos, to feel vexed.
nopulēt v. a. -ju, -ju, to polish.
nopulgot v. a. -ju, -ju, to slander; to decry, to scoff at.
nopurināt v. a. -nu, -nāju, to shake off or down; v. n. -nos, -nājos, to shake oneself.
nopuškot v. a. -ju, -ju, to decorate, to trim; v. n. -jos, -jos, to adorn oneself.
noputēt v. a. -tu, -tēju, to become dusty.
noputināt v. a. -nu, -nāju, to dust.
noputot v. a. -ju, -ju, to scum.
nopūderēt v. a. -ju, -ju, to powder.
nopūlēties v. n. -los, -lējos, to exert oneself, to tire oneself.
nopūst v. a. -pūšu, -pūtu, to blow off or away; v. n. -šos, -tos, to sigh.
nopūt v. a. pūstu, -puvu, to rot off.
nopūta f. sigh; moan.
nora f. fallow-land, pasture.
noraibināt v. a. -nu, -nāju, to speckle, to stain.
noraide f. transmission; (radio progr.) broadcasting.
noraidījums m. refusal.
noraidīt v. a. -du, -dīju, to refuse, to put off; (radio) to transmit; to broadcast.
noraisīt v. a. -su, -sīju, to untie, to unbind.
noraizēties v. n. -jos, -jos, to worry, to trouble one's head about, to grieve at.

norakstīt *v. a.* -stu, -stīju, to copy; (atdot) to make over or bequeath.
norakstītājs *m.* copyist; (skolā) cribber.
noraksts *m.* copy.
norakt *v. a.* roku, -raku, to dig off, to level.
norasēt *v. a.* -ju, -ju, to draw.
norasojis *a.* bedewed.
noraudāties *v. n.* -dos, -dājos, to cry, to weep.
noraudzīties *v. n.* -raugos, -raudzījos, to look at.
noraukt *v. a.* -cu, -cu, (adamo), to diminish the meshes.
noraut *v. a.* -rauju, -rāvu, to tear off; to pull off; to shorten; *v. n.* -jos, -rāvos, to get loose, to break loose; *fig.* to get tired by working.
noravēt *v. a.* -ju, -ju, to finish weeding.
norādāmais *a.* vietnieka vārds, demonstrative pronoun.
norādījums *m.* hint, direction.
norādīt *v. a.* -du, -dīju, to point to, to hint at.
norāt *v. a.* -ju, -ju, to rebuke, to reprimand, to lecture.
noreibt *v. a.* -bstu, -bu, to grow dizzy.
norēķināties *v. n.* -nos, -nājos, to settle accounts.
norēķins *m.* settlement of accounts.
norimt *v. a.* -rimstu, -rimu, (vēj§) to abate, to cease; to become quiet.

noripot *v. a.* -ju, -ju, to roll down.
norise *f.* process.
norisināties *v. n.* -nos, -nājos, to go off; (teātrī) darbība -nās — the scene is laid in.
orītēt *v. a.* -tu, -tēju, to take place, to come off.
norībēt *v. a.* -ju, -ju, to resound.
norikot *v. a.* -ju, -ju, to set in order, to direct, to arrange.
norīt *v. a.* -riju, -riju, to swallow, to gulp down; ~ vārdus — to mumble one's words.
norjebt *v. a.* -bju, -bu, to mitigate by stroking or conjuring.
noriet *v. a.* -reju, -rēju, to bite to death.
norieta *f.* sunset.
norietēt *v. imp.* -riet, -tēja, to set, to go down.
norma *f.* standard; rule.
normāls *a.* normal, regular.
normēt *v. a.* -ju, -ju, to standardize.
norobežot *v. a.* -ju, -ju, to mark off, to bound; *v. n.* -jos, -jos, to restrict or restrain oneself; (atdalīties) to separate.
noruna *f.* agreement.
norunāt *v. a.* -ju, -ju, to agree on or about.
norūdīt *v. a.* -du, -dīju, to harden; (metalu) to temper; *v. n.* -dos, -dījos, to harden oneself.
norūdīts *a.* hardened; (pret grūtībām) inured to; (metals) tempered.
norūgt *v. a.* -gstu, -gu, to ferment.

norūkt v. n. -cu, -cu, (pie sevis), to grumble, to mutter.
norūpēties v. n. -jos, -jos, to be troubled about, to grieve at.
norūsēt v. a. -su, -sēju, to rust.
norvēģis m. Norvegian.
nosacījums m. condition, clause; provision; **-ma teikums:** conditional sentence.
nosacīt v. a. -saku, -sacīju, to order; (medic.) to prescribe; (laiku) to fix, to appoint.
nosakāms a. definable, determinable.
nosaldēt v. a. -ju, -ju, to freeze; (locekļus) to get frost-bitten
nosalis a. frozen; (miris) frozen to death; (loceklis) frostbitten.
nosalt v. a. -lstu, -lu (loceklis), to be frost-bitten; (augs) to be nipped by the frost.
nosapņot v. a. -ju, -ju, to foresee in a dream.
nosargāt v. a. -gāju, -gāju, to defend, to warn off.
nosarkt v. a. kstu, -ku, to flush, to blush, to grow red.
nosarmot v. a. -ju, -ju, to get berimed.
nosaukt v. a. -cu, -cu, to call, to name, to entitle; v. n. -cos, -cos, to be called; to be entitled.
nosaukums m. name, apellation; title.
nosausināt v. a. -nu, -nāju, to dry up.
nosānis adv. aside, apart.

nosebojies a. belated; (vilciens) overdue.
nosebojums m. delay; late arrival.
noseboties v. n. -jos, -jos, to be late, to be behind one's time.
nosēdēt v. a. -du, -dēju, to sit a long time; (cietumā) to end one's time; v. n. -dos, -dējos to sit too long.
nosēdināt v. a. -nu, nāju, to make one sit down, to place.
nosēsties v. n. -žos, -dos, to sit down, to take a seat.
nosēt v. a. -ju, -ju, to sow with; zvaigznēm -s — studded with stars
nosirdīties v. n. -dos, -dījos, to get angry (at).
nosirmojis a. turned grey
nosirmot v. a. -ju, -ju, to turn grey.
nosist v. a. -tu, -tu, to kill, to murder; v. n. -tos, -tos, to be killed.
noskaidrojums m. explanation, elucidation.
noskaidrot v. a. -jos, -jos, to explain; v. n. -jos, -jos, to to clear up.
noskaisties v. n. -šos, -tos, to get angry.
noskaitīt v. n. -tu, -tīju, (naudu), to count down; (pantus) to recite.
noskaldīt v. a. -du, -dīju, to split off, to cleave.
noskalot v. a. -ju, -ju, to wash off or away, to rinse.

noskanēt v. a. -nu, -nēju, to sound.
noskaņa f. sound, tone, cadence; (gara) mood, temper.
noskaņot v. a. -ju, -ju, to tune; to accord (with); v. n. -jos, -jos, to be out of tune.
noskatīties v. n. -tos, -tījos, to look at, to stare at.
noskārst v. a. -stu, -tu, to perceive, to take in; to realize.
noskārtums m. perception.
noskrambāt v. a. -ju, -ju, to scratch.
noskrandāties v. a. -jos, -jos, to become ragged or tattered.
noskrāpēt v. a. -ju, -ju, to scratch off.
noskriet v. a. -skrienu, -skrēju, to run up to; to run off; away; (sacīkstē) to outrun; (zirgu) to tire; v. n. -nos, -skrējos, to run oneself tired.
noskrubināt v. a. -nu, -nāju, to pick, to nibble.
nokrūvēt v. n. -ju. -ju, to unscrew.
noskumdināt v. a. -nu, -nāju, to grieve, to distress.
noskumis a. sad, distressed.
noskumt v. a. -mstu, -mu, to get sad, to grieve at.
noskūpstīt v. a. -stu, -stīju, to kiss.
noskūt v. a. -ju, -vu, to shave.
noslaucīt v. a. -ku, -cīju, (ar slotu) to sweep off; (ar lupatu) to wipe off; v. n. -kos, -cījos, to dry oneself.
noslaukt v. a. -cu, -cu, to milk.

noslāpēt v. a. -ju, -ju, to suffocate, to stifle.
noslāpt v. a. -pstu, -pu, to perish from thirst; to choke.
noslepkavot v. a. -ju, -ju, to murder, to kill, to assassinate.
noslēdzies a. secluded; exclusive.
noslēgs m. check-valve, stopcock.
noslēgt v. a. -dzu, -dzu, to lock up; ‑ grāmatas — to balance; ‑ līgumu — to enter into an agreement; v. n. -dzos, -dzos, to shut oneself up, to seclude oneself, to withdraw; (beigties) to end in.
noslēgtība f. reserve, reticence.
noslēgts a. locked up; ligums ‑ — the bargain is struck; the agreement is signed; (grāmatas) balanced; (pabeigts) complete; (vientuļš) isolated, secluded.
noslēgums m. conclusion; (rēķinu) balance of accounts, result.
noslēpt v. a. -pju, -pu, to hide, to conceal; w. n. -pjos, -pos, to hide oneself.
noslēptuve f. hiding-place, place of concealment, ambush.
noslēpumainība f. mystery.
noslēpumains a. mysterious, secret.
noslēpums m. secret, mystery.
noslinkot v. a. -ju, -ju, to idle away one's time.
noslīcināt v. a. -nu, -nāju, to

noslīcis — nospriest

drown; *v. n.* -nos, -nājos, to drown oneself.
noslīcis *a.* drowned.
noslīdēt *v. a.* -du, -dēju, to slide down.
noslīkt *v. a.* -kstu, -ku, to be drowned.
noslīpēt *v. a.* -ju, -ju, (ieroci) to grind, to sharpen; (dimantu) to polish; *v. n.* -jos, -jos, to get refined.
noslodzīt *v. a.* -slogu, -lodzīju, to press down, to weigh down.
nosmacēt *v. a.* -ju, -ju, to let suffocate, to choke; to strangle
nosmakt *v. a.* -smoku, -smaku, to lose one's breath, to suffocate.
nosmelt *v. a.* -smeļu, -smēlu, (putas) to scum; (pienu) to skim, to cream.
nosmērēt *v. a.* -ju, -ju, to besmear, to soil; *v. n.* -jos, -jos, to bedaub oneself, to soil oneself
nosmieties *v. n.* -smejos, -smējos, to have one's laugh, to laugh by oneself.
nosmulēt *v. a.* -ju, -ju, to soil; *v. n.* -jos, -jos, to soil oneself
nosnausties *v. n.* -žos, -dos, to take a nap, to have a snooze.
nosodāms *a.* condemnable, damnable.
nosodīt *v. a.* -du, -dīju, to condemn; to denounce; (tiesā) to sentence; ar naudas sodu — to fine.
nosolīt *v. a.* -ju, -ju, to buy by auction.
nosolīties *v. n.* -los, -lījos, to promise, to give one's word: to vow.
nospārdīties *v. n.* -dos, -dījos, (guļot) to uncover oneself.
nospaidīt *v. a.* -du, -dīju, to squeeze out.
nospert *v. a.* -speŗu, -spēru, (zibens) to be struck down by lightning; *fig.* to steal.
nospēlēt *v. a.* -ju, -ju, to play, to perform; (lugu) to enact.
nospiedīgs *a.* oppressive, heavy.
nospiedums *m.* imprint; stamp; mark; copy.
nospiest *v. a.* -spiežu, -spiedu, (garīgi) to press down, to deject, to depress, to oppress; (techniski) to imprint; — šautenes gaili: to pull the trigger.
nospiestība *f.* dejection, despondency; low spirits.
nospļauties *v. n.* -jos, -āvos, to spit.
nospodrināt *v. a.* -nu, -nāju, to polish.
nospraust *v. a.* -žu, -du, to mark out, to stake out; (dzelzceļu) to plot a line.
nosprāgt *v. a.* -gstu, -gu, (lopi) to fall.
nospriest *v. a.* -žu, -du, to decide; (tiesu) to pass sentence upon; (nolemt) to fix, to settle, to conclude.

nosprostot v. a. -ju, -ju, to block, to shut off.
nospundēt v. a. -ju, -ju, to bung up.
nost adv. away; off; nost ar nodevējiem! down with the traitors!
nostaigāt v. a. -ju, -ju, to go, to walk; v. n. -jos, -jos, to get tired by walking.
nostatīt v. a. -tu, -tīju, to set, to put, to place.
nostāsts m. tale, narrative, story.
nostāties v. n. -jos, -jos, to place oneself; (strīdū pievienoties) to side; (mitēties) to stop, to cease, to abate.
nostāvējies a. settled, old; (siers) well-seasoned.
nostāvēt v. a. -vu, -vēju, to stand; (palikt) to stay.
nostiprinājums m. entrenchment, fortification; fastening; (veselības) strengthening.
nostiprināt v. a. -nu, -nāju, to fasten; to entrench, to fortify; (veselību) to strengthen.
nostrādāt v. a. -ju, -ju, to finish one's work, to work off; v. n. -jos, -jos, to sweat, to toil.
nosukāt v. a. -ju, -ju, to comb, (pērt) to thrash.
nosunīt v. a. -ju, -ju, to scold.
nosusēt v. a. -ju, -ju, to get dry.
nosusināt v. a. -nu, -nāju, to dry up.
nosūbēt v. a. -ju, -ju, to grow dim.
nosūce f. leakage; outlet for water

nosūkt v. a. -cu, -cu, to suck off; v. n. -cos, -cos, to ooze out.
nosūnot v. a. -ju, -ju, to gather moss.
nosūroties v. n. -jos, -jos, to complain.
nosūtijums m. despatch, consignment.
nosūtīt v. a. -tu, -tīju, to despatch, to forward, to send off.
nosvērt v. a. -sveŗu, -svēru, to weigh; v. n. -ŗos, -ros, to weigh oneself; (uz kādu pusi) to incline to.
nosvētīt v. a. -ju, -ju, to bless; (svētkus) to celebrate; to finish celebrating.
nosvilināt v. a. -nu, -nāju, to singe.
nosvilt v. a. -lstu, -lu, to be singed, to be burnt down.
nosvinēt v. a. -nu, -nāju, to celebrate.
nosvīst v. a. -stu, -du, to sweat, to perspire; -dušas sienas — sweaty or humid walls.
nosviest v. a. -žu, -du, to throw down; (noveikt) to beat, to defeat.
nošaut v. a. -šauju, -šāvu, to shoot, to kill by shooting; v. n. -jos, -vos, to blow out one's brains.
nošķelt v. a. -ļu, -šķēlu, to cleave, to split off.
nošķibīt v. a. -ju, -ju, to chop off, to prune.
nošķira f. sort, species, kind

noškirt v. a. -šķiŗu, -šķīru, to separate, to isolate.
noškiļ v. a. -šķinu, -šķinu, to tear off, to pluck off.
noškiebt v. a. -šķiebju, -šķiebu, to wear down. v. n. -bos, -bjos, to be worn down; to incline.
noškiebts a. aslant, askew; (papēži) worn down, heels.
nošļukt v. a. -šļūku, -šļuku, to slip off, to glide down.
nošļūkt v. a. -cu, -cu, to slide down; to press down.
nošņaukties v. a. -cos, -cos, to blow one's nose.
nošūt v. a. -ju, -vu, to sew.
notaļ adv. without intermission.
notašķīt v. a. to bespatter.
notālēm adv. from afar, at a distance.
notārs m. notary; solicitor.
notecējis a. (laiks) expired; (pulkstenis) run down.
notecēt v. a. -teku, -tecēju, to flow or run down, to elapse, to pass; laiks ~jis — time is up; (vekselis) to fall due.
notecināt v. a. -ju, -ju, to draw off, to tap.
noteicējs m. decider; (gram.) attribute.
noteikt v. a. -cu, -cu, to ordain; (iepriekš) to appoint, to fix.
noteiktība f. exactitude, precision, accuracy.
noteikts a. appointed, fixed, precise; (nolemts) predestined.
noteikums m. (likuma) clause, provision; (sadzīves) forms of social intercourse; (ārsta) prescription; (satiksmes) rules of traffic.
noteka f. sewer; (ielas) gutter.
notēlojums m. performance; (rakst.) description.
notēlot v. a. -ju, -ju, to impersonate, to present; (aprakstīt) to describe.
notēls m. image.
notērēt v. a. -ju, -ju, to consume, to spend.
notēst v. a. -šu, -su, to cut.
notikt v. a. -tieku, -tiku, to happen, to occur, to come about; (kustība) to come to, to get at; lai notiek! be it so!
notikums m. event, incident, happening.
notirpt v. a. -pstu, -pu, to be numbed.
notirpums m. numbness.
notīrīt v. a. -ru, -rīju, to clean.
notīt v. a. -nu, -nu, to unwind; v. n. -nos, -nos, to come off.
notiesājums m. condemnation, damnation.
notiesāt v. a. -ju, -ju, to condemn; to sentence.
notraipīt v. a. -pu, -pīju, to stain, to spot; to bedaub.
notraukt v. a. -cu, -cu, to shake off.
notrisēt v. a. -su, -sēju, to shiver, to tremble.
notrīt v. a. -trinu, -trinu, to grind, to sharpen.
notrullināt v. a. -nu, -nāju, to blunt; v. n. -nos, -nājos, to get blunt; (garīgi) to get dull.
notrumpot v. a. -ju, -ju, to lose in gambling.

notrūkt — novēlējums

notrūkt *v. a.* -kstu, -ku, to tear, to break.
nots *f.* note; nošu lapa — sheet of music; nošu papīrs — music-paper.
notupties *v. n.* -pjos, -pos, to squat down, to cower.
noturēt *v. a.* -ru, -rēju, to hold fast, to keep; ~ lekciju — to deliver a lecture; ~ sapulci — to hold a meeting; ~ zirgu — to draw up, to rein in; ~ par — to take for; *v. n.* -ros, -rējos, to hold or check oneself; es tikko varu ~ no smiekliem — I can hardly contain myself from laughing; es nevaru ~ no smiekliem — I cannot help laughing.
noturība *f.* stability.
noturīgs *a.* stable.
notušēt *v. a.* -ju, -ju, to hush up, to disguise, to suppress.
notvert *v. a.* -ru, -tvēru, to catch, to seize.
notvīkt *v. a.* -kstu, -ku, to blush, to grow red.
novadījums *m.* drain; leading off.
novadīt *v. a.* -du, -dīju, to lead off; to drain.
novadītājs *m.* conductor; (elektr.) earth-connexion; novadgrāvis — drain or outlet canal; novadcaurule — waste or conduitpipe.
novadniecība *f.* society of fellow-countrymen; localism.
novads *m.* province, region.
novagot *v. a.* -ju, -ju, to furrow.
novakars *m.* dusk, twilight.

novaldīt *v. a.* -du, -dīju, to command, to keep in check; *v. n.* -dos, -dījos, to restrain oneself.
novalkāt *v. a.* -ju, -ju, to wear out.
novazāt *v. a.* -ju, -ju, to soil by wearing, to use up.
novazāts *a.* commonplace, trivial.
novājēt *v. a.* -ju, -ju, to grow thin.
novājināt *v. a.* -nu, -nāju, to enfeeble, to weaken.
novākt *v. a.* -cu, -cu, to clear away, to remove; (ražu) to reap, to harvest.
novārdzis *a.* exhausted, enfeebled.
novārgt *v. a.* -gstu, -gu, to grow feeble.
novārījums *m.* decoction.
novārīt *v. a.* -ru, -rīju, to boil.
novārtā *adv.* in neglect, neglected.
novārtīt *v. a.* -tu, -tīju, to soil by dragging about, to wallow in the mire.
novecot *v. a.* -ju, -ju, to grow old; to get out of use.
novele *f.* short story, tale.
novelists *m.* writer of fiction.
novelkams *a.* to be taken off; ~mā bildīte — transfer-picture.
novelt *v. a.* -ļu, -vēlu, to roll of, to remove; ~ vainu no sevis — to clear oneself of a charge *v. n.* -los, -los, to roll down.
novēlējums *m.* (mantas) bequest

legacy; (laimes) congratulation; (veltījums) dedication.
novēlēt v. a. -lu, -lēju, to wish, to congratulate; to bequeath; to dedicate.
novēligs a. benevolent.
novēlojies a. belated.
novēloties v. a. -jos, -jos, to be late.
novērojums m. observation.
novērot v. a. -ju, -ju, to observe, to watch; (pamanīt) to notice.
novērotājs m. observer; controller.
novērpt v. a. -pju, -pu, to spin.
novērst v. a. -šu, -su, to turn off, to divert; (ar lūgšanu) to avert, to deprecate; (nelaimi) to prevent; ∼ acis — to shift; ∼ sitienu — to parry; v. n. -šos, sos, to avoid. to turn away.
novēršams a. preventable, avertible.
novērt v. a. -ŗu, -vēru, (krelles) to unstring.
novērtējums m. estimation, valuation.
novērtēt v. a. -ju, -ju, to estimate, to value; ∼ par zemu — to ynder value.
novērtētājs m. appraiser, estimator.
novest v. a. -du, -du, to lead off or down; ∼ līdz ārprātam — to drive mad*
novīksēt v. a. -ju, -ju, to polish, to give a shine.
novilcinājums m. delay, retardation; lingering.

novilcināt v. a. -nu, -nāju, to delay, to retard; v. n. -nos, -nājos, to linger, to hesitate.
novilkt v. a. -velku, -vilku, to draw or pull off; (drēbes) to take off; ∼ ādu — to skin, to flay; v. imp. velkas; (debesis) to cloud over.
novilkums m. copy, proof, impression; (algas) deduction.
novilt v. a. -ļu, -vīlu, to entice, to seduce; to coax away.
novinnēt v. a. -nu, -nāju, to win, to gain.
novirzīt v. a. -zu, -ziju, to turn off; ∼ domas — to divert; v. n. -zos, -zījos, to deviate, to depart.
novirziens m. deviation, variation; (ceļa) declivity.
novitāte f. (teātrī) new play, (grāmattirgū) latest publication.
novist v. a. -stu, -tu, to fade, to wither, to wilt.
novīt v. a. -ju, -ju, to plait, (vaiņagu) to weave.
novietot v. a. -ju, -ju, to place, to put, (automob.) to park; v. n. -jos, -jos, to be placed.
nozagt v. a. -zogu, -zagu, to steal.
nozaimot v. a. -ju, -ju, to decry, to deride.
nozare f. branch, department, division, section; (darbība) field, sphere.
nozarojums m. branch.
nozāģēt v. a. -ju, -ju, to saw off
nozākājums m. abuse, slander.

nozākāt v. a. -ju, -ju, to abuse, to decry.
nozājot v. a. -ju, -ju, to poison; v. n. -jos, -jos, to take poison.
nozelt v. a. -ļu, -zēlu, to grow green or verdant.
nozeltīt v. a. -ju, -ju, to gild.
nozibēt v. a. -bu, -bēju, to flash.
nozīme f. (firmas) mark, sign; (organiz.) badge; meaning, signification, sense; (svarīgums) importance.
nozīmēt v. a. -ju, -ju, to signify, to mean; to import; (taisīt zīmējumu) to draw, to design, to sketch, to copy.
nozīmīgs a. significant.
noziedēt v. a. -du, -dēju, to cease blooming.
noziedzība f. criminality.
noziedzīgs a. criminal; (vainīgs) guilty.
noziedznieks m. criminal, delinquent, transgressor.
noziegties v. n. -dzos, -dzos, to offend (against), to sin; to commit a fault or crime.
noziegums m. crime, trespass, offence.
noziest v. a. -ziežu, -ziedu, to smear, to grease, to daub.
nozudis a. missing, lost.
nozust v. a. -zūdu, -zudu, to disappear, to vanish.
nozvanīt v. a. -nu, -nīju to ring out; to stop ringing.
nozvērēties v. n. -ros, -rējos, to swear, to take an oath.
nozvērināt v. a. -nu, -nāju, to put somebody to the oath; -ts — sworn (in)
nožāvāties v. n. -jos, -jos, to yawn.
nožāvēt v. a. -ju, -ju, to dry up; v. n. -jos, -jos, to dry oneself.
nožēlojams a. (fakts) deplorable; (cilvēks) to be pitied; miserable.
nožēlošana f. repentence, penitence; regret.
nožēlot v. a. -ju, -ju, to repent, to regret, to be sorry for; (otru) to pity.
nožņaugt v. a. -dzu, -dzu, to strangle, to throttle, to choke.
nožogojums m. fencing off, enclosure.
nožogot v. a. -ju, -ju, to fence off
nožuvums m. loss or shrinkage in drying.
nožūpot v. a. -ju, -ju, to spend on drink, to booze.
nožūt v. a. -stu, -žuvu, to dry, to get dry.
nožvadzēt v. a. -dzu, -dzēju, to clank, to resound.
nu adv. now, then; ~, labi — very well; ~, ~! — come, come! ~, kā iet? — well, how are you? ko ~? — what next? (nepārtulk.) ja ~ tas tā ir — since things are as they are; ne ~ vēl — much less, let alone...
nudien adv. by Jove, by God; indeed, verily.
nule adv. just now.
nulle f. naught, zero; (pa tēle-

fonu) o; (temperāt.) freezing point; virs ~es — above zero; zem ~es — below zero.
numerācija f. enumeration; notation.
numurēt v. a. -ju, -ju, to mark with a number, to ticket; ~a vieta — reserved seat.
numurs m. number; (laikraksta) issue, copy; (lielums) size; ~ru ripa — dial-plaţe.
nupat adv. just now.
nūdeļi m. pl. vermicelli, maccaroni.
nūja f. cudgel, club, stick; policista ~ — truncheon.

N

ņaudēt v. a. -du, -dēju, to mew, to caterwauL
ņaudulis m. grumbler; growser.
ņemt v. a. ņemu, ņēmu, to take; to seize; v. n. ņemos, ņēmos, to be naughty.
ņerkstēt v. a. -kstu, -stēju, to whimper, to snivel.
ņēmējs m. taker, (pircējs) purchaser, bryer.
ņiprs a. brisk, cheery, nimble, quick.
ņiprums m. liveliness, oivacity, quickness.
ņirbēt v. a. -bu, -bēju, to glitter, to glisten.
ņirboņa f. twinkling, sparkle.
ņirga f. scoffer, sneerer.
ņirgāties v. n. -jos, -jos, to sneer, to scoff (at.)
ņirpstēt v. a. -stu, -stēju, to grit, to crunch

ņieburs m. bodice, vest.
ņudzēklis m. crowd, commotion throng.
ņudzēt v. a. -dzu, -dzēju, to swarm, to be full.
ņuka f. large slice of bread.
ņurāt v. a. -ju, -ju, to purr.
ņurdēt v. a. -du, -dēju, to growl, to grumble, to mutter.
ņurdoņa f. growling, murmuring, muttering.
ņurdzīt v. a. -dzu, -dzēju, to crumple; to torment, to rack, to torture.

O

Oaze f. oasis.
objektivitāte f. objectivity.
objektīvs m. (stikls) object-glass.
objektīvs a. objective.
objekts m. object.
oblāta f. wafer, host.
obligācija f. bond, obligation; ~jas parāds — bonded debt.
obligātorisks a. compulsory, obligatory.
oboja f. hautboy, oboe.
observātorija f. observatory.
odekolons m. eau-de-Cologne.
odere f. lining.
oderēt v. a. -ju, -ju, to line, to case; (zirgus) to feed.
oders m. odeur, perfume.
ods m. gnat.
odze f. common auder, viper
odzinieks m. berry-picker.
oferte f. offer, proposal.
oficiāls a. official.
oficiōzs m. semi-officiaL
oga f. berry.

ogle *f.* (akmens) coal; (koka) char-coal.
ogleklis *m.* carbon.
oglains *a.* full of coal.
oglracis *m.* collier, miner.
oglradis *m.* carbon.
oglraktuve *f.* coal-mine, colliery, coal-pit.
oglrūpniecība *f.* coal-mining.
oglskābe *f.* carbonic acid, fixed air.
oglskābs *a.* carbonic.
oglūdeņradis *m.* carbohydrogen.
ogot *v. a.* -ju, -ju, to gather berries, to pick berries.
ogotājs *m.* berry-picker.
ogulājs *m.* berry bush.
ogu vīns *m.* home-made wine, cider.
okšķerēt *v. a.* -ju, -ju, to snuffle, to spy.
okšķeris *m.* sniffer, spy.
oktāva *f.* octave.
oktōbris *m.* October.
okulēt *v. a.* -ju, -ju, to inoculate, to graft.
okupācija *f.* occupation.
ola *f.* egg; ~u dēšana — egg-laying; ~as dzeltānums — yolk; ~u kultenis — scrambled eggs; ~u laka — egg paint; ~u sniegs — beaten-up eggs; ~u trauciņš — egg cup; **svaiga ~** — new-laid egg.
olbaltums *m.* white of egg, glair; albumen.
olekts *f.* elbow.
olgrauzis *m.* groundling.
olis *m.* pebble; cobble.
olnīca *f.* cattle-track; (medic.) ovary.
olvadi *m. pl.* oviduct.
olveidīgs *a.* oval.
olains *a.* pebbly, gravelly.
oma *f.* disposition, temper; **labā ~ā** — in good temper.
omars *m.* lobster.
omulība *f.* comfort, cosiness, snugness.
omulīgs *a.* cosy, comfortable; snug, homely.
ondulācija *f.* waving.
ondulēt *v. a.* -ju, -ju, to wave.
opera *f.* opera.
operācija *f.* operation.
operdziedātājs *m.* opera-singer.
operete *f.* operetta; musical play.
opijs *m.* opium.
opozīcija *f.* opposition.
opōnents *m.* adversary, opponent.
opōnēt *v. a.* -ju, -ju, to oppose, to make opposition.
optika *f.* optics.
optiķis *m.* optician.
oranža *f.* orange.
orchidēja *f.* orchid.
ordenis *m.* order; decoration, medal.
ore *f.* cart, carriage.
organisms *m.* organism.
organizācija *f.* organization.
organizātors *m.* organizer.
organizēt *v. a.* -ju, -ju, to organize; *v. n.* -jos, -jos, to join a union.
organs *m.* organ.
orģijas *f. pl.* orgies, revelry, bacchanalia.
orientēties *v. n.* -jos, -jos, to find one's way about.

oriģināls *m.* original.
orkāns *m.* hurricane, gale.
orķestris *m.* orchestra, band.
ormanis *m.* cabman; carter, driver.
ortografija *f.* spelling.
ortografiski rakstīt — to spell correctly.
osa *f.* handle.
osis *m.* ash, ash-tree.
ost *v. a.* ožu, odu, to smell.
osta *f.* harbour, port, haven.
ostīt *v. a.* -stu, -stīju, to scent, to smell.
ostītājs *m.* spy; smeller.
ostmala *f.* quayside.
ostnieks *m.* harbour-master, portwarden; docker.
ošlapiņi *m. pl.* a kind of potatoes.
ošņa *m.* un *f.* sniffer.
ošņāt *v. a.* -ju, -ju, to sniff, to nose, to track.
ote *f.* brush, pencil.
otēt *v. a.* -ju, -ju, to paint, to colour.
otrādi *adv.* upside down; on the contrary; the other way.
otrāds *a.* different, contrary.
otrdiena *f.* Tuesday.
otrgadnieks *m.* pupil of the second year.
otrkārt *adv.* secondly.
otrklasnieks *m.* of the second form.
otrāds *a.* different, contrary.
otrpus *adv.* on the other side; ~ upei — across the river.
otrreiz *adv.* another or second time, again, once more.

otrs *prn.* other, second.
otrtik *adv.* doubly, twice (as).
ozolaine *f.* oak-grove.
ozolains *a.* rich in oaks.
ozols *m.* oak; ~ **dēls** *m. fig.* — hero, leader; **-lapa** *f.* — oak-leaf; ~ **vabole** *f.* — cockhafer.
ozons *m.* ozone.
oža *f.* smell.
ožamais spirts — liquid of ammonia.
ōda *f.* ode.
ōkeans *m.* ocean.

P

Pa *prp.* (laiks) during; (vieta) across, over, through, on, upon, in; ~ galvu, ~ kaklu — in a hurry; ~ tam — in the meantime; ~ miegam — in sleep; skaties ~ logu — look out of the window; ~ to laiku — meanwhile; ~ stundu laiku — during the lessons; ~ lielākai daļai — for the most part.
paadīt *v. a.* -du, -dīju, to knit now and then.
paagrs *a.* pretty early.
paairēt *v. a.* to row a while.
paasināt *v. a.* -nu, -nāju, to sharpen; (stāvokli) to render more severe, to aggravate.
paass *a.* rather sharp.
paaudze *f.* generation.
paaugstinājums *m.* elevation, raising; ~ amatā — promotion; ~ cenā — rise in the prices.
paaugstināt *v. a.* -nu, -nāju, to elevate, to raise; to promote, to advance; (algu) to increase.

paaugt v. a. -gu, -gu, to grow up.
paauklēt v. a. -ju, -ju, to nurse for a while.
paātrināt v. a. -nu, -nāju, to accelerate, to hasten, to quicken.
pabailīgs a. timid, fearful, shy.
pabalstīt v. a. -stu, -stīju, to support, to assist.
pabalstītājs m. supporter, helper.
pabalsts m. support, countenance; dole, relief; subsidy, benefit; **bezdarbnieku** — unemployment benefit.
pabarot v. a. -ju, -ju, to feed; to batten (animals).
pabārt v. a. -baŗu, -bāru, to scold a little; v. n. -ŗos, -ŗos, to quarrel.
pabāzt v. a. -žu, -zu, to push under; to shove under.
pabeigt v. a. -dzu, -dzu, to bring to a conclusion, to finish.
paberzēt v. a. -ju, -ju, to rub a little.
pabērnis m. stepchild.
pabērzis m. buckthorn.
pabikstīt v. a. -stu, -stīju, to poke.
pabiras f. pl. leavings, dregs, cuttings; fig. ruffians.
pabīdīt v. a. -du, -dīju, to move to, to advance.
pabledēt v. a. -ju, -ju, to frighten.
pabiezināt v. a. -nu, -nāju, to thicken.
pabiezs a. somewhat thick.
pabļaut v. a. -ju, -bļāvu, to cry, to shout.

pabradāt v. a. -ju, -ju, to wade a little.
pabraucīt v. a. -ku, -cīju, to stroke for a while.
pabraukāties v. n. -jos, -jos, to go for a drive.
pabrīnīties v. n. -nos, -nījos, to wonder, or marvel at
pabrokastot v. a. -ju, -ju, to finish breakfasting.
pabrokastis f. pl. late breakfast.
paburzīt v. a. -zu, -zīju, to rub; to crumple.
pabūt v. irreg. -biju, to make a short stay, to remain for a while.
pacelt v. a. -ļu, -cēlu, to lift up, to take or pick up; to raise; — **acis** — to cast up one's eyes; — **karogu** — to run up a flag; v. n. -ļos, -cēlos, to rise, to get up; to arise; to start up; (putns) to fly up.
pacensties v. n. -šos, -tos, to endeavour, to strive, to take pains.
paceplītis m. wren.
pacept v. a. -cepu, -cepu, (gaļu) to roast, to fry; (maizi) to bake.
pacēlums m. finding; lifting; (balss) stress.
pacilāt v. a. -ju, -ju, to weigh in the hand; (garīgi) to inspire, to thrill.
pacilātība f. inspiration, ecstasy, enthusiasm.
pacīnīties v. n. -nos, -nījos, to keep on fighting.

paciemoties v. n. -jos, -jos, to be on a short visit.
pacienāt v. a. -ju, -ju, to treat, to regale.
pacienātājs m. host; f. hostess.
paciest v. a. -ciešu, -cietu, to endure, to bear, to suffer; v. n. -šos, -tos, to have patience, to bear with.
pacietība f. patience, endurance.
pacietīgs a. patient, forbearing, indulgent.
pačabināt v. a. -nu, -nāju, to rustle a little.
pačalojums m. talk, chatter, prattle.
pačalot v. a. -ju, -ju, to chatter, to babble; (upe) to murmur.
pačukstēt v. a. -stu, -stēju, to whisper secretly.
pa daļai adv. partly, to some extent.
padarīt v. a. -ru, -rīju, to make, to do; to finish.
padauzīties v. n. -zos, -zījos, (bērni) to romp a little; (klauvēt) to knock.
padebesis f. pl. clouds.
padeģelis m. (made) homeless by fire.
padejot v. a. -ju, -ju, to dance a little.
padevība f. devotion, submission, obedience; respects.
padevīgs a. humble, obedient.
padēklis m. nest-egg.
padēlis m. stepson.
padibenes f. pl. dregs, lees.
padomat v. a. -ju, -ju, to think, to reflect upon.

padomdevējs m. adviser, councellor.
padome f. council, board.
padomju valdība f. soviet government.
padoms m. advice, counsel, suggestion; (krājums) supply, store; means; viņam ir ~mā — he has in view; dot ~mu — to advise.
padošanās f. pl. surrender, yielding.
padot v. a. -dodu, -devu, to give, to hand; v. n. -dos, -vos, to give way, to yield, to surrender.
padure f. space under the door.
paduse f. armpit.
padusmoties v. n. -jos, -jos to be angry.
padzerties v. p. -dzeros, -dzēros, to drink enough, to drink one's fill.
padziļinājums m. hollow, cavity, recess; fig. intensification.
padziļināt v. a. -nu, -nāju, to excavate, to hollow; fig. to intensify.
padzimta f. subspecies.
padzirdināt v. a. -nu, -nāju, to water, to give to drink.
padzīt v. a. -dzenu, -dzinu, to drive off, to send away.
padzīvot v. a. -ju, -ju, to live, to enjoy life; v. n. -jos, -jos to enjoy or divert oneself.
padziedāt v. a. -du, -dāju, to sing a little.
paeglis m. juniper.
paelpot v. a. -ju, -ju, to breathe a little.

paēdināt v. a. -nu, -nāju, to feed.
paēdis a. satiated, full; esmu ~: I have had enough.
paēna f. shade, shadow; shelter.
paērkšķis m. hawthorn.
paēst v. a. -ēdu, -ēdu, to eat, to finish eating; v. n. -ēdos, -ēdos, to sate oneself, to eat one's fill.
pag! *interj.* wait a bit! just a minute! let me see!
pagadīties v. n. -gados, -gadijos, to chance, to happen, to occur.
pagaidām adv. for the present, as long as, until, for the time being, for a while.
pagaidīt v. a. -du, -dīju, to wait for.
pagaidu adv. temporary, for the present, for the time being; ~ apcietinājums — preventive imprisonment; ~ aprēķins — provisional balancing of accounts; ~ pārsējums — provisional dressing; ~ valdība — temporary government; ~ strādnieks — casual labourer.
pagaist v. a. -stu, -su, to disappear, to vanish.
pagalam adv. at an end, over, out; (loti) quite, wholly, totally, entirely.
pagalde f. space under the table.
pagale f. log of wood.
pagalms m. court-yard.
pagalvis m. pillow, head of the bed.

pagalvot v. a. -ju, -ju, to warrant.
paganīt v. a. -nu, -nīju, to guard, to watch for a while; lopus ~: to pasture, to keep.
pagarinājums m. prolongation, continuation, lengthening.
pagarināt v. a. -nu, -nāju, to lengthen; to prolong; v. n. -nos, -nājos, to lengthen.
pagaŗš adv. rather long.
pagasts m. parish, district; ~a nams — county parish house ~a priekšnieks — chairman of a parish council; ~a rakstvedis — parish clerk; ~a valde — local board; ~a skola — parish elementary school; ~a tiesa — district court; ~a vecākais — headman of a district.
pagatavot v. a. -ju, -ju, to make, to prepare.
pagauss a. rather slow.
pagavēt v. a. -ju, -ju, to fast for a while.
pagādāt v. a. -ju, -ju, to procure.
pagājība f. past times.
pagānisks a. heathen, pagan; *fig.* godless.
pagānība f. paganism, heathendom.
pagāns m. pagan, heathen.
pagātne f. the past, old times; (gram.) past tense.
pagāzt v. a. -žu, -zu, to throw down, to cause to fall; v. n. -žos, -zos, to fall down; to bend.

paglabāt v. a. -ju, -ju, to keep, to save; (noslēpt) to conceal, to hide; (apbedīt) to bury.
paglaimot v. a. -ju, -ju, to flatter a little
paglābt v. a. -bju, -bu, to save, to rescue, to preserve; v. n. -bjos, -bos, to escape, to save oneself.
paglaudīt v. a. -ju, -ju, to caress a little
pagodinājums m. honour.
pagodināt v. a. -nu, -nāju, to honour; v. n. -nos, -nājos, to have the honour
pagozēties v. n. jos, -jos, to bask in the sun.
pagrabs m. cellar; **-ba dzīvoklis** — cellar-dwelling.
pagrābt v. a. -bju, -bu, to lay hold on, to seize; (sienu) to rake a little
pagrimšana f. decline, decadence, fall.
pagrimt v. a. -mstu, -mu, to decline, to come down; (zem ūdens) to sink.
pagride f. space under the floor; **-es organizācijas** — illegal societies.
pagriezíens m. turn.
pagriezt v. a. -žu, -zu, to turn; v. n. -žos, -zos, to turn round.
pagrozīt v. a. -zu, -zīju, to turn to and frow; v. n. -zos, -zījos, to move, to bustle.
pagrūst v. a. -žu, -du, to give a push, to jostle.
pagrūts a. somewhat hard.
pagulēt v. a. -ļu, -lēju, to sleep a little; v. n. -ļos, -lējos, to take a nap.
pagulte f. place under the bed.
pagurt v. a. -rstu, -ru, to get tired.
pagūt v. a. -stu, -guvu, -to find time, to do something in time; to succeed.
paģiras f. pl. mumps, seediness.
paģībt v. a. -bstu, -bu, to faint, to swoon.
paidagogs m. pedagogue.
paidagoģija f. pedagogy.
paija f. plaything
paijāt v. a. -ju, ju, to caress, to stroke gently.
paildzināt v. a. -nu, nāju, to prolong.
paīpala f. quail.
paisīt v. a. -su, -sīju, to swingle.
paisums m. tide.
paiet v. in. -eju, -gāju, to walk for a while; **- pretim** — to advance, to go to meet; (laiks) to elapse, to pass.
pajauns a. youngish.
pajautāt v. a. -ju, -ju, to ask, to question.
pajautrināt v. a. -nu, -nāju, to cheer up.
pajokot v. a. -ju, ju. to joke, to make fun.
pajs f. share.
pajumte f. cover, shelter; dot **-ti** — to shelter.
pajūgs m. equipage, team.
paka f. packet, parcel.
pakaisīt v. a. -su, -sīju, to litter, to scatter, to strew.

pakaiši — paklāt

pakaiši *m. pl.* litter; **kūdras peat litter.**
pakakle *f.* double-chin.
pakalnains *a.* hilly.
pakalne *f.* hill, hillock.
pakalpība *f.* obligingness.
pakalpīgs *a.* obliging.
pakalpot *v. a.* -ju, -ju, to oblige, to render a service.
pakaļ *adv.* after, far; **-lā —** behind.
pakaļa *f.* hind quarters; buttocks, backside, back; **-|kājas —** hind-legs; **-|ass —** hind axle-tree; **-|darinājums —** falsification, sorgery; **-|durvis —** back-door; **-|gals —** rear, hind part; (kuģa) stern; **-|ritenis —** hind wheel; **-|dzīšanās —** pursuit, chase; **-|palicējs —** belated, lagging; (dzīvie) the mourners, survivors; **-|trepes —** backstairs, servants staircase.
pakaļdarināt *v. a.* -nu, -nāju, to imitate, to forge.
pakaļdzīties *v. n.* -dzenos, -dzinos, to pursue; (suns) to track, to dog; (zaķim) to course a hare.
pakaļtaisīt *v. a.* -su, -sīju, to falsify, to forge.
pakampt *v. a.* -pju, -pu, to seize.
pakars *m.* peg, hook; **-iņš —** tab, appendage.
pakasīt *v. a.* -su, -sīju, to scratch a little.
pakausis *m.* nape, back of the head.
pakavēt *v. a.* -ju, -ju (laiku) to amuse oneself, to spend time; *v. n.* -jos, -jos, to tarry. (pie lietas) to dwell on a subject.
pakavs *m.* horse-shoe.
pakāje *f.* (kalna) foot of a hill; pedestal
pakāpe *f.* step, degree, stage.
pakāpeniski *adv.* gradually, by degrees.
pakāpenība *f.* gradation.
pakāpiens *m.* step, rung, tread.
pakāpties *v. n.* -pjos, -pos, to climb up, to rise.
pakārt *v. a.* -karu, -kāru, to hang hang up; *v. n.* -ros, -ros, to hang oneself.
pakārtot *v. a.* -ju, -ju, to subordinate.
pakāt *v. a.* -karu, -kāru, to hang up; *v. n.* -ros, -ros, to hang oneself.
pakāt *v. a.* -ju, -ju, to pack.
paklanīšanās *f.* bow; (siev.) curtsy.
paklanīties *v. n.* -nos, -nījos, to bow, (siev.) to curtsy.
paklaudzināt *v. a.* -nu, -nāju, to knock, a little.
paklausība *f.* obedience, amenability.
paklausīgs *a.* obedient, amenable.
paklausīt *v. a.* -su, -sīju, to obey; *v. n.* -sos, -sījos, to listen.
paklauvēt *v. a.* -ju, -ju, to knock a while.
paklājs *m.* carpet, rug.
paklāt *v. a.* -ju, -ju, to spread.

paklejot v. a. -ju, -ju, to take a stroll
paklēte f. space under the granary
paklibot v. a. -ju, -ju, to limp a little.
paklīdis a. degenerate, depraved
paklīst v. a. -stu, -du, to go astray, to go to the bad.
pakliegt v. a. -dzu, -dzu, to shout.
paklupt v. a. -klūpu, -klupu, to stumble
paklusām adv. softly, noiselessly; (slepeni) furtively.
pakopu adv. near together
pakraste f. dip of the bank
pakratīt v. a. -tu, -tiju, to shake.
pakrēsla f. dusk, twilight
pakrēslis m. shade.
pakrist v. a. -kritu, -kritu, to fall down.
pakrūts f. subpectoral region, dewlap; diaphragm.
pakšķis m. corner of a wooden building.
pakulas f. pl. oakum.
pakult v. a. -ļu, -kūlu, to thrash; v. n. -ļos, -kūlos, to move on with difficulty.
pakurls a. somewhat deaf.
pakustēt v. a. -stu, -stēju to move, to bestir.
pakustināt v. a. -nu, -nāju, to move slowly.
pakutināt v. a. -nu, -nāju to tickle.
pakūtrs a. rather lazy
paķert v. a. -ru, -ķēru, to grasp to seize.

paķircināt v. a. -nu, -nāju, to chaff, to tease.
palags m. bed-sheet.
palagzdīte f. liver-leaf.
palaidnība f. naughtiness, licence.
palaidnīgs a. naughty; slovenly.
palaidnieks m. scape-grace; (noklīdis) profligate; ~niece — drab, slut.
palaimēties v. n. -jas, -jās, to succeed, to thrive, to have the good fortune.
palaist v. a. -žu, -du, to let go or escape; ~ izdevību — to miss an opportunity; ~ muti — to blab out, to tell tales; ~ nagus — to steal; ~ vaļā — to set free; v. n. -žos, -dos, (uzticēties) to rely upon, to count upon, to trust in; (palaidnībā) to lead a profligate life.
palaizīt v. a. -zu, -zīju, to lick a little.
palama f. nickname.
palasts m. palace.
palasīt v. a. -su, sīju, to read a little; to gather.
palaunags m. afternoon-meal; five o'clock tea
paldies adv. thank you, thanks, much obliged.
palecināt v. a. -nu, nāju (bērnu) to dance on the knee.
paleja f. valley; lowland.
palekt v. a. -cu, -cu, to jump, to skip.
palepoties v. n. -jos, -jos, to be proud of, to pride oneself on.
palete f. palette.

14*

palēkāties v. n. -jos, -jos to romp for a while, to skip to and fro.
palēkties v. n. -cos, -cos, to jump up.
palēnam adv. gently, slowly.
palētināt v. a. -nu, -nāju, to reduce prices; v. n. -nos, -nājos, to cheapen, to become cheaper.
palēts a. rather cheap.
pali m. pl. spring flood, inundation.
palikt v. a. -lieku, liku, (uz vietas) to remain, to stay; (kļūt) to become, to grow, to turn; (nolikt) to put under; ~ apakšā — to be beaten; ~ nomodā — to sit up
palīdzēt v. a. -dzu, -dzēju, to assist, to aid, to help.
palīdzība f. help, assistance, aid, relief.
palīdzīgs a. helpful.
palīga a. auxiliary; ~ darbības vārds — auxiliary verb; ~ teikums — subordinate clause or sentence; ~ līnija — subsidiary line; ~ līdzeklis — expedient, remedy; ~ mācītājs — curate.
palīgs m. assistant, helper; palīgā help! ~gā steigties to fly to somebody's aid; ~gā saukt — to call for help.
palīksmoties v. n. -jos, -jos, to amuse oneself, to rejoice.
palīst v. a. -lienu, -līdu, to crawl or creep under.

paliekamais m. (rakstot) blotting pad.
paliekas f. pl. odds and ends, remains.
paliekt v. a. -cu, -cu to bend, to curve
palielinājums m. enlargement.
palielināt v. a. -nu, -nāju, to enlarge, (mikrosk.) to magnify; to increase; ~nāmais stikls — magnifying glass.
palielīties v. n. -los, -lījos, to boast, to brag.
paliels a. rather large.
palienēt v. a. -nu, -nēju, (otram) to lend; (no otra) to borrow.
palievenis m. shed, penthouse; veranda.
palma f. palm-tree; ~mu eļļa — palm-oil.
palocīšanās f. sk. paklanīšanās.
palocīt v. a. -ku, -cīju, to bend, to bow.
paloda f. lintel.
palodze f. window-sill.
palsens a. light-coloured, fallow.
palss a. pale, fallow, tawny.
paltraks m. long coat.
palts f. pool, puddle.
palūgt v. a. -dzu, -dzu, to ask, to beg.
palūkot v. a. -ju, -ju, to look to, to try; v. n. -jos, -jos, to look round or out.
paļas f. pl. blame, abuse.
paļaušanās f. reliance.
paļaut v. a. -ju, -ļāvu, to allow, to permit; v. n. -jos, -ļāvos, to trust, to rely upon, to count upon.

paļat v. a. to, abuse, to blame.
paļāvība f. confidence, trust.
pamaisīt v. a. -su, siju, to stir a little.
pamale f. border, region; (debess) horizon.
pamanāms a. noticeable, perceivable.
pamanīt v. a. -nu, -nīju, to notice, to observe, to perceive; v. n. -nos, -nījos, to be quick, to hasten.
pamašas f. pl. night-walking.
pamatakmens m. foundation-stone.
pamatakords m. fundamental chord.
pamatdoma f. central or leading idea.
pamatīgs a. solid, well-founded; radical.
pamatīpašība f. idiosyncrasy, fundamental peculiarity.
pamatjēdziens m. leading idea; principal notion.
pamatkapitāls m. capital, original stock.
pamatkrāsa f. ground colour, primary colour.
pamatlikums m. fundamental law, principle.
pamatlīnija f. base; -jas — outline; (zīmēš.) ground-line.
pamatmaksa f. original fee.
pamatmācība f. fundamental doctrine; rudiments.
pamatmūris m. foundation — wall, substructure.
pamatne f. base, foundation; basis.

pamatnosacījums m. main condition.
pamatojums m. argument, motivation, proof.
pamatot v. a. -ju, -ju, to base or found upon.
pamatpakāpe f. (gram.) positive degree.
pamats m. foundation, basis; nav ~ta — there is no reason; līdz ~ tam — till the bottom, to the root, thoroughly.
pamatskaitlis m. cardinal number.
pamatskola f. elementary school.
pamatšķira f. working class.
pamatšūna f. parental cell.
pamattiesības f. pl. fundamental rights.
pamattonis m. (mūz.) key-note.
pamatvaloda, angļu f. Basic English.
pamatviela f. element.
pamazām adv. slowly, softly; gradually, by degrees.
pamazinājums m. diminution; reduction; depreciation.
pamazināmais a. vārds — diminutive.
pamazināt v. a. -nu, -nāju; to diminish, to reduce; v. n. -nos, -nājos — to decrease; (vējš) to abate.
pamazītiņām adv. little by little.
pamazs a. somewhat little.
pamācība f. instruction.
pamācīt v. a. -cu, -cīju, to instruct, to teach; v. n. -cos, -cījos, to learn, to study a little.

pamācošs a. edifying, instructive; didactic
pamāsa f. step-sister.
pamāt v. a. -ju, -ju, to make a sign; (ar galvu) to nod; (ar roku) to beckon, to wave.
pamāte f. step-mother.
pameita f. step-daughter.
pameklēt v. a. -ju, -ju, to search, to seek.
pamelns a. blackish.
pamest v. a. -tu, -tu, (atstāt) to leave, to forsake; (zaudēt) to lose; (aizmest) to throw away, to fling.
pametums m. loss, waste.
pamēģināt v. a. -nu, -nāju, to try, to attempt; (garšot) to taste.
pamērcēt v. a. -ju, -ju, to dip, to immerse.
pamērīt v. a. -ru, -rīju, to measure.
pamina f. treadle; pedal.
pamirdzēt v. a. -dzu, -dzēju, to glisten.
pamiris a. seemingly dead, lying in a trance.
pamirkšķināt v. a. -nu, -nāju, to wink, to twinkle.
pamirt v. a. -rstu, -ru, to faint; (sirds) to sink.
pamirums m. paralysis.
pamist v. a. -mītu, -mitu, to stay a little.
pamīlināties v. n. -nos, -nājos, to fondle; to flirt.
pamīņāties v. n. -jos, -jos, to stamp one's feet, to trample.
amīšus adv. (pēc kārtas) alternately, by turns; (salikums) athwart, across.
pamielot v. a. -ju, -ju, to treat to, to feed; (sist) to thrash, to beat; ~ acis — to feast one's eyes; v. n. -jos, -jos, to feast, to eat good morsels.
pamiers m. armistice.
pamocīt v. a. -ku, -cīju, to torment, to torture, to tease; v. n. -kos, -cījos, to suffer, to torment oneself.
pamodināt v. a. -nu, nāju, to awaken, to rouse.
pamosties v. n. -stos, -dos, to awake, to wake up.
pampt v. a. -pstu, -pu, to swell, to tumefy.
pampums m. swelling, tumour.
pamudinājums m. encouragement, stimulus.
pamudināt v. a. -nu, -nāju, to encourage, to cheer up.
pamudinātājs m. instigator, prompter.
pamudinošs a. stimulating, encouraging, provoking.
pamuļķis m. blockhead, simpleton.
panāksnieki m. pl. wedding-guests of the bride.
panākt v. a. -ku, -cu, to overtake, to reach, to attain.
panākums m. attainment, success, result.
panckas f. pl. rags, tatters.
pančka f. puddle, pool.
panesams a. endurable, bearable.
panesīgs a. forbearing, indulgent.

panest v. a. -su, -su, to bear, to carry; (ciest) to endure, to tolerate
panika f. panic.
paniņas f. pl. buttermilk.
panīcis a. decayed; (cilvēks) come down in the world
panīkt v. a. -nikstu, -niku, to decay, to go to the bad
panīkums m. decay, decline
pankūka f. pancake
panna f. frying-pan
pansionārs m. boarder
pansionāts m. boarding-house
panteris m. panther
pantmērs m. metre
pantomīma f. dumb-show, pantomime
pantpēda f. (metrical) foot
pants m. verse. **-tu kalējs** — poetaster, rhymester; **sejas -ti** — features, lineaments
paņemt v. a. ņemu, -ņēmu — to take away, to seize
paņēmiens m. manner, mode; (vingroš.) movement, trick
paņirgāties v. n. jos, -jos, to sneer
paost v. a. -ožu, -odu, to smell
papagailis m. parrot
paparde f. fern
pape f. cardboard, pasteboard
papele f. poplar
papēdis m. heel.
papētīt v. a. -tu, -tīju, to investigate, to search
papildinājums m. addition, completion; (grāmatai) supplement

papildināšanās f. completion, perfection.
papildināt v. a. -nu, -nāju, to supply, to complete; v. n. -nos, -nājos, to perfect oneself, to learn
papildītājs m. complement, (grām.) object
papildmuita f. additional duty
papildskola f. continuation school, adult-school
papildspēki m. pl. reserves
papildu a. supplementary, complementary; **-nodoklis** — additional tax; **- pasūtījums** — subsequent order, **- sēdeklis** (auto) emergency seat, dicky, **- vēlēšanas** — by-election
papilnam adv. abundantly, profusely
papīrfabrika f. paper-mills.
papīrkurvis m. wastepaper basket
papīrnazis m. paper-knife
papīrnauda f. paper-money, banknotes
papīross m. cigarette; **-su etvija** — cigarette-case.
papīrs m. paper.
papīruss m. papyrus.
papīrveļa f. paper collars and cuffs
paplašinājums m. extension.
paplašināt v. a. -nu, -nāju, to extend, to enlarge; v. n. -nos, -nājos, to grow larger.
paplāte f. tray
paplātīties v. n. -tos, -tījos, to boast of, to talk big.

paplucināt *v. a.* -nu, -nāju; to pick, to pluck.
papļaut *v. a.* -ju, -pļāvu, to mow a little.
papļāpāt *v. a.* -ju, -ju, to chat a little.
paprasīt *v. a.* -su, -sīju, to ask.
papriecāties *v. n.* -jos, -jos, to rejoice, to be glad.
papriekšu *adv.* at first, previously.
papurināt *v. a.* -nu- -nāju, to shake a little.
papus *m.* papa, Dad.
papuve *f.* fallow.
papūlēties *v. n.* -los, -lējos, to take pains, to endeavour, to try hard.
papūst *v. a.* -šu, -tu, to blow a while; (stabuli) to sound a little.
par *prp.* for, about; domāt, (runāt, rakstīt) ~ nākotni — to think (talk, write) about future; jaunāks ~ mani — younger than I; viņam ~ godu — in honour of him; pāri ~ mēru — beyond measure; ~ trim gadiem vecāks — older by three years; kas par troksni! — what noise! tik un tik ~ gadu — per annum.
paradis *a.* accustomed, in the habit of.
paradīze *f.* paradise.
paradums *m.* habit, way.
parakņāties *v. n.* -jos, -jos, to rummage.
parakstīt *v. a.* -stu, -stīju, to sigu; (zāles) to prescribe, to order; (laikrakstus) to subscribe to, to take in; (rakstīt) to write a little; *v. n.* -stos, -stījos, to sign one's name; **es apakšā ~stījies** — I the undersigned.
parakstītājs *m.* signatory; subscriber.
paraksts *m.* signature.
parakt *v. a.* -roku, -raku, to dig.
paralizēt *v. a.* -ju, -ju, to paralise.
paralitiķis *m.* paralytic, paralysed.
paralēls *a.* parallel to or with.
parast *v. a.* -rdu, -radu, to get used, to become accustomed.
parasti *adv.* usually, as a rule, generally.
parasts *a.* usual, customary; (pretstats: sevišķs) commonplace, ordinary; kā ~ — as usual.
paraža *f.* custom, habit.
parau *interj.* behold! look! see
paraudzīt *v. a.* -gu, -dzīju, (ar roku) to feel; (garšot) to taste; (pagādāt) to procure; *v. n.* -gos, -dzījos, to look round.
paraugam *adv.* on approval, for inspection.
paraugnummurs *m.* specimen number.
paraugprece *f.* specimen, sample.
paraugs *m.* sample, model, specimen, example; ~gu krājums — collection of samples.

paraugsaimniecība f. model farm.
paraugskola f. model school.
paraustīt v. a. -stu, -stīju, to pull repeatedly; ~ plecus — to shrug one's shoulders.
paraut v. a. -ju, -rāvu, to pull; velns lai parauj! — confound it!
paravēt v. a. -ju, -ju, to weed for a while.
parazīts m. parasite.
parāde f. parade; display; ~dē iet — to pass in review.
parādība f. apparition, phenomenon.
parādīt v. a. -du, -dīju, to show, to disclose; v. n. -dos, -dījos, to show oneself, to appear.
parādnieks m. debtor.
parāds m. debt; iekļūt ~dos — to run into debt; piedod mums mūsu ~dus — forgive us our trespasses.,
parādzīme f. bond, note of hand.
parcele f. lot, allotment.
parcelēt v. a. -ju, -ju, to allot, to divide into lots.
pardaudz num. (pie īpašības) too; (pie priekšmetiem) too many; (vielu un abstr. vārdiem) too much.
paredzāms a. anticipated, foreseen; prospective.
paredzējums m. anticipation, foresight.
paredzēt v. a. -dzu, -dzēju, to anticipate, to foresee.
pareģis m. fortune-teller, seer.

pareģojums m. prophecy.
pareģot v. a. to foretell, to prophesy.
pareizi adv. right; pulkstens iet — the watch keeps good time.
pareizība f. rightness, exactness.
pareizrakstība f. spelling, ortography.
pareizs a. right, correct; regular.
pareizticība f. orthodoxy.
paretam adv. rarely, seldom.
paretinājums m. clearing, thinning.
paretināt v. a. -nu, -nāju, to thin.
parfimēt v. a. -ju, -ju, to perfume, to scent.
parīt (ī) adv. the day after tomorrow.
parkets m. inlaid floor; (teātrī) pit; ~ta ložas — stalls.
parks m. park.
parkšķināt v. a. -nu, -nāju, to rattle; (stārķis) to clap.
parkšķis m. rattle.
parķis m. fustian.
parlamenta... a. parliamentary.
parlaments m. parliament.
par maz adv. (īpašība un viela) too little; (priekšmeti) too few.
parocis m. banister, rail; balustrade.
parocīgs a. convenient, handy.
parodija f. parody.
parole f. watchword; parole.
parotaļāties v. n. -jos, -jos, to play a little.
partejisks a. partial, biassed.
partejība f. partiality, bias.

parters *m.* ground-floor, (teātrī)
particips *m.* participle [pit.
partija *f.* party. -ju ciņa — party strife; -ju preces — job-goods; -jas vadonis — leader of a party, precību — match; spēļu - — game
partitūra *f.* (mūz.) score
partners *m.* partner
paruna *f.* proverb, saying
parunāt *v. a.* -ju. -ju. to speak, to converse about; *v. n.* -jos. -jos. to chat a little, to talk.
parupjš *a.* somewhat rude
parūka *f.* wig
parūpēties *v. n.* -jos. -jos to take care of
pasacīt *v. a.* -saku -saciju. to say, to tell
pasaka *f.* fairy-tale -ku vācele - story-teller
pasakains *a.* faery, legendary
pasaknis *m.* back of a book
pasapņot *v. a.* -ju -ju. to dream a little
pasargāt *v. a.* -gu. -ju. to protect, to defend, (uzglabāt) to preserve, to keep from. Dievs pasargi! — God forbid!
pasaukt *v. a.* -cu. -cu. to call
pasaule *f.* world, universe, (cilvēki) mankind. -les apceļojums — journey around the world, -les karte — map of the world, -les meistars (sportā) — champion of the world; -les rekords — world('s) record, -les slava — world-wide renown, international reputation, -les staigulis — globe-trotter vagrant -les uz-skats — philosophy of life, outlook on life; -les valoda — universal language
pasaulība *f.* worldliness, secularity
pasaulīgs *a.* worldly secular mundane
pasaulslavens *a.* world-famous, celebrated
pasauss *a.* somewhat dry
pasažieris *m.* passenger; -ru kuģis — liner. -ru lidmašina — air-liner
pasākt *v. a.* ku. -ku. to undertake, to start
pasākums *m.* undertaking, enterprise
pasāža *f.* passage
pase *f.* passport
pasedle *f.* saddle-cloth, shabrack
pasega *f.* lower cover
pasegt *v. a.* -dzu -dzu. to spread under
pasēdēt *v. a.* -sēžu. -sēdēju to sit a while
pasērst *v. a.* -šu. -su to be on a visit, to stay with
pasijāt *v. a.* -ju. -ju. to sift
pasildīt *v. a.* -du. -diju. to warm, to heat. *v. n.* -dos. -dijos. to warm oneself
pasist *v. a.* -situ -situ. to strike or knock down
pasīvs *a.* passive, inactive (*gram.*) passive voice
pasiet *v. a.* sienu. sēju. to tie under
paskaidrojums *m.* explanation, interpretation
paskaidrot *v. a.* -ju. -ju. to explain, to expound, to interpret.

paskaidrotājs *m.* interpreter, commentator.
paskaldīt *v. a.* -du, -dīju, to cleave, to cut a little.
paskalot *v. a.* -ju, -ju, to rinse, to wash up; ~ rīkli — to gargle.
paskatīties *v. n.* -tos, -tījos, to look at.
paskolot *v. a.* -ju, -ju, to give some education, to train a little.
paskraidīties *v. n.* -dos, -dījos, to have a run.
paskriet *v. a.* -nu, -skrēju, to run.
paskubināt *v. a.* -nu, -nāju, to urge, to spur.
paslepen *adv.* secretly, furtively.
paslepens *a.* secret, furtive, hidden.
paslepšu *adv.* sk. paslepen.
paslēpt *v. a.* -pju, -pu, to conceal, to hide; *v. n.* -pjos, -pos, to hide oneself.
paslēptuve *f.* hiding-place, retreat.
paslinkot *v. a.* ju, -ju, to idle, to lounge.
paslīdēt *v. a.* -du, -dēju, to slip.
pasludināt *v. a.* -nu, -nāju, to announce, to proclaim.
pasludinātājs *m.* announcer, proclaimer.
pasmags *a.* somewhat heavy.
pasmaidīt *v. a.* -du, -dīju, to smile a little.
pasmelt *v. a.* -ļu, -smēlu, to bail, to dip out; (ar karoti) to ladle out.

pasmieties *v. n.* -jos, -smējos, to laugh a little.
pasniedzējs *m.* deliverer; (skolot.) teacher.
pasniedzīte *f.* snow-drop.
pasniegt *v. a.* -dzu, -dzu, to hand; (pie galda) to pass; (stundas) to give; *v. n.* -dzos, -dzos, to reach out.
pasniegums *m.* offering, presentation.
paspārne *f.* space under the ends of spars, shelter; refuge.
paspēlēt *v. a.* -ju, -ju to lose the game; to play for a while.
paspēlētājs *m.* loser.
paspēt *v. a.* -ju, -ju, to manage, to find time.
paspīdēt *v. a.* -du, -dēju, to flash up, to sparkle for a while.
paspiest *v. a.* to press; (roku) to shake hands.
pasprukt *v. a.* -sprūku, -spruku, to escape, to break loose.
pasta *f.* paste.
pastaigāšanās *f.* walk.
pastaigāties *v. n.* -jos, -jos, to take a walk, to go for a walk.
pastala *f.* peasant foot-covering of thick leather; zaķa — coward.
pastariņš *m.* the youngest child.
pastarpe *f.* interval.
pastarpēs *adv.* in between, in the meantime.
pastars *a.* final, last.
pastardiena *f.* Doomsday.
pastartiesa *f.* Day of Judgment.

pastāstīt *v. a.* -stu, -stīju, to relate, to tell; to inform.
pastāvēt *v. a.* -vu, -vēju, to stand for a while; to wait; (būt) to be, to exist, to last; (apgalvot) to insist upon.
pastāvība *f.* constancy; steadiness.
pastāvīgi *adv.* ever, always, constantly.
pastāvīgs *a.* constant, steady, stable.
pasteidzināt *v. a.* -nu, -nāju, to urge, to hurry.
pasteigt *v. a.* -dzu, -dzu, to hurry, to quicken; *v. n.* -dzos, dzos, to hasten, to make haste.
pasterizēt *v. a.* -ju, -ju, to pasteurize.
pastēte *f.* pie; (ar augļiem) tart.
pastiprinājums *m.* increase, intensification, strengthening.
pastiept *v. a.* -pju, -pu to stretch.
pastkarte *f.* postcard.
pastmarka *f.* stamp.
pastnieks *m.* postman.
pastote *f.* edging.
pastpapīrs *m.* note-paper.
pastrādāt *v. a.* -ju, -ju, to accomplish, to have done; (noziegumu) to commit.
pastrīdēties *v. n.* -dos, -dījos, to quarrel, to argue.
pastrīpot *v. a.* -ju, -ju, to underline; (vārdos) to put stress on.
pasts *m.* post; ~a kantoris — post office; ~a kaste — letter-box; ~a krājkase — post-office savings bank; ~a līdma-šīna, — mail plane; ~a nodaļa — branch post-office; ~a pārvedums — money order; ~a sūtījums — parcel sent by post; ~a vāģis — mail-van; ~a vilciens — mail-train; ~sta balodis — carrier-pigeon.
pastumt *v. a.* -mju, -stūmu, to move on, to push.
pasuga *f.* subspecies.
pasutināt *v. a.* -nu, -nāju, to stew, to steam; *v. n.* -nos, -nājos, to take a vapour bath.
pasūkāt *v. a.* -ju, -ju, to suck a little.
pasūkt *v. a.* -cu, -cu, sk. pasūkāt.
pasūtīt *v. a.* -tu, -tīju, to order, (šurp un turp) to order about; (laikrakstus) to subscribe.
pasveicināt *v. a.* -nu, -nāju, to greet, to salute; likt ~ — to send greetings or compliments.
pasvētdiena *f.* half-holiday.
pasvilpt *v. a.* -pju, -pu, to whistle.
pasvītrojums *m.* (rakstos) underlining; (vārdos) stress, emphasis.
pasvītrot *v. a.* -ju, -ju, to underline; to emphasize, to put stress upon.
pasviest *v. a.* -žu, -du, to throw; *v. n.* -žos, -dos, to rush.
pašaizliedzība *f.* self-denial, self-negation.
pašaizliedzīgs *a.* self-denying.
pašaizsardzība *f.* self-defence.

pašaizstāvēšanās — pašnāvība 221

pašaizstāvēšanās *f.* self-defence.
pašapauglošanās *f.* self-fecundation.
pašapgānīšanās *f.* masturbation, onanism.
pašapmānīšanās *f.* self-deception, self-delusion.
pašapmierinājums *m.* self-sufficiency.
pašapsūdzība *f.* self-accusation.
pašapzinīgs *a.* self-assertive, self-confident.
pašapziņa *f.* self-assertiveness, self-confidence.
pašatziņa *f.* self-knowledge.
pašatzīšanās *f.* voluntary confession.
pašaudzēts *a.* home-grown.
pašausts *a.* home-made.
pašā laikā *adv.* just in time.
pašbiogrāfija *f.* autobiography.
pašcena *f.* prime cost, self-cost.
pašcepts *a.* self-made, homemade.
pašcildināšana *f.* self-glorification.
pašcieņa *f.* self-esteem, self-respect.
pašdarbība *f.* self-activity.
pašdarbīgs *a.* self-acting.
pašdarināts *a.* self-made, homemade.
pašdievināšana *f.* self-worship.
pašgājējs *m.* self-mover, self-goer; (lokomobīle) self-moving engine.
pašgudrs *a.* capricious, wilful.
pašizglītība *f.* self-education.
pašizmaksa *f.* cost-price; prime cost.

pašiznīcināšanās *f.* self-destruction.
pašizredzēts *a.* of one's own choice.
pašiedvesme *f.* self-suggestion.
paškritika *f.* self-criticism.
paškindināt *v. a.* -nu, -nāju, to make a tinkling noise.
paškira *f.* subspecies, variety.
paškirīgs *a.* speedy, dexterous.
paškirstīt *v. a.* -stu, -stīju, to turn over the leaves, to peruse.
paškirt *v. a.* -ŗu -šķīru, to part, to divide.
paškībs *a.* awry, a little bent.
paškivis *m.* saucer.
paškiebt *v. a.* -bju, -bu, to slant a little.
paškielēt *v. a.* -ju, -ju, to squint to leer at.
paškobīt *v. a.* -bu, -bīju, to bend.
pašlabums *m.* self-interest.
pašlaik *adv.* just now, just.
pašlepns *a.* self - complacent, priggish.
pašlepnums *m.* self-pride, self-complacency, self-esteem.
pašlielība *f.* self-praise.
pašmācība *f.* self-instruction; -bas grāmata — handbook for self-instruction.
pašmērķis *m.* end in itself.
pašmīlība *f.* selfishness, selflove.
pašmīlīgs *a.* selfish, self-loving.
pašmocība *f.* self-torment.
pašnāvība *f.* suicide; -bas mēģinājums — attempted suicide; izdarīt -bu — to commit suicide, to kill oneself.

pašnāvnieks *m.* suicide
pašnievāšana *f.* self-abasement.
pašnoteikšana *f.* self-determination.
pašnoverošana *f.* introspection.
pašnovērtējums *m.* self-statement
pašpalīdzība *f.* self-help, self-aid.
pašpaļāvība *f.* self-confidence, self-reliance.
pašpazemošanās *f.* self-abasement.
pašpazīšana *f.* knowledge of oneself.
pašpārmetums *m.* self-reproach
pašpieticība *f.* self-sufficiency
pašpietīcīgs *a.* self-sufficient.
pašreiz *adv.* sk. pašlaik.
pašrocīgs *a.* with one's own hand; ~ paraksts — sign manual.
pašsaindēšanās *f.* self-poisoning.
pašsakropļojums *m.* self-mutilation.
pašsavaldīšanās *f.* self-discipline, self-possession.
pašslepkava *f.* sk. pašnāvnieks.
paštaisīts *a.* home-made, self-made.
paštiesa *f.* lynch-law.
pašuzslava *f.* self-praise.
pašuzticība *f.* self-confidence.
pašuzturа *f.* self-preservation.
pašuzupurēšanās *f.* self-sacrifice.
pašuzvara *f.* self-conquest.
pašūpot *v. a.* -ju, -ju, to swing a little; *v. n.* -jos, -jos, to swing, to rock a little.

pašūt *v. a.* -šuju, -šuvu, to sew to make
pašvaldība *f.* self-government (pilsētu) municipality
pašvērtība *f.* worth
pašzemošanās *f.* self-humiliation.
pat *adv.* even; tagad ~ — even now; šodien ~ — this very day; rītu ~ — the very next day; ~ ne — not even; ~ tad — even then; ~ ja — even if, even though; pat = pats: es pat varētu atnākt — I muself could come.
pataisīt *v. a.* -su, -sīju, to make, to prepare.
patakas *f. pl.* small-ale.
pa tam *adv.* meanwhile.
patapinājums *m.* borrowing, loan; (vārds) loan-word.
patapināt *v. a.* -nu, -nāju, to borrow, to lend.
pataupīt *v. a.* -pu, -pīju, to save up, to keep.
pataustīt *v. a.* -stu, -stīju, to finger, to touch.
patālu *adv.* di tantly, remotely, far.
patecināt *v. a.* -nu, -nāju, to draw a little, to tap.
pateicība *f.* gratitude, thankfulness; ~bas dievkalpojums — Thanksgiving.
pateicīgs *a.* grateful, thankful.
pateicoties *conj.* thanks to ..owing to .
pateikt *v. a.* -cu, -cu, to sav, to tell.
pateikties *v. n.* -cos, -cos to

thank, to say thanks; ~cos! thank you! thanks!
patencināt v. a. -nu, -nāju sk. pateikties.
patentēts a. patented, registered.
patents m. patent; pieteikt ~ tu — to apply for a patent; piešķirt ~tu — to grant a patent.
patērēt v. a. -ju, -ju, to consume, to spend.
patērētājs m. consumer.
patēriņš m. consumption, expenditure.
patērzēt v. a. -ju, -ju, to chat.
patēvs m. stepfather.
pati f. mistress, lady of the house; viņa ~ pron. — she herself.
patika f. delight, pleasure.
patikt v. a. -tīku, -tiku, to like; ja jums patīk — if you please.
patilte f. space under the bridge.
patinkšķināt v. a. -nu, -nāju, to tinkle.
patirdīt v. a. -du, -dīju, to tease, to torment a little.
patīgs a. selfish.
patība f. egoism, selfishness.
patīkams a. pleasant, agreeable.
patīrīt v. a. -ru, -rīju, to clean.
patiesi adv. really, truly, indeed.
patiesība f. truth; ~bas meklētājs — seeker after truth; ~bā — in truth, in fact.
patiesīgs a. true, truthful.
patiesīgums m. truthfulness, veracity.
patiess a. true, actual.
patiecšām adv. indeed, really.
patievs a. somewhat thin.
patlaban adv. just now.

patmīlis m. egoist.
patmīlība f. selfishness, egoism.
patmīlīgs a. selfish, egoistical.
patoss m. pathos.
patrakoties v. n. -jos, -jos, to romp for a while.
patrenkāt v. a. -ju, -ju, to chase a little.
patriekties v. n. -cos, -cos, to chat for a while.
patrepe f. space under the staircase.
patricietis m. patrician.
patriotisks a. patriotic.
patriots m. patriot.
patrona f. cartridge.
patronāts m. patronage.
patrons m. patron, protector.
patruļa f. patrol.
pats m. master of the house, landlord; prn. self; es ~ — I myself; tas ~ — the very same; viens ~ quite alone; neviens ~ — no one; pašā laikā — just in time; (drēbes) just fit.
patskanis m. vowel.
patstāvība f. independence, autonomy.
patstāvīgs a. independent, autonomous.
patšautene f. machine-gun.
patukls a. somewhat stout.
patumsa f. semi-darkness.
patumšs a. dusky, half-dark.
paturēt v. a. -ru, -rēju, to keep, to retain; ~ acīs — to keep in view; ~ atmiņā — to retain in memory; ~ prātā — to bear in mind.
patuvu adv. rather near.

patvaldība *f.* despotism, tyranny.
patvaldnieks *m.* despot, tyrant.
patvaļa *f.* self-will, tyranny.
patvaļīgs *a.* arbitrary, self-willed.
patvara *f.* arbitrary rule
patvarība *f.* arbitrariness, wilfulness
patvarīgs *a.* arbitrary.
patvāris *m.* tea-urn
patversme *f.* asylum; nakts ˙ — night's lodging
patverties *v. n.* -ros, -tvēros, to find shelter, to take refuge.
patvērums *m.* refuge, shelter
paudējs *m.* announcer, proclaimer
paudums *m.* assertion, statement.
paugas *f. pl.* horse-collar, hame.
paugurs *m.* hill, hillock, ridge.
paukāt *v. a.* -ju, -ju, to beat.
paukošanās *f.* fencing, swordsmanship
paukoties *v. n.* -jos, -jos, to fence.
pauks! *interj.* bang! pop!
paukšķēt *v. a.* -ju, -ju, to crack.
paukšķināt *v. a.* -nu, -nāju, to bang, to clap
paukšķis *m.* pop, crack; report.
pauna *f.* bundle, parcel.
pauninieks *m.* hawker, pedlar
pauris *m.* skull, brain-pan
pausma *f.* news, tidings.
paust *v. a.* -žu, -du, to make known, to propagate, to spread; *v. n.* -žos, -dos, to become known, to spread.
pauze *f.* pauṣe, interval, stop; (skolā) playtime; (darbā) break.

pavada *f.* bridle.
pavadāt *v. a.* to lead to and fro
pavadība *f.* accompanying, convoy, escorting; -bā — attended by; -bas; *f.* farewell dinner, seeing off
pavadījums *m.* accompaniment.
pavadīt *v. a.* -du, -dīju, to accompany, to escort, to convoy; ˙ uz mājām — to see home, ˙ laiku — to pass, to spend
pavadītājs *m.* conductor, guide, attendant; accompanist.
pavadonis *m.* attendant; protector; chaperon.
pavadzīme *f.* bill of lading, letter of conveyance, dispatch note.
pavaicāt *v. a.* -ju, -ju, to ask, to inquire after, to question.
pavairojums *m.* increase, multiplication.
pavairot *v. a.* -ju, -ju, to increase, to multiply; *v. n.* -jos, -jos, to increase, to propagate.
pavakare *f.* early evening.
pavaldonis *m.* regent.
pavaldonība *f.* regency.
pavalgs *m.* some fat or butter.
pavalkāt *v. a.* -ju, -ju, to wear for a time.
pavalstīt *v. a.* -stu, -stīju, to roll; *v. n.* -stos, -stījos, to lie in bed without sleep.
pavalstniecība *f.* national status.
pavalstnieks *m.* subject; -ka pienākums — allegiance; -ka uzticība — loyalty.
pavaļa *f.* ease, leisure.

pavards *m.* fire-side, hearth; (plīts) cooking-range, cooking-stove
pavasaris *m.* spring.
pavārds *m.* surname.
pavārnīca *f.* ladle
pavārs *m.* cook
pavārte *f.* space under the gate
pavārtīt *v. a.* -tu, -tiju, sk. pavalstīt
pavedējs *m.* seducer
pavedināt *v. a.* -nu, -nāju, to induce to, to seduce
pavediens *m.* thread.
paveids *m.* subspecies.
pavelkt *v. a.* -cu, -cu, to finish
pavest *v. a.* -du, -du, to lead, to drive a little; *fig.* to corrupt, to seduce
pavēdere *f.* the lower part of abdomen or belly.
pavēja *f.* place protected against the wind
pavēlāma *(a.)* **izteiksme** *f.* imperative mood.
pavēle *f.* command, order.
pavēlēt *v. a.* -lu, -lēju, to command to order, to bid.
pavēlnieks *m.* commander, chief.
pavēlošs *a.* peremptory.
pavēls *a.* rather late.
pavēnis *m.* shade; shelter
pavēss *a.* cool, fresh.
pavēste *f.* (ziņa) notice; (aicinājums) summons.
pavēstījums *m.* announcement, notification.
pavēstīt *v. a.* -stu, -stīju, to inform.

pa vidam *adv.* fairly, moderately.
paviljons *m.* pavillion.
pavilkt *v. a.* -velku, -vilku, to drag, to draw; *v. n.* -kos, -kos, to creep, to drag oneself.
pavilcināt *v. a.* -nu, -nāju to delay, to retard.
pavingrināties *v. n.* -nos, -nājos, to practise, to exercise oneself
pavingrot *v. a.* -ju, -ju, to do gymnastics, to drill
pavirši *adv.* superficially, slightly.
paviršība *f.* superficiality
paviršs *a.* superficial, slight; -as zināšanas — a smattering of something.
pavirzīt *v. a.* -zu, -ziju, to move to, to stimulate; *v. n.* -zos, -zijos; to advance, to approach.
pavisam *adv.* altogether, entirely, quite.
pavizēt *v. a.* zu, -zēju, to glitter, to glisten for a short time.
pavizināt *v. a.* -nu, -nāju, to drive about; *v. n.* -nos, -nājos, to take a drive.
pavīpsnāt *v. a.* -ju, -ju to sneer at.
paviesoties *v. n.* -jos, -jos, to be on a short visit, to stay for a while.
pazagšus *adv.* by stealth, on the sly.
pazares *f. pl.* the lower branches.
pazaudēt *v. a.* -ju, -ju, to lose.

pazeme *f.* underworld, infernal regions.
pazeminājums *m.* (cenu) abatement.
pazeminät *v. a.* -nu, -nāju, to lower, to reduce, (cilvēku) to decry, to degrade.
pazemība *f.* humbleness, humility, modesty.
pazemīgs *a.* humble, submissive, modest.
pazemojums *m.* debasement, degradation, humiliation.
pazemot *v. a.* -ju, -ju, to debase, to degrade, to humiliate.
pazibēt *v. a.* -bu, -bēju, to flash, to sparkle.
pazinējs *m.* connoisseur, expert.
paziņa *f.* acquaintance.
paziņojums *m.* sk. pavēste.
paziņot *v. a.* -ju, -ju, to inform, to let know, to notify.
pazīlēt *v. a.* -ju, -ju, to tell fortunes.
pazīme *f.* mark, sign.
pazīstams *m.* acquaintance.
pazīstams *a.* (ar kādu personu) acquainted with, known to; (ar kādu lietu) familiar with, versed in; ~ kā ... known ass ar savām labām īpašībām — noted for its good qualities.
pazīt *v. a.* -stu, -zinu, to know; (atšķirt) to distinguish, to recognise.
pazobot *v. a.* -ju, -ju, to deride, to laugh at; *v. n.* -jos, -jos, to jeer at, to scoff at.
pazole *f.* sole.

pazolēt *v. a.* -ju, -ju, to resole, to sole.
pazudināt *v. a.* -nu, -nāju, to condemn, to undo.
pazudis *a.* lost, missing, disappeared. **~dušais dēls** — the prodigal son.
pazust *v. a.* -zūdu, zudu, to be lost, to disappear, to vanish.
pazvanīt *v. a.* -nu, -niju, to ring; (pa tālruni) to ring up.
pazvejot *v. a.* -ju, -ju, to fish for a time.
pazvērēt *v. a.* -ru, -rēju, to confirm with an oath.
pazvilu *adv.* aslant, bent.
pažāvēt *v. a.* -ju, -ju, to dry a little.
pažēlot *v. a.* -ju, -ju, to pity.
pažobele *f.* eaves.
pažs *m.* page.
pažūt *v. a.* -zūstu, -žuvu to dry a little.
pažvadzināt *v. a.* -nu, -nāju, to jingle, to rattle.
pācifists *m.* pacifier; adherer of peace.
pāksts *f.* pod, husk.
pālis *m.* pole, pile.
pāļdzinis *m.* pile-driver, ram.
paļu būve *f.* lake dwelling.
paļu žogs *m.* paling.
pār *prp.* above, over; (šķērsām) across.
pāragrs *a.* too early; *fig.* premature.
pārakmeņoties *v. n.* -jos, -jos, to petrify, to turn into stone.
pārart *v. a.* -ru, -ru, to plough again.

pāraugt v. a. -gu, -gu, to overgrow; (pārsniegt) to surpass.
pāraut v. a. -auju, -āvu, to change one's stockings and shoes.
pārāk adv. too, far too.
pārāks a. better, more excellent, superior; (lieks) odd.
pārākums m. surplus; superiority.
pārbaidīt v. a. -du, -dīju, to frighten; v. n. -dos, -dījos, to get frightened, to startle.
pārbalsināt v. a. -nu, -nāju, to whitewash over.
pārbalsot v. a. -ju, -ju, to outvote.
pārbarot v. a. -ju, -ju, to overfeed.
pārbaude f. examination, test; **-es aparāts** — testing apparatus; **-es birojs** — inspection office.
pārbaudījums m. examination, test; trial, proof.
pārbaudīt v. a. -du, -dīju, to examine, to test, to try; **- rēķinus** — to audit, to check.
pārbaudītājs m. examiner.
pārbēdzējs m. deserter, runaway.
pārbēgt v. a. -gu, -dzu, to desert, to pass or run over.
pārbērt v. a. -ru, -bēru, to pour into another vessel.
pārbīties v. n. -stos, -jos, to be frightened.
pārbiedēt v. a. -ju, -ju, to frighten, to terrify.
pārbļaut v. a. -ju, -bļāvu, to outyell, to outholler.
pārbraukt v. a. -cu, -cu, to cross; to drive or come home.

pārbrauktuve f. crossing, passage; (pār upi) ferry.
pārbrēkties v. a. to shout oneself hoarse, to roar oneself out of breath.
pārbrist v. a. -brienu, -bridu, to ford, to wade through.
pārbūve f. rebuilding, reconstruction.
pārbūvēt v. a. -ju, -ju, to rebuild, to reconstruct.
pārcelt v. a. -ceļu, -cēlu, to ferry over, to carry over; (tulkot) to translate; v. n. -jos, -cēlos, to pass over; to move to another place; (saslimt) to overexert oneself.
pārceltuve f. ferry.
pārcēlējs m. ferryman.
pārcilpot v. a. -ju, -ju, to arrive on foot.
pārcilvēcisks a. superhuman.
pārcilvēks m. superman.
pārcirst v. a. -cērtu, -cirtu, to cut in two.
pārciest v. a. -šu, -tu, to endure, to survive.
pārcukurot v. a. -ju, -ju, to oversugar; v. n. -jos, -jos, to candy, to get candied.
pārdabisks a. supernatural.
pārdalīt v. a. -lu, -līju, to divide, to part.
pārdegt v. a. -gu, -du, to burn through.
pārdeldēt v. a. -ju, -ju, to wear through.
pārdevējs m. seller, salesman, shopman.
pārdevums m. sale.
pārdēstīt v. a. -ju, -ju, to transplant.

15*

pārdēvēt v. a. -ju, -ju, to rename, to give another name; v. n. -jos, -jos, to change one's name.

pārdilt v. a. -dilstu, -dilu, to get worn through.

pārdienām adv. every other day.

pārdodams a. for sale, to be sold.

pārdoma f. consideration, deliberation.

pārdomas f. pl. contemplation.

pārdomāt v. a. -ju, -ju, to consider, to deliberate, to reflect on.

pārdošana f. selling, sale; ~ mazumā — selling by retail ~ vairumā — wholesale.

pārdot v. a. -du, -devu, to sell; (pasniegt) to hand over; (jurid.) to assign, to convey.

pārdotava f. shop, store; ~vas galds — counter; ~vas iekārta — shop-fittings; ~vas logs — show-window.

pārdrošība f. audacity, boldness, temerity.

pārdrošnieks m. daredevil, foolhardy person.

pārdrošs a. audacious, bold, daring.

pārdrukāt v. a. -ju, -ju, to reprint.

pārdurt v. a. -duŗu, -dūru, to pierce.

pārdzejot v. a. -ju, -ju, to recast.

pārdzeršanās f. intemperance.

pārdzerties v. n. -dzeŗos, -dzēros, to drink to excess.

pārdzīt v. a. -dzenu, -dzinu, to drive across; to drive home.

pārdzīvojums m. experience.

pārdzīvot v. a. -ju, -ju, to experience, to undergo; (dzīvot ilgāki) to outlive.

pāreja f. passage, crossing; (laiks) transition, transitional stage.

pārejošs a. passing, transitory, temporary, ephemeroùs; fig. fugitive, fleeting.

pārestība f. wrong, injury.

pārējais a. remaining.

pārēsties v. n. -dos, -dos, to overeat oneself.

pārgaismojums m. over-exposure.

pārgaismot v. a. -ju, -ju, (fotogr.) to over-expose.

pārgalvis m. reckless person.

pārgalvība f. recklessness, wantonness.

pārgalvīgs a. reckless.

pārgatavojies a. overripe.

pārgrauzt v. a. -žu, -zu, to gnaw through.

pārgriezt (iê) v. a. -žu, -zu, t cut in two, to intersect.

pārgriezt v. a. -žu, -zu, to rol one's eyes; (vārdus) to pervert.

pārgriezums m. cut, incision.

pārgrozība f. change.

pārgrozīgs a. changeable, inconstant.

pārgrozīt v. a. -zu, -zīju, to change, to modify.

pārgrupēt v. a. -ju, -ju, to regroup; to shift.

pārgudrinieks m. sophist.

pārgudrība f. sophistry, sophism; presumption.

pārgudrs a. priggish, conceited, sophistic, presumptuous
pārgulēt v. a. -|u, -lēju, to pass the night
pārģērbt v. a. -bju, -bu, to redress, v. n. -jos, -bos, to change one's clothes, to change
pārģērbtuve f. dressing-room.
pāri adv. over, across, beyond; (pulkstenis) past, darīt - — to wrong, to hurt
pāris m. pair, couple, - vārdos — briefly, in a few words; reizes — some times
pāriem adv. in couples, in pairs.
pāriet v. n. -eju, -gāju, to pass, to go over; - citā partijā — to change sides; (mitēties) to cease, to stop, (mājās) to- go home
pārjautāt v a. -ju, -ju, to requestion
pārjāt v. a. -ju, -ju, to ride home; to ride over
pārjūgt v. a. -dzu, -dzu, to change horses
pārkairināt v. a. -nu, -nāju, to overexcite, to overstrain
pārkairināts a. unstrung, overstrained
pārkaitināt v. a. -nu, -nāju, to annoy, to vex
pārkalt v. a. -|u, -lu, to reforge; (zirgu) to reshoe; (naudu) to recoin
pārkalķis m. gypsum
pārkalķošanās f. calcification, ossification; (arteriju) sclerosis

pārkalķoties v. n. -jos, -jos, to calcify
pārkarsēt v. a. -ju, -ju, to superheat
pārkausēt v. a. -ju, -ju, to remelt, to recast
pārkāpējs m. trespasser, transgressor; climber
pārkāpt v. a. -pju, -pu, to trespass, to transgress; (pāri) to climb over, to step over
pārkāpums m. offence, tresspass, violation
pārkārt v. a. -karu, -kāru, to hang in a different way.
pārkārtot v. a. -ju, -ju, to rearrange
pārklausīties v. n. -sos, -sijos, to hear wrong
pārklaušināt v. a. -nu, -nāju, to examine, to question
pārklājs m. cover, cloth.
pārklājums m. covering.
pārklāt v. a. -ju, -ju, to cover over
pārkliegt v. a. -dzu, -dzu, to outcry; v. n. -dzos, -dzos, to shout oneself hoarse.
pārkost v. a. -žu, -du, to bite through
pārkraut v. a. -ju, -krāvu, to overburden, to overfreight, to overload
pārkravāt v. a. -ju, -ju, to repack; v. n. -jos, -jos, to move.
pārkrāsot v. a. -ju, -ju, to redye, to dye another colour
pārkristīt v. a. -ju, -ju, to rechristen, to rename.
pārkrustīt v. a. -ju, -iu, to sign

with the cross; *v. n.* -jos, -jos, to cross oneself.
pārkrustot *v. a.* -ju, -ju, to cross; (izjaukt) to thwart.
pārkultūra *f.* overrefinement.
pārkurināt *v. a.* -nu, -nāju, to overheat.
pārlabojums *m.* correction, improvement.
pārlabot *v. a.* -ju, -ju, to correct, to improve; *v. n.* -jos, -jos, to improve, to grow better, to amend.
pārlabotājs *m.* mender, reformer.
pārlabots *a.* corrected, improved; (grāmata) revised.
pārlaipot *v. a.* -ju, -ju, to cross by a plank; to cross by dry places.
pārlaist *v. a.* -žu, -du, to let pass; (pavadīt) to spend; *v. n.* -žos, -dos, to fly across.
pārlaistīt *v. a.* -stu, -stīju, to sprinkle, to water.
pārlasīt *v. a.* -su, -sīju, to read over, to peruse; (graudus) to pick out.
pārlatviskot *v. a.* -ju, -ju, to render Latvian.
pārlauzt *v. a.* -žu, -zu, to break, to fracture, to break in pieces.
pārlēkt *v. a.* -cu, -lēcu, to jump over, to overleap.
pārlējums *m.* recasting, transfusion.
pārlidot *v. a.* -ju, ju, to fly over.
pārlikt *v. a.* -lieku, -liku, to place differently; (domās) to think over

pārlīt *v. a.* -līstu, -liju, to overflow.
pārliecināt *v. a.* -nu, nāju, to convince, to persuade; *v. n.* -nos, -nājos, to be convinced.
pārliecinošs *a.* convincing.
pārliecība *f.* conviction.
pārliecīgs *a.* excessive, immoderate.
pārliekt *v. n.* -cu, -cu, to bend; (papīri) to fold; *v. n.* -cos, -cos, to bend over, to be bent.
pārliet *v. a.* -leju, -lēju, to spill, to pour out; (metalu) to recast.
pārlūkot *v. a.* -ju, -ju, to look over, to review; to revise.
pārlūks *m.* inspector, overseer; reviser.
pārlūzt *v. a.* -lūstu, -lūzu, to break in pieces
pārmainīt *v. a.* -nu, -nīju, to alter, to change, to shift; *v. n.* -nos, -jos, to change; to interchange.
pārmaiņa *f.* change, modification; (pārtraukums) break, interval.
pārmainus *adv.* alternately, by turns.
pārmaksa *f.* overpayment.
pārmaksāt *v. a.* -ju -ju, to overpay.
pārmalt *v. a.* -ļu, -lu, to regrind.
pārmācība *f.* chastisement, punishment.
pārmācīt *v. a.* -cu, -cīju, to chastise.
pārmeklēt *v. a.* -ju, -ju, to examine, to search; (dziļumu u. c.) to sound.

pārmest v. a. -tu, -tu, to throw over, (kūlenus, lidmaš.) to loop the loop, (vārdiem) to reproach, v. n. -tos, -tos, (lops) to miscarry

pārmetums m. reproach; accusation.

pārmija f. (dzelzceļa) points, switch; nepareiza - — misplaced switch

pārmijnieks m. pointsman, switchman.

pārmīšus adv. alternately, by turns

pārmīt v. a. -ju, ju, to exchange, to shift

pārmukt v. a. -mūku -muku, to run over, to desert.

pārmūrēt v. a. -ju, -ju, to rebuild, to relay bricks

pārnakšņot v. a. -ju, -ju, to pass the night

pārnākt v. a. -ku, -cu, to come back, to return, (pāri) to get over.

pārnedēļām adv. every other week

pārnest v. a. -su, -su, to transfer, to transport

pārnesums m. transmission, tranport

pārnieks m. (skaitlis) even number; (kalps) married labourer.

pārņemt v. a. -ņemu, -ņēmu, to take possession of, to receive.

pārogļoties v. n. -jos, jos, to get charred, to turn to coal

pārojums m. pairing, coupling.

pāroties v. n. -jos, -jos, to mate.

pārpakūt v. a. -ju, -ju, to repack.

pārpalikums m. remains, rest

pārpārēm adv. abundantly

pārpeldēt v. a. -du, -dēju, to swim over

pārpildīt v. a. -du, -dīju, to fill to excess, to cram, to overcrowd

pārpildīts a. (cilvēkiem) overcrowdded, crammed; (tirgus) overstocked; (iela ratiem) choked; (vagons) full up

pārpilnība f. profusion, superabundance.

pārpilns a. (trauks) brimful.

pārpīt v. a. -nu, -nu, to plait again

pārplēst v. a. -šu, -su, to tear

pārplīst v. a. -stu, -su, to get torn, to break.

pārplūdināt v. a. -nu, -nāju, to flood, to inundate; (tirgu) to overstock.

pārplūdums m. flood, inundation.

pārplūst v. a. -stu -du, to overflow; to brim over

pārprast v. a. -protu, -pratu, to misunderstand; to mistake.

pārpratums m. misunderstanding

pārprodukcija f. overproduction.

pārpūle f. (elektr.) excess voltage.

pārpūlējums m. exhaustion, overwork, overexertion.

pārpūlēt v. a. -ju, ju, to overwork, to overdrive; v. n. -jos, -jos, to overstrain.

pārradīt v. a. -du, -dīju, to regenerate.

pārraidījums m. tranfusion; (pa

radio) broadcasting, transmission; conduction.

pārraidīt v. a. -du, -dīju, (radio) to broadcast, to transmit; to conduct; to transfuse.

pārraidītājs m. transmitter; (elektr.) conductor.

pārrakstīšanās f. misspelling.

pārrakstīt v. a. -stu, -stīju, to copy, to write over, v. n. -stos, -stījos, to misspell, to make a mistake in spelling.

pārrakt v. a. -roku, -raku, to dig over.

pārraudzība f. control, inspection, supervision.

pārraudzīt v. a. -gu, -dzīju, to control to inspect; to look over.

pārraugs m. inspector, overseer. (lopkop. u. c.) instructor.

pārraut v. a. -ju, -rāvu, to tear in two.

pārredzēt v. a. -dzu, -dzēju, to survey.

pārrēķināt v. a. -nu, -nāju, to recalculate, to reckon up; v. n. -nos, -nājos, to miscalculate, to misreckon.

pārruna f. discussion, conference.

pārrunāt v. a. -ju, -ju, to confer about, to consult, to discuss; v. n. -jos, -jos, to make a mistake in speaking.

pārsaite f. banderole.

pārsalt v. a. -salstu, -salu, to be chilled through, to freeze through.

pārsālīt v. a. -lu, -līju, to oversalt.

pārsātinājums m. repletion, surfeit.

pārsātināt v. a. -nu, nāju, to cram with; (ķīm.) to supersaturate.

pārsegs m. cover.

pārsegt v. a. -dzu, -dzu, to cover.

pārsēdbiļete f. through-ticket.

pārsēdināt v. a. -nu, nāju, to make one change place.

pārsējums m. dressing.

pārsēsties v. a. -žos, -dos, to change places; (vilcienā) to change trains.

pārsēt v. a. -ju, -ju, to resow.

pārsist v. a. -tu, -tu, to knock to pieces, to break asunder.

pārsiena f. partition-wall.

pārsienamais m. bandage, dressing; - materiāls — bandaging material; - **punkts** — ambulance-station.

pārsiet v. a. -sienu, -sēju, to dress; to tie up.

pārskaisties v. n. -šos, -tos, to get angry, to fall into a rage.

pārskaitīt v. a. -tu, -tīju, to recount; v. n. -tos, -tījos, to miscount.

pārskaits m. surplus, odds.

pārskaldīt v. a. -du, -dīju, to split.

pārskaņa f. mutated vowel.

pārskaņot v. a. -ju, -ju, to retune; (mūz.) to repitch.

pārskatāmība f. clarity, lucidity.

pārskatāms a. sk. pārredzāms.

pārskatīt v. a. -tu, -tīju, to look over; v. n. -tos, -tījos, to overlook, to make a mistake.

pārskats m. survey, summary

pārskābe — pārsūdzība

account; dot -tu — to give an account, to draw up a report.
pārskābe. *f.* peroxide.
pārskriet *v. a.* -skrienu, -skrēju, to run over; (katls) to boil over; (mājās) to run home.
pārsla *f.* flake.
pārslēdzējs *m.* commutator, reverser
parslēgt *v. a.* -dzu, -dzu, to reverse; to transform.
pārsmalcināts *a.* over-refined.
pārsmieties *v. n.* -jos, -smējos, to split with laughter.
pārsniegt *v. a.* -dzu, -dzu, to excel, to surpass.
pārsolīt *v. a.* -lu, -līju, to beat, to outbid.
pārspēks *m.* predominance, superior force.
pārspēt *v. a.* -ju, -ju, to defeat, to overcome; to surpass.
pārspīlējums *m.* exaggeration, excess.
pārspīlēt *v. a.* -ju, -ju, to exaggerate.
pārspiest *v. a.* -žu, -du, to crush.
pārsprāgt *v. a.* -gstu, -gu, to burst, to crack.
pārspriedums *m.* criticism, judgment.
pārspriest *v. a.* -žu, -du, to discuss, to review.
pārstaigāt *v. a.* -ju, ju, to walk over.
pārstalpīties *v. n.* -pos, -pījos, to overstrain oneself by carrying.
pārstatīt *v. a.* -tu, -tīju, to arrange differently, to transpose.

pārstādīt *v. a.* -du, -dīju, to transplant.
pārstāstīt *v. a.* -stu, -stīju, to relate, to retell.
pārstāt *v. a.* -ju, -ju, to cease, to stop.
pārstāvis *m.* representative; agent.
pārstāvniecība *f.* representation: agency
pārsteidzība *f.* precipitation, overhaste.
pārsteidzīgs *a.* hasty, rash.
pārsteidzošs *a.* astonishing, amazing, astounding, surprising.
pārsteigt *v. a.* -dzu, -dzu, to surprise, to astound; *v. n.* -dzos, -dzos, to be rash, to spoil by hurry.
pārsteigts *a.* amazed, astonished, surprised.
pārsteigums *m.* surprise, amazement.
pārstiepties *v. n.* -pjos, -pos, to overexert oneself: (zirgs) to founder.
pārstrādājums *m.* remodelling, recasting; revision.
pārstrādāt *v. a.* -ju, -ju, to remodel, to revise, to recast. *v. n.* -jos, -jos, to overwork oneself, to overstrain.
pārstripot *v. a.* -ju, -ju, to cross out, to strike out.
pārsudrabot *v. a.* -ju, -ju, to silver over, to plate.
pārsūdzēt *v. a.* -dzu, dzēju, to appeal.
pārsūdzība *f.* appeal.

pārsūtīt v. a. to send over.

pārsvars m. overweight; prevalence; **balsu** - majority; dabūt -ru — to gain the predominance, to prevail.

pārsvert v. a. -ŗu, -svēru, to weigh again; v. n. -ŗos, -svēros, to make a mistake in weighing.

pārsvētdienām adv. every other Sunday.

pārsvītrāt v. a. -ju, -ju, to strike out.

pārsviest v. a. -žu, -du, to fling over, to throw over.

pāršaut v. a. -ju, -šāvu, to wound by shooting.

pāršķelt v. a. -šķeļu, -šķēlu, to cleave, to split; v. n. -ļos, -los, to crack, to break, to pieces.

pāršķirstīt v. a. -stu, -stīju, to peruse, to run over.

pāršķirt v. a. -ŗu, -šķīru, to divide, to part.

pāršķiebt v. a. -bju, -bu, to distort; to draw; - seju, to make a (wry) face.

pāršūt v. a. -ju, -vu, to sew up to refit.

pārtaise f. rebuilding, reconstruction.

pārtaisījums m. alteration, recasting, repair.

pārtaisīt v. a. -su, -sīju, to remake, to change, to refit; to renovate.

pārtaisīts a. remade, rebuilt.

pārtautot v. a. -ju, -ju, to denationalize, to change a person's nationality; v. n. -jos ,jos, to accept another nationality.

pārtecēt v. a. -teku, -tecēju, to overflow, to run home.

pārteikties v. n. -cos, -cos, sk pārrunāties.

pārticis a. prosperous, well-to-do.

pārticība f. prosperity.

pārtika f. food, victuals, provisions; -kas veikals — grocery; nopelnīt -ku — to earn one's living.

pārtikt v. a. -tieku, -tiku, (no) to live by or on, to subsist; (mājās) to come home; (pāri) to get over.

pārtīt v. a. -tinu, -tinu, to rewrap.

pārtraukt v. a. -cu, -cu, to interrupt, to stop, to discontinue; -runu — to cut short.

pārtraukums m. interruption; pause, stoppage.

pārtrumpot v. a. -ju, -ju, to outdo.

pārtrūkt v. a. -kstu, -ku, to burst, to snap, to tear.

pārtulkojums m. translation.

pārtulkot v. a. -ju, -ju, to translate.

pārtulkotājs m. translator.

pārvadāt v. a. -ju, -ju, to convey, to transport.

pārvaicāt v. a. -ju, -ju, to question over again.

pārvalde f. administration.

pārvaldīt v. a. -du, -dīju, to administer, to manage, to govern.

pārvaldnieks m. (iestādes) manager, administrator; (muižas) bailiff; (nama) steward; (apgabala) governor.

pārvalks m. case, covering.

pārvarēt v. a. -ru, -rēju, to overcome.

pārvācot v. a. -ju, -ju, to germanise.

pārvārēt v. a. -ru, -rēju, to boil again; to overboil.

pārvedums m. transfer, transportation; remittance; **naudas** ~ — money-order.

pārveidojums m. transformation, modification.

pārveidot v. a. to reform, to reorganise.

pārvelkamais m. case, covering; **spilvēna** ~ — pillow-case.

pārvest v. a. -du, -du, to convey, to transport; (mājās) to lead or take home.

pārvēlēšanas f. pl. re-election.

pārvērst v. a. -šu, -tu, to change, to transform; v. n. -šos, -tos, to turn into; ~ pelnos — to be reduced to ashes; ~ tvaikos — to vaporise.

pārvērtēt v. a. -ju, -ju, (par jaunu) to reestimate, to revalue; (par augstu) to overrate, overvalue.

pārvērtība f. change, modification transformation.

pārvilkt v. a. -velku, -vilku, to drag over, to drag home; (ar drānu) to cover; v. n. -kos, -vilkos, (dzīvokli) to move; (debesis) to cloud over, to become overcast; (mājās) to drag oneself home.

pārvilēt v. a. -ju, -ju, to file through.

pārvietošanās f. moving, locomotion; ~ **brīvība** — freedom of locomotion.

pārvietot v. a. -ju, -ju, to move, to transpose, to shift; v. n. -jos, -jos, to change one's domicile, to move.

pārzāģēt v. a. -ju, -ju, to saw through.

pārzināt v. a. -nu, -nāju, to know, to have knowledge of; (iestādi) to hold, to administer, to manage.

pārzinis m. director, manager; (skolā) head-master.

pārziņa f. care, charge; protection.

pārzīmēt v. a. -ju, -ju, to draw again.

pārziedēt v. a. -du, -dēju, to cease flowering, to fade.

pārziemot v. a. -ju, -ju, to hibernate.

pāržmauga f. the thin middle of a thing.

pātaga f. switch, whip

pātagot v. a. -ju, -ju, to flog, to whip.

pātari m. pl. prayers; fig. curtainlecture; **-ru krelles** rosary.

pātarnieks m. dissembler, hypocrite.

pāts a. fawn-coloured.

pāvestība f. papacy.

pāvests m. pope

pāvs m. peacock
pedālis m. pedal; treadle
pedelis m. beadle; school-attendant
peizāžists m. landscape-painter.
peizažs m. landscape
peka f. pine mushroom. (ķepa) paw laist -kas vaļā — to betake oneself to one's heels.
pekains a. pawed, provided with paws
pekle f. hell
peķeles f. pl. chattels, bundles.
pelašķi m. pl. common yarrow
pelavains a. chaffy
pelavas f. pl. chaff.
pelavmaize f. chaff-bread.
pelde f. bath; (peldēt) swim
peldēt v. a. -du, -dēju, to swim; (koks) to float, to drift, to take a swim.
peldētājs m. swimmer
peldētava f. swimming-baths
peldināt v. a. -nu, -nāju, to take for a swimming-bath, to wash in deep water
peldinātava f. horse-pond.
peldošs a. floating; swimming; -ie lidzekļi — vessels
peldu bikses f. pl. bathing-drawers; - **josta**; f. life-belt; - **plēve** — web; - **uzvalks** m. bathing-dress, bathing - costume; - **mētelis** — bathing gown; - **vieta** f. seaside resort, watering-place; - **viesis** m. visitor at a watering-place
peldus adv. swimming
pele f. mouse; -**ļu vanags** — common buzzard -**ļu lamatas** — mouse-trap; -**ļu midzenis** — mouse-nest
pelēcis m. gray (horse, wolf)
pelējums m. mould, mustiness.
pelēks a. gray
pelēt v. a. -ju. -ju, to get mouldy or musty
pelnains a. ashen, ashy
pelni m. pl. ashes; (kvēloj.) cinders, -**nu diena** — Ash-Wednesday -**nu trauks** — ash-tray
pelnīt v. a. -nu -niju, to earn, to gain, to deserve
pelnītājs m. earner
pelnrušķe f. Cinderella, dirty person
pelt v. a. -lu -pēlu to abuse, to blame
pelus f. pl. sk. pelavas
pelūde f. chaff-shed
peļams a. to be blamed shameful
peļķe f. pool, puddle
peļņa f. earnings, gain; tira - — profit
penāls m. pencil-case
pendelis m. pendulum
pensija f. pension; aiziet -jā — to retire
pensums m. task, lesson
pentere f. babbling, a long list, a great number
penterēt v. a. -ju. -ju, to babble
perēklis m. nest
perējums m. brood
perēt v. a. -ju, -ju, to hatch, to sit; -**jamais laiks** — hatching time

perētāja *f.* sitting hen; laba ~ — a good sitter.
perfekts *m.* (gram.) perfect tense.
pergaments *m.* parchment.
perināt *v. a.* -nu, -nāju, to hatch, to brood; ~nāmais aparāts — incubator, hatching apparatus.
periods *m.* period.
periodisks *a.* periodical.
pernīca *f.* varnish.
perons *m.* platform.
persona *f.* person
personāls *m.* staff.
personība *f.* individuality, personality.
personificēt *v. a.* -ju, -ju, to impersonate, to personify.
personīgs *a.* private, personal.
\erspektīva *f.* prospect, perspective.
estelis *m.* magician, sorcerer, wizard.
pesteļi *m. pl.* charms, superstitions, usages.
pesteļošana *f.* magic, sorcery.
pestīt *v. a.* -ju, -ju, to redeem, to release.
pestītājs *m.* deliverer; P~ — Redeemer, Saviour.
peticija *f.* petition.
petroleja *f.* oil, lamp-oil.
pēc *prp.* after, behind; for; at, past, next to, by, according to; ~ līguma — in accordance with the agreement; ~ dažām dienām — a few days later; ~ manām domām — in my opinion; viens ~ otra — one by one; ~ tam — after this.
pēcāk *adv.* later on.
pēceksāmens *m.* examination.
pēcgalā *adv.* finally, at last.
pēcmaksa *f.* cash on delivery.
pēcnācējs *m.* descendant, offspring.
pēcpusdiena *f.* afternoon; ~nas miegs — siesta, afterdinner nap; ~nas tērps — tea gown.
pēctecis *m.* successor.
pēcvārds *m.* envoy, epilogue, concluding remarks.
pēda *f.* foot.
pēdas *f. pl.* footprint, track, trail; *fig.* trace, sign.
pēdējs *a.* final, last; extreme, ultimate; ~jā laikā — lately; ~jās ziņas — latest news; līdz ~jam — to the utmost.
pēdiņas *f. pl.* inverted commas, quotation marks.
pēdīgi *adv.* finally, at last.
pēkšķēt *v. a.* -ķu, -ķēju, to cackle.
pēkšņi *adv.* suddenly.
pēkšņums *m.* suddenness.
pēlājs *m.* abuser, censurer.
pēlis *m.* feather-bed, pillow.
pēriens *m.* thrashing, whipping.
pērkamība *f.* corruptibility.
pērkams *a.* purchasable; (cilvēks) venal, corruptible.
pērklis *m.* nest.
pērkones *f. pl.* charlocks.
pērkons *m.* thunder; ~na grāvieni — thunder-claps; ~na lietus — thunder-shower; ~na negaiss — thunderstorm; ~ ruc

— it thunders, the thunder rolls.
pērkonkaza *f.* jack-snipe
pērkontēvs *m.* the thunderer
pērle *f.* pearl, ~les zvejot — to dive for pearls; ~ļu virkne — string of pearls; ~ļu vista — guinea fowl.
pērlene *f.* pearl-oyster
pērļains *a.* pearly.
pērminderis *m.* church-warden.
pērn *adv.* last year
pērnājs *a.* last year's, pērnais gads — preceding year.
pērngad *adv.* sk. pērn.
pērt *v. a.* peru, -pēru, to flag, to whip; *v. n.* -ŗos, -ŗos, to take a vapour bath with birch-besom switching.
pērtiķis *m.* monkey, ape.
pētersīlis *m.* parsley
pētījums *m.* inquiry, investigation
pētīt *v. a.* -tu, -tīju, to explore, to investigate, to find out.
pētītājs *m.* investigator, researcher
pētniecība *f.* investigation, research
pētnieks *m.* explorer, investigator
piciņa *f.* bit; (zemes) a small clod
pidžāma *f.* pyjama
pīga *f.* fig.
pigori *m. pl.* antics, buffoonery, tomfoolery
pika *f.* clump, clod, sniega ~ — snow-ball.
pikains *a.* cloddy, lumpy

pikants *a.* piquant, saucy, (garšā) highly seasoned
pikniks *m.* picnic.
pikot *v. a.* -ju, -ju, to pelt with snow-balls; *v. n.* -jos, -jos, to snow-ball.
piktoties *v. n.* -jos, -jos, to grow angry
pikts *a.* angry, enraged, vexed
piktums *m.* rage, furiousness.
piķis *m.* pitch, cobbler's wax, ak tu ~! how annoying! ~ķa mice — pitch cap
pildījums *a.* filling, stuffing, packing
pildīt *v. a.* -du, -dīju, to fill, to stuff; (alu) to barrel, to bottle; (izdarīt) to perform, to realise
pildspalva *f.* fountain-pen.
pile *f.* drop
pilēt *v. a.* -lu, -lēju, to drop, to drip
pilināt *v. a.* -nu, -nāju, to drop.
piliens *m.* drop.
pilnasinība *f.* full-bloodedness, sanguineness
pilnbārda *f.* full beard.
pilngadība *f.* majority.
pilngadīgs *a.* of age, adult.
pilnība *f.* (daudzums) plenty, abundance, (gariga) perfection; completeness; ~bas rags — horn of plenty
pilnīgums *m.* stoutness, corpulence; (viss) totality
pilnpiens *m.* rich or unskimmed milk.
pilns *a.* full, ~na sapulce — general assembly; ~nā gaitā —

pilnskaitība — pirciens

at full speed, **-na telpa —** crowded room
pilnskaitība *f.* completeness.
pilnskanīgs *a.* sonorous.
pilntiesīgs *a.* entitled, competent; **-** skolotājs — certificated teacher.
pilntiesīgums *m.* competence.
pilnums *m.* fulness.
pilnvara *f.* proxy, **neaprobežota** — plenary powers; **-ras devējs** — mandator.
pilnvarnieks *m.* proxy; plenipotentiary
pilnvarot *v. a.* -ju, -ju, to empower, to authorize.
pils *f.* castle, palace.
pilsdārzs *m.* castle-garden
pilsdrupas *f. pl.* ruins of a castle
pilsēta *f.* town; **liel- —** city; **galvas -** capital, metropolis, **-tas dome —** town-council; **-tas domnieks —** town councillor **-tas iecirknis —** quarter, district **-tas galva —** Lord Mayor, **-tas nams —** town-hall, **-tas skola —** municipal school; **-tas valde —** municipal authorities.
pilsētniecisks *a.* urban, townish.
pilsētnieks *m.* inhabitant of a town, townsman; **-ki —** townspeople.
pilsgalmnieks *m.* courtier.
pilskalns *m.* castle mound, stronghold.
pilskungs *m.* lord of the castle.
pilsonis *m.* citizen; **-ņu karš —** civil war.

pilsonisks *a.* common, middle-class.
pilsonība *f.* citizenship; **the** middle-classes.
piltuve *f.* filler.
pilula *f.* pill.
pincis *m.* Pussy.
pindele *f.* parcel
pindzele *f.* brush, pencil.
pineklis *m.* tether
pinējs *m.* plaiter, braider; **kurvju —** basket-maker
pinka *f.* tuft of hair, shag.
pinkains *a.* shaggy.
pinkāties *v. n.* -jos, -jos, to get disarranged, (darbā) to dawdle
pinkšķēt *v. a.* -šķu, -šķēju, to cry, to weep.
pinkšķis *m.* sniveller.
pinkulis *m.* tuft, shag.
pintiķis *m.* clodhopper.
pinums *m.* hurdle-work, wattle.
piņņi *m. pl.* pimples.
plonieris *m.* pioneer.
pipargurķis *m.* gherkin.
piparkūka *f.* gingerbread.
piparmētra *f.* peppermint.
piparnīca *f.* pepper-box.
piparot *v. a.* -ju, -ju, to pepper.
piparots *a.* peppery, highly seasoned.
pipari *m. pl.* pepper.
pipka *f.* horsewhip, leather-scourge.
pipkāt *v. a.* -ju, -ju, to scourge.
piramīde *f.* pyramid.
pircējs *m.* buyer, purchaser; (kunde) customer, custom.
pirciens *m.* bargain, purchase.

pirejs m. mash; **kartupeļu ~** — mashed potatoes

pirkstaiņi m. pl. fingered gloves.

pirksts m. finger; **~sta gals** — finger-tip; **~stu valoda** — dactylology; **kāju ~** — toe

pirkstveidīgs a. digitate

pirkšana f. buying, purchasing; **~nas priekšrocība** — right of preemption or refusal

pirkt v. a. pērku, pirku, to buy, to purchase; (uz nomaksu) to buy on part payment

pirkums m. bargain, purchase; **~ma cena** — purchase money; **~ma līgums** — contract of sale.

pirmais num. first; (pirmšķirīgs) prime; (vadošais) leading.

pirmatne f. beginning, origin

pirmatnējība f. originality; primitiveness

pirmatnējs a. primitive, original

pirmavots m. origin, source

pirmbūtne f. primordial being

pirmcēlonis m. original cause.

pirmcilvēks m. the first man.

pirmdīglis m. primitive germ

pirmdiena f. Monday

pirmdzimtene f. original home, first domicile.

pirmdzimtība f. priority of birth. **~bas tiesības** — birthrights

pirmdzimts a. first-born

pirmdzīvnieki m. pl. protozoa.

pirmizglītība f. preparatory education

pirmizrāde f. first night, first performance

pirmit adv. some time ago, a few moments ago

pirmiedzīvotājs m. aboriginal, native, **~ji** — aborigines

pirmkārt adv. first, firstly

pirmlaiki m. pl. primitive times

pirmmācība f. elementary teaching

pirmmets m. sketch, study, outline

pirmnoteikums m. preliminary condition

pirmoreiz adv. for the first time

pirmraksts m. draught, original

pirms adv. before.

pirmsākums m. prime origin.

pirmskola f. infant school.

pirmtauta f. primitive people, aborigenes.

pirmteksts m. original (text)

pirmtēvs m. ancestor, forefather

pirmtiesība f. prerogative.

pirmvaloda f. primitive language

pirmvēsture f. the dawn of history

pirmviela f. element, primary substance.

pirmziemnieks m. beginner, new pupil.

pirtnieks m. bath-keeper, bathing-man.

pirts f. bath-house; vapour bath.

pirtsslota f. birch besom for the vapour-bath

picka f. mud-eel; (pātaga) whip.

pīkstēt v. a. -stu, -stēju, to pipe, to squeak.

pīkstiens m. piping, squeak.
pīkstināt v. a. to cause to squeak.
pikstulis m. mud-eel.
piķis m. pike; (kārts) spade.
pīlādzis m. roan-tree, mountain ash.
pīlārs m. pillar.
pīle f. duck; -ļu tēviņš — drake.
pīlēns m. duckling.
pīļknābis m. duck-bill.
pine f. braid, tress, plait.
pīnija f. nut-pine.
pīpe f. pipe.
pīpene f. daisy.
pīpēt v. a. -ju, -ju, to smoke.
pīpētava f. smoking-room.
pīpētājs m. smoker; -tāju nodaļa — smoking compartment; (vagons) smoker.
pīpis m. sk. pīpe.
pirūdznieks m. pieman.
pīrāgs m. pie.
pirāts m. pirate.
pīšļi m. pl. ashes, dust.
pīt v. a. pinu, pinu, to braid, to plait, to twist; (klūdziņām) to wattle, *, n. -nos, -nos, to meddle; to have intercourse with.
pītenis m. plaited mat.
pīts a. plaited, braided; - krēsls — cane chair; - sēdeklis — cane-bottomed chair.
pie prp. at, by, about, near, nearly, on, to; - laika — betimes, early; iet - vīra — to marry; - tam — to this, to that; - pirmās izdevības —

at or with the first opportunity.
pieadīt v. a. -du, -dīju, to knit to.
pieaicināt v. a. -nu, -nāju, to call up, to invite, to coopt.
pieaudzināt v. a. -nu, -nāju, to let grow; to grow in great quantities.
pieaudzis a. adult, grown-up.
pieaugt v. a. -gu, -gu to grow up; to increase, to augment.
pieaugums m. increase.
pieaust v. a. -žu, -du, to weave to.
piebalsot v. a. -ju, -ju, to agree.
piebāzt v. a. -žu, -zu, to cram, to stuff.
piebērt v. a. -beru, -bēru, to fill.
piebikstīt v. a. -stu, -stīju, to nudge; (kūdīt) to stir up, to incite.
piebildums m. adding.
piebilst v. a. -stu, -du, to add.
piebirt v. a. -stu, -ru, to be filled up.
piebiedroties v. n. -jos, -jos, to join, to fall in line with.
pieblīvēt v. a. -ju, -ju, sk. piebāzt.
piebradāt v. a. -ju, -ju, to dirty, to soil.
piebraukt v. a. -cu, -cu, to drive up.
piebrauktuve f. drive.
piebriest v. a. -stu, -du, to swell.
pieburt v. a. -ru, -būru, to send something upon somebody by witchcraft.

piebūve *f.* outhouse, wing.
piebūvēt *v. a.* -ju, -ju, to add a wing.
piecbalsīgs *a.* five-voiced, for five voices, of five parts.
piecdesmit *num.* fifty.
piecdesmitais *num.* fiftieth.
piecelt *v. a.* -celu, -cēlu, to lift, to pick up; (no miega) to waken up; *v. n.* -los, -cēlos, to get up, to rise, (kājās) to raise oneself, to stand up.
piecept *v. a.* -pu, -pu, to stick to.
piecējāds *a.* of five different sorts.
piecgade *f.* period of five years.
piecgadīgs *a.* of five years.
pieci *num.* five.
pieciest *v. a.* -šu, -tu, to do without, to dispense with.
pieckārtīgs *a.* fivefold.
piecklasīgs *a.* of five classes.
pieclapains *a.* five-leaved.
pieclapīte *f.* cinquefoil.
piecnieks *m.* note of five.
piecpadsmit *num.* fifteen.
piecreiz *adv.* five times.
piecstāvu *a.* five-storied.
piecstūris *m.* pentagon.
piectik *adv.* five times as much.
pieci tūkstoši *num.* five thousand.
piedabūt *v. a.* -ju, -ju, to persuade, to compel, to force.
piedalīšanās *f.* participation.
piedalīt *v. a.* -lu, -līju, to apportion; *v. n.* -los, -lījos, to join, to share in, to take part; (ar rakstiem) to contribute.
piedarbs *m.* threshing-floor.
piedauzība *f.* obnoxiousness, scandalousness; -bas akmens — stumbling block.
piedauzīgs *a.* offensive, obnoxious.
piedauzīt *v. a.* -zu, -zīju, to knock.
piedāvājums *m.* offer, proposal.
piedāvāt *v. a.* -ju, -ju, to offer.
piededzināt *v. a.* -nu, -nāju, to burn.
piedegt *v. a.* -gu, -gu, to be burnt, to stick.
piedegums *m.* burnt part of the porridge.
piederēt *v. a.* -ru, -rēju, to belong, to relate to.
piederība *f.* belonging, appurtenance.
piederīgie *m. pl.* relatives, family.
piederīgs *a.* belonging to, appendant.
piederums *m.* appendage, belonging; (īpašums) property, ownership; -ma vietnieka vārds — possessive pronoun.
piederumi *m. pl.* accessories, fixtures, materials.
piedevas *f. pl.* make-weight, surplus; dabūt ₂vām — to get into the bargain.
piedēklis *m.* appendage, tag; (gram.) suffix.
piedēt *v. a.* -ju, -ju, to lay full.
piediegt *v. a.* -dzu, -dzu, to stitch.

piedienīgs *a.* well-matched, suitable.

piedodams *a.* pardonable.

piedomāt *v. a.* to add mentally.

piedot *v. a.* -dodu, -devu, to forgive, to pardon; (pielikt) to add, to give; piedodati — sorry! Beg your pardon!

piedraudējums *m.* menace, threat.

piedraudēt *v. a.* -du, -dēju, to menace, to threaten.

piedurkne *f.* sleeve.

piedurties *v. n.* -ros, -dūrōs, to touch.

piedzert *v. a.* -dzeru, -dzēru, to drink to; *v. n.* -jos, -dzēros, to get drunk.

piedzēris *a.* drunk.

piedzimt *v. a.* -mstu, -mu, to be born.

piedzirdīt *v. a.* -du, -dīju, to make drunk.

piedzīšana *f.* exaction; driving up.

piedzīt *v. a.* -dzenu, -dzinu, to drive up to; (parādus) to exact.

piedzīvojums *m.* adventure; experience.

piedzīvot *v. a.* -ju, -ju to experience, to meet with; (bērnus) to breed, to produce.

piedzīvotājs *m.* fellow-lodger.

piedziedājums *m.* chorus.

piedziedāt *v. a.* -du, -dāju, to join in the chorus.

pieeja *f.* access, approach.

pieejamība *f.* accessibility; (laipnība) affability.

pieejams *a.* accessible; open to the public, affable.

pieēdināt *v. a.* -nu- -nāju, to give a feed.

pieēsties *v. n.* -dos, -dos, to eat one's fill.

piegarša *f.* taste, flavour.

piegādāt *v. a.* -ju, -ju, to procure, to furnish; (atvest) to carry; (vēstules) to deliver.

piegāde *f.* delivery, supply.

piegānīt *v. a.* -nu, -nīju, to soil, to foul.

piegāzt *v. a.* -žu, -zu, (pildīt) to fill up; (slīpi) to lean.

pieglaudīgs *a.* clinging, pliant.

pieglausties *v. n.* -žos, -dos, to nestle up, to snuggle up.

pieglumējis *a.* slimy.

piegriezējs *m.* cutter.

piegriezt *v. a.* -žu, -zu, to turn to.

piegriezt (ī) *v. a.* -žu, -zu, to cut out.

piegriezums (ī) *m.* cut.

piegrūst *v. a.* -žu, -du, to knock against, to collide.

pieguļa *f.* night-pasture of horses.

pieguļnieks *m.* night-herdsman.

pieiet *v. irr.* -eju, -gāju, to go up or near; (apmeklēt) to call on.

piejaukt *v. a.* -cu, -cu, to admix, to mix to.

piejāt *v. a.* -ju, -ju, to come riding, to ride near.

piejume *f.* shed, pent-house.

piejūgt *v. a.* -dzu, -dzu, to put to.

piejūra *f.* coast, shore.
piekabināt *v. a.* -nu, -nāju, to hook in, to hitch.
piekaisīt *v. a.* -su, -sīju, to strew with.
piekalne *f.* slope.
piekalst *v. a.* -stu, -tu, to stick in drying.
piekalt *v. a.* -ļu, -lu, to fasten by forging; (ķēdēm) to fetter.
piekaut *v. a.* -ju, -kāvu, to beat, to thrash.
pie kam *conj.* whereat, at which.
piekareklis *m.* appendage.
piekasas *f. pl.* scrapings.
piekausēt *v. a.* -ju, -ju, to make tired.
piekāje *f.* slope.
piekāpība *f.* compliance, yielding.
piekāpīgs *a.* yielding, pliant.
piekāpt *v. a.* -pju, -pu, to climb to; to come to; *v. n.* -pjos, -pos, to give up, to yield.
piekārt *v. a.* -karu, -kāru, to hang, to put on.
pieklaudzināt *v. a.* -nu, -nu, to knock.
pieklauvēt *v. a.* -ju, -ju, to knock.
pieklājība *f.* decency, politeness, propriety.
pieklājīgs *a.* decent, polite, proper.
pieklāties *v. imp.* -jas, -jās, one ought to; it becomes, it is suitable.
pieklist *v. a.* -stu, -du, to come straying.

piekliegt *v. a.* -dzu, -dzu, to fill with shouts.
piekļauties *v. n.* -jos, -kļāvos, to cling, to press against.
piekļāvība *f.* adaption; clinging.
piekļāvīgs *a.* affable, clinging.
piekļūt *v. a.* -stu, -kļuvu, to get at, to come near.
piekniedēt *v. a.* -ju, -ju, to rivet to.
piekodām *adv.* by way of a snack.
piekodinājums *m.* admonition.
piekodināt *v. a.* -nu, -nāju, to admonish.
piekopt *v. a.* -pju, -pu, to take care of; to practice.
piekost *v. a.* -žu, -du, to take a snack; *v. n.* -žos, -dos, to take the bait, to bite; zivs -žas — the fish rises (to the bait).
piekraste *f.* bank; -stes kuģniecība — coasting.
piekraut *v. a.* -krauju, -krāvu, to freight, to load.
piekrāpt *v. a.* -pju, -pu, to deceive, to cheat; *v. n.* -pjos, -pos, to be mistaken.
piekrist *v. a.* -kritu, -kritu, to agree with, to consent, to assent to.
piekrišana *f.* agreement, consent, approval; klusa - — tacit consent.
piekritējs *m.* adherent, supporter, follower.
piekritība *f.* belonging.
piekritīgs *a.* belonging to, suitable.
piektais *num.* the fifth.

piektdaļa f. the fifth.
piektdiena f. Friday; lielā — Good Friday.
piekukuļojams a. open to bribery, corruptible.
piekukuļošana f. bribing.
piekukuļot v. a. -ju, -ju, to bribe, to corrupt.
piekurs m. fuel, fire-wood.
piekusis a. tired, weary.
piekust v. a. -kūstu, -kusu, to get tired, to grow weary.
piekūns m. hawk.
piekūpēt v. a. -pu, -pēju, to be blackened with smoke.
piekūpināt v. a. -nu, nāju, to fill with smoke.
piekvēpināt v. a. -nu, -nāju, to incense, to fumigate, to smoke.
piekvēpt v. a. -pstu, -pu, to get blackened with smoke.
pieķert v. a. -ŗug, -ķēru, to get hold of; to catch.
pieķēdēt v. a. -ju, -ju, to chain to.
pieķēzīt v. a. -zu, -zīju, to befoul, to soil.
pielabināt v. a. -nu, -nāju, to allure, to wheedle.
pielaikot v. a. -ju, -ju, to try on.
pielaist v. a. -žu, -du, to admit, to permit; ~ uguni — to set on fire, to kindle; ~ šaubas — to admit of a doubt; v. n. -žos, -dos, to fly to; (laiks) to yield, to get warmer.
pielaižamība f. admissibility.
pielaižams a. admissible.
pielasīt v. a. -su, -sīju, to gather.
pielaulāt v. a. -ju, -ju, to marry to.
pielaulāts a. married to.
pielavīties v. n. -nos, -ņījos, to sneak up to.
pielāčot v. a. -ju, -ju to soil.
pielādēt v. a. -ju, -ju, to charge up.
pielāgošanās f. accomodation.
pielāgot v. a. -ju, -ju, to accomodate; to try on; v. n. -jos, -jos, to adapt or conform oneself.
pielekt v. a. -cu, -cu, to leap to.
pielicējs m. (techn.) feeder, layer-on.
pielikt v. a. -lieku, liku, to add, to apply; to affix, to set.
pielikums m. appendix, supplement; apposition.
pielipināt v. a. -nu, -nāju, to paste on, to stick on.
pielipt v. a. -lipu, -lipu, to adhere or to stick to; (slimība) to catch infection, to be infected.
pielišķēties v. n. -jos, -jos, to feign friendship, to wheedle round.
pielīdzināt v. a. -nu, -nāju, to level, to compare.
pielīmēt v. a. -ju, -ju, to glue or paste to.
pielīst v. a. -līenu, -līdu, to crawl to, to creep to.
pieliekamais m. larder, storeroom.
pieliekt v. a. -cu, cu, to bend down; v. n. -cos, -cos, to stoop.

pieliet v. a. -lēju, -lēju, to fill up, to pour.
pielocīt v. a. -loku, -locīju, to fill up.
pielodēt v. a. -ju, -ju, to solder to.
pielūdzējs m. admirer, adorer, devotee, worshipper.
pielūgt v. a. -dzu, -dzu, to adore, to worship; v. n. -dzos, -dzos, to beg pardon, to beg forgiveness.
pielūkot v. a. -ju, -ju, to take care of, to mind.
pieļaut v. a. -ju, -ļāvu, to allow, to permit.
pieļāvīgs a. complying, yielding.
piemaisījums m. admixture.
piemaisīt v. a. -su, -sīju, to admix.
piemaksa f. additional payment.
piemaksāt v. a. -ju, -ju, to pay additionally.
piemājot v. a. -ju, -ju, to dwell, to haunt.
piemānīt v. a. -nu, -nāju, to cheat, to deceive.
piemeklējums m. infliction, affliction.
piemeklēt v. a. -ju, -ju, to inflict, to visit.
piemesties v. n. -tos, -tos, to put up, to stay.
piemetinājums m. addition, supplement.
piemetināt v. a. -nu, -nāju, to add.
piemēram adv. for example, for instance.
piemērība f. accomodation, adaption.

piemērīgs a. adequate, fit, suitable.
piemērošanās f. adaptation (to).
piemērot v. a. -ju, -ju, to try on; v. n. -jos, -jos, to adapt oneself, to accomodate oneself.
piemērs m. example, instance.
piemēslot v. a. -ju, -ju, to soil.
piemētāt v. a. -ju, -ju, to litter round.
piemigt v. a. -miegu, -migu, to fall asleep; (acis) to close one's eyes.
piemineklis m. monument, memorial.
pieminējums m. mention(ing).
pieminēt v. a. -nu, nāju, to mention, to recall; to remember.
piemiņa f. (lieta) keepsake; par ~ ņu — in memory of.
piemirst v. a. -stu, -su, to forget, to leave behind.
piemist v. a. -mītu, -mitu, to be; to live with, to stay.
piemīdīt v. a. -du, -dīju, to soil by trampling on.
piemīlība f. charm, grace, sweetness.
piemīlīgs a. sweet, fair, charming.
piemīņāt v. a. -ju, -ju, sk. piemīdīt.
piemīt v. a. -minu, -minu, to tread down, to trample down.
piemītošs a. inherent, innate.
piemiegt v. a. -dzu, -dzu, to close, to shut.

piemuļķot — piepīt **247**

piemuļķot v. a. -ju, -ju, to cheat, to make a fool of.
pienaglot v. a. -ju, -ju, to nail to; (atsegt blēdību) to expose.
pienains a. milky, lactic.
pienācīgs a. due.
pienākt v. a. -ku, -cu, to come near; (apmeklēt) to call; (notvert) to catch, to surprise; v. n. -kos, -cos, to be due to.
pienākums m. duty; (parāds) obligation, liability; ~ma jūtas — sense of duty.
pienene f. dandelion.
pienenieks m. milkman.
pienest v. a. -su, -su, to carry to, to fetch.
pienēsāt v. a. -ju, -ju, to bring repeatedly; (dubļiem) to soil.
pienīdze f. milch-cow, heifer.
pienīgs a. abounding in milk.
pienotava f. dairy.
piens m. milk; ~na baltumā — milky white; ~na ceļš — milky way, galaxy; ~na dziedzeri — lacteal glands; ~na ēdieni — milk-diet; ~na kambaris — dairy; ~na kanna — milkcan; ~na pārdotava — dairyshop; ~na puika — greenhorn, milksop; ~na skābe — lactic acid; ~na sūkalas — whey; ~na zobs — milk-tooth.
piensaimniecība f. dairy-farm.
pieņemams a. acceptable; ~mā istaba — reception room.
pieņemšana f. reception.
pieņemt v. a. -mu, -ņēmu, to accept, to take, to receive; (domāt) to presume, to suppose; (darbā) to hire, to engage; v. n. -mos, -mos, to increase; (svarā) to put on flesh; (gudrībās) to acquire wisdom.
pieņemts a. accepted, assumed; ~ vārds — pseudonym.
pieņēmība f. admissibility; fairness.
pieņēmums m. assumption, supposition.
pieni m. pl. milt, soft roe.
piepalīdzēt v. a. ~dzu, -dzēju, to help a little.
piepalīdzība f. help, aid, assistance; (naudā) subsidy.
piepalīdzīgs a. helpful.
piepampt v. a. -pstu, -pu, to swell.
piepampums m. swelling, tumour.
piepaturēt v. a. -ru, -rēju, to keep on, to retain.
piepe f. dry-rot.
piepeši adv. suddenly; ~ apstāties — to stop short.
piepildījums m. fulfilment.
piepildīt v. a. -du, -dīju, to fill up; to fulfil; to accomplish, to realise, to perform; v. n. -dos, -dījos; (tranks) to be filled; (vēlēš.) to be fulfilled.
piepirkt v. a. -pērku, -pirku, to buy in addition.
piepirkums m. additional purchase.
piepīpēt v. a. -ju, -ju, to fill with smoke.
piepīt v. a. -pinu, -pinu, to plait together, to add plaiting.

pieplakt v. a. -ploku, -plaku, to crouch down.

pieplūdums m. flood-tide; influx; (ļaužu) concourse.

pieplūst v. a. -stu, -du, to flow to; to crowd in.

piepogāt v. a. -ju, -ju, to button to.

pieprasījums m. inquiry; (preču) demand; uz ~mu — to be called for; on call; (pastā) post restant.

pieprasīt v. a. -su, -sīju, to make inquiry, to ask, to demand, to call for; šo preci daudz pieprasa — this article is much called for.

pieputināt v. a. -nu, -nāju, to block up with snow.

piepūle f. (garīga) tension, strain; (mašīnu) expansion.

piepūlēties v. n. -los, -lējos, to exert oneself.

piepūst v. a. -šu, -tu, to blow up.

pieradināt v. a. -nu, -nāju, to accustom; (dzīvniekus) to tame; v. n. -nos, nājos, to accustom oneself, to get accustomed.

pieradināts a. tame.

pierakstīšanās f. entry, registration.

pierakstīt v. a. -stu, -stīju, to enter, to register; to add in writing; (īpašības) to ascribe, to attribute; (pilnu) to fill with writing; v. n. -stos, -stījos, to be registered.

pieraksts m. note; (vēstulē) postscript.

pierast v. a. -rodu, -radu, to accustom oneself to, to get habituated.

pierasts a. accustomed.

pieražot v. a. -ju, -ju, to produce.

pieraust v. a. -šu, -su, to rake together.

pierādījums m. proof, testimony.

pierādīt v. a. -du, -dīju, to prove.

pierāpties v. n. -pjos, -pos, to crawl or creep to.

piere f. forehead, brow.

pieredze f. experience.

pieredzēt v. a. -dzu, -dzēju, to experience.

pierēķināt v. a. -nu, -nāju, to add, to reckon.

pierīkot v. a. -ju, -ju, to fix, to put up.

pierities v. n. -rījos, -rijos, to gorge oneself.

pierietēt v. imp. -riet, -rietēja, to flow into (the udder).

pierobeža f. frontier area.

pierunāt v. a. -ju, -ju, to persuade, to talk over.

piesacīt v. a. -ku, -cīju, to inculcate.

piesaknis m. back of a book.

piesalt v. a. -stu, -lu, to freeze.

piesardzība f. caution, circumspection.

piesardzīgs a. careful, cautious, circumspect.

piesargāties v. n. -gos, -jos, to take care of, to beware of;

piesargies! look out! take care!
piesarkt v. a. -kstu, -ku, to colour up, to blush, to flush.
piesaukt v. a. -cu, -cu, to call up; to invoke.
piesaukums m. appeal, call.
piesaule f. sunny side.
piesavināšanās f. (ar varu) usurpation; ~ teōrija — theory of appropriation.
piesavināties v. n. -nos- nājos, to appropriate, to usurp; ~ parašas — to contract habits; ~ valodu — to master a language; ~ zinības — to acquire knowledge.
piesūtināt v. a. -nu, nāju, to saturate.
piesēdētājs m. assessor.
piesērējums m. silt.
piesērēt v. a. -ju, -ju, to silt up.
piesēsties v. n. -sēžos, -sēdos, to sit down, to take a seat.
piesēt v. a. -ju, -ju, to sow full.
piesildīt v. a. -du, -dīju, to heat, to warm.
piesilt v. a. -lstu, -lu, to grow warm.
piesis m. spur; (gaiļa) gaff.
piesist v. a. -tu, -tu, to fasten to affix; to nail to; v. n. -tos, -tos, to knock against, to strike.
piesitiens m. touch, stroke.
piesiet v. a. -sienu, -sēju, to bind, to tie; ~ sirdi — to take refreshments or restoratives; v. n. -nos, -jos, to stick, to attach oneself.

pieskaitīt v. a. -tu, -tīju, to add, to put, to account.
pieskalot v. a. -ju, -ju, to deposit, to float to.
pieskandināt v. a. -nu, nāju, to touch glasses (with).
pieskaņa f. assonance.
pieskaņot v. a. -ju, -ju, to fit, to adjust; v. n. -jos, -jos, to adjust, to adapt oneself
pieskaņots a. attuned, suited, fit.
pieskarties v. n. -ŗos, kāros, to touch.
pieskatīt v. a. -tu, -tīju, to watch, to take care of.
pieskāriens m. contact, touch.
pieskriet v. a. -skrienu, -skrēju, to run up.
pieskrūvēt v. a. -ju, -ju, to screw up.
pieslaucīt v. a. -ku, -cīju to sweep; (driski) to make dirty.
pieslaukt v. a. -cu, cu, to milk full.
pieslēgt v. a. -dzu, -dzu, to fasten with a key, (elektr.) to connect.
pieslēgts a. (telef.) .connected, put on; (ūdensvads) supplied with.
pieslēgums m. (telef., radio) connexion, communication; ((ūdens, gāzes) supply.
pieslliešanās f. joining, union; leaning
piesliet v. a. -slienu, -slēju, to lean against; v. n. -nos, -jos, to join, to agree; to rest against.

piesmakt v. a. -smoku, -maku, to grow close; (kakls) to get hoarse.
piesmelt v. a. -|u, smēlu, to scoop, to fill; v. n. -|os, -smē- los — to be filled.
piesmējējs m. ravisher, seducer.
piesmēķēt v. a. -ju, -ju, to fill with smoke.
piesmērēt v. a. -ju, -ju, to grease; to dirty.
piesmiet v. a. smeju, -smēju, to deride, to jeer at; to ravish, to violate.
piesnigt v. a. v. imp. -snieg, -sniga, to snow full.
piesolījums m. offer.
piesolīt v. a. -lu, -līju, to offer.
piespiest v. a. -žu, -du, to press; - darīt — to compel, to force; to coerce.
piespiedu a. compulsory ◇ lī- dzekļi — coercive measures; - nolaišanās (lidmaš.) — for- ced landing; - kārtā — by force, by compulsion.
piespiests a. forced, obliged.
piespiešana f. compulsion.
piespiešanās f. exertion.
piespļaudīt v. a. -du, -dīju, to spit full; to dirty by spitting.
piespraust v. a. -žu, -du, to pin to, to stick on.
piesprādzēt v. a. -ju, -ju, to strap on, to buckle on.
piepriest v. a. -žu, -du, (atalgoj.) to award; (sodu) to condemn to..
piesta f. mortar.
piestala f. pestle.

piestādīt v. a. -du, -dīju, to plant full.
piestāties v. n. -jos, -jos, (dzī- vot) to lodge, (kuģis) to moor, to lie alongside; (blakus) to side with, (vējš) to abate.
piestātne f. halting-place, stand, station.
piestāvēt v. a. -vu, -vēju to suit, to become, to fit.
piesteigties v. n. -dzos, -dzos, to arrive in time, to run to.
piestiprināt v. a. -nu, -nāju, to attach, to fasten, to fix.
piestrēbt v. a. -bju. -bu, to sip a little.
piestrīpot v. a. -ju, -ju, to mark.
piestumt v. a. -ju, -stūmu, to push to, to shove.
piesūbējis a. mouldy, dim.
piesūcināt v. a. -nu, -nāju, to impregnate.
piesūkties v. n. -cos, cos, to ab- sorb, to get full of; fig. to ge' drunk; (bite) to suck one's fill.
piesūtījums m. sending, remit- tance.
piesūtīt v. a. -tu, -tīju, to send, to remit.
pieši m. pl. spurs; iespiest sā- nos -šus — to dig one's spurs into the horse; gaiļa - (puķe) — nasturtium; bruņi- nieka - (puķe) — larkspur
piešķirt v. a. -šķiru, -šķīru, to assign, to apportion, to give a share.
piešmaukt v. a. -cu, -cu, to cheat, to deceive, to dupe.

piešūt v. a. -šuju, -šuvu, to sew on.
pietaisīt v. a. -su, sīju, to put to, to fit to.
pietaupīt v. a. -pu, -pīju, to save, to reserve.
piete, piets f. butt end; (cirvja) axe-head.
pietecēt v. a. -teku, -tecēju, to flow to, to run to.
pieteikt v. a. -cu, -cu, to announce, to notify; v. n. -cos, -cos, (uz vietu) to apply for.
pieteikums m. announcement, notification.
pieteka f. tributary, affluent.
pietelefonēt v. a. to ring up.
pietiecība f. contentment, frugality, moderation.
pietiecīgs a. content; moderate, frugal.
pietikt v. a. -tieku, -tīku, to suffice; (klāt) to reach, to come
pietiek! interj. enough! ‖near.
pietiekošs a. sufficient; **satisfactory.**
pietriekt v. a. -cu, -cu, to drive up to.
pietrūkt v. a. -kstu, -ku, to fall short of, to be lacking or wanting.
pietupties v. n. to cower, to crouch.
pietura f. stop, halt; (automobiliem) park; (norādījums) indication, cue; -ras zīmes — stops, punctuation marks.
pieturēt v. a. -ru, -rīju, to hold, to stop; - zirgu — to rein in, to pull up; v. n. -ros, -rējos,

to hold fast; (pie uzskata) to follow.
pietūkt v. a. -kstu, -ku, to swell.
pietvīcis a. flushed, hot.
pietvīkt v. a. -kstu, -ķu, to flush.
pievads m. (elektr.) lead.
pievadstiepule f. leading in wire.
pievaislot v. a. -ju, -ju, to rear a fresh breed of animals; v. n. -jos, -jos, to grow up, to spread.
pievakare f. dusk, twilight.
pievaldīt v. a. -du,- dīju, to check, to tame; v n. -dos, -dījos, to restrain oneself. quer, to, get the upper hand of.
pievarēt v. a. -ru, -rēju, to con-
pievākt v. a. -cu, -cu, to remove, to clear away.
pievārds m. nickname.
pievārīt v. a. -ru, -rīju, to boil; v. n. -ros, -rījos, to burn in boiling.
pievedceļš m. branch-line; supply road.
pievedums m. cartage, import.
pieveikt v. a. -cu, -cu, to master, to overcome.
pievelt v. a. -ļu, -vēlu, to roll up; (vadmalu) to felt a little.
pievest v. a. -du, -du, to lead to, to carry up to; (runā) to cite, to quote.
pievērpt v. a. -pju, -pu, to spin a quantity.
pievērst v. a. -su, -su, to turn.
pievērt v. a. -veru, -vēru, to close, to shut.
pievilcība f. attraction, charm.

pievilcīgs *a.* attractive, charming.

pievilinājums *m.* allurement, enticement.

pievilināt *v. a.* -nu, -nāju,- to allure, to decoy.

pievilkšana *f.* attraction; (zemes) -nas spēks — gravitation.

pievilkt *v. a.* -velku, -vilku, to draw to, to attract; *v. n.* -kos, -kos, to drag oneself to.

pievilt *v. a.* -ļu, -vīlu, to cheat, to deceive; *v. n.* -ļos, -vīlos, to be mistaken, to be deceived.

pievirzīt *v. a.* -zu, -zīju, to move near; *v. n.* -zos, -zījos, to approach, to draw near.

pievienojums *m.* communication, joining.

pievienot *v. a.* -ju, -ju, to adjoin, to annex; *v. n.* -jos, -jos, to join.

piezagties *v. n.* -zogos, -zagos, to steal up, to sneak to.

piezīme *f.* note, remark; (sods) reprimand; -mju grāmata — note - book; memorandumbook; -mju bloks — noteblock.

piezīmēt *v. a.* -ju, -ju, to note, to mark; (runā) to remark.

piezīsties *v. a.* -zos, -dos, to suck fast.

piezobot *v. a.* -ju, -ju, to deride, to make fun of.

piezvanīt *v. a.* -ņu, -nīju, (pie durvīm) to ring; (pa tāļruni) to ring up.

piežūpoties *v. n.* -jos, -jos, to get drunk.

piežūt *v. a.* žūstu, -žuvu, to stick fast in drying.

pikolo *m.* omnibus.

plackarte *f.* ticket for a reserved seat.

plaiksnīties *v. imp.* -ksnās, -snījās, to flash, to blink.

plaisa *f.* cleft, crack, crevice.

plaisāt *v. a.* -ju, -ju, to crack.

plakandūriens *m.* broad-stitch.

plakaniski *adv.* flatly, flatlong.

plakans *a.* flat; -nā pēda — flat foot.

plakanums *m.* flatness.

plakāts *m.* placard, bill, poster; -tu nesējs — sandwich-man; -tu stabs — advertising pillar.

plakne *f.* plane, surface.

plakstiņš *m.* eye-lid.

plakt *v. a.* ploku, plaku, to decrease.

plandīt *v. a.* -du, -dīju, to wave, to let fly; *v. n.* -dos, -dījos; (karogs) to stream; to wave.

planēta *f.* planet.

planka *f.* plank, board.

plankumains *a.* spotted, stained.

plankums *m.* spot, stain.

plarkšķēt *v. a.* -šķu, -šķēju, to rattle.

plarkšķis *m.* rattle; (cilvēks) prattler.

plasma *f.* plasma.

plastika *f.* plastic art.

plastilins *m.* plasticine.

plaši *adv.* widely, far, extensively.

plašs *a.* spacious, wide, exten-

sive; ~ša sirds — generous heart.
plašums *m.* range, largeness, extension, wideness.
platans *m.* plane-tree.
plate *f.* disk, plate; (gramofōna) record.
platība *f.* expansion, extent, wideness.
platforma *f.* platform.
platīns *m.* platinum.
platknābis *m.* shoveller.
platleņķis *m.* obtuse angle.
platmale *f.* hat.
platonisks *a.* Platonic.
plats *a.* broad, large, wide.
platsliežu *a.* broad-gauge.
platums *m.* width, breadth; latitude; ~ma grads — degree of latitude.
plaucēt *v. a.* -ju, -ju, to scald, to seeth; (ziedus) to force to bloom.
plaudis *m.* bream.
plaukains *a.* flaked.
plauksta *f.* palm.
plaukš! *interj.* bang! plump!
plaukšķēt *v. a.* -šķu, -šķēju, to flap, to sound.
plaukšķināt *v. a.* -nu, -nāju, to applaud, to clap hands.
plaukšķis *m.* flap, smack.
plaukt *v. a.* -kstu, -ku, to bud; (veikals) to flourish, to prosper.
plaukts *m.* shelf.
plaukums *m.* blossoming, growth.
plaušas *f. pl.* lungs; ~ šu diloņis — consumption, phtisis;

~šu karsonis — inflammation of the lungs.
plācenis *m.* a flatcake.
plāksne *f.* plate, plane.
plāksteris *m.* plaster; ángļu ~ adhesive plaster.
plānot *v. a.* -ju, -ju, to plan, to plot, to scheme.
plānprātība *f.* feeble-mindedness.
plānprātiņš *m.* simpleton, blockhead, idiot.
plānprātīgs *a.* feeble-minded, weak-headed.
plāns *m.* design, plan; (kuls) beaten clay floor.
plāns *a.* thin.
plānums *m.* thinness.
plānveidīgs *a.* systematized; ~ga saimniecība — systematized economy.
plātīt *v. a.* -tu, -tīju, to spread out; *v. n.* -tos, -tījos, to boast, to give oneself airs, to talk big; (rokām) to gesticulate.
plecīgs *a.* broad-shouldered.
plecs *m.* shoulder; ~cus raustīt — to shrug one's shoulders.
pleika *f.* good-for-nothing fellow, wasteful person.
plekste *f.* brill, turbot.
plencis *m.* drunkard, loose-fellow.
plene *f.* matted piece of wool or hair; crowd.
pletne *f.* whip; leathern switsh.
plezna *f.* web-foot.
plēbejs *m.* plebeian.
plēbējisks *a.* plebeian, low, vulgar.
plēnārsēde *f.* full session.

plēne *f.* thin layer of ashes.
plēnēt *v. a.* -ju, -ju, to turn slowly into ashes.
plēnums *m.* totality of members.
plēsīgs *a.* wild; -gi zvēri — beasts of prey.
plēsoņa *m.* ruffian, bully; (dzīvnieks) bird or beast of prey.
plēst *v. a.* -šu, -su, to tear; to split; *v. n.* -šos, -sos, to fight; (darbs) to drudge, to plod.
plēst, *v. a.* plēšu, -tu, to spread, to stretch; *v. n.* -šos, -tos, to extend, to widen.
plēsums *m.* split, tear, rent; (zeme) woodland newly cleared.
plēšana *f.* tearing, splitting; spreading, stretching.
plēšanās *f.* fight, scuffle; extending, widening, stretching.
plēšas *f. pl.* bellows.
plēšiņas *f. pl.* (mūz. instr.) accordion, concertina.
plēve *f.* (šķidrumam) film; (anat.) membrane.
plicināt *v. a.* -nu, -nāju, to exhaust.
plikadīda *f.* beggar, needy person.
plikgalvis *m.* bald-headed man.
pliknis *m.* nude.
plikpauris *m.* sk. plikgalvis.
pliks *a.* naked, nude; (kājas) bare; (galva bez matiem) bald; (nabags) poor, indigent.
pliksala *f.* glazed frost.
plikseklainie *m. pl.* acotyledonous.
plikstiņi *m. pl.* shepherd's purse.
plikši *m. pl.* cock's comb.

plikums *m.* nakedness, bald spot.
pliķēt *v. a.* -ju, -ju, to box ears, to slap face.
pliķis *m.* box on the ear, slap in the face.
plinkšķināt *v. a.* -nu, -nāju, to jingle, to chink; (klavieres) to strum.
plisēt *v. a.* -ju, -ju, to pleat.
pliukš! — smack! pop!
pliukšķināt. *v. a.* -nu. -nāju, to crack.
plivināt *v. a.* -nu, -nāju, to wave, to dangle to and fro; *v. n.* -nos, -nājos, to flutter; (karogs) to stream.
plikšķēt *v. a.* -šķu, -šķēju, to splash.
pliss *m.* plush.
plīst *v. a.* -stu, -su, to tear, to break, to be torn; (saškīst) to burst, to crash.
plīsums *m.* rent, crevice.
plītēšana *f.* hard drinking, boozing.
plītēt *v. a.* -ju, -ju, to booze, to drink hard.
plīties *v. n.* -ījos, -ijos, (prasīt) to hanker after; (virsū) to intrude upon.
plītnīca *f.* ale-house, tavern, pub.
plītnieks *m.* boozer, drunkard.
plīts *f.* cooking-stove.
plīvurs *m.* veil.
pliederis *m.* elder.
pliekans *a.* dull; tart.
plienājs *m.* limestone-ground.
plienis *m.* limestone.

plombe *f.* lead, seal; (zobu) stopping, filling.
plosīgs *a.* naughty, unmanageable.
plosīt *v. a.* -su, -sīju, to tear, (miesu) to lacerate; *v. n.* -sos, -sījos, to rage, to fight, to romp.
plostnieks *m.* raftsman; (pārcēlējs) ferryman.
plostojams *a.* (upe) navigable for rafts; (koki) floatable.
plostot *v. a.* to float wood, to lumber.
plosts *m.* float, raft; (celtuve) ferry; **-stu koki** — floated timber.
plucināt *v. a.* -nu, -nāju, (spalvas) to pluck; (ar ūdeni) to scald; (saplēst) to tear.
pludenis *m.* west-wind.
pludināt *v. a.* -nu, -nāju, to float.
pludiņš *m.* float, cork.
pludot *v. a.* -ju, -ju, to float, to drift.
plukata *f.* poor wretch, penniless fellow.
plukt *v. a.* plūku, pluku, to fade, to lose colour.
plukums *m.* fading, discoloration.
plunčāties *v. n.* -jos, -jos, to dabble, to splash.
plunkšķēt *v. a.* -šķu, -šķēju, to make a plumping noise in the water.
plunšķināt *v. a.* -nu, -nāju, to splash.

pluska *f.* shred, tatter; (cilvēks) ragamuffin.
pluškis *m.* a shaggy dog.
plūdeņi *m. pl.* spirants, non-occlusives; liquids.
plūdi *m. pl.* flood, inundation; **grēku -** — the Deluge.
plūdonis *m.* tide, flood.
plūdums *m.* flow, tide.
plūkāt *v. a.* -ju, -ju, to pluck, to pick repeatedly.
plūksnas *f. pl.* flocks
plūkšana *f.* plucking, picking.
plūkšanās *f.* brawl, scuffle, affray.
plūkt *v. a.* -cu, -cu, to pluck, to pick; *v. n.* -cos, -cos, to scuffle, to fight.
plūkums *m.* all that has been plucked.
plūme *f.* plum.
plūs *adv.* plus.
plūsma *f.* current, stream.
plūst *v. a.* -stu, -du, to flow, to run; **ļaudis -** — people are flocking to or streaming along.
plūtokratija *f.* plutocracy.
pļauja *f.* harvest; **siena -** — mowing, haymaking.
pļaujams *a.* (labība) ripe or ready for cutting; (siens) ready for mowing; mowable.
pļaujmašīna *f.* mowing-machine.
pļauka *f.* sk. pļiķis.
pļaukāt *v. a.* -ju, -ju, sk. pļiķēt.
pļaušana *f.* (labības) cutting, reaping; (zāles) mowing.
pļaut *v. n.* -ju, -ju, pļāvu, to cut, to mow, to reap.

pļava f. meadow; (dzej.) mead.
pļavkopība f. cultivation af meadows,
pļāpa f. gossip, prattler. chatter-box
pļāpas f. pl. gossip, talk.
pļāpāt v. a. -ju, -ju, to chat, to prattle, to babble.
pļāpība f. talkativeness. loquacity
pļāpīgs a. talkative. prattling, babbling.
pļāpīgums m. sk. pļāpība.
pļāvējs m. mower, cutter.
pļāviens m. all that has been mowed.
pļāvums m. haycrop.
pļeka f. cow-dropping.
pļēgurs m. shuffler, an indolent fellow
pļundurs m. profligate, rake
podagra f. gout.
podijs m. podium.
podniecība f. pottery
podnieks m. potter
pods m. pot.
podziņa f. a small button.
poēma f. poem.
poētika f. poetics, poetic theory.
poēzija f. poetry.
poga f. button; (apkakles) stud; -gas caurums — button-hole.
pogaļa f. seed-case, pod.
pogāt v. a. -ju, -ju, to button; (dziedāt) to warble.
poģis m. a small dog.
pokāls m. goblet, bumper
polārapgabals m. arctic regions; - lapsa — arctic fox; - riņ-ķis — Arctic Circle.

polārs a. polar, arctic.
polēmika f. controversy, polemics.
polemizēt v. a. -ju, -ju, to carry on a controversy.
policija f. police; -jas iecirknis — police station; -jas skola — police training-school; galvenā - Police Head-quarters; -jas uzraudzībā — under police supervision.
policists m. police-man, constable; (palama) bobby, copper.
poligamija f. polygamy.
polips m. polyp
polis m. Pole.
polise f. policy.
politechnika f. polytechnical school; (augstskola) technical university.
politika f. politics; policy
politiķis m. politician.
politūra f. varnish.
polka f. polka.
pollūcija f. pollution.
polonēze f. polonaise.
pols m. pole; ziemeļ- — North Pole; dienvid- — South Pole.
pomāde f. pomade.
pomerance f. orange.
pontons m. pontoon.
populārs a. popular, favourite.
popularitāte f. popularity.
popurijs m. musical selection.
pora f. pore.
porainība f. porosity.
porains a. porous.
porcelāns m. china, porcelain.
porcija f. portion, ration, share.

pornogrāfija *f.* pornography.
porozs *a.* porous.
portāls *m.* portal, porch.
portfelis *m.* portfolio; (kabatas) pocket-book; *fig.* (amats) ministerial post.
portjēra *f.* door-hangings.
portmonējs *m.* purse, moneybag.
portreja *f.* portrait.
ports *m.* port, harbour.
portsigārs *m.* cigar-case.
portugālis *m.* Portuguese.
portvīns *m.* port.
posmains *a.* divided into parts; geniculated.
posms *m.* link, joint; part.
post *v. a.* -šu, -su, to clean, to adorn; *v. n.* -šos, -sos, to adorn oneself; to get ready.
postaments *m.* pedestal.
postaža *f.* desert, devastated place.
postenis *m.* post, situation; (sardze) sentry.
postīt *v. a.* -stu, -stīju, to destroy, to devastate.
posts *m.* misery, calamity, disaster; - **dzīve** — miserable life; -**stā iet** — to perish, to be ruined; -**stā gāst** — to destroy, to ruin, to wreck.
postskripts *m.* postscript.
potaša *f.* potash.
pote *f.* vaccine; (zars) graft.
potence *f.* power.
potenciāls *a.* potential.
potentāts *m.* potentate.
potēt *v. a.* -ju, -ju, to vaccinate; (koku) to graft, to inoculate.
potīte *f.* ankle.
potvasks *m.* grafting-wax.
potzars *m.* graftling.
poze *f.* attitude, pose.
pozīcija *f.* position.
pozitīvisms *m.* positivism.
pozitūra *f.* posture.
pragmātisks *a.* pragmatical.
prakse *f.* practice, usage; (advokāta) clientel, clients; (ārsta) patients.
praktika *f.* practice, experience.
praktikants *m.* assistant, novice, probationer.
praktiķis *m.* practician.
praktisks *a.* practical.
praktizēt *v. a.* -ju, -ju, to practise.
prasība *f.* demand, request; claim, requirement.
prasījums *m.* claim, demand.
prasīt *v. a.* -su, -sīju, to ask, to demand, to inquire.
prasītājs *m.* claimant, petitioner.
prasme *f.* skill, dexterity, understanding.
prast *v. a.* protu, pratu, to understand, to know.
prasība *f.* roughness, uncouthness.
prasts *a.* rough, coarse, uncouth.
prašana *f.* skill, knowing, understanding.
prašņāt *v. a.* -ju, -ju, to inquire, to ask.
pratējs *m.* skilful person, knowing person.

pratināt *v. a.* -nu, -nāju, to question, to examine.
pratīgs *a.* skilful, dexterous.
praulains *a.* decayed, rotten.
prauls *m.* decayed piece of wood.
pravietis *m.* prophet.
pravietojums *m.* prophecy.
pravietot *v. a.* -ju, -ju, to foretell, to prophesy.
prāmis *m.* ferry.
prāmnieks *m.* ferryman.
prātīgs *a.* sensible, prudent.
prātnieciska *a.* philosophical.
prātniecība *f.* philosophy.
prātnieks *m.* philosopher.
prātojums *m.* deliberation; philosophy.
prātot *v. a.* -ju, -ju, to consider, to reason, to philosophise.
prāts *m.* intellect, mind, sense; **-ta aptumšojums** — derangement of mind; **-ta sajukums** — insanity, mental disorder; **-ta slēdziens** — reasoning; **vesels -** — commonsense; **-tā jucis** — insane, mentally diseased; **iekrist -tā** — to strike, to occur to; **paturēt -tā** — to bear in mind; **viņš nav pie pilna -ta** — he is out of his mind (senses); **vai tu esi pie pilna -ta?** — are you in your senses?
prātula *f.* epigram, sentence.
prātvēders *m.* sophist, wiseacre.
prāva *f.* action, lawsuit; **-vas gaita** — legal procedure; **-vas vešana** — conduct of a case.
prāvests *m.* provost.

prāvoties *v. n.* -jos, -jos, to begin an action, to go to law, to take proceedings.
prāvs *a.* considerable, pretty large.
prāvums *m.* considerableness.
prece *f.* article; **-ces** *pl.* merchandise, goods, ware; **-ču nams** — stores, warehouse; **-ču noliktava** — storagehouse; **-ču vilciens** — goods train; **-ču zīme** — bill of consignment, dispatch note; **-u zinātne** — knowledge of mercantile wares.
precējies *a.* married, wedded.
precēšanās *f.* marriage.
precēt *v. a.* -cu, -cēju, to marry, to wed; *v. n.* -cos, -cējos, to get married.
precināt *v. a.* -nu, -nāju, to make a match, to persuade into marriage.
precinieks *m.* match-maker, go-between.
precības *f. pl.* matchmaking; engagement-party, betrothal.
predikāts *m.* predicate.
prefekts *m.* prefect; (polic.) Chief Constable.
prefektūra *f.* prefecture, prefectship.
prefikss *m.* prefix.
premjēra *f.* first night.
preparāts *m.* preparation, compound; **mikroskopisks -** — microscopic slide.
prepozicija *f.* preposition.
prese *f.* press; **-ses birojs** — editorial office; **-ses brīvība**—

**liberty of press; -ses likums
— press-law: -ses valde —
Press Board.
presēt** v. a- -ju. -ju, to press, to squeeze.
prestižs m. prestige.
pret prp. against, contrary to, for; (virziens) to, towards; - vakaru — towards evening; par un - — for and against; the pros and the cons.
pretdarbība f. reaction, counter effect.
pretdabisks a. unnatural, perverse.
pretdāvana f counter-present.
preteklis m. opposite, obstacle.
pretendents m. claimant, pretender.
pretestība f. opposition, resistance.
pretestīgs a. contrary, refactory.
pretešķība f. antagonism.
pretējs a. contrary, opposite.
pretim adv. opposite, over the way.
pretim prp. against, contrary to; iet - — to go to meet.
pretimnācējs m. one who comes to meet; one who goes in the opposite direction.
pretimsēdētājs m. person seated opposite.
pretinieks m. opposer. adversary, antagonist.
pretīgs a. disgusting, loathsome.
pretīgums m. disgust, repugnance.
pretkrasts m. opposite bank.
pretkritika f. counter-criticism.

pretlikumība f. unlawfulness, illegality.
pretlikumīgs a. illegal, unlawful.
pretlīdzeklis m. antidote, remedy.
pretmets m. contrast.
pretmīlestība f. mutual love; viņš atrada -bu — his love was returned; neatrada -bu — he met no response.
pretoties v. n. -jos, -jos. to oppose, to resist.
pretpakalpojums m. reciprocal service.
pretpartija f. opposite party; opponent.
pretpavēle f. countermand, counterorder.
pretpierādījums m. counter-proof.
pretprasība f. counter-action or claim.
pretpuse f. opposition, reverse side.
pretraksts m. counter-article, refutation.
pretrēķins m. counter-account.
pretrevolūcija f. counter-revolution.
pretruna f. contradiction.
pretrunīgs a. contradictory, discordant.
pretspēks m. counter-force.
pretspiediens m. counter-pressure.
pretsiatība f. contrariety.
pretstats m. contrast; notion.
pretstrāva f. counter-current.
pretsūdzība f. counter-charge, counter-plea.

pretsvars *m.* counterbalance, counterpoise.
prettvaiks *m.* counter-steam.
pretuzbrukums *m.* counter-offensive.
pretvara *f.* counter-force.
pretvekselis *m.* counter-bill.
pretvējš *m.* head-wind, contrary wind.
pretvērtība *f.* equivalent.
pretvilciens *m.* (šachā) counter-move.
pretvirziens *m.* opposite direction; -na strāva — opposite current.
pretvizīte *f.* return-call.
pretzāles *f. pl.* antidote, remedy.
prezidents *m.* president.
prezidēt *v. a.* -ju, -ju, to be in the chair, to preside.
prezidijs *m.* chair, presidency.
prēcīzs *a.* exact, precise.
prēlāts *m.* prelate.
prēlūdija *f.* prelude.
prēmija *f.* premium, prize; -ju aizņēmums — issue of lottery bonds.
prērija *f.* prairie.
principāls *m.* boss, chief, governor, head.
principiāls *a.* on principle.
princips *m.* principle.
princese *m.* princess.
privāts *a.* private.
privātdocents *m.* lecturer.
privātskola *f.* private school.
priviliģēt *v. a.* -ju, -ju, to license, to privilege.
priviliģēts *a.* priviliged.
priviliģija *f.* privilege.

prize *f.* (šņauciens) pinch of snuff.
prizma *f.* prism.
prīma *a.* first class.
prīmadonna *f.* leading lady.
prīmāns *a.* pupil of the highest class; (Anglijā) sixth-form boy.
prīmitīvs *a.* primitive, simple.
priecāties *v. n.* -jos, -jos, to be delighted, to rejoice at; to be merry.
priecināt *v. a.* -nu, -nāju, to gladden, to delight.
priecīgs *a.* glad, gay, cheerful.
priedaine *f.* pine-forest.
priede *f.* pine.
priedēklis *m.* prefix.
prieks *m.* joy, gladness, delight.
priekš *prp.* before, previous to; - trim dienām — three days ago.
priekša *f.* front, face.
priekšass *f.* fore-axle.
priekšauts *m.* apron; (bērna) pinafore.
priekšā *adv.* in front of, before, ahead; bankrota - — on the verge of bankruptcy; pulkstenis - — the watch is fast; turēt acu - — to keep in view; - stādīt — to introduce.
priekšdaļa *f.* forepart; kuģa - — prow.
priekšdarbs *m.* preparatory work.
priekšdienas *f. pl.* coming days, future.
priekšdilbis *m.* forearm.
priekšdurvis *f. pl.* outer door.

priekšdziedātājs *m.* precentor, chanter.
priekšelle *f.* purgatory.
priekšējs *a.* anterior, foremost, front.
priekšgals *m.* forepart, head
priekšgājējs *m.* predecessor
priekšiņa *f.* lobby.
priekšistaba *f.* anteroom.
priekšizglītība *f.* preparatory training.
priekšizmeklēšana *f.* preexamination.
priekškambaris *m.* (sirds) au-
priekškars *m.* curtain. [ricle.
priekškaramā atslēga *f.* padlock.
priekškāja *f.* fore-foot, fore-paw.
priekškuņģis *m.* maw.
priekšlaicīgs *a.* precocious, premature.
priekšlaikā. *adv.* prematurely, untimely; maksāt -kus — to anticipate payment
priekšlasījums *m.* discourse, lecture.
priekšlasītājs *m.* lecturer.
priekšlikums *m.* motion, proposition, suggestion.
priekšlogs *m.* double-framed window; winter-frame
priekšmets *m.* object, thing, subject.
priekšmūris *m.* outer wall.
priekšnams *m.* vestibule, hall, lobby.
priekšnesums *m.* performance.
priekšniecība *f.* authorities, administration.
priekšnieks *m.* director, princi-

pal, chief, head; (biedrības' president.
priekšnojauta *f.* foreboding, presentiment.
priekšnoteikums *m.* condition premise.
priekšpēdējs *a.* last but one.
priekšpilsēta *f.* suburb.
priekšpilsētnieks *m.* suburban resident.
priekšplees *m.* fore-quarter
priekšpulks *m.* vanguard.
priekšpusdiena *f.* forenoon.
priekšpuse *f.* face, front.
priekšraksts *m.* prescription, rule, regulation, order.
priekšrinda *f.* front row, fore-rank.
priekšritenis *m.* front-wheel
priekšrocība *f.* prerogative, privilege.
priekšroka *f.* lead, priority.
priekšrunātājs *m.* previous (last) speaker.
priekšspēle *f.* prelude, overture
priekšstats *m.* conception, notion
priekšstāvis *m.* sk. pārstāvis.
priekšstrādnieks *m.* foreman, head-workman
priekšsvētki *m. pl.* eve of a festival.
priekš tam *adv.* (laiks) before that; (nolūks) therefore.
priekštecis *m.* predecessor, ancestor; forerunner, precursor.
priekštelpa *f.* fore-room; (teātrī, viesnīcā) lounge.
priekštiesības *f. pl.* prerogative, priority.
priekšvakars *m.* -ve

priekšvārds *m.* preface.
priekšvēstnesis *m.* herald, forerunner.
priekšvēsture *f.* prehistory.
priekšvēsturisks *a.* prehistorical.
priekšzināšanas *f. pl.* preliminary knowledge, rudiments.
priekšzīme *f.* example, model, pattern.
priekšzīmīgs *a.* exemplary, model.
priekšzobs *m.* incisor, front tooth.
priesteris *m.* priest.
prievīte *f.* garter.
problēma *f.* problem.
procents *m.* percent, interest.
procesija *f.* procession.
process *m.* action, lawsuit, trial; process.
procedūra *f.* procedure, proceeding.
producents *m.* grower, maker, producer.
producēt *v. a.* -ju, -ju, to produce.
produkcija *f.* production, yield; (raktuvju) output.
produktivitāte *f.* productivity, fertility.
produktīvs *a.* productive.
produkts *m.* product, produce, production.
profesija *f.* craft, profession, trade.
profesūra *f.* professorship.
profils *m.* profile, side-view.
prognoze *f.* prognosis; (laika pareģ.) weather-forecast.

programma *f.* program (me); platform.
progresēt *v. a.* -ju, -ju, to progress.
progress *m.* progress.
proģimnāzija *f.* grammar school with the lower classes only.
projām *adv.* away, gone, off.
projekcija *f.* projection; -jas aparāts — projector, projection apparatus; -jas bildes — lantern slides; -jas ekrāns — screen.
projekts *m.* plan, project, scheme.
proklamācija *f.* broad-sheet, loose-leaf, proclamation.
proklamēt *v. a.* -ju, -ju, to proclaim, to announce.
prokurists *m.* head clerk.
prokurors *m.* public prosecutor, indicter.
proletāriāts *m.* proletariat.
proletārietis *m.* proletarian.
prologs *m.* prologue.
prom *adv.* sk. projām.
propagandēt *v. a.* -ju, -ju, to make propagandu.
propellers *m.* propeller.
propedeutika *f.* introduction, propedeutics.
proponēt *v. a.* -ju, -ju, to move, to propose, to suggest.
propozīcija *f.* proposal.
prosa *f.* millet.
protams *adv.* certainly, indeed, of course.
protekcija *f.* protection.
protestants *m.* **protestant.**

protestēt v. a. -ju, -ju, to protest, to object to.
protests m. protest; **-ta sapulce** — meeting of protest.
protežēt v. a. -ju, -ju, to patronize.
proti conj. namely, that is to say.
protokolēt v. a. -ju, -ju, to take down the minutes, to keep the register, to record.
protokolists m. recorder.
protokols m. minutes, record; **policijas -** — verbal deposition.
proviants m. provisions, victuals.
province f. province; the country.
provīzija f. provisions, victuals.
provīzors m. chemist, dispenser.
provocēt v. a. -ju, -ju, to bring about, to provoke.
provokācija f. provocation.
prozektors m. demonstrator.
prozit! — good wishes!
prōza f. prose.
prōzaiķis m. prose-writer.
prōzaisks a. in prose; matter-of-fact.
prusaks m. cockroach.
prūsis m. cockroach; Prussian.
psalmotājs m. psalmist.
pseudonīms m. pseudonym.
psīche f. soul, Psyche.
psīchiatrs m. psychiatrist.
psīchisks a. psychic(al).
psīchoanalitisks a. psycho-analytic-(al).
psīchoanalize f. psychoanalysis.
psīcholoģija f. psychology.

psīchoze f. psychosis.
publicēt v. a. -ju, -ju, to publish.
publicists m. journalist, publicist.
publika f. public, audience.
pucakmens m. pumice.
pucināt v. a. -ju, -ju, to bait.
pudele f. bottle, flask.
pudiņš m. pudding.
puds m. 40 Russian pounds.
pudurains a. bushy; branchy.
pudurs m. bush, thicket.
puicisks a. saucy, cheeky, boorish.
puiciskums m. churlishness, boorishness, unmannerly conduct.
puika m. boy, lad, youngster; **ielas -** — urchin; **-kaş gadi** — boyhood.
puisēns m. little boy.
puisis m. fellow; (neprec.) bachelor; (kalps) farm-hand, labourer.
puišot v. a. to serve.
pujene f. peony.
pukoties v. n. -jos, -jos, to chafe, to fret, to be angry.
pukstēt v. imp. -st, -stēja, to pulse, to beat, to throb.
puksts m. pulse, throb, beat.
pukains a. flowered, flowery.
puķe f. flower; **-ķu dobe** — flower bed; **-ķu kāposts** — cauliflower; **-ķu sīpols** — bulb; **-ķu smārša** — scent of flowers; **-ķu tirgotājs** — florist; **-ķu vītne** — garland.
puķkopība f. floriculture.

pulcēties v. n. -jos, -jos, to assemble, to meet.
pulcināt v. a. -nu, -nāju, to gather, to call together.
pulciņš m. circle, society, group.
pulgot v. a. -ju, -ju, to abuse, to revile.
pulierēt v. a. -;ju, -ju, to polish.
pulka num. much, many, a great deal.
pulkiem adv. (cilv.) in crowds; (dzīvn.) in flocks.
pulks m. (armijā) regiment, troop; crowd, multitude.
pulkstenis m. (kabatas) watch; (smilšu) hour-glass; (sienas) clock; (rokas) wrist-watch; ~ pieci — it is five o'clock; pus ~ — it is half past four; cik ~? what is the time? what o'clock is it? ~ņa atslēga — watch-key; ~ņa bumba — weight of a clock; ~ņa ķēde — watch-chain; ~ņa rādītājs — hand; ~ņa taisītājs — watchmaker; ~ņa plate — face.
pulkstenīte f. campanule, harebell.
pulkvedis m. colonel; ~leitnants — lieutenant-colonel.
pulsot v. a. -ju, -ju, sk. pukstēt.
pulss m. pulse.
pulveris m. powder.
pulverizātors m. sprayer, spray-diffuser, atomizer.
puļķis m. peg, wooden pin.
pumpa f. knob; (uz miesas) boil.
pumpains a. full of boils.
pumpēt v. a. -ju, -ju, to pump.

pumpis m. pump.
pumpurains a. covered with buds.
pumpurs m. bud, eye.
pumpurveidīgs a. bud-like.
punains a. knaggy, knotty.
pundurs m. dwarf, pygmy.
punktēt v. a. -ju, -ju, to dot, to puncture, to prick; (grāvēt) to stipple; (domāt) to muse.
punktība f. punctuality, exactness.
punktīgs a. exact, accurate.
punkts m. point, dot; (piet. zīme) full stop, period; (vieta) spot, place; (boksā) uzvarēt pēc punktiem — to win on points.
puns m. boil, tumour; (sasists) bruise, bump.
punšs m. punch.
puņķi m. pl. mucus; (vulg.) snot.
pupa f. bean.
pupāji m. pl. bean-straw or stalks.
pups m. teat, breast; nipple.
purene f. marsh-marigold.
purināt v. a. -nu, -nāju, to shake; v. n. -nos, -nājos, to shake oneself.
purinātājs m. shaker.
purna un nagu sērga f. foot and mouth diseases.
purns m. snout, muzzle; (kurpes) toe, point.
purpurs m. purple.
purvaine f. bog-land, marshland, swamp.

purvains *a.* boggy, marshy, swampy.
purvajs *m.* marsh-land.
purvmala *f.* border of a swamp.
purvs *m.* marsh, swamp; ~va drudzis — malaria; ~va gāze — marsh-gas.
pus- half-, demi-, semi-.
pusalus *m.* small beer.
pusaplis *m.* semicircle.
pusass *f.* half-fathom.
pusaudekls *m.* cotton-warp linen.
pusaudzis *m.* adolescent, stripling.
pusādas *a.* (sējums) — half-calf binding.
pusbads *m.* semi-starving.
pusbalsī *adv.* low, under one's breath.
pusbībele *f.* New Testament.
pusbrālis *m.* half-brother, stepbrother.
pusceļ *adv.* half; ~ viens — half past twelve.
pusceļš *m.* half-way; ~jā satikt ~ — to meet half-way.
pusceturta *a.* three and a half.
pusdarbs *m.* half-work.
pusdarīts *a.* half-done.
pusdikti *adv.* low.
pusdivi *num.* half past one.
pusdiena *f.* midday, noon; (ēdiens) dinner; ~nas atdusa — midday rest, siesta; ~nas karstums — noontide heat.
pusdienot *v. a.* -ju, -ju, to dine.
pusdievs *m.* demi-god.
pusducis *m.* half-a-dozen.
pusdulls *a.* half-mad.
pusdzīvs *a.* half-dead.

puse *f.* half; side; līdz ~sei — to the middle; uz ~sēm — by halves; no manas ~ses — from my part.
pusgatavs *a.* half-done; gaļa ~va — meat is half done.
pusfabrikāts *m.* semi-manufacture.
pusgads *m.* half-year, six months.
pusgaŗš *a.* of medium length.
pusgraudnieks *m.* metayer.
pusgrieziens *m.* half-turn.
pusjēls *a.* half-cooked, half-raw.
pusjumtiņš *m.* mark(è) of falling accent.
pusjūdze *f.* half-mile.
puskails *a.* half-naked, semi-nude.
puskarīte *f.* chaise, pony-carriage.
puskažoks *m.* short fur-coat.
puskoka lēcējs *m.* shilly-shallying person.
puskrēsla *f.* dusk, twilight.
puskukulis *m.* half-loaf.
puskurls *a.* half-deaf.
puskurpe *f.* low shoe, slipper.
puslapa *f.* half-sheet; page.
puslats *m.* half-lat (50 santimi).
puslitrs *m.* half-litre.
puslīdz *adv.* fairly, middling; ~ labs — pretty good.
puslode *f.* hemisphere.
puslogs *m.* half-window.
pusloks *m.* semicircle.
pusloksne *f.* half-sheet.
pusmācīts *a.* semi-educated, half-trained.
pusmāja *f.* half-house.
pusmārciņa *f.* half-pound.

pusmāsa *f.* half-sister, step-sister.
pusmēms *a.* half-dumb, half-mute.
pusmēnesis *m.* half-month, fort-night.
pusmēness *m.* crescent, half-moon.
pusmiegs *m.* dog-sleep.
pusmuca *f.* half-cask.
pusmuiža *f.* farmstead, farm.
pusmūžs *m.* middle age.
pusnakts *f.* midnight.
pusnātns *a.* half-linen.
pusnomodā *adv.* half-awake.
pusnote *f.* minim.
pusotra *num.* one and a half; ~ gada — a year and a half.
puspasaule *f.* half a world.
puspēda *f.* six inches.
puspliks *a.* half-naked, half-bare.
puspūrs *m.* half-bushel.
pusratā *adv.* half-way.
pusrikšus *adv.* half-trotting.
pusriņķis *m.* semicircle.
pussagruvis *a.* half-ruined, half-decaysed.
pussakritis *a.* half-ruined.
pussala *f.* peninsula.
pussapuvis *a.* half-decayed, half-putrid.
pussēdus *adv.* half-seated.
pussimts *num.* half-hundred, fifty.
pusskanis *m.* semi-vowel.
pusskriešus *adv.* half-running.
pusstops *m.* pint, a bottle.
pusstunda *f.* half-hour.
pustakts *m.* half a bar.

pustecinus *adv.* at the run.
pustonis *m.* semitone.
pustraks *a.* half-mad.
pustreša *num.* two and a half.
pusvadmala *f.* half-cloth, tweed.
pusvārīts *a.* sk. pusgatavs.
pusvilnas *a.* cotton-warp, half-woollen.
pusviru *adv.* half-open, ajar.
puszagšus *adv.* half-furtively, half-stealthily.
puszābaks *m.* lace-boot.
puszeķe *f.* sock, short stocking.
puszole *f.* half-sole.
pušelnieks *m.* halver, co-farmer.
puškains *a.* tasselled, tufted.
puškis *m.* tassel; puķu ~ — bunch of flowers, nosegay, bouquet.
puškot *v. a.* -ju, -ju, to adorn, to dress.
pušu *adv.* broken, torn; (āda) sore.
pušums *m.* sore, hurt, wound.
putains *a.* foamy.
putas *f. pl.* foam, froth; (ziepju) lather; (vārījuma) scum; ~tu karote — skimmer; sakult ~tās — to whip.
puteklis *m.* speck of dust; *pl.* ~ļi — dust; ~kļu trauciņš (ziedā) stamen; ~kļu mētelis — dust-cloak; ~kļu sūcējs — carpet-sweeper.
putekļains *a.* dusty.
putenis *m.* blizzard, snow-storm.
putēt *v. a.* -tu, -tēju, to be dusty; ceļš put — the road is dusty; (manta) to lose, to go down.

putināt v. a. -nu- -nāju, to strew with snow; (mantu) to waste, to dissipate.
putnērglis m. fish-hawk.
putninieks m. fowler, bird-catcher.
putnkopis m. breeder of birds; poulterer.
putnkopība f. poultry-farming, breeding of birds.
putns m. bird; ~nu biedeklis — scarecrow; ~nu ceļš — Milky way; ~nu kurvis — coop; ~nu māja — aviary, poultry-house; ~nu pazinējs — ornithologist; ~nu pārdevējs — poulterer; ~nu perspektīve — bird's eye view; ~nu suns — pointer, setter.
putot v. a. -ju, -ju, to foam, to froth, (viņs) to sparkle.
putojošs a. foaming; (vins) sparkling.
putra f. porridge; (bērnu) pap; (šķidra) soup, broth; staigā kā kaķis ap karstu ~iru — he is beating about the bush.
putraimi m. pl. grits, groats; ~maina cūkgaļa — trichinous pork.
putrot v. a. -ju, -ju, to muddle, to mix.
puve f. rotting, decay; (koka) rot.
puveklis m. matter, pus; putrescence.
puvešains a. bleary, purulent, suppurative.
puvešot v. a. -ju, -ju, to fester, to suppurate.
puvums m. rottenness, decay, putrefaction.
pūbertāte f. puberty.
pūce f. owl; ~ces kliedziens — hoot, hooting of the owl.
pūcīgs a. angry, ill-tempered.
pūciņa f. little down.
pūdelēt v. a. -ju, -ju, to blunder, to miss.
pūdelis m. poodle.
pūderēties v. n. -jos, -joz, to powder oneself.
pūderis m. powder; ~ra cukurs — castor-sugar; ~ra kārbiņa — powder-box.
pūdēt v. a. -ju, -ju, to let rot.
pūka f. down, fluff.
pūkains a. downy, flaky.
pūķis m. dragon, fire-drake; (rotaļa) kite; laist ~ķi — to fly a kite.
pūles f. pl. pains, efforts, toil, trouble; veltīgas ~ — a wild goose chase.
pūlēties v. n. -los, -lējos, to take pains, to toil, to try hard.
pūliņi m. pl. pains, efforts, endeavours.
pūlis m mob, band, throng, crowd.
pūnis m. shed, barn.
pūpēdis m. puff-ball, bovist.
pūpols m. willow-catkin.
pūpolsvētdiena f. Palm Sunday.
pūrs m. half-bushel; (precoties) dowry, portion; ~ra lāde — dowry-chest.
pūrvieta f. $1/3$ of a hectare.
pūslis m. bladder; ~šļa katars — cystic catarrh.

pūsma *f.* breath of wind, breeze.
pūst *v. a.* -šu, -tu, to blow; (ragu) to sound: (vaidēt) to groan.
pūšana *f.* rotting, putrefaction, decay; (ū) blowing; **-šamie instrumenti** — wind-instruments.
pūšļot *v. a.* -ju, -ju, to charm, to deal in quackery,
pūšļotājs *m.* quack; sorcerer
pūt *v. a.* -stu, puvu, to rot. to putrefy; (slinkot) to idle. to be lazy.
pūta *f.* (vēja) blast, gust of wind.
pūte *f.* blister.
pūtelis *m.* oat-meal and ground peas mixed with sour milk.
pūtējs *m.* person who blows; bugler, trumpeter.
pūtināt *v. a.* -nu, -nāju, to give breathing space, to give rest.
pūznis *m.* compost, vegetable mould; **miega** - — idler, lazy-bones; **skudru** - — ant-hill.
pūžņains *a.* purulent, suppurative.
pūžņi *m. pl.* matter, pus.
pūžņot *v. a.* -ju, -ju, to suppurate, to fester; **-jošas acis** — blear-eyes.

R

Rabarbers *m.* rhubarb.
rabats *m.* reduction, abatement, discount.
rabīns *m.* rabbi.
racējs *m.* digger.
racija *f.* ration.
racionāls *a.* rational.
racionalists *m.* rationalists.
racionalizēt *v. a.* -ju. -ju, to rationalize.
radagabals *m.* relation, relative kinsman.
radi *m. pl.* relatives. relations. kinsfolk, kindred.
radiātōrs *m.* radiator.
radijs *m.* radium; (ģeom.) radius; ārstēšana ar -ju — radiotherapy
radicēt *v. a.* -ju, -ju, to extract the root of.
radikāls *a.* radical, extreme.
radināt *v. a.* -nu, -nāju, to accustom to, to inure, to train; *v. n.* -nos, -nājos, to get used to, to get accustomed to.
radinieks *m.* relation, relative. kinsman.
radio *m.* wireless, radio; **- aparāts** — radio or wireless-set; **- darbinieki** — broadcasters; **-fōns** — radio station; **-iekārta** — radio equipment; **- telegrafists** — wireless operator; **-'uztvērējs** — broadcast receiver; **- zaķis** — wireless pirate
radis būt *a.* to be used, to be accustomed.
radība *f.* creation.
radības *f. pl.* delivery, accouchement.
radījums *m.* creature.
radīšana *f.* creation.
radīt *v. a.* -du, -dīju, to create, to produce, to engender, to cause; (dzemdēt) to bear, to bring forth (a child); kā radīts tam — born to, cut out

for; *v. n.* -dos, -dījos, to appear, to emerge.
radītājs *m.* creator; maker; author.
radniecība *f.* relationship, kinship.
radniecīgs *a.* related, kindred.
radošs *a.* creative, generative, productive.
radoties *v. n.* -jos, -jos, to keep intercourse with relatives.
rads *m.* sk. radagabals.
radze *f.* rock, limestone, rubble.
radzene *f.* cornea.
radziņš *m.* hornlet.
raduraksti *m. pl.* genealogical table (tree).
rafinade *f.* refined sugar.
rafinēts *a.* refined; (blēdīgs) cunning, crafty.
ragainis *m.* horned animal.
ragains *a.* horned.
ragana *f.* witch, hag.
ragavas, ragus *f.* sledge.
raglopi *m. pl.* horned cattle.
ragots *a.* horny.
rags *m.* horn; **kalna ~ —** summit, peak; **pārpilnības ~ —** cornucopia; *fig.* saliekt ~ā — to bring one down.
raibaļa *f.* spotted cow.
raibināt *v. a.* -nu, -nāju, to variegate, to speckle; ~ acis — to dazzle the eyes.
raibīt *v. a.* -bu, -biju, sk. pūšļot.
raibs *a.* variegated, motley, speckled, spotted; diverse, complicated.
raibums *m.* variegation; diversity.

raidīt *v. a.* -du, -dīju, to send, to drive, to transmit.
raidīšana *f.* transmission.
raidītājs *m.* transmitter; **paš- —** automatic transmitter.
raidlampa *f.* vacuum tube.
raidluga *f.* transmitted play.
raidstacija *f.* transmitting station.
raisījums *m.* loosing, solution.
raisīt *v. a.* -su, -sīju, to unbind, to untie, to detach; *v. n.* -sos, -sījos, to get off or free, to break loose; (pumpuri) to
raits *a.* speedy. [burst.
raizāle *f.* rye-grass.
raizes *f. pl.* sorrow, care, trouble.
raizēties *v. n.* -jos, -jos, to grieve, to trouble about, to worry oneself, to be anxious, to fret.
rajons *m.* circuit, district; region.
rakaris *m.* rascal, rogue.
rakņāt *v. a.* -ju, -ju, to dig, to work up, to turn up; *v. n.* -jos, -jos, to rummage, to search.
rakstāmgalds *m.* writing-table, desk.
rakstāmistaba *f.* study.
rakstāmlietas *f. pl.* writing-materials.
rakstāmmašīna *f.* type-writer.
rakstāmpapīrs *m.* writing-paper, stationery.
rakstāmpiederumi *m. pl.* writing-materials
rakstāmspalva *f.* pen.

raksti *m. pl.* writer's works; drawings; tracery, ornaments.
rakstiski *adv.* by letter, in writing.
rakstisks *a.* written.
rakstīt *v. a.* -stu, -stīju, to write; (ar mašīnu) to type; (izšūt) to embroider.
rakstītājs *m.* writer, copyist
rakstniecība *f.* literature.
rakstnieks *m.* author, writer
raksts *m.* writing, note; (esejs)- paper; ornament; (takts) time, rhythm, number; -stu darbi — deskwork; -stu valoda — literary language: -stu krājums — compilation: -stu mācītājs — scribe.
raksturīgs *a.* characteristic, idiosyncratic
raksturojums *m.* description, appreciation
raksturot *v. a.* -ju, -ju to characterize, to describe
raksturs *m.* character, disposition; viņam ir - — he has a grit.
rakstvedis *m.* secretary, clerk
rakstvedība *f.* clerkship.
rakt *v. a.* roku, raku, to dig; *v. n.* -os, -os, to burrow, to dig into; to ransack, to search.
raktuve *f.* mine, pit.
rakumi *m. pl.* dug-up ground.
rakete *f.* rocket; (tenisa) racket: -s auto — rocket car.
rampa *f.* footlights.
raņica *f.* wallet.
rapieris *m.* rapier, foil.

raports *m.* raport.
rapsodija *f.* rhapsody.
rapši *m. pl.* rape.
rasa *f.* dew: -sas pile — dew drop
rasains *a.* dewy.
rase *f.* race; breed; rasu naids — race-hatred; -su higiēna — eugenics; -su sajaukšanās — miscegenation.
rasene *f.* lady's-mantle.
rasējums *m.* drawing, plan, sketch: -šanas dēlis — trestle-board
rasēt *v. a.* -ju, -ju to draw, to sketch, to trace.
rasētne *f.* case of mathematical instruments.
rasi *adv.* perhaps, maybe.
rasināt *v. a.* -nu, -nāju, to water, to sprinkle; to rain
rasinātājs *m.* sprinkler.
rasmīgs *a.* fertile.
rast *v. a.* rodu, radu, to find, to discover; *v. n.* rodos, rados, to find oneself; to begin, to take rise.
rateļi (rokas) *m. pl.* wheelbarrow.
rati *m. pl.* cart, cab; carriage.
ratificēt *v. a.* -ju, -ju, to ratify, to affirm.
ratifikācija *f.* ratification
ratiņš *m.* spinning-wheel.
ratnieks *m.* wheel-wright, carriage (or coach) builder.
rats *m.* wheel; (velosipēds) bicycle; -tu rumba — nave, hub; ej -tāl — go to blazes!

drat it! ~tu šķūnis — coach-shed; ~tu smērs — cart-grease.
rau! *interj.* look! behold!
rauda *f.* roach.
raudas *f. pl.* crying, weeping, lamentations, tears.
raudāt *v. a.* -du, -dāju, to weep, to cry, to shed tears, to lament.
raudināt *v. a.* -nu, -nāju, to make somebody cry, to move somebody to tears.
raudulis *m.* weeper, crier, whiner, whimperer.
raudulīgs *a.* inclined to weep, tearful, snivelling.
raudzēt *v. a.* -ju, -ju, to ferment, to make sour, to leaven.
raudzīt *v. a.* raugu, -dzīju, to try, to visit; (nogaršot) to taste; to look; *v. n.* -gos, -dzījos, to look after or for, to view.
raugāties *v. n.* -jos, -jos, to belch.
raugs *m.* (ū) leaven, yeast; acu ~ (ū) — darling.
raukt *v. a.* -cu, -cu, (pieri) to frown, to knit; ~ zeķi — to diminish the meshes.
rausis *m.* cake, bun.
raust *v. a.* -šu, -su, to poke; (mantu) to amass.
raustīt *v. a.* -stu, -stīju, to pull, (plecus) to shrug one's shoulders; (valodu) to stutter, to stammer; *v. n.* -stos, -stījos, to twitch; to stammer, to falter; to throb; (krampjos) to have a fit.
raut *v. a.* -ju, rāvu, to tear, to rend; to draw, to pull; (pukes) to pluck; *v. n.* -jos, -vos, to tear; to strive, to force oneself (into); (atpakaļ) to start back, to shrink.

rauts *m.* banquet, dinner.
ravēt *v. a.* -ju, -ju, to weed.
raža *f.* harvest, crop.
ražens *a.* excellent, successful.
ražība *f.* productivity.
ražīgs *a.* productive, rich, fruitful, abundant.
ražīgums *m.* fertility, productiveness.
ražojums *m.* production; produce product; ~mi — output; ~mu ierobežojums — restriction of output; ~mu samazināšanās — falling-off in production.
ražošana *f.* production; ~nas izmaksa — cost of production.
ražot *v. a.* -ju, -ju, to produce, to carry on a trade.
ražotājs *m.* producer.
rācenis *m.* turnip.
rāceņeļļa *f.* rape-seed oil.
rādāmais *a.* **pirksts** — forefinger; ~ **koks** — pointer.
rādīt *v. a.* -du, -dīju, to point, to show; (atklāt) to disclose, to display; (izstādīt) to expose, to exhibit; *v. n.* -dos, -dījos, to eppear, to prove, to turn out, to show oneself, to seem.
rādītājs *m.* (satura) index; (pulksteņa) hand; indicator, pointer.
rājiens *m.* reproof, reprimand, rebuke.
rāmi *adv.* softly, gently

rāmīt v. a. -ju, -ju, to castrate.
rāms a. quiet, calm; (dzīvnieks) tame.
rāmums m. tameness; quiet, calm, peace.
rāpot v. a. -ju, -ju, to creep, to crawl.
rāpties v. n. -pjos, -pos, to creep; (augšā) to climb.
rāpus adv. creeping on all fours.
rāpulis m. creeper; reptile.
rāt v. a. rāju, rāju, to scold, to chide, to rebuke, to reprimand; v. n. -jos, -jos, to quarrel, to have words.
rātnība f. modesty, demureness; good manners.
rātns a. modest, demure, well-bred.
rāva f. marshy or bog-water.
rāvains a. muddy, marshy.
rāvējs m. snatcher, grasper.
rāviens m. rent; tear.
re! interj. look! see!
reaģēt v. a ... , ... , to react upon, to respond to.
reakcija f. reaction, response.
reakcionārs m. a. reactionary.
reālģimnazija f. middle-school with science and Latin.
reālizējams a. realizable.
reālizēt v. a. -ju, -ju, to react upon, to respond to.
reāls a. realistic, actual.
reālskola f. secondary school for modern languages and science.
recenzents m. reviewer, critic.

recenzēt v. a. -ju, -ju, to review, to critize.
recepte f. prescription; receipt.
recējums m. coagulated mass.
recēklis m. jelly, gelatine.
recēt v. imp. -cē, -cēja, to curdle, to coagulate; (asinis) to clot.
recidīvisms m. relapse.
recidīvist. m. one who relapses into former offence.
recidīvs a. relapsed.
reciproks a. reciprocal.
recitēt v. a. -ju, -ju, to recite
rečitātīvs m. recitative.
redakcija f. editorial office; (personāls) editorial staff.
redaktors m. editor.
redeles f. pl. manger-rack, cart-rack.
rediģēt v. a. -ju, -ju, to edit.
redisi m. pl. radish.
reducēt v. a. -ju, -ju, to reduce.
redukcija f. reduction.
redzamība f. visibleness, perceptibiliy.
redzams a. visible, perceptible.
redze f. sight; eyesight; -s aploks — horizon, sphere; -s punkts — point of view, aspect; -s organs — organ of sight; -s attālums — range of sight; -s attāluma mērotājs — optimeter.
redzējums m. vision.
redzēšanās f. pl. seeing or meeting again; uz redzēšanos! — I hope soon to see you again; till next time!
redzēt v. a. dzu, -dzēju, to see,

to view; ~ sapnī — to dream; v. n. -dzos, -dzējos, to see one another, to visit.

redzētājs m. eye-witness, observer, spectator.

redzīgs a. keen-eyed, quick-sighted; fig. discerning.

redzoklis m. pupil.

referāts m. lecture, paper.

reference f. reference, information.

referents m. lecturer; reporter.

referēt v. a. -ju, -ju, to lecture on; to report, to read a paper

reflekss m. reflex. [on.

reflektants m. intending person.

reflektēt v. a. -ju, -ju, to have something in view, to intend.

reflektors m. reflector.

reforma f. reform.

reformātors m. reformer.

refrēns m. burden of a song.

regata f. regatta, boat-race.

regālis m. shelf.

regress m. recourse.

regulēt v. a. -ju, -ju, to adjust.

regents m. regent, ruler.

reģistrēt v. a. -ju, -ju, to register, to record, to enter (up).

reģistrs m. register, record; index; stop.

reibināt v. a. -nu, -nāju, to produce a fit of giddiness; to intoxicate.

reibonis m. giddiness, dizziness.

reibt v. a. -bstu, -bu, to become giddy or dizzy; to get drunk.

reibums m. drunken fit, intoxication, dizziness.

reidnieks, rēders m. freighter, shipper.

reidniecība f. shipping-trade.

reinvīns m. hock.

reiz adv. once; ~ bija — once upon a time; taču ~ — at last, finally.

reize f. time; nevienu vienīgu ~zi — not once; pirmā ~ — the first time; uz ~zi — at once; ~ēm, pa ~ei — by turns, alternately, at times; ~zē — at the same time, simultaneously; ~s rēķins — multiplication table, (skolēnu žarg.) tables.

reizinājums m. production, multiplication.

reklāma f. advertisement, advertising; puffing, booming; ~mas izdevumi — advertising expenses; ~mas līdzeklis — means of advertisement or publicity; ~mas nesējs — sandwichman.

reizināmais m. multiplicand.

reizināšana f. multiplication.

reizināt v. a. -nu, -nāju, to multiply (by).

reizinātājs m. multiplier.

reklāmācija f. reclamation, protest.

reklāmēt v. a. -ju, -ju, to boost up, to puff up, to advertise.

rekomendēt v. a. -ju, -ju, to recommend.

rekonstrukcija f. reconstruction.

rekords m. record.

rekrūts m. recruit, newly enlisted soldier; ~šu ņemšana — enlistment of soldiers.

rektors m. rector.

rekviēms m. requiem.

rekvizīte *f.* requisite, properties; (žarg.) prop.
rekvizīcija *f.* requisition.
relātīvs *a.* relative.
reliģija *f.* religion, creed; **~ģiska pārliecība** — religious convictions.
reliģiōzs *a.* religious.
relikvija *f.* relic.
reljefs *m.* relief.
remdenība *f.* tepidity.
remdens *a.* tepid, lukewarm.
remdējums *m.* migitation, abatement.
remdēt *v. a.* -ju, -ju, to assuage, to appease; to mitigate, to soothe; **slāpes ~** — to quench one's thirst.
remdināt *v. a.* -nu, -nāju, to appease, to soften.
remesis *m.* carpenter.
remontēt *v. a.* -ju, -ju, to repair.
remonts *m.* repair, renewal.
rene *f.* gutter; (jumta) eaves.
renstele *f.* gutter, water-channel.
rente *f.* farm-rent; **gada ~** — annuity.
rentēja *f.* revenue-office.
rentēt *v. a.* -ju, -ju, to have or take on lease, to rent; **iz~** — to lease, to let, to rent or hire out; *v. n.* -jos, -jos, to pay its way.
Rentgena stari *m. pl.* Röntgen rays; **~iem caurskatīt** — to röntgenize.
rentgenologs *m.* röntgenologist.
rentnieks *m.* lessee, farmer, tenant.
reņģe *f.* Baltic pilchard.

reorganizēt *v. a.* -ju, -ju, to reorganize.
repains *a.* callous, horny.
reparātūra *f.* repairing, repairs, mending.
reparēt *v. a.* -ju, -ju, (māju) to do up.
repertuārs *m.* repertory; stock.
repetīcija *f.* repetition.
repetītors *m.* private tutor, coach; crammer.
repēt *v. a.* -ju, -ju, to scar, to close up.
repis *m.* tobacco-pouch.
reportieris *m.* reporter.
reprezentants *m.* representative.
reprezentācija *f.* representation.
reprezentēt *v. a.* -ju, -ju, to represent.
reproducēt *v. a.* -ju, -ju, to reproduce.
reprodukcija *f.* reproduction.
republika *f.* republic; commonwealth.
reputācija *f.* reputation.
resgalis *m.* the thick end; *fig.* lout, lubber.
reskripts *m.* rescript, decree.
resnis *m.* a fat or corpulent man.
resnīgs *a.* pretty thick.
resns *a.* thick; fat, corpulent.
resnums *m.* thickness; fatness, corpulence.
resnvēderis *m.* tun-belly, potbelly.
resors *m.* department.
respekts *m.* respect, regard.
restaurācija *f.* restoration.

restaurēt *v. a.* -ju, -ju, to restore, to renovate.
restes *f. pl.* grate, lattice.
restorācija *f.* restaurant; ~**jas vagons** — dining-car.
restorāns *m.* restaurant, dining room.
reti *adv.* seldom, rarely; ļoti ~ — hardly ever.
retināt *v. a.* -nu, -nāju, to thin, to make thin; (gaisu) to rarefy; to space.
rets *a.* rare, scarce; uncommon; thin, loose.
retumis *adv.* sk. reti.
retums *m.* rareness, rarity, scarcity; curiosity; tas nav nekāds ~ — it's nothing extraordinary.
retušēt *v. a.* -ju, -ju, to retouch.
retušētājs *m.* retoucher.
reumatisks *a.* rheumatic.
reumatisms *m.* rheumatics.
revanšs *m.* revenge; ~**ša partija** — return match.
revidents *m.* controller, auditor.
revidēt *v. a.* -ju, -ju, to revise, to check.
revīzija *f.* revision, revisal.
revolūcija *f.* revolution.
revolūcionārs *m.* revolutionist.
revolūcionārs *a.* revolutionary.
revolveris *m.* revolver.
rezerve *f.* reserve; ~**ves ritenis** — spare wheel.
rezervuārs *m.* reservoir, tank, cistern.
rezēda *f.* mignonette, reseda.
rezidence *f.* residence.
rezolūcija *f.* resolution, decision.

rezonance *f.* resonance, reverberation.
rezultāts *m.* result; upshot, outcome; (sportā) score.
režģis *m.* hurdle-work, basket-work; (paklājs) mat; a large sieve in barnfloor.
režģīt *v. a.* -ju, -ju, to plait, to twine; to intertwine, to entangle.
režīja *f.* management. [tangle.
rezisors *m.* stage-manager.
režīms *m.* regime, government diet.
rēbuss *m.* picture-puzzle.
rēdnieks *m.* saddler, harness-maker.
rēgoties *v. n.* -jos, -jos, to stand out, to protrude, to project.
rēgulārs *a.* regular.
rēgulēt *v. a.* -ju, -ju, to regulate, to set in order.
rēgs *m.* phantom, mirage; chimera.
rējējs *m.* slanderer, brawler.
rējīgs *a.* barking; (cilvēks) quarrelsome.
rēkšana *f.* howling, roaring.
rēkt *v. a.* -cu, -cu, to howl, to cry, to roar.
rēķināšana *f.* arithmetic.
rēķināt *v. a.* -nu, -nāju, to reckon, to count, to calculate; to do sums; *v. n.* -nos, -nājos, to take into account, to rely on.
rēķins *m.* bill, account; (uzdevums) problem, sums; **tekošs** ~ — account-current; ~**na pārbaudījums** — audit; uz mana ~**na** — at my expense.

rēķinvedība *f.* keeping of accounts.
rēta *f.* scar, mark, scratch.
rētains *a.* scarred; pock-marked.
rētorisks *a.* rhetorical.
riba *f.* rib.
ricineļļa *f.* castor-oil.
riča *f.* barrow, cart.
ridas *f. pl.* lumber, odds and ends.
ridāt *v. a.* -ju, -ju, to put away.
rifs *m.* reef.
rija *f.* kiln-house, drying-house.
rijējs *m.* swallower; greedy person.
rijīgs *a.* greedy, covetous.
rijiens *m.* gulp pull; bait.
rijkuris *m.* stoker of a corn-kiln.
rijnieks *m.* overseer of a kiln-house.
rijolēt *v. a.* -ju, -ju, to trench.
rika *f.* piece of bread, chunk, hunch.
riksis *m.* trot; slaids ~ — easy, round trot.
rikšiem *adv.* at the trot.
rikšot *v. a.* -ju, -ju, to trot, to jog; **-šanas sacīkste** — trotting race.
rikšotājs *m.* trotter.
rimt *v. a.* -stu, rimu, to cease, to leave off; *v. n.* -stos, -mos, to abate, to subside, to grow calm; (vējš) to fall.
rinda *f.* row; rank; file; line; order, series; (matēm.) progression; **gadu ~** — number of years; **nu ir mana ~** — it is my turn.
rindot *v. a.* -ju, -ju, to put in a row; to rank; *v. n.* -jos, -jos, to form a row, to stand in file.
riņķis *m.* circle; **-ķa deja** — round dance; **-ķa līnija** — circumference; **-ķī griezties** — to spin round.
ripa *f.* disc; **šaušanas ~** — target; **griežamā ~** (telef.) — dial switch.
ripeniski *adv.* head over heels.
ripināt *v. a.* -nu, -nāju, to roll.
ripot *v. a.* -ju, -ju, to roll.
risināt *v. a.* -nu, -nāju, to untie, to solve.
riskants *a.* risky; perilous.
riskēt *v. a.* -ju, -ju, to chance, to hazard, to risk, to run a risk of; to take one's chance.
risks *m.* risk; peril.
rist *v. a.* rīstu, risu, to loosen, to get untied.
riša *f.* ruche.
ritenis *m.* wheel; bicycle; braukt ar **-i** — to cycle; **dzenamais ~** — driving or fly-wheel; **-ņa loks** — felly.
riteniski *adv.* in a somersault, head over heels.
riteņbraucējs *m.* cyclist.
ritēt *v. a.* -tu- tēju, to roll; (asaras) to flow; (laiks) to pass.
ritināt *v. a.* -nu, -nāju, to roll, [to bowl.
ritmika *f.* rhythmics.
ritms, ritums *m.* rhythm.
ritulis *m.* reel; scroll.
ribēt *v. imp.* rib, ribēja, to rattle, to rumble; to roar; to resound.

rībināt v. a. -nu, -nāju, to rumble.
rībiens m. roll; crack, crash, report; **pērkona ~** — peal of thunder.
rībona f. crash, uproar.
rīcība f. action, act, operation; **~bas kapitāls** — working capital; **~bas komiteja** — managing committee.
rīdīt v. a. -du, -dīju, to bait, to chase, to hunt; to instigate.
rīdītājs m. baiter; instigator.
rīdzinieks m. inhabitant of Riga, city-dweller.
rīkle f. throat, gorge, pharynx; **~les rāvējs** — sweater, niggerdriver; **~li skalot** — to gargle.
rīklskanis m. guttural.
rīkojums m. order; circular; regulation.
rīkot v. a. -ju, -ju, to order, to arrange; to organize, to prepare; v. n. -jos, -jos, to give orders, to manage, to be at work.
rīkotājs m. director; organizer, manager.
rīks m. instrument, implement, tool.
rīkste f. switch, rod.
rīme f. rhyme.
rīmkalis m. inferior poet, rhymester.
rīse f. (papīra) ream.
rīsi m. pl. rice.
rīstīties v. n. -stos, -stījos, to choke.
rīt v. a. riju, riju, to swallow, to gulp down

rīt (i) adv. to-morrow.
rītdiena f. to-morrow.
ritenis m. east-wind.
rīts m. morning; **~ti** — east; **~ta ausma** — day-break; **~ta blāzma** — dawn; **~ta dievkalpojums** — morning service; **~ta lūgšana** — morning-prayer; **~ta pasts** — morning post, early mail.
ritsvārki m. pl. dressing-gown.
ritulis m. coil. [wrap.
rituāls m. ritual, ceremony.
rītvakar adv. to-morrow evening.
rīvālis m. rival.
rīve f. grater.
rīvēt v. a. -ju, -ju, to rub; to rasp, to grate.
rīvmaize f. grated bread, crumbs.
riebeklis m. a loathsome or filthy person.
riebējs m. (pūšļot.) charmhealer; (skauģis) envious, jealous person.
riebīgs a. abhorrent, abominable, loathsome, disgustful.
riebīgums m. loathsomeness, disgustfulness.
riebt v. a. -bju, -bu, to heal by charms; (skaust) to show malice, to be malevolent; v. n. -bjos, -bos, to abominate, to loathe, to detest, to feel disgusted with; viņš man **~jas** — he is my abomination.
riebums m. disgust, aversion.
rieciens m. slice. [distaste
riekstot v. a. -ju, -ju, to go nutting.
rieksts m. nut; **ciets ~** — ha~o

riekstspiedis — romantika

task, tough nut; ~a čaula — nutshell; ~u koks — walnut tree.
riekstspiedis *m*. nut-cracker.
riekšava *f*. handful.
riekuža *f*. sk. riekšava.
riepa *f*. tyre; rope; ~pas plīsums — tyre trouble, burst.
riepnieks *m*. rope-maker.
riest *v. a*. riešu, rietu, to shoot forth, to put out.
riestava *f*. weaver's beam.
riesta laiks *m*. heat, ruttishness, ruttingtime.
riešana *f*. barking.
riet *v. a*. reju, rēju, to bark, to yelp, to yap; *v. n*. ~jos, -jos, to quarrel.
rietēklis *m*. evening-star.
rietēt *v. imp*. riet, -tēja, to go down, (saule) to set.
rietināt *v. a*. -nu, -nāju, to make the milk come.
riets *m*. sunset; setting.
rietumi *m. pl*. west, occident.
rietumnieks *m*. occidental, westerner.
rieva *f*. cleft, chink; wrinkle, rumple; fold, crease.
rievains *a*. scarred, wrinkled, shrivelled, streaked.
robains *a*. notched, jagged; cogged.
robeža *f*. limit, bound; bordier, frontier, boundary; ~žas līnija — line of demarcation; ~žas stabs — boundary-post, landmark.
robežnieks *m*. frontiersman, borderer.

robežsargs *m*. frontier guard.
robīt *v. a*. -ju, -ju, to notch, to indent.
robs *m*. notch, cog; (iztrūkums); loss, deficit, want.
rocība *f*. means, pecuniary circumstances.
roga *f*. thrashed-out ear.
roka *f*. hand; arm; uz savu ~ku — at one's own risk; uz ātru ~ku — in great hurry; izlaist no ~kām — to let escape or slip; tukšām, pilnām ~kām — empty-, fullhanded, profusely; ~kām un kājām — with might and main; lūgt viņas ~ku — to propose; pie ~kas — at hand; ~ka ~ku mazgā — one good turn deserves another; ~kas grāmata — manual, handbook; ~kas nauda — earnest-money; ~kas pulkstenis — watchbracelet; ~kas skūpsts — kissing of the hand; ~kas meita — lady's help; ~kas spiediens — handshake.
rokdarbs *m*. handwork, handicraft; sieviešu ~ — needlework.
rokpelnis *m*. manual labourer.
rokraksts *m*. hand-writing, autograph; manuscript; labs ~ — a good hand; ~ksfu lasītājs — palaeographer.
rokturis *m*. handle; zobena ~ — hilt; durvju ~ — catch, handle.
romance *f*. (mūz.) ballad, romance.
romantika *f*. romantic poetry, romance.

romānists *m.* writer of fiction, novel-writer
romāns *m.* novel, romance: **-nu literatūra** — fiction.
romāņu *adj.* Romance.
romānisms *m.* Románism.
rombs *m.* romb.
romietis *m.* Roman.
ronis *m.* seal.
rosināt *v. a.* -nu, -nāju, to rouse, to stimulate, to incite.
rosība *f.* activity.
rosīgs *a.* active, busy.
rosīties *v. n.* -sos, -sījos, to be busy, to be on the go
rosmarīns *m.* rosemary.
rostbīfs *m.* roast-beef.
rota *f.* ornament; **-tas lietas** — jewelry; trinkets; (kareivju) division
rotaļa *f.* game; plaything, toy; **-ļu laukums** — play-ground; **-ļlietu veikals** — toy-shop; **-ļu biedrs** — playmate:
rotaļāties *v. n.* -jos, -jos, to play, to sport; to trifle.
rotācija *f.* rotation; **-jas mašīna** — web-press, rotary press.
rotāt *v. a.* -ju, -ju, to adorn, to attire; *v. n.* -jos, -jos, to adorn, to attire oneself.
rovis *m.* hearth; kitchen.
roze *f.* rose; **meža -** — eglantine, sweetbriar; **-žu kronis** (katoļiem) — rosary, beads; (slimība) erysipelas.
rozete *f.* rose-knot
rozīne *f.* raisin.
rožains *a.* rosy, pink.
rožūdens *m.* rose-water.

rubenis *m.* heath-cock, black-cock; **-ņu mātīte** — grey-hen.
rubināt *v. a.* -nu, -nāju, to gabble, to cry
rubīns *m.* ruby.
rubrika *f.* rubric; column.
rudens *m.* autumn.
rudmiese *f.* orange-agaric.
ruds *a.* reddish, brown, russet.
rudums *a.* reddishness.
rudzāji *m. pl.* rye-straw.
rudzājs *m.* rye-field
rudzi *m. pl.* rye; **-dzu maize** — rye-bread, black-bread; **-dzu puķe** — cornflower; **-ītis** — corn whisky.
rugāji *m. pl.* stubble.
rugājs *m.* stubble-field.
ruksis *m.* pig.
rukšķēt *v. a.* -šķu, šķēju, to grunt.
rukt *v. a.* rūku, ruku, to shrink, to diminish.
rulete *f.* roulette.
rullēt *v. a.* -ju, -ju, to roll; **veļu -** — to mangle.
rullis *m.* roller; mangle.
rumaks *m.* stallion.
rumānis *m.* Roumanian.
rumba *f.* (riteņa) nave, hub, (krāce) rapid, shoot.
rumpis *m.* trunk, body, torso.
rumpuči *m. pl.* (sēnes) turban-tops, morels.
rumules *f. pl.* libation on the first day of pasture.
rumulēties *v. n.* -jos, -jos, to besprinkle each other with water.
rums *m.* rum

…na *f.* speech, talk; address; report, rumour; ~**nas māksla** — rhetoric; ~**nas vīrs** — speaker, committee-man; ~**nas dāvanas** — eloquence; ~**nas stundas** — consultation hours, office hours.

runāt *v. a.* -ju, -ju, to speak, to talk; *v. n.* -jos, -jos, to converse, to chat; **runā** — it is said that…, they say that…, **runā, ka viņa esot gudra** — she is said to be clever.

runātājs *m.* speaker.
runcis *m.* tom-cat.
runga *f.* cudgel, staff, club.
runīgs *a.* talkative, voluble, eloquent.
runkulis *m.* beet.
rupjība *f.* rudeness, ill-manners.
rupjgraudains *a.* coarse-grained.
rupjmaize *f.* rye-bread.
rupjš *a.* rude, coarse; rough; (milti) unbolted.
rupjums *m.* coarseness, rudeness, loutishness.
rupucis *m.* toad; **bruņu** ~ — turtle, tortoise.
rustis *f. p.* tan; brownish colour.
rušināmais arkls *m.* ridge-plough.
rušināt *v. a.* -nu, -nāju, to hoe, to loosen, to rake; *v. n.* -nos, -nājos, to rake up, to burrow.
rutīna *f.* routine, round.
rutinēts *a.* experienced, practised.
rutks *m.* black-radish.
rūciens *m.* roar, rumble.
rūda *f.* ore.

rūdains *a.* containing ore; metalliferous.
rūdināt *v. a.* -nu, -nāju, to make weep.
rūdīt *v. a.* -du, -dīju, (metalu) to temper; (cilvēku) to harden; *v. n.* -dos, -dījos, to harden oneself, to inure oneself (to).
rūkšana *f.* (lauvas) roar; (pērkona) rolling.
rūgt *v. a.* rūgstu, rūgu, to ferment, to turn sour; (viņs) to prick; (mīkla) to swell, to rise.
rūgušpiens *m.* sour milk.
rūkšana *f.* (lauvas) roar; (pērkona) rolling.
rūkt *v. a.* -cu, -cu, to roar; (pērkons) to thunder.
rūkts *a.* bitter.
rūktums *m.* bitterness.
rūķis *m. m.* dwarf, gnome; *fig.* industrious, thrifty person.
rūme *f.* room, place.
rūnas *f. pl.* runes.
rūpes *f. pl.* care, anxiety, trouble.
rūpesti *m. pl. sk.* rūpes.
rūpēt *v. imp.* rūp, -pēja, to worry, to upset, to trouble.
rūpēties *v. n.* -jos, -jos, to care, to trouble oneself, to take care of.
rūpība *f.* care, solicitude.
rūpīgs *a.* careful, provident; busy.
rūpnīca *f.* factory.
rūpniecība *f.* industry.
rūpnieks *m.* tradesman.
rūsa *f.* rust; (labības) **blight,**

mildew, smut; (zibens) sheet lightning.
rūsains *a.* rusty.
rūsējums *m.* rusting, oxidation.
rūsēt *v. a.* -ju, -ju, to rust, to grow rusty; **nerūsējošs** — rust-free.
rūsgans *a.* reddish-brown, russet, brownish-red.
rūsināt *v. a.* -nu, -nāju, to let grow rusty; **nerūsējošs** —
rūta *f.* common rue. [rustfree.
rūtains *a.* checked, squared.
rūtene *f.* French marigold.
rūts *f.* pane.

S

Sa — inseparable binding particle.
saaicināt *v. a.* -nu, -nāju, to call together, to invite.
saasināt *v. a.* -nu, -nāju, to point, to bring to a point (attiecības).
saaudzēt *v. a.* -ju, -ju, to let grow together.
saaugt *v. a.* -gu, -gu, to grow together, to coalesce.
saaukstēšanās *f. pl.* cold.
saaukstēties *v. n.* -jos, -jos, to catch cold.
sabadīt *v. a.* -du, -dīju, to butt, to gore, to toss.
sabaidīt *v. a.* -du, -dīju, to frighten, to terrify.
sabakstīt *v. a.* -stu, -stīju, to prick, to stab.
sabarot *v. a.* -ju, -ju, to feed; *v. n.* -jos, -jos, to grow fat.
sabārt *v. a.* -baru, -bāru, to chide, to rebuke, to scold; *v. n.* -ros, -ros, to quarrel.
sabats *m.* Sabbath.
sabāzt *v. a.* -žu, -zu, to put together, to fill up.
sabendēt *v. a.* -ju, -ju, to spoil, to pervert.
saberzt *v. a.* -žu, -zu, to grind.
sabērt *v. a.* -beru, -bēru, to strew, to pour in.
sabikstīt *v. a.* -stu, -stīju, to poke, to stir up.
sabirzt *v. a.* -rstu, -rzu, to fall to pieces.
sabīdīt *v. a.* -du, -dīju, to move, to bring together, to join.
sabīties *v. n.* -stos, -jos, to take fright.
sabiedrisks *a.* social; sociable, companionable; (atklāts) public.
sabiedrība *f.* company, society; **-bas cilvēks** — man of society; a sociable person; **jautra -** smart, gay set; **slēgta -** club, circle.
sabiedrotais *m.* ally.
sabiedroties *v. n.* -jos, -jos, to associate with, to join, to unite, to form an alliance.
sabieze *f.* condensation.
sabiezēt *v. a.* -ju, -ju, to thicken, to be condensed.
sablīvēt *v. a.* -ju, -ju, to pack up, to cram, to stuff; *v. n.* -jos, -jos, to huddle together, to bulge.
sabojājums *m.* damage.
sabojāt *v. a.* -ju, -ju, to spoil,

to damage, to ruin; *v. n.* -jos, -jos, to get spoiled, to go bad.
sabojāts *a.* spoiled, damaged; (gaļa) tainted; (ola) addled; (augļi) rotten, decayed
sabotāža *f.* sabotage.
sabotēt *v. a.* -ju, -ju, to sabo-
sabozies *a.* offended. [tage.
subozties *v. n.* -žos, -zos, to bristle up; (spalvas) to stand on end; to be angry.
sabramēt *v. a.* -ju, -ju, to scold.
sabraucīt *v. a.* -ku, -cīju, (piedurknes) to tuck up; (ādu) to graze.
sabraukt *v. a.* -cu, -cu, (kopā) to assemble, to meet; (pāri) to run or drive over.
sabriest *v. a.* -stu, -du, to swell.
sabrukt *v. a.* -brūku, -bruku, to break down, to collapse.
sabrukums *m.* breakdown, collapse; decay; failure.
sabungot *v. a.* -ju, -ju, to drum up, to bring together.
saburtot *v. a.* -ju, -ju, to spell.
saburzīt *v. a.* -zu, -zīju, to crumple, to rumple.
sabūt *v. irreg.* (pag.) sabiju, to stay or remain for a time.
sacelšanās *f. pl.* revolt, rising.
sacelt *v. a.* -ceļu, -cēlu, to uplift, to raise; ~ dumpi — to incite; ~ troksni — to make a noise; *v. n.* -ceļas, -cēlos, to rise, to go up; (vējš) to spring up; (dumpoties) to revolt, to rebel.
sacensība *f.* competition, contest; (vārdos) dispute; ~s kārtībā — competitive.

sacensties *v. n.* -šos, -tos, to compete; to contend; to rival.
sacept *v. a.* -cepu, -cepu, to bake, to roast thoroughly.
sacerējums *m.* composition; writing, work.
sacerēt *v. a.* -ru, -ju, to compose, to write.
sacerētājs *m.* author, writer.
sacirst *v. a.* -cērtu, -cirtu, to cut to pieces; to hew a certain quantity.
sacīkste *f.* contest, competition, match, race; **boksa** ~ — prizefight; **airēšanas** ~ — rowing match, boat race; **skriešanās** ~ — running match; **zirgu skriešanās** ~ — races.
sacīt *v. a.* -nu, cīju, to say, to tell; ko tu saki par to? what do you think of it? man saka — I am told; tā sakot — as it were, so to say.
sacītājs *m.* sayer; preacher.
sacietēt *v. a.* -ju, -ju, to grow hard.
sacukurot *v. a.* -ju, -ju, to sugar over.
sačokarāties *v. n.* -jos, -jos, to shrink up or together.
sačukstēties *v. n.* -stos, -stējos, to whisper.
sacharīns *m.* saccharine.
sadabūt *v. a.* -ju, -ju, to obtain, to get.
sadalāms *a.* divisible.
sadalījums *m.* division, distribution.
sadalīšanās *f.* (uz diviem zariem) bifurcation.

sadalīt v. a. -lu, -līju, to divide, to separate, to distribute; v. n. -los, -lījos, to distribute, to divide oneself; (uz visām pusēm) to branch (out).

sadarbība f. cooperation, collaboration.

sadauzīt v. a. -zu, -zīju, to smash in pieces, to break; v. n. -zos, -zījos, to hurt oneself, to break.

sadedzināt v. a. -nu, -nāju, to burn; to scorch; liķi ‑ — to cremate; v. n. -nos, -nājos, to burn oneself.

sadegt v. a. -gu, -gu, to be burnt; to be consumed.

sadeldēt v. a. -ju, -ju, to wear off.

saderēt v. a. -ru, -rēju, to bet, to wager; (darbā) to hire out, to enter somebody's service; (kopā) to fit together, to match.

saderinātais m. un a. fiancé, engaged, affianced, betrothed.

saderināties v. n. -nos, -nājos, to become engaged.

saderība f. accord, union.

saderīgs a. compatible, unanimous.

sadilt v. a. -stu, -lu, to wear up.

sadīgt v. a. -stu, -gu, to spring up.

sadiedelēt v. a. -ju, -ju, to get by begging.

sadiegt v. a. -dzu, -dzu, to stitch together.

sadomājums m. invention, make-up.

sadomāt v. a. -ju, -ju, to invent, to make up.

sadot v. *irreg.* -dodu, -devu, to give, to heap upon; (sist) to thrash; (vārdiem) to reprimand, to scold thoroughly; v. n. -dodos, -devos, (rokas) to shake hands, to join hands.

sadragājums m. demolition, wreckage.

sadragāt v. a. -ju, -ju, to destroy, to wreck, to demolish, crumble.

sadraudzēt v. a. -ju, -ju, to make friendly; v. n. -jos, -jos, to make friends (with), to become friends.

sadraudzība f. mutual friendship, fellowship.

sadrupināt v. a. -nu, ,nāju, to crumble.

sadrupt v. a. -drūpu, -drupu, to crumble in pieces.

sadulķot v. a. -ju, -ju, to make turbid or muddy.

sadumpoties v. n. -jos, -jos, to revolt, to rebel; to mutiny.

sadursme f. collision; conflict.

sadurstīt v. a. -stu, -stīju, to prick or stab all over.

sadurt v. a. -duru, -dūru, to pierce, to stab; ‑ galvas kopā — to put heads together; v. n. -ros, -ros, to collide, to come into collision (with), to run into each other; to meet (with).

sadusmoties v. n. -jos, -jos, to get angry, to lose one's temper.

sadūšināt v. a. -nu, -nāju, to encourage.
sadūšoties v. n. -jos, -jos, to take heart or courage.
sadzelt v. a. -ļu, -dzēlu, to sting, to bite.
sadzert v. a. -ŗu, -dzēru, to hobnob; (brālības) to fraternise; v. n. -ŗos, -ros, to get drunk; to drink one's fill.
sadzirdēt v. a. -du, -dēju, to hear.
sadzirdināt v. a. -nu, -nāju, to make drunk.
sadzīt v. a. -dzenu, -dzinu, to chase or drive together.
sadzīt (i) v. a. -dzīstu, -dziju, to heal up.
sadzīve f. social life; (kopdzīve) cohabitation; ~ves formas — society manners.
sadzīvot v. a. -ju, -ju, to cohabit, to live for a time; (satikt) to get on.
sadziedāties v. n. -dos, dājos; fig. to agree.
sadziedēt v. a. -ju, -ju, to heal.
sadziedināt v. a. -nu, -nāju, to cure, to heal.
saeima f. Parliament of Latvia.
saēst v. a. -du, -du, to gnaw, to fret; v. n. -dos, -dos, to eat one's fill.
safīrs m. sapphire.
safjāns m. morocco-leather
safrāns m. saffron.
sagadīties v. imp. -dās, -dījās, to coincide, to meet (with).
sagaidīt v. a. -du, -dīju, to wait for, to expect; to meet.

sagatavot v. a. -ju, -ju, to prepare, to get ready; to train; (skolēnu) to coach; v. n. -jos, -jos, to prepare oneself; ~ uz pārbaudījumu — to read for an examination.
sagādāt v. a. -ju, -ju, to get, to provide, to procure.
sagānīt v. a. -nu, -nīju, to defile, to pollute; to profane.
sagāzt v. a. -žu, -zu, (noārdīt) to break down, to knock down; (čupā) to heap up, to throw in a heap; v. n. -žos, -zos, to fall down or into ruin, to collapse, to break down.
saglabāt v. a. -ju, -ju, to keep.
saglīzdēt v. a. -ju, -ju, to get slimy.
saglumējis a. slimy, mucous
saglotojies a. sk. saglumējis.
sago m. tapioca.
sagraizīt v. a. -zu, -zīju, to cut, to cut in pieces, to mince.
sagraut v. a. -ju, -grāvu, to destroy, to ruin; (cerības) to frustrate, to blast.
sagrauzt v. a. -žu, -zu, to gnaw, to chew.
sagrābt v. a. -bju, -bu, to seize, to lay hold on, to catch; ~ sienu — to rake hay.
sagremozamība f. digestibleness.
sagremojams a. digestible.
sagremošana f. digestion.
sagremot v. a. -ju, -ju, (zobiem) to masticate, to chew up; (kuņģī) to digest

sagrīļoties v. n. -jos, -jos, to begin staggering or reeling.
sagriezt v. a. -žu, -zu, to turn out, to twist together, to spin; v. n. -žos, -zos, to turn (aside).
sagriezt (î) v. a. -žu, -zu, to cut up, to spoil in cutting; to cut in pieces, to mince.
sagrozījums m. misrepresentation, misstatement, mutilation.
sagrozīt v. a. -zu, -zīju, to distort; to misrepresent; ~ galvu — to turn somebody's head.
sagrumbot v. a. -ju, -ju, to wrinkle, to rumple; (uzacis) to knit.
sagruzdēt v. a. -du, -dēju, to be scorched, to be burnt.
sagrūst v. a. -žu, -du, to jostle; to bruise; (smalki) to crush, to pound; (kopā) to press together; v. n. -žos, -dos, to crowd, to huddle together; to come into collision.
sagrūt v. a. -stu, -gruvu, to fall to pieces or down, to go to ruin.
sagša f. plaid, wrap.
sagubis a. stooping, bent.
sagudrot v. a. -ju, -ju, to think out, to contrive, to devise, to invent.
sagudrots a. elaborate.
sagulējies a. sleepy, drowsy.
sagulēt v. a. -lu, -lēju, to spoil by lying or sleeping on; to lie ill for a time; vēstule ~lēja ilgu laiku — the letter was not sent off for a long time.
sagumdīt v. a. -du, -dīju, to incite, to rouse.
sagumzīt v. a. -zu, -zīju, to crumple, to rumple.

sagurt v. a. -stu, -ru, to get fatigued, to grow tired.
sagūstīšana f. capture.
sagūstīt v. a. -stu, -stīju, to take prisoner or captive; to captivate.
saģērbt v. a. -bju, -bu, to clothe, to dress; v. n. -bjos, -bos, to dress oneself, to put on one's clothes.
saiklis m. conjunction, connective.
saime f. servants, domestics; household.
saimniece f. housekeeper; housewife; mistress; (nama māte) hostess; (dzīvokļa) landlady.
saimniecisks a. economical; ~kais gads — financial year; ~kā dzīve — economic life; ~kā ģeogrāfija — economic geography; ~kais stāvoklis — economic situation.
saimniecība f. household, housekeeping; management; ~s padome — Advisory Economic Council.
saimniekot v. a. -ju, -ju, to keep house; (uz laukiem) to manage an estate.
saimnieks m. master of the house, host; (mājas) landlord, owner; (uz laukiem) farmer, master.
saindēšanās f. poisoning.
saindēties v. n. -jos, -jos, to poison oneself.
sainis m. parcel, bundle.
saiņot v. a. -ju, -ju, to pack, to do into a bundle.
saiņotājs m. packer.

saiņu audekls *m.* sacking, sack cloth.
sairt *v. a.* -stu, -ru, to crumble to pieces or to dust.
saistīt *v. a.* -stu, -stīju, to tie up, to fasten; to fetter, to chain; (garīgi) to captivate. to attract; *v. n.* -stos, stījos, to enter into, to engage (in or with), to associate (with); nesaisties ar viņu! keep clear of him!
saistīts *a.* bound, obliged.
saistošs *a.* compulsory.
saite *f.* connection, tie. bond; (aukla) string.
saites *f. pl.* ties, bonds; fetters.
saiva *f.* bobbin, spool.
saīdzis *a.* sulky, fretful, peevish.
saīgt *v. a.* -gstu, -gu, to get sulky.
saīsinājums *m.* abbreviation, shortening; (grāmatas) abridgment.
saīsināt *v. a.* -nu, -nāju, to abridge, to shorten, to cut down; ~ daļskaitli — to reduce; ~ vārdus — to abbreviate; *v. n.* -nos, -nājos, to shorten.
saiešana *f.* meeting, conference; coming together.
saiešanās *f. pl.* intercourse.
saiet *v. irreg.* -eju, -gāju, to come together, to meet, to assemble; (ietilpt) to find room; piens ~ — milk curdles; *v. n.* -ejos, -gājis, to associate (with), to keep intercourse with, to fraternize with.
sajaukt *v. a.* -cu, -cu, to mix up, to intermingle; ~ rases — to interbreed, to cross; *v. n.* -cos, -cos, to mix with, to become entangled, to get muddled.
sajaukums *m.* mixing, mixture.
sajāt *v. a.* -ju, -ju, to ride together, to assemble by riding together; ~ zirgu — to tire; (samīt) to trample on.
sajēga *f.* sense, intellect, brains.
sajēgt *v. a.* -dzu, -dzu, to comprehend, to understand.
sajēgums *m.* idea, conception, notion.
sajukt *v. a.* -juku, -juku, to mix with; to become confused; to get into disorder; (prātā) to go mad; (skaitot) to lose count.
sajukums *m.* confusion, disorder.
sajust *v. a.* -jūtu, -jutu, to feel, to sense; to perceive.
sajūgt *v. a.* -dzu, -dzu, to put to, to harness up.
sajūsma *f.* ecstasy, delight, rapture, enthusiasm.
sajūsmināt *v. a.* -nu, -nāju, to inspire; to delight; *v. n.* -nos, -nājos, to be delighted with.
sajūta *f.* feeling.
sakabināt *v. a.* -nu, -nāju, to couple, to link (together), to hook in.
sakabināts *a.* coupled, hooked.
sakaist *v. a.* -stu, -tu, to become red-hot.
sakaitināt *v. a.* -nu, -nāju, to provoke, to irritate, to anger.
sakalpot *v. a.* -ju, -ju, to serve.
sakalst *v. a.* -stu, -tu, to dry up.
sakalt *v. a.* -lu, -lu, to forge

sakaltēt — sakopojums

together; to put in fetters, to chain together; to forge a certain quantity.
sakaltēt *v. a.* -ju, -ju, to dry.
sakaltis *a.* dried, parched.
sakampt *v. a.* -pju, -pu, to snatch up, to seize.
sakapāt *v. a.* -ju, -ju, to cut to pieces, to chop up, to mince.
sakarība *f.* connexion, coherence; logic; (saistība) cohesion.
sakarīgs *a.* coherent, connected; logical.
sakars *m.* connexion.
sakarsēt *v. a.* -ju, -ju, to inflame; to heat; *v. n.* -jos, -jos, to grow hot; to be irritated.
sakas *f. pl.* collar (af a horse), hame.
sakasīt *v. a.* -su, -sīju, to scratch together; to rake.
sakasnis *m.* small loaf, baked from leavings of dough.
sakaunēties *v. n.* -nos, -nējos, to grow ashamed.
sakausējums *m.* ligature; (metalu) welding.
sakausēt *v. a.* -ju, -ju, to alloy, to melt together, to smelt; to blend, to fuse.
sakaut *v. a.* -ju, -kāvu, to defeat.
sakāms *a.* expressible, utterable.
sakāmvārds *m.* saying, proverb.
sakāpt *v. a.* -pju, -pu, to get in, to climb in.
sakārnis *m.* stock, stub.
sakārt *v. a.* -karu, -kāru, to hang up.
sakārtot *v. a.* -ju, -ju, to set in order, to arrange, to settle; *v. n.* -jos, -jos, to prepare, to put oneself in order.
saklausīties *v. n.* -sos, -sījos, to get news by listening.
saklaušināt *v. a.* -nu, -nāju, to get information by asking everybody.
sakliegt *v. a.* -dzu, -dzu, to call together, to convoke; ~ virsū — to shout.
sakļauties *v. n.* -jos, -jos, to close, to shut up.
saknābāt *v. a.* -ju, -ju, to hurt by pecking; to eat up.
saknābt *v. a.* -bju, -bu, to pick in small pieces; to peck sore.
sakne *f.* root; kvadrāta ~ — square root; -nes izvilkšana — extraction of the root; ~ņu dārzs — kitchen-garden; ~nes zīme — radical sign; ~ņu pārdevējs — green-grocer.
sakniebt *v. a.* -bju, -bu, to pinch, to nip.
sakniedēt *v. a.* -ju, -ju, to clench, to rivet.
saknupis *a.* cowering; squatting, stooping.
sakņains *a.* rooty, rooted.
sakņaugi *m. pl.* vegetables, greens; rootcrops.
sakņkāji *m. pl.* rhizopoda.
sakņkopība *f.* growing of vegetables; (tirgum) market-gardening, truck-gardening.
sakņot *v. a.* -ju, -ju, to strike root, to send out roots.
sakodelēt *v. a.* -ju, -ju, to masticate thoroughly.
sakopojums *m.* combination, collection.

sakopot v. a. -ju, -ju, to join, to unite; to gather, to collect.
sakopt v. a. -pju, -pu, to put in order.
sakost v. a. -žu, -du, to bite in pieces; ~ zobus — to set one's teeth.
sakožļāt v. a. -ju, -ju, sk. sakodelēt.
sakratīt v. a. -tu, -tīju, to shake up.
sakraut v. a. -ju, -krāvu, to pile up, to load.
sakrājējs m. collector; accumulator.
sakrāt v. a. -ju, -ju, to gather up, to collect; to save up; v. n. -jos -jos, to accumulate, to gather.
sakrimst v. a. -kremtu, -krimtu, to gnaw up.
sakrist v. a. -krītu, krītu, to fall in pieces, to collapse; (laiks) to coincide (with); (cilvēks) to get thin, to lose flesh.
sakristeja f. vestry.
sakrokot v. a. -ju, -ju, to put into pleats.
sakropļot v. a. -ju, -ju, to cripple, to mutilate; to disfigure; (patiesību) to distort; v. n. -jos, -jos, to maim, to cripple oneself, to be disfigured.
sakrunkāt v. a. -ju, -ju, to fold up, to plait; to crumple.
sakrustot v. a. -ju, -ju, to cross.
saksofōns m. saxophone.
sakši m. pl. Saxons.
sakta f. brooch.

sakult v. a. -ļu, -kūlu, (sviestu) to churn; ~ putās — to whip.
sakumi m. pl. pitch-fork.
sakumpis a. stooping, bent, bowed.
sakumpt v. a. -pstu, -pu, to stoop, to shrink.
sakupināt v. a. -nu, -nāju, to let curdle.
sakurināt v. a. -nu, -nāju, to heat.
sakurt v. a. -kuŗu, -kūru, to make a big fire.
sakust v. a. -kūstu, -kusu, to fuse, to melt.
sakustēties v. n. -stos, -stējos, to move.
sakūdīt v. a. -du, -dīju, to incite, to instigate, to stir up.
saķeksēt v. a. -ju, -ju, to hook.
saķemmēt v. a. -ju, -ju, to comb.
saķert v. a. -ŗu, -ķēru, to catch, to seize, to ensnare; v. n. -ŗos, -ros, to embrace, to clasp; *fig.* to come to words.
saķēdēt v. a. -ju, -ju, to chain.
saķērnāt v. a. -ju, -ju, to spoil, to soil.
saķildoties v. n. -jos, -jos, to quarrel.
saķitēt v. a. -ju, -ju, to cement, to putty.
saķīlēt v. a. -ju, -ju, to wedge
sala f. island, isle; ~iņa — islet; ~lu grupa — archipelago.
salaidums m. joining together.
salaist v. a. -žu, -du, to join, to unite; v. n. -žos, -dos, to flock or fly together.

salaistīt v. a. -stu, -stīju, to pour together, to wet, to water.
salaka f. smelt.
salapot v. imp. po, -poja, to burst into leaf.
salasāmība f. legibility.
salasāms a. legible.
salasīt v. a. -su, -sīju, to pick up, to gather, to collect; (no papīra) to decipher, to understand; v. n. -sos, -sījos, to assemble, to meet.
salašņas f. pl. mob.
salaulāt v. a. -ju, -ju, to marry; v. n. -jos, -jos, to be married.
salauzīt v. a. -zu, -zīju, to break in several pieces.
salauzt v. a. -žu, -zu, to break, to demolish; fig. to subdue.
salāpīt v. a. -pu, -pīju, (drēbes) to patch up, to mend; (zeķes) to darn.
salāti m. pl. salad; (augs) lettuce.
saldais m. dessert.
saldens a. sweetish.
saldēt v. a. -ju, -ju, to freeze, to refrigerate.
saldētava f. ice-cellar, refrigerative establishment.
saldētājs m. refrigerator
saldināt v. a. -nu, -nāju, to sweeten.
salds a. sweet.
saldsakne f. liquorice root.
saldskābs a. sour-sweet.
saldums m. sweetness; -mi — sweets.
saldūdens m. fresh-water; ~ zivs — fresh-water fish.
salicīls m. salicyl.

Latviski-angliska vārdnīca.

salikt v. a. -lieku, -liku, to put together, to fold up.
saliktenis m. compound word.
salikts a. composite, compound.
salinieks m. islander.
salīpināt v. a. -nu, -nāju, to paste together.
salipt v. a. -līpu, -lipu, to stick together.
salīdzinājums m. comparison; -ma pakāpes — degrees of comparison.
salīdzināms a. comparative.
salīdzināšana f. comparing, equalization.
salīdzināt v. a. -nu, -nāju, to compare; rokrakstus — to collate.
salīdzinot ar part. in comparison with.
salīgoties v. n. -jos, -jos, to come in motion, to sway, to waver.
salīgt v. a. stu, gu (darbā) to hire; mieru — to make peace.
salīkt v. a. stu, ku, to bend, to stoop.
salīmēt v. a. -ju, -ju, to gum or glue together.
salīt v. a. -stu, -ju, to be spoiled by rain; to be drenched.
saliecams a. foldable.
saliedēt v. a. -ju, -ju, to drench.
saliekt v. a. -cu, -cu, to bend together or up, to fold up; v. n. -cos, -cos, to bend down, to bow.
salielīt v. a. -lu, -līju, to praise,

to extol; *v. n.* -los, -lijos, to boast.
saliet *v. a.* -leju, -lēju, to pour together.
salkans *a.* sweetish; mawkish, fulsome.
salkanums *m.* sweetishness, fulsome.
salkanums *m.* sweetishness, fulsomeness.
salkt *v. a.* -stu, -ku, to hunger or long (for), to hanker (after).
salmains *a.* strawy.
salmene *f.* straw-hat.
salmi *m. pl.* straw; jumta ~ — thatch; ~mu maiss — straw mattress, palliance; tukšus ~mus kult — to beat the air, to twaddle; ~mu kūlis — truss of straw.
salmiaks *m.* sal ammoniac.
salms *m.* straw.
salna *f.* hoar-frost, white-frost, rime.
salnis *m.* iron-grey, blue roan.
salocīt *v. a.* -ku, -cīju, to bend, to fold up.
salodēt *v. a.* -ju, -ju, to solder up.
salons *m.* drawing-room.
salpetris *m.* saltpetre nitre.
sals *m.* frost, cold, chill.
salt *v. a.* -stu, -lu, to freeze; man salst — I am or feel cold; man salst kājas — my feet are cold; ārā stipri salst — it is freezing hard.
salts *a.* cold, chill.
saltums *m.* coldness, chill.
salūgt *v. a.* -dzu, -dzu, to invite.

salūkot *v. a.* -ju, -ju, to look up, to seek out.
salūts *m.* salute.
salūzt *v. a.* -lūstu, lūzu, to break
saļimt *v. a.* -stu, -mu, to break down.
samainīt *v. a.* -nu, -nīju, to exchange, to mistake (for).
samaisīt *v. a.* -su, -sīju, to mix up; *v. n.* -sos, -sījos, to mix up.
samaitāt *v. a.* -ju, -ju, to spoil, to damage; to corrupt, to pervert; *v. n.* -jos, -jos, to get spoiled, to go bad
samaitāts *a.* corrupt, demoralized.
samaksa *f.* payment, fee.
samaksājams *a.* payable.
samaksāt *v. a.* -ju, -ju, to pay; ~ rēķinu — to settle an account.
samaksāts *a.* paid, settled.
samakšķerēt *v. a.* -ju, -ju, to angle, to hook, to fish.
samalt *v. a.* -ļu, -lu, to grind; to pulverize.
samanīt *v. a.* -nu, -nīju, to perceive.
samazgas *f. pl.* dish-water, slops.
samazināt *v. a.* -nu, -nāju, to lessen, to diminish, to reduce; *v. n.* -nos, -nājos, to grow less, to decrease.
samācīt *v. a.* -cu, -cīju, to instruct; to instigate, to set on, to put up to; *v. n.* -cos, -cījos, to learn diligently
samedīt *v. a.* -ju, -ju, to shoot, to catch.

sameklēt — saniknót

sameklēt v. a. -ju, -ju, to pick up, to gather; to look up.
samelot v. a. -ju, -ju, to tell lies, to prevaricate; v. n. -jos, -jos, to tell untruth unconsciously.
samelots a. made up, invented.
samelst v. a. -šu, -su, to talk nonsense or bosh.
samest v. a. -tu, -tu, to throw together; ~ naudu kopā — to club money together; v. n. -tos, -tos, (runā) to falter, to stop short; (kopā) to unite, to join partnership; ~ uz vienu roku — to chum together.
sametināt v. a. -nu, -nāju, to join, to hook.
samežģīties v. n. -jos, -jos, to catch.
samērcēt v. a. -ju, -ju, to wet or soak through; v. n. -jos, -jos, to be drenched.
samērīgs a. proportionate.
samērkt v. a. -cu, -cu, to soak, to steep.
samērs m. proportion.
samirkt v. a. -kstu, -ku, to be soaked through.
samīcīt v. a. -cu, -cīju, to knead well; to crumple.
samīdīt v. a. -du, -dīju, to trample down.
samīt v. a. -minu, -minu, to crush, to trample to death.
samiegoties v. n. -jos, -jos, to be sleepy or drowsy.
samierinājums m. reconciliation.
samierināt v. a. -nu, -nāju, to reconcile, to make it up; v. n. -nos, -nājos, to reconcile oneself, to get reconciled.
samierinātājs m. peace-maker, pacifier.
samierinošs a. conciliatory.
samocīt v. a. -cu, -cīju, to tire out, to torment to death.
sams m. sheat-fish.
samtene f. French marigold.
samts m. velvet.
samudžināt v. a. -nu, -nāju, to entangle, to disarrange; v. n. -nos, -nājos, to get entangled or disarranged.
samulsināt v. a. -nu, -nāju, to embarrass.
samūrēt v. a. -ju, -ju, to wall up
sanabagot v. a. -ju, -ju, to get by begging.
sanaglot v. a. -ju, -ju, to nail up.
sanaidot v. n. -ju, -ju, to set against; v. n. -jos, -jos, to fall out with.
sanākt v. a. -ku, -cu, to come together, to assemble; (dīgt) to shoot up, to grow up; ~ ragos — to come to close quarters (with).
sanātorija f. sanatorium, health resort.
sandales f. pl. sandals.
sanest v. a. -su, -su, to bring together; to heap up; (straume) to drift.
sanēt v. imp. -u, -ja, to buzz, to hum.
sangviniķis m. sanguine person.
saniknot v. a. -ju, -ju, to en-

rage, to infuriate; *v. n.* -jos, -jos, to get enraged, to become furious.

sanitārs *m.* sanitary.

sanīcis *a.* poorly, ailing.

sanīkt *v. a.* -stu, -ku, to pine away, to be in bad health.

sanīsties *v. n.* -stos, -dos, to fall out (with), to be at variance.

sankcija *f.* sanction.

santims *m.* santim (ls 0.01), the smaltest Latvian coin.

saņemt *v. a.* -mu, -ņēmu, to take, to receive, to get; (viesus) to greet, to welcome; (savākt) to gather up; *v. n.* -mos, -ņēmos, to pull oneself together, to summon one's strength, to take courage.

saņurcīt *v. a.* -cu, -cīju, to crumple, to rumple.

saost *v. a.* -ožu, -odu, to smell, to scent; to hunt out; *v. n.* -žos, -dos, to smell enough (of).

sapals *m.* whiting, whitebait.

sapampt *v. a.* -stu, -pu, to swell up.

sapaunāt *v. a.* -ju, -ju, to pack up.

sapelējis *a.* mouldy.

sapelēt *v. a.* -ju, -ju, to get mouldy.

sapelnīt *v. a.* -nu, -nīju, to earn.

sapērt *v. a.* -peŗu, -pēru, to whip.

sapiktot *v. a.* -ju, -ju, to make angry; *v. n.* -jos, -jos, to grow angry.

sapinkāt *v. a.* -ju, -ju, to mat; *v. n.* -jos, -jos, to get matted or disshevelled.

sapiparot *v. a.* -ju, -ju, to pepper.

sapirkt *v. a.* -pērku, -pirku, to buy up.

sapīcis *a.* peevish, surly.

sapīkt *v. a.* -stu, -ku, to pout, to get annoyed.

sapīt *v. a.* -pinu, -pinu, to interweave, to plait together; *v. n.* -nos, -nos, to get entangled, to become implicated.

sapieris *m.* sapper.

saplaisāt *v. a.* -ju, -ju, to crack, to split.

saplakt *v. a.* -ploku, -plaku, to decrease; *fig.* to lose courage.

saplēst *v. a.* -šu, -su, to tear in pieces, to rend; to break to smash; *v. n.* -šos, -sos, to quarrel.

saplīst *v. a.* -stu, -su, (drēbes) to tear, (trauki) to break, to crack.

saplosīt *v. a.* -su, -sīju, to tear.

saplucināt *v. a.* -nu, -nāju, to pluck or pick to pieces.

saplūdums *m.* concourse, rush; (asiņu) congestion.

saplūkāt *v. a.* -ju, -ju, sk. saplucināt.

saplūkt *v. a.* -cu, -cu, to gather, to pluck.

saplūst *v. a.* -stu, -du, to flow, to crowd together.

sapļaut *v. a.* -ju, -pļāvu, to mow a certain quantity.

sapnis *m.* dream; -ņu grāmata

— book on dreams; ~ņu izstāstītājs — interpreter of dreams; ~ņu pasaule — dreamland; ~ņu tēls — phantom, vision, apparition.
sapņains *a.* dreamlike, dreamy.
sapņot *v. a.* -ju, -ju, to dream.
sapņotājs *m.* dreamer, visionary.
sapogāt *v. a.* -ju, -ju, to button up.
saprast *v. a.* -protu, -pratu, to understand, to comprehend, to conceive, es ~protu — I see; *v. n.* -tos, -tos, to understand one another, to agree.
sapratība *f.* sensibleness, prudence.
sapratīgs *a.* reasonable, wise, sensible; ~ cilvēks — man of sense.
saprāts *m.* intellect, sense, reason.
saprecināt *v. a.* -nu, -nāju, to couple, to make a match.
saprecinātājs *m.* match-maker.
saprotams *a.* clear, distinct, pats par sevi ~ — it is a matter of course, that's understood.
sapulce *f.* assembly, gathering, meeting.
sapulcēšanās tiesība *f.* right of assembling.
sapulcēt *v. a.* -ju, -ju, to gather, to convene, to summon; *v. n.* -jos, -jos, to assemble, to meet.
sapurināt *v. a.* -nu, -nāju, to shake up; to cheer up, to rouse.
saputrot *v. a.* -ju, -ju, to make a mess of.

sapuvis *a.* putrid, rotten, foul, decayed.
sapūdēt *v. a.* -ju, -ju, to let rot or putrefy.
sapūt *v. a.* -stu, -puvu, to rot, to decay.
saradoties *v. n.* -jos, -jos, to become related by marriage.
sarains *a.* bristly.
sarakstīšanās *f. pl.* correspondence.
sarakstīt *v. a.* -stu, -stīju, to compose, to write; *v. n.* -stos, -stījos, to correspond (with).
sarakstītājs *m.* author, writer, compiler.
saraksts *m.* list, catalogue; roll; panel; viņš ir ~ā — he is on the panel.
sarast *v. a.* -rodu, -radu, to get used; *v. n.* -dos, -dos, to meet, to drift together.
saraudāts *a.* red with weeping.
saraudzēt *v. a.* -ju, -ju, to sour, to leaven.
saraukt *v. a.* -cu, -cu, to contract, ~ pieri — to knit one's brows, to frown; ~ lūpas — to screw up; *v. n.* -cos, -cos, to shrink, to shrivel up.
saraust *v. a.* -šu, su, to heap up, to amass.
saraustīt *v. a.* -stu, stīju, to tear in pieces, to rend; to break off.
saraustīts *a.* incoherent, loose, detached.
saraut *v. a.* -ju, -rāvu, to tear in pieces, to rend, to break off; (puķes) to gather, to

pluck off; (strādāt) to work strenuously; *v. n.* -jos, -rā-vos, to start (back); (viela) to contract, to tighten; (dienas) to shorten; (strīdēties) to quarrel, to have words.
saražot *v. a.* -ju, -ju, to produce.
sarāt *v. a.* -ju, -ju, to scold, to rebuke, to reprimand; *v. n.* -jos, -jos, to fall out, to quarrel.
sardīne *f.* sardine.
sardze *f.* guard, watch.
sarecēt *v. a.* -cu, -cēju, to curdle, to coagulate; to clot.
sarecināt *v. a.* -nu, -nāju, to let curdle.
saredzēt *v. a.* -dzu, -dzēju, to distinguish, to perceive, to see.
sarene *f.* brush.
sarepēt *v. a.* -ju, -ju, to heal up.
sarežģījums *m.* entanglement, complication.
sarežģīt *v. a.* -ju, -ju, to entangle, to complicate; *v. n.* -jos, -jos, to become complicated.
sarežģīts *a.* complicated, intricate.
sarēķināt *v. a.* -nu, -nāju, to add up; *v. n.* -nos, -nājos, to settle accounts.
sargāt *v. a.* -ju, -ju, to watch, to guard; *v. n.* -jos, -jos, to be cautious, to be careful, to take care, to beware of.
sargbūda *f.* watch-box.
sargpostenis *m.* sentinel, sentry.
sargs *m.* guard, watchman.

sari *m. pl.* bristles.
saritināt *v. a.* -nu, -nāju, to roll up, to coil up.
sarīdīt *v. a.* -du, -dīju, to set against each other; (suni) to set at.
sarīkojums *m.* arrangement, party.
sarīkot *v. a.* -ju, -ju, to put in order, to arrange; to organize; *v. n.* -jos, -jos, to prepare.
sarīkotājs *m.* organizer.
sarīvēt *v. a.* -ju, -ju, to grate, to rub.
sarietēt *v. imp.* -riet, -tēja, to flow into.
sarkanādis *m.* redskin, Red-Indian.
sarkanbārdis *m.* red-beard.
sarkangalvīte *f.* Red Riding Hood.
sarkanie *m. pl.* the Reds.
sarkankrūtis *m.* robin, redbreast.
sarkans *a.* red, scarlet; vermilion.
sarkanums *m.* redness.
sarkanvaidzis *m.* red-cheeked person.
sarkanvīns *m.* claret.
sarkasms *m.* sarcasm.
sarkofāgs *m.* sarcophagus, stone coffin.
sarkt *v. a.* -stu, -ku, to redden; to blush, to flush, to colour (up).
sarķis *m.* sorrel; roan.
sarma *f.* hoar-frost, rime.
sarmains *a.* berimed, frosted, glazed.

sarmot *v. imp.* -mo, -moja, to be covered with hoar-frost.

sars *m.* bristle.

sarukt *v. a.* -rūku, -ruku, to shrivel or to shrink up.

sarukums *m.* shrivelling, shrinking.

saruna *f.* discourse, talk, colloquy, conversation, interview; ~s — transaction, negotiation; ~s **valoda** — colloquial language, every day speech; ~s **veidā** — in form of a dialogue, by way of conversation; ~u **vedējs** — negotiator

sarunāt *v. a.* -ju, -ju, to agree upon, to arrange; *v. n.* -jos, jos, to converse (with), to talk

sarūgt *v. a.* -stu, -gu, to turn sour, to curdle.

sarūktinājums *m.* exasperation, mortification, offence.

sarūktināt *v. a.* -nu, -nāju, to exasperate, to vex.

sarūsēt *v. a.* -ju, -ju, to rust.

saržs *m.* serge.

sasaiņot *v. a.* -ju, -ju, to pack.

sasaistīt *v. a.* -stu, -stīju, to tie up.

sasaldēt *v. a.* -ju, -ju, to freeze, to congeal; to cool; *v. n.* -jos, jos, to catch cold.

sasalšana *f.* freezing; ~s **punkts** — freezing point, zero.

sasalt *v. a.* -stu, -lu, to freeze, to be frozen.

sasarkt *v. a.* -kstu, -ku, to blush, to colour up, to grow red, to flush.

sasaukt *v. a.* -cu, -cu, to call together, to convene; *v. n.* -cos, -cos, to call to each other.

sasālīt *v. a.* -lu, -līju, to salt; (siļķes) to cure, to pickle.

sasegt *v. a.* -dzu, -dzu, to cover up or over (with); *v. n.* -dzos, -dzos, to be covered, to cover oneself.

sasēdēt *v. a.* -du, -dēju, to crumple by sitting.

sasēsties *v. n.* -žos, dos. to sit down together.

sasildīt *v. a.* -du, -dīju, to warm, to heat; *v. n.* -dos, -dījos. to get or grow warm.

sasirdzis *a.* unwell, indisposed, ailing.

sasirgt *v. a.* -stu, -gu, to fall sick or ill, to begin ailing.

sasist *v. a.* -tu, -tu, (kopā) to strike together, to clash; to knock to pieces, to dash to pieces, to smash up; ~ **rokas** — to clap one's hands; *v. n.* -tos, -tos, to be broken, to break; to fall to the ground.

sasiet *v. a.* -nu, -sēju, to tie up, to bind together.

saskaisties *v. n.* -šos, -tos, to get angry, to fall out (with), to be annoyed.

saskaitīšana *f.* counting; (rēķ.) addition.

saskaitīt *v. a.* -tu, -tīju, to sum up, to count up

saskaldīt v. a. -du, -dīju, to cleave, to split.
saskalot v. a. -ju, -ju, to shake up.
saskandināt v. a. -nu, -nāju, to touch or clink glasses.
saskanēt v. a. -nu, -nēju, to agree, to answer; to harmonize, to agree well.
saskanīgs a. harmonious, concordant.
saskaņa f. concord, agreement, harmony; proportion; -ņā ar — according to.
saskaņot v. a. -ju, -ju, to harmonize; (instrum.) to tune.
saskarties v. n. -ŗos, -skāros, to touch.
saskatīties v. n. -tos, -tījos, to exchange looks.
saskābt v. a. -bstu, -bu, to turn sour.
saskrambāt v. a. -ju, -ju, to scratch.
saskriet v. a. -nu, -skrēju, to run, flock or crowd together; (asaras) to come into; v. n. -nos, -jos, to collide; to overstrain by running.
saskrūvēt v. a. -ju, -ju, to screw up or together, to fasten with screws; ~ cenu — to raise the price.
saskubināt v. a. -nu, -nāju, to spur on, to urge on.
saskūpstīties v. n. -stos, -stījos, to kiss (each other).
saslapēt v. a. -ju, -ju, to wet, to moisten.

saslapināties v. n. -nos, -nājos, to get wet.
saslaucīt v. a. -ku, -cīju, to sweep together; (dvieli) to use in wiping.
saslaukas f. pl. sweepings, rubbish.
saslēgt v. a. -dzu, -dzu, to link together.
saslimt v. a. -mstu, -mu, to fall sick or ill.
sasliet v. a. -nu, -slēju, to lean; ~ ieročus — to pile arms; v. n. -nos, -jos, to straighten oneself.
sasmacis a. (gaiss) foul; (gaļa) tainted, rancid.
sasmakt v. a. -smoku, -smaku, to grow rancid.
sasmalcināt v. a. -nu, -nāju, to cut up fine, to mince.
sasmaržot v. a. -ju, -ju, to perfume.
sasmīdināt v. a. -nu, -nāju, to make laugh.
sasniedzams a. obtainable.
sasniegt v. a. -dzu, -dzu, to reach, to attain, to obtain; ne~ mērķi — to fail of one's purpose.
sasodīts a. (ar) cursed, damned.
sasolīt v. a. -lu, -līju, to promise (much).
saspaldīt v. a. -du, -dīju, to squeeze.
sasparoties v. n. -jos, -jos, to pull oneself together, to summon one's strength.
saspārdīt v. a. -du, -dīju, to trample underfoot.

saspert v. a. -ŗu, -spēru, to knock down; v. n. -spēros, to press against, to oppose; *fig.* to exert oneself.

saspīlēt v. a. -ju, -ju, to stretch, to strain.

saspiest v. a. -žu, -du, to compress, to squeeze together; to crush, to squash; v. n. -žos, -dos, to huddle together.

saspraust v. a. -žu, -du, to pin up.

sasprādzēt v. a. -ju, -ju, to buckle up.

sasprāgt v. a. -gstu, -gu, to burst, to crack; to explode.

saspregājušas rokas f. pl. raw hands.

sasprēgāt v. a. -ju, -ju, to crack, to split.

saspridzināt v. a. -nu, -nāju, to blow up.

saspriegums m. tightness, tension; *fig.* strained relations.

sastapt v. a. -stopu, -stapu, to meet; v. n. -stopos, -stapos, to meet with, to come across.

sastādīt v. a. -du, -dīju, to put together, to compose, to combine; (augus) to plant; v. n. dos, -dījos, to be formed.

sastādītājs m. compiler.

sastāstīt v. a. -stu, -stīju, to tell; (niekus) to tell fibs, (aprunāt) to slander.

sastāties v. n. -jos, -jos, to place oneself, to draw up.

sastāvdaļa f. component part, constituent, ingredient.

sastāvēt v. a. -vu, -vēju, (no) to consist of, to be composed of; (pie) to be attached to; (iekš) to be in the service of.

sastāvs m. consistency, stock, amount; vilciena ~ — rolling stock.

sasteigt v. a. -dzu, -dzu, to do something in haste.

sastiķēt v. a. -ju, -ju, to patch up, to put together.

sastindzis a. numb.

sastingt v. a. -gstu, -gu, to become numb, to stiffen.

sastingums m. numbness, stiffness, torpidity.

sastiept v. a. -pju, -pu, to draw tight; v. n. -pjos, -pos, to break one's back, to knock oneself up; (zirgs) to founder.

sastrādāt v. a. -ju, -ju, to work for a time, to work up; ~tas rokas — rough or callous hands.

sastrēbties v. n. -bjos, -strēbos, to eat one's fill of soup.

sastrēgt v. a. -gstu, -gu, to stick fast, to be stuck.

sastrēgums m. block, obstruction.

sastrīdēties v. n. -dos, -dējos, to quarrel, to fall out.

sastumt v. a. -ju, -stūmu, to push together.

sasukāt v. a. -ju, -ju, to comb.

sasust v. a. -sūtu, -sutu, to foment.

sasveicināties v. n. -nos, -nājos, to greet, to shake hands.

sasvīdis a. covered with perspiration.

sasvīst v. a. -stu, -svīdu, to sweat, to perspire.

sasviest v. a. žu, -du, to throw together, to heap up.
sašaurinājums m tightening, narrowing.
sašaurināt v. a. -nu, -nāju, to narrow, to tighten; v. n. -nos, -nājos, to become narrow to contract.
sašaut v. a. -ju, -šāvu, to shoot to pieces, to batter down; to wound.
sašķaidīt v. a. -du, -dīju, to dash in pieces, to crush.
sašķelt v. a. -ļu -šķēlu, to cut up, to split; *fig.* to disunite, to set at variance; v. n. -ļos, -los, (strīdū) to fall out, to be at variance; to be divided.
sašķeterēt v a. -ju -ju to twist.
sašķipelēt v a -ju -ju to shovel up
sašķīst v. a. -stu, -šķīdu. (šķidrumā) to dissolve, to melt; to break to pieces, to burst.
sašķiebt v. a. -bju, -bu, to slant a little; ~ muti — to curl one's lips; ~ seju — to pull a wry face; v. n. -bjos. -bos, to bend.
sašļukt v. a. -šļūku, -šļuku, to shrink, to fall; (dūša) to lose heart or courage.
sašust v. a. -šūtu, -šutu, to get angry, to become indignant.
sašutis a. indignant, angry.
sašutums m. disgust, indignation, vexation.
sašūt v. a. -šuju, -šuvu, to sew together.
satalsīt v a. -su, -sīju, to pre-pare, to make ready; to mend, to repair; v. n. -sos, -sījos, to get ready.
sataujāt v. a. -ju, -ju, to get information by asking.
sataupīt v. a. -pu, -pīju, to save up, to amass.
satecēt v. a. -ku, -cēju, to flow together, to meet
sateka f. confluence, junction.
saticība f. concord, sociability.
satiksme f. communication, intercourse; (kustība) traffic; ~s **vārds** — preposition; ~s **līdzeklis** — means of communication, conveyance; ~s **ministrija** — Ministry of Communication; (Anglijā) Ministry of Transport; ~s **regulēšanas postenis** — pointduty; ~s **nervs** — (iela) thoroughfare; ~s **traucējums** — block, break-down, congestion of traffic.
satikšanās f. pl. meeting, rendez-vous, appointment.
satikt v. a. -tieku, -tiku, to meet; (labi) to be on good terms; v. n. -tiekos, -tikos, to meet with, to encounter; (draudzēties) to associate, to have intercourse (with).
satira f. satire.
satiriķis m. satirist.
satirisks a. satirical.
satirs m. satyr.
satīt v. a. -tinu, -tinu, to roll up; to muffle, to wrap or do up; v. n. -nos, (drēbēs) to muffle oneself up; (riņķī) to coil up; to get entangled.
satracināt v. a. -nu, -nāju, to

enrage, to infuriate; (kūdīt) to incite.
satramdīt v. a. -du, -dīju, to intimidate, to frighten.
satrenkt v. a. -cu, -cu, to drive together.
satricinājums m. shake, shock.
satricināt v. a. -nu, -nāju, to shake; ~ta veselība — shattered health.
satricinošs a. affecting, agitating.
satriekt v. a. -cu, -cu, (dzīt) to drive together; (sasist) to dash to pieces, to crush; (garīgi) to afflict; to crush.
satrūdējis a. decayed, rotten.
satrūdēt v. a. -du, -dēju, to decay, to rot, to putrefy, to putresce.
satrūkt v. a. -kstu, -ku, to tear, to burst; v. n. -kstos, -kos, to start, to take fright at.
satumsis a. dusky.
satumst v. n. -mst, -msa, to grow dark.
satumsums m. darkness; **prāta ~** — mental disorder; **saules ~** — solar eclipse.
satuntulēt v. a. -ju, -ju, to muffle up.
saturēt v. a. -ru; -rēju, to hold fast; to contain; v. n. -ros, -rējos, to get hold of, to stick together.
saturīgs a. substantial, essential.
saturs m. contents, substance; ~ra rādītājs — table of contents, index.
satūkt v. a. -stu, -ku, to swell up.

satversme f. constitution; ~s sapulce — constituent assembly.
satvert v. a. -ṛu, -tvēru, to seize, to catch, to grasp.
satvīkt v. a. -kstu, -ku, to grow red, to blush.
saubagot v. a. -ju -ju, to get by begging.
saucams a. to be named, to be called.
saucējs m. herald; (mat.) denominator; ~ja balss tuksnesī — the voice of one crying in the wilderness.
sauciens m. call, shout; cheer.
saudzējums m. (mežā) nursery; (zvēru) preserve; fenced-in district.
saudzēt v. a. -ju, -ju, to spare, to preserve.
saudzētājs m. person who spares.
saudzība f. sparing; ~s laiks — close season or time; careful treatment.
saudzīgs a. forebearing, indulgent.
sauja f. palm; handful.
saukāt v. a. -ju, -ju, to nickname, to call repeatedly; v. n. -jos, -jos, to rail (at), to abuse one another.
sauklis m. catch-word, slogan.
saukt v. a. -cu, -cu, to call, to cry, to shout; to name, to term; **palīgā ~** — to cry for help; kā tevi sauc? — what are you called? what is your name? nāk kā ~s — he

comes at the right moment; *v. n.* -cos, -cos, to be called or named.
saukums *m.* call.
saulains *a.* sunny.
saule *f.* sun; sunshine; ∼s aptumšošanās — eclipse of the sun; ∼s augstums — solar attitude; ∼ brālis — vagabond, tramp; ∼ dūriens — sunstroke; ∼s gaisma — sunshine; ∼s lēkts — sunrise; ∼lē nodedzis — sunburnt; ∼s pielūdzējs — sun-worshipper; ∼s puķe — sunflower; ∼s pulkstenis — sun-dial; ∼s riets — sunset; ∼s sargs — sunshade, parasol; ∼s stars — sunbeam; ∼s vanna — sun-bath.
saulgozis *m.* sunshine, heat of the sun.
saulgrieze *f.* sunflower.
saulgrieži *m. pl.* solstice.
sauļoties *v. n.* -jos, -jos, to bask in the sun.
sausēklis *m.* blotting-pad, blotter.
sausināt *v. a.* -nu, -nāju, to dry, to dessicate.
sausiņš *m.* biscuit.
sausnējs *a.* lean, thin.
sauss *a.* dry; arid; *fig.* uninteresting, dull.
sausserdis *m.* honeysuckle.
sausums *m.* dryness; aridity; (lietus trūk.) drought.
sauszeme *f.* land.
sautēt *v. a.* -ju, -ju, to damp, to steam; (ēdienu) to stew;

v. n. -jos, -jos, te take a vapour-bath.
savaislot *v. a.* -ju, -ju, to breed a great many.
savaldīt *v. a.* -du, -dīju, to tame, to retrain, to bridle; *v. n.* -dos, -dījos, to restrain oneself, to hold oneself, to hold oneself back.
savaldzināt *v. a.* -nu, -nāju, to charm, to enrapture, to be enchanted, to enthral, to fascinate.
savalkāt *v. a.* ju, ju, to soil in wearing.
savandīt *v. a.* -du, -dīju, to rummage, to put in disorder.
savangots *v. a.* -ju, -ju, to take prisoner, to capture.
savazāt *v. a.* -ju, -ju. to soil, to stain.
savādāki *adv.* otherwise.
savādi *adv.* otherwise, differently; strange to say, curiously enough.
savādība *f.* strangeness, peculiarity, oddity; valodas ∼ — idiom.
savādnieks *m.* crank, eccentric.
savāds *a.* peculiar, strange, odd, uncommon.
savākt *v. a.* -cu, -cu, to get together, to gather; ∼ labību — to harvest; ∼ naudu — to collect.
savārdzis *a.* sickly, ailing; weak, frail.
savārgt *v. a.* -gstu, gu, to fall ill.
savārstīt *v. a.* stu, -stīju, (šujot)

savedējs — savietis 301

savedējs to scamp, to patch up, to compile carelessly.
savedējs *m.* match-maker, pimp.
savedums *m.* bringing together.
savelēt *v. a.* -ju, -ju, to beat linen after washing.
savelkamais *m.* hame-strap.
savelt *v. a.* -veļu, -vēlu, to full, to felt; to ball, to roll up; *v. n.* -ļos, -los, to be felted; to coil up; to get entangled, to mat.
savest *v. a.* -du, -du, to bring together, to pimp; ~ kārtībā — to set in order, to set right.
savēji *pm.* one's own people.
savērpt *v. a.* -vērpju, -vērpu, to spin (a certain quantity).
savērt *v. a.* -veŗu, -vēru, to string; (durvīs) to squash.
savilkt *v. a.* -velku, -vilku, to contract, to tighten, to draw together, to gather; ~ lūpas — to curl one's lips; *v. n.* -velkos, -vilkos, to be drawn together, to shrink; (mākoņi) to gather.
savilkums *m.* summary, compendium.
saviļņojums *m.* ebullition, bubbling; stirring up, excitement.
saviļņot *v. a.* -ju, -ju, to stir up, to rouse; *v. n.* -jos, -jos, to raise oneself, to be roused or moved, to surge.
savirknēt *v. a.* -ju, -ju, to string, to file on a string, to join to; to rank.
savirt *v. a.* -verdu, -vīru, to boil thoroughly.

savirzīties *v. n.* -zos, -zījos, to draw near; to converge.
savīst *v. a.* -stu, -tu, to wither, to fade.
savīstīt *v. a.* -stu, -stīju, to muffle, to wrap up.
savīt *v. a.* -ju, -ju, to plait, to twist together; to spin.
saviebt *v. a.* -bju, -bu, to make faces; ~ seju — to make a wry mouth; to wrinkle; *v. n.* -bjos, -bos, to knit one's brows, to frown.
savienība *f.* association; union; federation, confederation, alliance.
savienojums *m.* junction, union; joint, joining together; fusion, blending; ~ma svītra — hyphen; (telef.) connexion, (elektr.) contact; ~ma poga — push-button, contact, switch; ~ma iespraužamais — contact-plug; ~ma aukla — flex; ~mu dabūt — to get through.
savienot *v. a.* -ju, -ju, to join, to unite, to combine; *v. n.* -jos, -jos, to unite, to associate, to form an alliance; to meet.
savienotājs *m.* uniter, joiner, combiner.
savienots *a.* united, federated, combined; (telef.) connected, put on.
saviesties *v. n.* -šos, -sos, to spread rapidly, to be rampant.
savietis *m.* relative, relation, kinsman, an intimate; comrade, fellow.

savkārt *adv.* for one's own part.
savrūp *adv.* aside, apart, separately.
savrūpība *f.* separateness, loneliness.
savs *prn.* one's own.
savstarpīgs *a.* mutual, reciprocal.
savtība *f.* selfishness.
savtīgs *a.* selfish.
savvaļa *f.* self-will, caprice, wilfulness; idleness.
savvaļā *adv.* (augt) to grow in the open air or country.
savvaļnieks *m.* volunteer.
sazagties *v. n.* -zogos, -zagos, to accumulate by stealing, to amass by theft.
sazarojums *m.* ramification.
sazaroties *v. n.* -jos, -jos, to ramify, to branch.
sazāģēt *v. a.* -ju, -ju, to saw up or in pieces.
sazclēt *v. a.* -ju, -ju, to chew, to masticate.
sazelt *v. a.* -ļu- -zēlu, to bud, to get green.
sazināties *v. n.* -nos, -nājos, to agree about, to come to terms or to an understanding; to conspire.
saziņā *adv.* concertedly; ~ ar — in agreement with.
saziņot *v. a.* -ju, -ju, to call together, to convoke.
sazīmēt *v. a.* -ju, -ju, to design (much); to subscribe, to offer up.
saziedēt sk. sapelēt.
saziedot *v. a.* -ju, -ju, to offer up, to give, to contribute, to sacrifice.
saziepēt *v. a.* -ju, -ju, to soap.
sazvanīt *v. a.* -nu, -nīju, to call together or summon by ringing.
sazvejot *v. a.* -ju, -ju, to have a good catch (of fish).
sazvērestība *f.* plot, conspiracy.
sazvērēties *v. n.* -ros, -rējos, to form a conspiracy, to plot, to conspire.
sazvērnieks *m.* conspirator, plotter.
sažaut *v. a.* -ju, -žāvu, to hang out for drying.
sažāvēt *v. a.* -ju, -ju, to dry (a certain quantity), (gaļu) to smoke.
sažņaugt *v. a.* -dzu, -dzu, to compress, to squeeze.
sažuvums *m.* drying up, desiccation.
sažūt *v. a.* -stu, -žuvu, to dry up, to desiccate, to wither.
sābris *m.* neighbour, crony.
sūcējs *m.* beginner, novice.
sādža *f.* village.
sādžinieks *m.* villager.
sājš *a.* flat, tasteless
sājums *m.* flatness, insipidness.
sākot *adv.* beginning with or from...
sākotne *f.* origin.
sākt *v. a.* -ku, -ku, to begin, to commence, to start, to set up; ~ ķildu — to raise or pick up a quarrel; ~ no jauna — to recommence, to resume; *v. n.*

-kos, -kos, to begin, to commence.
sākumburti *m. pl.* initials.
sākums *m.* beginning, commencement; start, outset; opening; origin; ~mā — at the beginning.
sāļi *m. pl.* salts.
sālījums *m.* pickle, brine.
sālīt *v. a.* -lu, -līju, to salt, to pickle; siļķes ~ — to cure.
sālīts *a.* salted, salty; ~tas cenas — exorbitant prices; ~ gurķis — pickled cucumber; ~ta siļķe — pickled or salted herring.
sālnīca *f.* salt-cellar.
sāls *f.* salt; ~ avots — salt-spring; ~ maize — bread and salt; hospitality; ~ raktuves — salt-mine; ~ rūpnieks — salt-maker; ~skābe — hydrochloric acid; ~stabs — pillar of salt; ~trauks — salt-cellar; **vāramā** ~ — kitchen salt.
sāļš *a.* salty, briny; ~ ūdens — brackish water.
sāļums *m.* saltness, salty taste.
sāncensis *m.* rival.
sānis, sāņus *adv.* out of the way, aside, sideways.
sāniski *adv.* sideways.
sānkauls *m.* rib.
sāns *m.* side, flank.
sāņiela *f.* by-street, adjacent street.
sāpes *f. pl.* pain, ache; ~pju bērns — child of sorrows; ~ remdinošs — anodyne.
sāpēt *v. imp.* sāp, sapēja, to be painful; to ache; man sāp (ga-

rīgi) — it pains me; man sāp galva — I have headache; man sāp kakls — I have a sore throat.
sāpināt *v. a.* -nu, -nāju, to give or cause pain; to grieve, to hurt.
sāpīgs *a.* painful, distressing, sore; ļoti ~ — deeply afflicting, woebegone; ~ smaids — sad smile.
sārmains *a.* alkaline.
sārms *m.* lye, suds, buck.
sārņi *m. pl.* slag, dregs; clinkers.
sārtināt *v. a.* -nu, -nāju, to rouge.
sārtoties *v. n.* -jos, -jos, to redden, to grow red.
sārts *a.* red, rubicund.
sārts *m.* stack, pile, wood-pile; ~ dzīviem — stake.
sārtums *m.* redness, blush, flush.
sārtvaidzis *m.* red-cheeked person.
sātans *m.* Satan; īsts ~ — the devil incarnate.
sātība *f.* moderation, temperance, frugality; sobriety, abstinence.
sātībnieks *m.* moderate, abstinent person.
sātīgs *a.* moderate; nourishing, substantial; ~ ēšana — frugal; ~ dzeršanā — sober.
sāts *f.* sk. sātība.
scēna *f.* scene; sight.
schēma *f.* sketch, scheme, plan.
scholastika *f.* scholasticism.
sebu *adv.* late.
secen *adv.* past, over, gone.
secība *f.* succession.

secinājums *m.* deduction; consequence.
secināt *v. a.* -nu, nāju. to conclude, to deduce.
sedli *m. pl.* saddle.
sedulka *f.* pad.
sega *f.* cover, blanket; **vatēta ~** — counter-pane.
segli *m. pl.* saddle.
seglinieks *m.* saddler.
segliņi *m. pl.* spindle-tree.
seglot *v. a.* -ju, -ju, to saddle.
segt *v. a.* -dzu. -dzu, to cover; *v. n.* -dzos. dzos. to be covered.
segts *a.* covered; secure.
segums *m.* covering; reimbursement.
segene *f.* wrap, shawl.
seja *f.* face, countenance; **~jas krāsa** — complexion.
sekas *f. pl.* consequence, result, effect, outcome, issue.
sekcija *f.* section; dissection, post-mortem examination.
seklība *f.* superficiality, shallowness.
sekls *a.* shallow; *fig.* superficial.
seklums *m.* shallow, shoal.
sekmes *f. pl.* progress, success; advance.
sekmēt *v. a.* -ju, -ju, to further, to advance, to promote; to hasten, to expedite; *v. n. imp.* man -jas, -jās, to improve in, to be successful, to succeed; to progress, to prosper.
sekmīgs *a.* successful, prosperous.

sekojošs *a.* following, succeeding; subsequent.
sekot *v. a.* -ju, -ju. to follow, to come after, to succeed to; **~ uz katra soļa** — to dog one's steps; (policija) to shadow a person.
sekretārlāts *m.* secretaryship, office.
sekretārs *m.* secretary.
sekste *f.* comb.
seksuāls *a.* sexual.
sekt *v. a.* cu, -cu, to sent, to trace; *v. n. imp.* man **-cas, -cās**, to succeed.
sekte *f.* sect.
sekumi *m. pl* dung-fork, pitchfork.
sekundants *m.* second.
sekunde *f.* second.
sekvestrēt *v. a.* -ju, -ju, to sequester.
selerija, selderiņi *f., m. pl.* celery.
selga *f.* offing, open sea.
seminārs *m.* training-college; (augstsk.) advanced class; school.
semīts *m.* Semite.
sen *adv.* long ago; **viņa jau ~ vairs nav te** — it is a long time since he was here.
senatne *f.* antiquity.
senatnējs *a.* ancient, archaic, antique.
senāk *adv.* formerly, in old times.
senāts *m.* senate.
sencis *m.* ancestor, forebear, forefather.

sendienām *adv.* for a long time past.
senējs *a.* late, former; ancient, antique.
senlaicīgs *a.* very old.
senlaiki *m. pl.* olden times; ~kos — in days of yore.
senlatvieši *m. pl.* ancient Latvians.
sens *a.* ancient, antique; previous.
sensācija *f.* sensation; ~ju gabals — sensational play, thriller; ~ju kāre — sensationalism.
sensenais *a.* sk. sens.
sentēvs *m.* forefather.
septembris *m.* September.
septiņdesmit *num.* seventy.
septiņi *num.* seven; ~ gulētāji — the seven sleepers.
septiņjūdžu zābaki *m. pl.* seven league boots.
septiņpadsmit *num.* seventeen.
septiņreiz *adv.* seventimes.
septītais *num.* the seventh.
serafims *m.* seraph.
serbs *m.* Servian.
serde *f.* core, pith.
serija *f.* series; ~jās — in series.
sermulis *m.* weasel, ermine.
sers *m.* corn brought home for drying.
servise *f.* set, service.
servjete *f.* napkin, serviette.
seržants *m.* sergeant.
sesija *f.* sitting, session.
sesks *m.* stoat.
sestais *num.* the sixth.
sestdiena *f.* Saturday.

Latviski-angliska vārdnīca,

sešdesmit *num.* sixty.
seši *num.* six.
sešpadsmit *num.* sixteen.
sešstūris *m.* hexagon.
sev *prn.* for oneself (myself, himself, etc.).
sevišķi *adv.* particularly, especially; separately, severally.
sevišķība *f.* peculiarity.
sevišķs *a.* particular, special; separate.
sezona *f.* season.
sēde *f.* sitting, meeting; ~des protokols — minutes of proceedings.
sēdeklis *m.* chair, stool; seat; residence; pāvesta ~ — Holy See.
sēdēt *v. a.* -žu, -dēju, to sit; ~ cietumā — to serve one's time, to be in prison.
sēdvieta *f.* seat, place.
sēja *f.* seed, sowing; ~jas laiks — sowing (seed) time; ~jas putns — plover.
sējējs *m.* sower.
sējējs *m.* (with ê) binder.
sējmašīna *f.* sowing-machine.
sējums *m.* sowing; (with ê) volume; binding, cover.
sēkla *f.* seed; dzīvnieka ~ —, semen, sperm; ~s putekšņi — pollen; ~s apvalks — seedcase; ~s labība — seed-corn.
sēklains *a.* seeded.
sēklaudzis *m.* seedling.
sēklis *m.* ford, shallow place.
sēks *m.* grass-forage.
sēmestris *m.* term (of six months), halfyear.

sēnalains *a.* branny.
sēnalas *f. pl.* bran, pollard, grit; **~lu literatūra** — trashy books.
sēne *f.* mushroom; fungus.
sēņot *v. a.* -ju, -ju, to gather mushrooms.
sēņotājs *m.* mushroom-gatherer.
sērains *a.* sulphurated.
sēras *f. pl.* mourning, sorrow, grief; **~u vītols** — weeping willow; **~ru tērps** — black; mourning; (atraitnei) widow's weeds.
sēravots *m.* sulphur-spring.
sērdienis *m.* orphan.
sērdienība *f.* orphaned state.
sērdzīgs *a.* sickly, ill; **mēness~** — sleepwalker.
sērga *f.* epidemic disease, plague, pestilence.
sēris *m.* sand-bank, shallow.
sērīgs *a.* sad, sorrowful, melancholy.
sērkociņš *m.* match, lucifer.
sērmūklis *m.* roan-tree, mountain-ash.
sērot *v. a.* -ju, -ju, to mourn, to grieve.
sērs *a.* mournful, sad.
sērs *m.* sulphur.
sērskābe *f.* sulphuric acid
sērsnis *m.* night-frost. [(H_2SO_4)].
sērst *v. a.* -šu, -šu, to be on a visit.
sērt *v. a.* seŗu, sēru, to put corn into a kiln for drying.
sērūdeņradis *m.* sulphydric acid, hydric sulphide (H_2S).
sēsties *v. n.* -žos, -dos, to sit down, to take a seat; (mūris) to set, to go down.

sēšana *f.* sowing.
sēt *v. a.* -ju, -ju, to sow.
sēta *f.* hedge, fence; court-yard; hedgeside; farm; **~tas suns** — watch-dog.
sētložņi *m. pl.* ground-ivy.
sētmala *f.* space close to a fence; hedge-side.
sētnieks *m.* house-porter, yardsman.
sētsvidus *m.* courtyard.
sētuva *f.* basket or hamper for sowing.
sēža *f.* place; vai tev laba ~? — are you comfortable there?
sfēra *f.* sphere.
sfings *m.* sphinx.
sibirietis *m.* Siberian.
sidrabains *a.* silvery, argent.
sidrabkalis *m.* silversmith.
sidrabot *v. a.* -ju, -ju, to silver, to plate.
sidrabots *a.* silvered.
sidrabs *m.* silver; **~ba trauki** — plate.
sifiliss *m.* syphilis.
signāls *m.* signal; **telefona ~** — call-signal.
signātūra *f.* mark, signature, sign-manual.
sija *f.* cross-beam.
sijāt *v. a.* -ju, -ju, to sift.
siksna *f.* strap, thong; sling; (josta) belt, girdle.
sikspārnis *m.* bat.
sikt *v. a.* sīkstu, siku, to dry up, to be exhausted.
silājs *m.* heather.
sildāmā pudele *f.* hot-water bottle.

sildīt *v. a.* -du, -dīju, to warm, to heat; *v. n.* -dos, -dījos, to warm oneself.
sildvirsma *f.* heating-surface.
sile *f.* crib, manger, trough; (patversme) infant-asylum.
siliņi *m. pl.* cinquefoil.
sils *m.* coniferous forest.
silt *v. a.* -stu, -lu, to grow warm.
siltalus *m.* hot-beer.
silts *a.* hot, warm; *fig.* effusive; man ir ~ti — I feel warm, I am warm.
siltumnīca *f.* hothouse, greenhouse.
siltums *m.* warmth, heat; ~a **grads** — degree of heat; ~a **vadītājs** — conductor of heat.
siluete *f.* silhouette.
siļķe *f.* herring; žāvēta ~ — red herring, bloater.
simbols *m.* symbol.
simbolizēt *v. a.* -ju, -ju, to symbolize.
simfonija *f.* symphony.
simmetrija *f.* symmetry.
simpatija *f.* sympathy.
simpatizēt *v. a.* ju, -ju, to sympathize.
simptōms *m.* symptom.
simtais *num.* the hundredth.
simtenis *m.* century.
simtgadīgs *a.* hundred years old, centenary.
simtkājis *m.* myriapod.
simtkārt *adv.* hundred-fold.
simtnieks *m.* hundred; hundred lat (bank-) note.
simtreiz *adv.* a hundred times.
simts *num.* a hundred.

simulants *m.* dissimulator, shammer.
simulēt *v. a.* -ju, -ju, to (dis) simulate, to sham, to pretend, to feign.
simultāns *a.* simultaneous.
sindikāts *m.* syndicate, ring.
sinepe *f.* mustard; ~pju **trauks** — mustard boil.
sinode *f.* synod.
sinonims *a.* synonymous word.
sintakse *f.* syntax.
sinteze *f.* synthesis.
sirdēsti *m. pl.* heartbreak, grief.
sirdība *f.* wrath, anger.
sirdīgs *a.* angry, wrathful, vexed.
sirdīties *v. n.* -dos, -dījos, to be or grow angry, to fret and fume.
sirds *f.* heart; ~apziņa — conscience; ~apziņas pārmetums — remorse, qualm; ~ draugs — bosom friend; ~ kaite — cordialgy, palpitation of the heart; ~ mokas — anguish of the mind; ~ paplašinājums — dilatation of the heart; ~ puķīte — heart-leaf; darling; ~ pukstēšana — throbbing of the heart; ~ sāpes — grief; ~ skaidrība — candour, frankness, sincerity; ~ trieka — apoplexy of the heart; ~ zāle (puķe) — burnet, pimpernel; ~ zāles — heart-warming medicines.
sirgt *v. a.* -gstu, -gu, to be indisposed, to ail.
sirmbārdis *m.* greybeard.
sirmgalvis *m.* aged or old man.

sirmis *m.* gray horse.
sirmot *v. a.* -ju, -ju, to turn gray.
sirms *a.* gray, grizzled; ~mā senatnē — in times of yore.
sirmums *m.* greyness.
sirot *v. a.* -ju, -ju, to wander, to stroll about (robbing).
sirotājs *m.* nomad, wanderer, vagabond.
sirpis *m.* sickle; **augošs mēness** ~ — crescent; waxing moon; **dilstošs** ~ waning moon; **~pja veidīgs** — crescent-shaped.
sirsenis *m.* hornet.
sirsniņa *f.* dearie, darling; duck, sweetheart.
sirsnība *f.* sincerity; cordiality.
sirsnīgs *a.* hearty, cordial; affectionate.
sisenis *m.* locust; grasshopper.
sisināt *v. a.* -nu, -nāju, to chirp, to utter a strident note.
sist *v. a.* -tu, -tu, to beat; to strike, to hit; *v. n.* -tos, -tos, to fight.
sistēma *f.* system.
sišana *f.* beating, striking.
sitamais *m.* bat.
sitējs *m.* beater, striker; swordsman; batter.
sitiens *m.* blow, stroke, hit.
situācija *f.* situation; **~jas plans** — site-plan.
sivēns *m.* piglet; **~nu māte** — sow.
sižets *m.* subject, topic.
siciņš *a.* tiny, very small.
sifons *m.* syphon.
siga *f.* blue char.

sīkbūtne *f.* micro-organism.
sīkgraudains *a.* fine-grained.
sīkgruntnieks *m.* small farmer.
sīki *adv.* in detail, at full length, minutely.
sīklopi *m. pl.* small cattle or stock.
sīkmanīgs *a.* narrow-minded, pedantic.
siknauda *f.* change.
sīkpilsonis *m.* plebeian; philistine.
sīkpreces *f. pl.* haberdashery.
sīkrūpnieks *m.* tradesman.
sīks *a.* tiny, petty, trifling; detailed.
sīksts *a.* tough; (skops) miserly, close; **~a dzīvība** — cat's life. nine lives.
sīkstums *m.* closeness, nearness; toughness; (izturība) hardiness, vitality.
sīkt *v. a.* -cu, -cu, to buzz, to hum.
sīktirgotājs *m.* small trader.
sīkumains *a.* petty, paltry, narrow-minded.
sīkumainība *f.* petty spirit, paltriness, meanness.
sīkums *m.* trifle, small matter.
sīlis *m.* jay.
sīpa *f.* hurricane.
sīpolklopsis *m.* steak with onions.
sīpols *m.* onion; (puķu) bulb.
sīpolveidīgs *a.* bulbous.
sirēne *f.* siren.
sīriņš *m.* tern.
sīrups *m.* treacle; syrup.
sīvais *m.* whisky, gin.

sīvs *a.* harsh, bitter, sharp; ~a kauja — fierce battle.

sīvums *m.* sharpness, bitterness.

siekalains *a.* drivelling.

siekalas *f. pl.* saliva, spittle, drivel.

siekallaiža *f.* toady, lickspittle.

siekalot *v. a.* -ju, -ju, to beslaver; *v. n.* -jos, -jos, to drivel, to slaver.

sieks *m.* bushel.

sieksta *f.* clog, block.

siena *f.* wall; ~s glezna — fresco; ~s glezniecība — mural painting; ~s kalendārs — wall almanac; ~s pulkstens — clock; ~s skapis (sienā) — closet.

sienamais *m.* band, tie.

sienāzis *m.* grasshopper.

sienmalis *m.* place near the wall.

siens *m.* hay; ~a dakšas — hayfork; ~a kaudze — hay-cock, rick; ~a laiks — haymaking time; ~a pļāvējs — mower; ~a vezums — load of hay.

siernīca *f.* cheese-dairy.

siernieks *m.* cheese-maker.

siers *m.* cheese.

siet *v. a.* sienu, sēju, to bind, to fasten, to cord; (kūļos) to sheaf; ~ sieru — to make cheese.

sietiņš *m.* (zvaigznājs) Pleiades.

siets *m.* sieve; smilšu ~ — riddle; dzirnavu ~ — bolter.

sieva *f.* wife; woman; ~s brālis — brother-in-law; ~s māsa — sister-in-law; ~s māte — mother-in-law; ~s tēvs — father-in-law.

sievišķība *f.* womanliness, femininity.

sievišķīgs *a.* womanly, feminine.

sieviete *f.* woman, female; ~šu ārsts — gynecologist; ~šu draugs — ladies' man, woman worshipper; ~šu ģimnāzija — grammar school for young ladies; ~šu kārta — feminine gender; ~šu naidnieks — womanhater, misogynist.

skabarga *f.* splinter, chip.

skabargains *a.* splintery.

skabarzdis *m.* beech.

skabūzis *m.* miserable hut.

skaidas *f. pl.* wood-shavings, chippings.

skaidiena *f.* wood-yard.

skaidrība *f.* clearity, purity, perspicuity; evidence; insight.

skaidrot *v. a.* -ju, -ju, to explain, to expound, to interpret; to make clear; *v. n.* -jos, -jos, to clear up.

skaidrs *a.* clear, bright, pure; plain, evident; (debesis) serene; ~ā naudā — in cash.

skaisties *v. n.* -šos, -tos, to be angry, to be vexed, to fret, to be annoyed.

skaists *a.* beautiful, lovely; pretty; handsome, goodlooking.

skaistule *f.* beauty, fair one, belle.

skaistums *m.* beauty, loveliness; prettiness; good-looks; ~a kopšana — cosmetics, beauty-cul-

skaitāmais aparāts — skatīt

ture; ~a līdzeklis — cosmetic; ~a kopšanas kabinets — beauty-parlour, beauty-shop.

skaitāmais aparāts *m.* automatic counter, calculator.

skaitāms *a.* countable, computable.

skaitīšana *f.* counting, calculation; **balsu ~** — scrutiny of the ballot-box; (ļaužu) census.

skaitīt *v. a.* -tu, -tīju, to count, to number; to take for; *v. n.* -tos, -tījos, to pass for, to be reputed.

skaitītājs *m.* counter; **balsu ~** — teller; **ļaužu ~** — enumerator, census-officer; **daļskaitļa ~** — numerator.

skaitlis *m.* number; figure; **~ļu rinda** — series of numbers; **~ļu vārds** — numeral.

skaitļot *v. a.* -ju, -ju, to count, to reckon.

skaits *m.* number, quantity; **niecīgs ~** — a few; **diezgan liels ~** — a good many; **bez ~ta** — numberless, innumerable, countless.

skaituļi *m. pl.* counting-board.

skalbe *f.* calamus; (sakne)) flagroot.

skaldāmība *f.* cleavability.

skaldāms *a.* cleavable.

skaldīt *v. a.* -du, -dīju, to split; *v. n.* -dos, -dījos, to cleave; to break up.

skaldne *f.* edge, margin, brim.

skaldns *a.* cracked, fissured.

skalojamais ūdens *m,* dishwater;

(rīkles) gargle, medicine for gargling.

skalot *v. a.* -ju, -ju, to rinse; **~ rīkli** — to gargle; *v. n.* -jos, -jos, to be rinsed, to be washed out.

skalpēt *v. a.* -ju, -ju, to scalp.

skals *m.* chip of pinewood.

skaļi *adv.* loudly.

skaļrunis *m.* loud-speaker.

skaļš *a.* loud, noisy.

skaļums *m.* loudness; sound.

skandāls *m.* scandal; row.

skandināt *v. a.* -nu, -nāju, to sound; to noise abroad; (dziesmu) to sing.

skanēt *v. a.* -nu, -nāju, to sound, to resound; **~ ausī** — to tingle.

skanīgs *a.* sounding, sonorous.

skanīgums *m.* harmony, melody.

skaņa *f.* sound; **~ņu klusinātājs** — muffler; mute.

skaņradis *m.* composer.

skaņš *a.* loud, sounding.

skapis *m.* cupboard; (drēbju) wardrobe.

skara *f.* panicle.

skarbs *a.* bluff, harsh, abrupt; **~bā īstenība** — the hard facts (of life).

skarbums *m.* harshness, abruptness, sullenness.

skarlatīna *f.* scarlet-fever, scarlatina.

skarpunkts *m.* centre of rotation, pivot.

skart *v. a.* skaŗu, skāru, to touch.

skate *f.* parade, show.

skatīt *v. a.* -tu, -tīju, to look.

to gaze, to view; *v. n.* -tos, -tījos, to look at, to see.

skatītājs *m.* spectator, observer, onlooker, watcher.

skatiens *m.* look, glance, view.

skatkarte *f.* picture, postcard.

skatlogs *m.* display - window, shop-front.

skats *m.* sight, view; spectacle, vision; act, scene.

skatuve *f.* stage, boards.

skaudība *f.* envy, grudge, jealousy.

skaudīgs *a.* envious, grudging.

skaudrs *a.* sharp, biting.

skauģis *m.* envier, grudger, jealous person.

skaust *v. a.* -žu, -du, to envy, to grudge.

skaustīt *v. a.* -stu, -stīju, to shoe.

skausts *m.* nape, scruff of the neck; (zirga) withers.

skaut *v. a.* -ju, -skāvu, to embrace, to hug.

skavas *f. pl.* hug, embrace.

skābe *f.* acid.

skābeklis *m.* oxygen.

skābene *f.* sorrel; **-ņu skābe —** oxalic acid.

skābēt *v. a.* -ju, -ju, to make sour, to acidify.

skāblis *m.* oxide.

skābļošana *f.* oxidation.

skābputra *f.* sour gruel or grits.

skābs *a.* sour, acid, tart; **- gurķis —** pickled cucumber; **-i kāposti —** pickled cabbage.

skābt *v. a.* -bstu, -bu, to turn sour, to acetify.

skābums *m.* sourness, acidity.

skāde *f.* injury, harm, loss.

skādēt *v. a.* -ju, -ju, to hurt, to harm, to injure, to damage.

skādīgs *a.* injurious, hurtful, noxious.

skaņš *a.* sourish, tart.

skārdniecība *f.* tinsmith's trade or shop.

skārdnieks *m.* tinner, tinsmith.

skārds *m.* tin-plate; **-da bundža — tin; jumta . —** tinned iron.

skārnis *m.* butcher's shop.

skāvieni *m. pl.* embrace.

skelets *m.* skeleton.

skeptiķis *m.* sceptic.

skeptisks *a.* sceptical.

skice *f.* sketch, study.

skicēt *v. a.* -ju, -ju, to sketch, to outline.

sklanda *f.* stake; **-du žogs —** wooden railing.

skola *f.* school; **-s apkalpotājs —** school attendant, beadle; **-s bērns —** pupil; **- biedrs —** school fellow; **-s direktors —** head master, principal; **-s grāmata —** text book, manual; **-s laiks —** school-days; **-s mācība —** instruction; **-s nauda —** school-fees; **-s padome —** Parent's Council; **-s priekšniecība —** governing body of a school; **-s puika —** school-boy; **-s soma —** satchel; **-lu valde —** educational council.

skolēns, skolnieks *m.* pupil, school-boy; alumnus.

skolojums *m.* schooling, training.

skolot *v. a.* -ju, -ju, to teach, to instruct, to train, to school; *v. n.* -jos, -jos, to learn, to study.

skolotājs *m.* teacher, schoolmaster, master, preceptor; **~ja arods** — profession of a teacher; **~ju biedrība** (Anglijā, ar ties. cenzēt skolotāju) — College of Preceptors; (citur) teachers' union; **~ju institūts** — training college; **~ju istaba** staff-room; **~ju saime** (vienas skolas) — teaching staff; **~ja vieta** — mastership.

skopoties *v. n.* -jos, -jos, to save, to economize.

skops *a.* miserly, stingy, covetous, niggardly.

skopulis *m.* miser, niggard, screw.

skopulība *f.* niggardliness, parsimony, stinginess, miserliness, covetousness.

skopums *m.* closeness, nearness, parsimony.

skorbuts *m.* scurvy.

skorpijs *m.* scorpion.

skosta *f.* shave-grass, asparagus.

skotele *f.* a large apron.

skots *m.* Scotchman, Scot.

skraidelēt *v. a.* -ju, -ju, to ramble, to roam, to wander.

skraidīt *v. a.* -du, -diju, to run to and fro.

skramba *f.* scratch, bruise.

skrambāt *v. a.* -ju, -ju, to scratch, to scar.

skranda *f.* rag, tatter; **~du vācējs** — ragman.

skrandains *a.* ragged, tattered.

skrājas *f. pl.* easel.

skrāpēt *v. a.* -ju, -ju, to scratch, to scrape; *v. n.* -jos, -jos, to grate, to scratch oneself.

skrāpis *m.* scraper, curry-comb.

skrāpvīle *f.* rasp.

skreblis *m.* scraping-tool; curry-comb.

skrebt *v. a.* -bju, -bu, to scrape out, to hollow.

skreja *f.* (bišu) entrance to the hive.

skrejlapa *f.* broad-sheet.

skrējējs *m.* runner, hurrier.

skrējiens *m.* course, run.

skribents *m.* scribbler, inferior author.

skribināt *v. a.* -nu, -nāju, to nibble, to gnaw.

skrimstala *f.* gristle, cartilage.

skripata *f.* crumb.

skritulis *m.* wheel, ball; **~ju kurpes** — roller-skates, rollers; skriešana ar **~ļiem** — roller-skating.

skriemelis *m.* pulley; platewheel; **ceļa ~** — knee-cap; **mugurkaula ~** — vertebra.

skriešanās *f. pl.* race.

skriešus *adv.* at the run or double.

skriet *v. a.* -nu, skrēju, to run; *v. n.* -nos, -jos, to run a race.

skroderis *m.* tailor.

skrōfulis *m.* scrofula.

skropsta *f.* eye-lash.

skrotēt v. a. -ju, -ju, to bruise, to roughgrind.
skrots f. small shot.
skrubināt v. a. -nu, -nāju, to gnaw, to nibble.
skrullēt v. a. -ju, -ju, to crisp, to curl.
skrimslis m. sk. skrimstala.
skrūve f. screw.
skrūvēt v. a. -ju, -ju, to screw; to turn up; to drive up.
skrūvgriezis m. screw-driver, wrench.
skrūvsols m. joiner's bench.
skuba f. haste, hurry; ~bā — in haste.
skubināt v. a. -nu, -nāju, to hurry, to incite, to spur, to urge; v. n. -nos, -nājos, to hurry, to make haste.
skudra f. ant; ~dru pūznis — anthill; ~dru skābe — formic acid; ~dru lācis — anteater.
skuja f. fir-twig; ~ju koks — coniferous tree; ~ju mežs — fir or pine wood.
skujains a. (audums) twilled cloth.
skuķis m. girl, lass.
skulptūra f. sculpture.
skumbrija f. mackerel.
skumdināt v. a. -nu, -nāju, to afflict, to distress.
skumība f. sadness, grief, distress, melancholy, affliction.
skumīgs a. afflicted, sorrowful, sad.
skumjas f. pl. sorrow, sadness.
skumt v. a. -stu, -mu, to grieve, to sorrow.

skurbt v. a. -bstu, -bu, to become giddy.
skurbulis m. tipsiness, intoxication, giddiness.
skurbināt v. a. -nu, -nāju, to to make giddy.
skurināt v. a. -nu, -nāju, to shake, to jolt; v. n. -nos, -nājos, to shake.
skurstenis m. chimney.
skurstenslauķis m. chimney-sweep.
skutele f. crab-louse, body louse.
skuvējs m. barber.
skūpstīt v. a. -stu, -stīju, to kiss; v. n. -stos, -stījos, to kiss one another.
skūpsts m. kiss.
skūt v. a. -ju, -vu, to shave.
skvērs m. square.
slacināt v. a. -nu, -nāju, to sprinkle.
slacīt v. a. -ku, -cīju, to besprinkle, to water.
slaids a. slender, slight, slim.
slaiks a. slender, slim.
slaikums m. slenderness, slimness.
slaistīties v. n. -stos, -stījos, to loaf about, to dawdle, to loiter.
slaists m. idler, loafer.
slampa f. slattern, slut.
slampstīties v. n. -stos, -stījos, sk. slaistīties.
slapdraņķis m. rainy weather.
slapināt v. a. -nu, -nāju, to wet, to moisten.
slapjš a. wet, moist, rainy.

slapjums m. wetness, moisture, humidity.
slapstities v. a. -stos, -stijos, to keep in hiding.
slaucene f. milk-pail.
slaucēja f. milker.
slaucit v. a. -ku, -cīju, to wipe, to sweep, to clean; v. n. -kos, -cījos, to wipe oneself.
slaucitājs m. sweeper, cleanser.
slaukāmais m. duster; brush; towel.
slaukšana f. milking.
slaukt v. a. -cu, -cu, to milk.
slauķis m. sk. slaukāmais.
slaunains a. spotted (cattle).
slava f. glory, fame, celebrity; ~vas dziesma — song of praise, hymn; ~vas kāre — ambition.
slavenība f. celebrity, star.
slavens a. famous, celebrated; glorious.
slavējams a. praiseworthy.
slavēt v. a. -ju, -ju, to praise, to extol, to glorify.
slavētājs m. praiser, eulogizer.
slavs m. Slave; ~vu — Slavic.
slazds m. trap, pitfall; ~da valgs — snare.
slābans a. slack, loose, lax; relaxed, weak.
slābanums m. slackness, flabbiness, relaxation.
slābs a. slack, flabby.
slābt v. a. -bstu, -bu, to slacken, to flag.
slāneklis m. slate.
slānis m. layer, stratum.

slānit v. a. -nu, -nīju, to pile up; to thrash.
slāņains a. in layers.
slāpeklis m. nitrogen, azote; ~ļa skābe — nitric acid (HNO₃).
slāpes f. pl. thirst.
slāpēt v. a. -ju, -ju, to choke, to stifle.
slāpt v. a. -pstu, -pu, to thirst; man slāpst — I am thirsty.
sleja f. paragraph; column; break.
slejas f. pl. harness.
sleņģes f. pl. jamb, post (of door).
slepeni adv. secretly, by stealth, furtively.
slepenība f. secrecy, privacy.
slepenpolicija f. detective force; ~cists — detective, tec.
slepenraksts m. cipher- writing, code.
slepens a. secret, hidden; ~na nozīme — hidden meaning.
slepkava f. murderer, assassin, cutthroat.
slepkavība f. murder, assassination.
slepus adv. sk. slepeni.
slēdzamais m. key; ~mā kastīte (pastā) — post -office box (P. O. Box).
slēdzējs m. door-keeper; cietuma ~ — jailer, turn-key, gaoler, warder.
slēdziens m. conclusion, deduction; inference.
slēgšana f. locking, closing.
slēgt v. a. -dzu, -dzu, to lock; to

fetter; to close; to conclude, to finish; to deduct.
slēģis *m.* shutter.
slēģēt *v. a.* -ju, -ju, to close
slēpes *f. pl.* skis. [shutters.
slēpējs *m.* concealer, receiver.
slēpot *v. a.* -ju, -ju, to ski.
slēpotājs *m.* ski-runner.
slēpt *v. a.* -pju, -pu, to conceal; *v. n.* -pjos, -pos, to be or keep in hiding.
slēptuve *f.* hiding-place.
slidas *f. pl.* skates.
slidens *a.* slippery.
slidenums *m.* slipperiness.
slidināties *v. n.* -nos, -nājos, to slide, to skate.
slidot *v. a.* -ju, -ju, to skate.
slidotājs *m.* skater; daiļ ~ — figure-skater.
slidotava *f.* skating-place.
slikti *adv.* badly; ~ klāties — to be badly off.
slikts *a.* bad; (ļauns) evil, ill, worthless; (cilvēks) vile, base.
sliktums *m.* badness; evil.
slimība *f.* illness, disease, indisposition, sickness, malady, ailment, complaint.
slimīgs *a.* sickly, ailing, diseased.
slimnīca *f.* hospital; ~cas palāta — ward.
slimnieks *m.* sick person, patient; ~ku kopēja — nurse.
slimot *v. a.* -ju, -ju, to be ill or ailing.
slims *a.* sick, ill, unwell, indisposed.
slimums *m.* ill-health.

slinkot *v. a.* -ju, -ju, to lounge, to be lazy, to idle.
slinks *a.* lazy, idle, indolent.
slinkums *m.* laziness, sloth, idleness.
sliņķis *m.* sluggard, idler, lazy-bones.
slita *f.* hitch-bar.
slīcināt *v. a.* -nu, -nāju, to drown; *v. n.* nos, -nājos, to drown oneself.
slīdēt *v. a.* -du, -dēju, to slip, to glide, to slide; to flow or move gently; slīdošas trepes — escalator, moving staircase.
slīkonis *m.* drowned person.
slīkt *v. a.* -kstu, -ku, to be drowned, to sink; to go down.
slīmests *m.* spokeshave, drawing-knife; *fig.* a lazy person.
slīperis *m.* sleeper.
slīpējums *m.* polish.
slīpēt *v. a.* -ju, -ju, to grind, to polish, to smooth, to edge, to whet, to set.
slīpētājs *m.* grinder, polisher; whetter.
slīpi *adv.* aslant, askew, obliquely.
slīps *a.* slanting, oblique, inclined.
slīpums *m.* slant, slope.
sliece *f.* runner.
sliede *f.* line; rut; trace.
slieka *f.* earth-worm, dew-worm.
slieksnis *m.* threshold.
slienas *f. pl.* saliva, spittle, drivel, slaver.
slienāties *v. n.* -jos, -jos, to drivel, to slaver.

sliet *v. a.* -nu, slēju, to lean (against), to prop; *v. n.* -nos, slējos, to lean (against, to); (zirgs) to prance.
slietnis *m.* a little hut made of props.
slodze *f.* straining power.
slodzīt *v. a.* -gu, -dzīju, to press, to compress.
slogs *m.* load, burden, yoke; press; dzīves ~ — the wear and tear of life.
sloka *f.* snipe.
sloksne *f.* a narrow stripe, slip.
slota *f.* broom; (bērzu) besom.
sludinājums *m.* advertisement, insert.
sludināt *v. a.* -nu, -nāju, to advertise, to insert; to announce; to publish abroad; to prophesy, to foretell.
sludinātājs *m.* proclaimer; advertiser.
slūžas *f. pl.* sluice, lock, floodgate.
smacēt *v. a.* -ju, -ju, to choke, to suffocate; to smother.
smacīgs *a.* (laiks) sultry; (istaba) stuffy.
smadzenes *f. pl.* (galvas) brain; (kaulu) marrow.
smaganas *f. pl.* gums.
smags *a.* heavy; (darbs) hard.
smagums *m.* weight, heaviness, gravity.
smaidīgs *a.* smiling.
smaidīt *v. a.* -du, -dīju, to smile.
smaids *m.* smile.
smails *a.* pointed, sharp.
smailums *m.* pointedness.

smaka *f.* stench, stink.
smakot *v. imp.* -ko, -koja, to emit a disagreeable smell, to stink.
smakrs *m.* chin.
smakt *v. a.* smoku, smaku, to lose one's breath, to suffocate; to languish.
smalcināt *v. a.* -nu, -nāju, to cut into small bits.
smalkjūtība *f.* delicacy of feeling, sensitiveness.
smalkjūtīgs *a.* sensitive, of delicate feeling.
smalks *a.* delicate, fine, nice; neat.
smalkums *m.* fineness, delicacy; -mi *pl.* — tailings, cuttings.
smalstīt *v. a.* -stu, -stīju, to scoop, to bail, to ladle (out).
smaragds *m.* emerald.
smarša *f.* smell, scent, perfume, odour, fragrance.
smaršīgs *a.* fragrant, perfumed, sweet, odorous, scented.
smaršot *v. a.* -ju, -ju, to smell sweet.
smaršūdens *m.* perfume, scent.
smādēt *v. a.* -ju, -ju, to blame.
smeceris *m.* snout.
smeldzošs *a.* painful; ~as sāpes — smarting pain.
smelkne *f.* dust.
smelt *v. a.* -ju, -smēlu, to draw, to dip, to scoop, to bail, to ladle (out); *v. n.* -jos, -ēlos, to draw (from), to borrow.
smeltēt *v. a.* -ju, -ju, to thrash, to whip.
smerdelis *m.* stinker, skunk.
smēde *f.* smithy.

smējējs *m.* scoffer.
smēķēt *v. a.* -ju, -ju, to smoke.
smēķētājs *m.* smoker.
smēlējs *m.* scooper.
smērēt *v. a.* -ju, -ju, to smear, to grease; *fig.* to bribe.
smērs *m.* grease; ointment.
smidzeknis *m.* pulverizer.
smidzināt *v. imp.* -na, -nāja, to drizzle, to mizzle.
smidzis *m.* gnat.
smilga *f.* hair-grass.
smiļģis *m.* bullfinch.
smilkstēt *v. a.* -stu, -stēju, to whine.
smilšains *a.* sandy.
smilšakmens *m.* freestone, sandstone.
smiltaine *f.* sandy ground; churchyard.
smilts *f.* sand; ~šu kūka — Madeira cake; ~ tuksnesis — sandy desert, sands.
smiltszeme *f.* sandy soil.
smirdēt *v. a.* -du, -dēju, to stink, to smell foul.
smirdināt *v. a.* -nu, -nāju, to emit a disagreeable smell.
smirdoņa *f.* stink, stench; stinker.
smirdošs *a.* stinky.
smīdināt *v. a.* -nu, -nāju, to provoke laughter.
smīnēt *v. a.* -nu, -nēju; to smile, to grin, to sneer.
smīns *m.* sneer.
smiekli *m. pl.* laughter.
smieklīgs *a.* ridiculous.
smiešanās *f. pl.* laughing.

smiet *v. a.* smeju, smēju, to laugh at, to deride; *v. n.* -ejos, -ējos, to laugh.
smuidrs *a.* slender, slight, slim.
smuidrums *m.* slenderness, slimness.
smuks *a.* pretty, nice.
smukums *m.* prettiness.
smulēt *v. a.* -ju, -ju, to stain; to daub.
smulis *m.* dirty fellow.
smurgāties *v. n.* -jos, -jos, to slaver, to beslobber; *fig.* not to be worth while.
smurgulis *m.* dirty fellow.
snauda *f.* slumber, nap, doze.
snaudējs *m.* slumberer.
snaudiens *m.* nap, doze; sleepiness.
snaudulis *m.* sleepy head.
snaust *v. a.* -žu, -du, to slumber, to nap.
snidzināt *v. imp.* -na, -nāja, to snow a little.
snigt *v. imp.* snieg, sniga, to snow.
snīpis *m.* nose (in infant language).
sniedze *f.* snow-bunting.
sniegains *a.* snowy.
sniegs *m.* snow; ~ga pika — snowball; ~ga putenis — snowstorm.
sniegt *v. a.* -dzu, -dzu, to hand, to offer; to reach, to come up; *v. n.* -dzos, -dzos, to extend, to reach (to), to stretch oneself.
snuķis *m.* snout, muzzle.

sociāldēmokratija f. socialdemocracy.
sociālisms m. socialism.
sociālists m. socialist; ~tu likums (Anglijā) — law against socialists.
sociāls a. social; ~las reformas — social refors; ~lā apgāde — social welfare work.
sodība f. punishment; plague.
sodīt v. a. -du, -dīju, to punish, to condemn; v. n. -dos, -dījos, to swear, to curse.
sodrēji m. pl. soot.
sods m. punishment; ~da atlaišana — remission of punishment; ~da darbs — (skolā) — imposition, task; miesas ~ — corporal punishment; ~da likuma grāmata — penal code; ~da nams — house of correction; ~da nauda — fine.
sofisms m. sophism, sophistry.
soģis m. judge, magistrate, justice.
solidārs a. joint.
solids 1. solid, sound, firm, steady.
soliņš m. stool.
solis m. step, pace; ~li pa ~lim — step by step; spert pirmo ~li — to break the ice; to take the initiative; pie katra ~ļa — at every turn.
solists m. solist.
solījums m. promise.
solīt v. a. -lu, -līju, to promise; v. n. -los, -lījos, to give one's word, to engage oneself.
sols m. bench; (skolā) form, desk.

soļi m. pl. (dzirdami) footsteps, footfall; (piesardzības) steps, necessary measures; spert soļus (sagatavot) — to take preliminary measures.
soļiem adv. in stepping; ātriem (lēniem) ~ — at a quick (slow) pace; viņš iet gaŗiem ~ — he takes long strides.
soļot v. a. -ju, -ju, to walk, to step.
soma f. bag; skolas ~ — satchel, school-bag; (neliels čemodāns) attaché case.
somainis m. marsupial.
soms m. Fin.
sonāta f. sonata.
sonets m. sonnet.
soprāns m. soprano, treble.
spaidīt v. a. -du, -dīju, to press, to squeeze.
spaidi m. pl. coercion.
spaids m. distress, pinch; oppression; ~du darbi — hard labour.
spaile f. holdfast.
spainis m. pail, bucket.
spals m. handle, hilt.
spalva f. (putna) feather; (dzīvnieka) hair; (rakstāma) pen.
spalvains a. haired, hairy.
spalvkāts m. pen-holder.
spaļi m. pl. combings (of flax or hemp).
sparīgs a. impetuous; energetic.
sparģeļi m. pl. asparagus.
sparkšķināt v. a. -nu, -nāju, to rattle.
spars m. energy, force; strength.
spartietis m. Spartan.

spānietis *m.* Spaniard.
spāniski *adv.* Spanish.
spārdīt *v. a.* -du, -dīju, to kick; *v. n.* -dos, -dījos, to kick out, fling out.
spāre *f.* spar of a roof, rafter; (kuk.) dragon-fly.
spārnains *a.* winged.
spārns *m.* wing, pinion; **vējdzirnavu ~** — sail or arm or beam of a windmill.
speciālizēt *v. a.* -ju, -ju, to specialize.
speciālists *m.* specialist.
spekulants *m.* speculator, profiteer.
spekulācija *f.* profiteering; **~jas cenas** — usurious prices.
spekulēt *v. a.* -ju, -ju, to speculate, to plot for.
speķis *m.* bacon, fat.
spelte *f.* stove-hole.
spert *v. a.* -ŗu, spēru, to kick; to tread; to strike; **soļus ~ (aizkavēt)** — to take steps or precautions.
spēcība *f.* strength, vigour.
spēcīgs *a.* able-bodied, strong, vigorous; (barība) substantial.
spēcināt *v. a.* -nu, -nāju, to strengthen, to confirm.
spēja *f.* capability, ability, faculty.
spēji *adv.* suddenly, quickly.
spējīgs *a.* able, capable, qualified.
spēkoties *v. n.* -jos, -jos, to fight, to wrestle, to contend, to match forces.
spēks *m.* strength, force, might, power; **~ka mērotājs** — depramometer; **no visa ~ka** — with all one's might.
spēkstacija *f.* power and light station.
spēle *f.* play, game; performance; **~ļu elle** — gambling-house.
spēlēt *v. a.* -ju, -ju, to play; to act, to perform; **uz naudu ~** — to gamble; *v. n.* -jos, -jos, to sport, to play.
spēlētājs *m.* player, actor, performer; gambler.
spēriens *m.* kick of a horse's foot; (pērkona) thunder-clap.
spēt *v. a.* -ju, -ju, to be able to; (ner. darb. v.) can.
spilgts *a.* bright, glaring; sharp; (krāsas) gay, rich.
spilgtums *m.* brightness, glaringness; (gaisma) sharpness.
spilva *f.* cotton-grass.
spilvens *m.* pillow, cushion; **~na pārvelkamais** — pillow-case.
spināti *m. pl.* spinach.
spindzele *f.* blue-bottle (muša).
spionāža *f.* spying, espionage.
spions *m.* spy; scout.
spirāle *f.* spirale.
spirdzināt *v. a.* -nu, -nāju, to refresh, to recreate; *v. n.* -nos, -nājos, to refresh oneself.
spirgts *a.* fresh, crisp, brisk, vivacious, lively, alert; **~ un vesels** — hale and hearty, safe and sound.
spirgtums *m.* briskness; freshness.
spirināties *v. n.* -nos, -nājos, to kick, to jerk.

spirts *m.* spirit; ~ta darītava — distillery.
spitālība *f.* leprosy.
spitālīgs *a.* leprous.
spitālis *m.* hospital; *fig.* mischiefmaker.
spīdeklis *m.* light, luminary, celestial body.
spīdēt *v. a.* -du, -dēju, to shine, to give light.
spīdīgs *a.* brilliant, bright, radiant, shining, luminous.
spīdums *m.* sheen, brightness, gleam; polish.
spīdzināšana *f.* torture.
spīdzināt *v. a.* -nu, -nāju, to torture, to torment.
spīdzinātājs *m.* torturer, tormentor; inquisitor.
spīgana *f.* witch.
spīganis *m.* jack-a'-lantern, will-o'-the-wisp, marsh-light.
spīgulis *m.* glow-worm.
spīguļot *v. a.* -ju, -ju, to glimmer, to glitter, to shine.
spīkers *m.* speaker.
spīķeris *m.* ware-house, storage-place.
spīle *f.* holdfast; spīlēs — *fig.* in distress, in a tight corner, in difficulties.
spīlēt *v. a.* -ju, -ju, to pinch, to stretch.
spīritisms *m.* spiritism.
spīrituōzi *m. pl.* (dzērieni) spirits.
spīte *f.* defiance, obstinacy.
spītēt *v. a.* -ju, -ju, to be obstinate, to brave, to bid defiance to.
spītība *f.* refractoriness, obstinacy.
spītīgs *a.* refractory, obstinate, head-strong.
spītnieks *m.* obstinate person.
spīvs *a.* capricious, angry.
spīzmane *f.* cook.
spiede *f.* compressor, press.
spiedējpumpis *m.* pressure pump.
spiedējs *m.* presser; printer.
spiedīgs *a.* oppressive, sultry.
spiediens *m.* pressure, squeeze, stress; ~na mērotājs — steam-gauge, pressure-indicator.
spiedogs *m.* seal, signet.
spiedums *m.* print; ~ma kļūda — misprint.
spiedzošs *a.* shrill.
spiegošana *f.* spying.
spiegot *v. a.* -ju, -ju, to spy.
spiegs *m.* spy.
spiegšana *f.* squeaking, whining.
spiegt *v. a.* -dzu, -dzu, to whine, to squeak.
spieķis *m.* stick, cane; (riteņa) spoke.
spiest *v. a.* -žu, -du, to press, to squeeze; to print; *v. n.* -žos, -dos, to crowd, to flock.
spiestuve *f.* printing works, press; printing office.
spiešanās *f. pl.* throng, crowd; press; citronu ~ — squeezer. polish, to clean; ~nāmais līdzeklis — polish; ~nāmā ādiņa — chamois, shammy.
spietot *v. a.* -ju, -ju, to swarm.
spiets *m.* swarm of bees.
spiežamais *m.* handle; seal; press; citronu ~ — squeezer.
splīns *m.* spleen.

spļaudekļi *m. pl.* spittle, spit.
spļaudīt *v. a.* -du, -dīju, to expectorate, to spit; *v. n.* -dos, -dījos, to spit repeatedly.
spļaut *v. a.* -ju, spļāvu, to spit.
spļautuve *f.* spittoon.
spļāviens *m.* spittle, saliva, spit.
spocīgs *a.* ghostly.
spodrināt *v. a.* -nu, -nāju, to polish, to clean; ~nāmais līdzeklis — polish; ~nāmā ādiņa — chamois, shammy.
spodrinātājs *m.* polisher; zābaku ~ — boot-black.
spodrība *f.* cleanliness, tidiness, neatness, brightness.
spodrs *a.* bright, shining, polished.
spogulis *m.* looking-glass, mirror.
spoguļoties *v. n.* -jos, -jos, to look repeatedly into the mirror.
spokains *a.* sk. spocīgs.
spokoties *v. n.* -jos, -jos, to haunt.
spoks *m.* ghost, apparition, spook; spirit, phantom.
spole *f.* spool, bobbin.
spolēt *v. a.* -ju, -ju, to wind up, [to spool.
spora *f.* spore.
sporaugs *m.* acotyledon.
spornesis *m.* sporophore.
sportists *m.* sportsman.
sports *m.* sport.
spožs *a.* blazing, shining, glittering; splendid.
spožums *m.* lustre, glitter, shine; splendour, magnificence.
spraigs *a.* tense.

spraigums *m.* tension.
spraislis *m.* stay, prop, support.
sprakšķēt *v. a.* -šķu, -šķēju, to crackle.
spranda *f.* nape, neck.
spraudekļi *m. pl.* sprouts, sprigs.
spraudīt *v. a.* -du, -dīju, to stick repeatedly.
spraudīte *f.* paper-pin, paperclip.
sprauga *f.* gap, break, open space.
spraukšķēt *v. imp.* -šķ, -šķēja, to crackle, to burst, to pop.
spraukties *v. n.* -cos, -cos, to squeeze through; to edge in or out.
sprauslāt *v. a.* -ju, -ju, to sniff, to snort.
spraust *v. a.* -žu, -du, to pin; ~ mērķi — to aim (at); ~ rokas sānos — to put arms akimbo.
sprādze *f.* buckle, clasp.
sprādzēt *v. a.* -ju, -ju, to buckle, to strap.
sprādziens *m.* crack, clap, crash, report, detonation, explosion.
sprāgoņa *f.* dead animal, carrion.
sprāgstošs *a.* explosive.
sprāgstvielas *f. pl.* explosives.
sprāgt *v. a.* -gstu, -gu, to crash, to crack, to burst; (dzīvnieks) to die.
spredikot *v. a.* -ju, -ju, to preach.
spredikis *m.* sermon.
spredikotājs *m.* preacher.
sprēgāt *v. a.* -ju, -ju, to crack, to crackle, to sparkle, to flash; (āda) to burst, to rend.

sprēgoņa *f.* crackling.
sprēslica *f.* spindle, distaff.
sprēst *v. a.* -šu, -su, to spin with the spindle.
spridzināt *v. a.* -nu, -nāju, to blast; ~nāmā viela — explosive
spridzīgs *a.* quick prompt, nimble.
sprīgace *f.* young girl with sparkling eyes.
sprigulis *m.* flail.
sprikstis *f. pl.* glowing coals under cinders.
sprindzība *f.* tightness, tension.
sprindzīgs *a.* stretched, tight, tense.
sprīdis *m.* span; moment; īss laika ~ — short space of time.
sprīdītis *m.* Tom Thumb.
spriedelēt *v. a.* -ju, -ju, to consider, to discuss.
spriedelētājs *m.* fault-finder, caviller.
spriedējs *m.* judge; critic; umpire.
spriedums *m.* judgment, opinion; verdict, sentence; award.
spriegums *m.* tightness, tension.
spriest *v. a.* -žu, -du, to judge, to decide, to conclude.
sproga *f.* lock, curl, ringlet.
sprogains *a.* curled.
sproģis, sprogainis *m.* curly-head.
sprostot *v. a.* -ju, -ju, to lock up, to confine.
sprosts *m.* cage; prison, jail.
sprukas *f. pl.* perplexity, embarassment.
spruksts *m.* dandy, fop.

sprukt *v. a.* sprūku, spruku, to get off or free.
sprungulis *m.* a stick of wood, cudgel.
sprūds *m.* peg.
spuldze *f.* electric globe, lamp.
spulgacis *m.* a person with flashing eyes.
spulgot *v. a.* -ju, -ju, to shine, to glitter.
spulgs *a.* brilliant, bright.
spunde *f.* bung, tap, plug.
spundēt *v. a.* -ju, -ju, to bung, to close with a stopper.
spurains *a.* finny, rugged; prickly.
spuras *f. pl.* fins.
spurdze *f.* catkin.
spurgaļa *f.* string, fibre.
spurgt *v. a.* -dzu, -dzu, to whir, to flutter.
spurināties *v. n.* -nos, -nājos, to shake.
spurkšķēt *v. a.* -šķu, -šķēju, to whir, to whizz.
spurot *v. a.* -ju, -ju, to come off in threads, to fray
stabils *a.* stable, steady.
stabs *m.* post, pillar; column; ~bu eja — colonnade.
stabule *f.* whistle, pipe.
stabulēt *v. a.* -ju, -ju, to play a flute, to whistle.
stabulnieks *m.* piper, whistler.
stacija *f.* station; ~jas priekšnieks — stationmaster.
stadija *f.* stage, phase.
stadijs *m.* stadium.
stadula *f.* barn; stable.
stagaris *m.* stickleback.

staigāt — stāties 323

staigāt *v. a.* -ju, -ju, to walk, to go.
staignājs *m.* marsh, swamp.
staigns *a.* boggy, swampy.
staigulis *m.* loiterer, rambler, vagabond; nomad; **nakts ~** — profligate, drunkard; **nakts ~le** — prostitute.
staipāms *a.* extensible, supple.
staipeklis *m.* (augs) climber, clinging plant; (zirnek|a) cobweb.
staipīt *v. a.* -pu, -pīju, to stretch repeatedly; *v. n.* -pos, -pījos, to stretch one's limbs.
stakle *f.* forked bough.
stalažas *f. pl.* scaffolding.
stallis *m.* outhouse, stable; **~ja puisis** — groom.
stalts *a.* portly, stately.
staltums *m.* portliness, stateliness.
stampa *f.* pounder.
stampāt *v. a.* -ju, -ju, to pound, to crash.
standarts *m.* standard, banner.
standziņas *f. pl.* tongs.
stanga *f.* bar, iron rod.
staņķis *m.* tub.
stara *f.* (bikšu) leg of trousers.
starains *a.* radiant, beaming.
starks *m.* stork.
starmetis *m.* search-light.
starot *v. a.* -ju, -ju, to radiate, to shine; **no prieka ~** — to beam with joy.
starp *prp.* between; among.
starpa *f.* interval, interstice; **savā ~pā** — among themselves.
starpbrīdis *m.* interval; break, recreation-time.

starpdeķis *m.* (kuģa) steerage.
starpgadījums *m.* incident.
starpiba *f.* difference, distinction.
starpniecība *f.* agency.
starpnieks *m.* agent; **~ka peļņa** — middleman's profit.
starpspēle *f.* interlude.
starptautisks *a.* international.
stars *m.* ray, beam; **~ru kopa** — pencil of rays; **~ru laušana** — refraction.
starts *m.* start.
statenis *m.* perpendicular line.
stateniski *adv.* perpendicularly.
statiņa *f.* heap of sheaves.
statistika *f.* statistics.
statistiķis *m.* statistician.
statists *m.* super, dumnįy.
statīt *v. a.* -ju, -ju, to put.
statne *f.* frame, trestle, foot.
statuja *f.* statue.
statūts *m.* statute, regulation.
stādīt *v. a.* -du, -dīju, to plant; to set; **~ priekšā** — to introduce; **~ pretim** — to put opposite to; to object; *v. n.* -dos, -dījos; **~ priekšā** — to present oneself; to realise, to imagine.
stāds *m.* plant.
stāstīt *v. a.* -stu, -stīju, to tell, to relate, to narrate, to report.
stāstītājs *m.,* narrator, storyteller.
stāsts *m.* narration, relation, tale, story; **~sta literātūra** — belles-lettres.
stāties *v. n.* -jos, -jos, to place oneself, to station oneself; (mitēties) to stop, to cease; **~ pretim** — to resist, to oppose

21*

to set one's face against; sakarā — to form a connexion; (rakstiski) to enter into correspondence (with).
stāvapkaklīte *f.* stand-up-collar.
stāvēt *v. a.* -vu, -vēju, to stand; (apģērbs) to fit, to suit, to match.
stāvgrūdām *adv.* heaped up, full-up.
stāvoklis *m.* condition, state.
stāvošs *a.* standing; ~ ūdens — stagnant water.
stāvs *m.* (cilvēka) figure; (nama) floor; story.
stāvs *a.* steep.
stāvvieta *f.* standing place.
stāvums *m.* steepness.
steidzamība *f.* urgency.
steidzams *a.* urgent.
steidzināt *v. a.* -nu, -nāju, to urge.
steidzīgs *a.* in a hurry, quick.
steiga *f.* haste, speed, hurry.
steigšus *adv.* hastily, hurriedly.
steigt *v. a.* -dzu, -dzu, to hurry; *v. n.* -dzos, -dzos, to make haste, to hasten.
steķis *m.* plank-way; (zāģa) sawing-jack, trestle.
steliņģis *m.* horse stand in the stable.
stelles *f. pl.* loom.
stendere *f.* door-post, jamb.
stenēt *v. a.* -nu, -nēju, to groan, to moan.
stenogrāfija *f.* shorthand.
stepe *f.* steppe, prairie.

stepēt *v. a.* -ju, -ju, to pad and stitch, to quilt.
stepdeķis *m.* quilt, quilted cover.
stereometrija *f.* solid geometry.
stereoskops *m.* stereoscope.
stereotips *m.* stereotype.
sterilizēt *v. a.* -ju, -ju. to sterilize.
sterils *v.* barren, unproductive, steril.
sterliņš *m.* sterling.
sters *m.* ster.
stērbele *f* skirt-hem, coat-tail.
stērķele *f.* starch.
stērķelēt *v. a.* -ju, -ju, to starch.
stērste *f.* yellow-hammer.
stētoskops *m.* stetoscope.
stiba *f.* stick, cane.
stiga *f.* glade, vista.
stigot *v. a.* -ju, -ju, to hew or cut through.
stigt *v. a.* stiegu, stigu, to sink in.
stiklinieks *m.* glazier.
stiklot *v. a.* -ju, -ju, to put glass in, to do glazier's work.
stikls *m.* glass.
stiķis *m.* trick.
stilbs *m.* cubit, calf-bone.
stilistika *f.* theory of composition, stylistics.
stilists *m.* stylist.
stils *m.* style.
stingrība *f.* strictness, severity; firmness.
stingrs *a.* firm, strong; (garīgi) severe, strict.
stingrums *m.* tenseness, tightness; consistency.

stingt v. a. -gstu, -gu, to be numbed, to stiffen.

stipendiāts m. exhibitioner; (labdar.) foundationer.

stipendija f. scholarship, bursary.

stiprinājums m. strengthening, invigoration.

stiprināt v. a. -nu, -nāju, to strengthen, to invigorate; v. n. -nos, -nājos, to gather strength; to take refreshment.

stiprinieks m. weight-lifter, athlete.

stiprs a. strong, powerful, mighty; (lietus) heavy; (sals) violent, hard; (vārdi) energetic, harsh.

stiprums m. strength, vigour, sturdiness, violence, loudness.

stirāji m. pl. pease-straw.

stirkšķis m. tearing noise; rattler.

stirna f. doe, roe; **-nas cepetis** — venison.

stirpa f. corn-heap, rack.

stīga f. string.

stīgot v. a. -ju, -ju, to string; to shoot tendrils.

stīpa f. hoop; bow; (turamā) handle.

stīpāt v. a. -ju, -ju, to hoop.

stīpnieks m. cooper, hooper.

stīvēšanās f. pl. caprice, waywardness.

stīvēt v. a. -ju, -ju, to stretch, to tighten; v. n. -jos, -jos, to insist obstinately on.

stīvs a. stiff, rigid; (neveikls) awkward, formal.

stīvums m. stiffness.

stiebrs m. stalk.

stiegra f. chord; (būvē) **bar**, tyre.

stienis m. bar-iron; iron bar.

stiepējs m. stretcher.

stiepējspēks m. power of traction.

stiepjamība f. extensibility, elasticity.

stiepjams a. dilatable, extensible.

stiept v. a. -pju, -pu, to draw, to pull, to drag; to stretch; v. n. -pjos, -pos, to stretch, to extend; (pakaļ) to trail.

stiepule f. wire.

stobrs m. (šautenes) barrel; **klausāmais -riņš** — mouthpiece, ear-piece.

stoiķis m. stoic.

stomīties v. n. -mos, -mījos, to hesitate, to falter.

stops m. quart, two pints, 10th part of a pail; (šaujamais) bow.

stora f. (loga) blind.

store f. sturgeon.

stostīšanās f. stuttering, stammering.

stostīties v. n. -stos, -stījos, to stutter, to stammer.

stote f. skirt-hem.

stratēģija f. strategy.

straujš a. hasty, quick, rash; (upe) swift.

straujums m. quickness, haste, eagerness; (upes) swiftness.

straujupe f. torrent.

straume f. stream, **current**; pret

straus — strīdīgs

~mi — against the tide; upstream.
strauss *m.* ostrich.
strauts *m.* brook, rivulet; (kalnu) torrent.
strazds *m.* thrush, throstle; starling; **melnais ~** — blackbird; **pelēkais ~** — mistle, thrush.
strādāt *v. a.* -ju, -ju, to work, to labour; **grūti ~** — to toil.
strādināt *v. a.* -nu, -nāju, to oblige to work, to sweat.
strādība *f.* industry, diligence.
strādīgs *a.* hard-working, industrious.
strādnieks *m.* worker, workman; **~ki** — the working class; **~ku apdrošināšana** — working men's insurance; **~ku atlaišana** — lock-out; **dienas. ~** — labourer; **~ku dzīvokļi** — artisan's dwellings; **~ku jautājums** — labour question; **~ku nemieri** — labour troubles; **~ku pārstāvis** — representative of the workmen; **~ku personāls** — staff of workmen; **~ku sportists** — member of the Socialist Sports Society; **~ku sports** — Socialist Sports Society; **~ku šķira** — working class; **~ku trūkums** — shortness of labour hands; **~ku vadonis** — labour leader.
strāva *f.* current; **~vu izslēgt** — to disconnect; (nodzēst) to switch off; **~vu ieslēgt** — to connect; (uzdegt) to switch on; **~vas mērītājs** — galvanometer; **~vas patēriņš** — current consumption; **~vas ieslēgšana** — connection; **~vas izslēgšana** — disconnection; **~vas izslēdzējs** — contact-breaker, switch.
streiklauzis *m.* blackleg, scab, rat.
streikot *v. a.* -ju, -ju, to stop work; to strike.
streikotājs *m.* striker.
streiks *m.* strike; **~ka kase** — strike fund; **~ka kustība** — strike-movement; **~ka pabalsts** — strike pay; **~ka postenis** — picket; **~ku lauzt** — to blackleg.
streipuļot *v. a.* -ju, -ju, to reel, to stagger.
strelies *f. pl.* sk. stelles.
strenģe *f.* trace, rope.
strēbiens *m.* sipping.
strēbt *v. a.* strebju, strēbu, to sip; to eat soup.
strēķis *m.* row, file; (kalnu) range.
strēla *f.* stripe, streak; (bulta) arrow.
strēlnieks *m.* marksman, shot; rifleman, fusilier.
strēmele *f.* slip, strip.
striķis *m.* line, cord.
strimala *f.* sk. reņģe.
strīdēties *v. n.* -dos, -dējos, to quarrel, to dispute, to wrangle.
strīdīgums *m.* contestableness, debatableness.
strīdīgs *a.* (cilvēks) quarrelsome; (jautājums) contestable, disputable.

strīds *m.* quarrel, dispute, strife, wrangle.
striķēt *v. a.* -ju, -ju, (izkapti) to cut, to whet, to sharpen.
striķis *m.* whetstone, hone.
stripa *f.* line, stroke.
strofa *f.* stanza.
stropene *f.* high hat.
strops *m.* hive.
strostes *f. pl.* whipping.
strostēt *v. a.* -ju, -ju, to punish with words or deed.
struktūra *f.* structure.
struņķis *m.* stump, stalk.
strupastis *m.* bobtail.
strupdeguns *m.* snub-nose.
strups *a.* short; abrupt.
strutains *a.* purulent, mattery.
strutas *f. pl.* matter, pus.
strutene *f.* (augs) celandine.
strutot *v. a.* -ju, -ju, to suppurate, to fester.
strūdzinieks *m.* barge-man, raftsman.
strūga *f.* barge.
strūkla *f.* (ūdens) jet; (gaismas) ray or beam.
strūklaka *f.* fountain.
stublājs *m.* stalk, stem.
stuburs *m.* stump, stub.
studente *f.* lady-student, girl-student.
students *m.* student, undergraduate; (kas nolicis eksamenus) graduate; **~ta cepure** — college-cap; **~tu nedarbs** — undergraduates trick; **filosofijas ~** — graduate in arts; **medicīnas ~** medical student; **teolo-**
ģijas ~ — student of divinity **tieslietu ~** — law-student.
studēt *v. a.* -ju, -ju, to study, to read for; (apmeklēt augstskolu) to go to university; **~ lai sasniegtu gradu** — to read for a degree; **ko viņš studē?** — What is his speciality? **Kur viņš studējis?** — Which university has he been to? — **~ts cilvēks** — university man (woman), scholar.
studija *f.* study; essay, sketch; **~ju biedrs** — fellow-student; **~ju gadi** — college-days.
stukatūra *f.* plaster; stucco-work.
stukulka *f.* poker.
stulbs *a.* dumbfounded, bewildered; dense, dull.
stulbums *m.* dulness, blindness.
stulms *m.* leg; shaft; **~mu zābaki** — top-boots.
stumbrs *m.* (koka) trunk.
stumdīt *v. a.* -du, -dīju, to push repeatedly.
stumt *v. a.* -mju, stūmu, to shove, to push.
stunda *f.* hour; **~das ceturksnis** — quarter; **mācības ~** — lesson; **~du plāns** — time-table; **~du rādītājs** — hour-hand.
stundenis *m.* clock, watch.
sturmēt *v. a.* -ju, -ju, to attack, to besiege.
stute *f.* stay, prop, support.
stuķēt *v. a.* -ju, -ju, to stuff, to cram, to fill.
stūmiens *m.* push.

stūrains *a.* cornered, angular; *fig.* stiff, awkward.
stūre *f.* helm, rudder steerage; (auto) steering gear or wheel.
stūrēt *v. a.* -ju, -ju, to be at the helm, to steer, to pilot.
stūrgalvis *m.* a stubborn, headstrong person.
stūrgalvība *f.* caprice, waywardness, stubbornness, obstinacy.
stūrgalvīgs *a.* stubborn, obstinate, headstrong, wilful.
stūris *m.* corner, angle, edge; ~ŗa nams — corner house; vieta ~rī — corner-seat.
stūrmanis *m.* helmsman, steersman, mate.
subjekts *m.* subject; (cilvēks) fellow, (slikts cilv.) scoundrel.
subsidija *f.* subsidies, bounty.
substantīvs *m.* substantive, noun.
sudmalas *f. pl.* mill.
sudmalnieks *m.* miller.
sufikss *m.* suffix.
suflēt *v. a.* -ju, -ju, to prompt.
suflieris *m.* prompter.
suga *f.* kind, sort, variety; (dzīvnieku) race, genus, species, breed; ~s vārds — common noun.
suka *f.* brush.
sukas *f. pl.* whipping.
sukāt *v. a.* -ju, -ju, to brush, to comb; (pērt) to thrash, to whip; *v. n.* -jos, -jos, to comb one's hair.
suķe *f.* fragment (of a broken crockery).
suķis *m.* young pig.

sula *f.* juice, sap; ~s *f. pl.* birch-sap.
sulainis *m.* footman, man-servant; (viesnīcā) waiter.
sulains, sulīgs, sulots *a.* juicy, sappy, melting.
suliņas *f. pl.* whey.
sulot *v. a.* -ju, -ju, to drip, to trickle.
sumbrs *m.* ure-ox.
suminat *v. a.* -nu, -nāju, to greet, to hail, to welcome.
summa *f.* sum.
sumpurnis *m.* man-eater, a fabulous brute with a hound's snout.
sunisks *a.* doggish, canine.
suns *m.* dog; (medību) hound; (nicinoši) cur; ~ņu burkšķi — hemlock; ~ņu būda — kennel; ~ņu dienas — dog-days, summer holidays, summer holidays; ~ trakums — hydrophobia, rabies.
suniši *m. pl.* fleabane.
surogāts *m.* substitute.
suseklis *m.* brush, flaxcomb.
suselnieks *m.* hawker.
susēt *v. imp.* susē, susēja, to get dry.
susināt *v. a.* -nu, -nāju, to dry; to air.
susla *f.* bad drink.
sust *v. a.* sūtu, sutu, to sweat; to stew; *fig.* to sleep.
susuris *m.* dormouse.
sušķis *m.* dirty fellow.
suta *f.* vapour, steam.
sutains *a.* vaporous, steamy; close, sultry.
sutināt *v. a.* -nu, -nāju, to steam,

sutoņa — svārstība 329

to stew; (slimu locekli) to foment; *v. n.* -nos, -nājos, to take a vapour bath.
sutoņa *f.* closeness, sultriness.
sutrājs *m.* drainings of manure; liquid manure.
suverēns *a.* sovereign, supreme.
sūce *f.* leak.
sūcējs *m.* suction-pump.
sūdzēt *v. a.* -dzu, -dzēju, to go to law; to litigate, to start an action; *v. n.* -dzos, -dzējos, to lament, to bewail, to complain of.
sūdzētājs *m.* plaintiff, complainant.
sūdzība *f.* complaint; grievance; action, suit.
sūkalains *a.* wheyish.
sūkalas *f. pl.* whey.
sūkāt *v. a.* -ju, -ju, to suck.
sūklis *m.* sponge; pump.
sūkstīties *v. n.* -stos, -stījos, to sigh, to groan.
sūkt *v. a.* -cu, -cu, to suck, to sip; *v. n.* -cos, -cos, to trickle, to filter; to leak.
sūna *f.* moss, lichen.
sūnains *a.* mossy, lichened.
sūnot *v. a.* -ju, -ju, to gather moss.
sūroties *v., n.* -jos, -jos, to sigh, to complain of, to moan.
sūrs *a.* bitter; harsh, tart; painful; ~ mūžs — a hard life.
sūrstēt *v. im.* sūrst, -stēja, to smart, to be painful.
sūrums *m.* bitterness.
sūtījums *m.* sending, dispatch; parcel.

sūtīt *v. a.* -tu, -tīju, to send, to dispatch; ~ preces — to forward.
sūtnis *m.* ambassador, minister, plenipotentiary; **pāvesta** ~ — nuncio, legate.
sūtniecība *f.* embassy, legation, ministry.
svabadība *f.* liberty, freedom.
svabads *a.* free, unrestrained, slack, loose.
svaidīšana *f.* (ar zālēm) anointing; throwing.
svaidīšanās *f. pl.* inconstancy, fickleness; mutual throwing.
svaidīt *v. a.* -du, -dīju, to anoint, to embalm; to throw or to cast repeatedly; *v. n.* -dos, -dījos, to throw or cast repeatedly; *fig.* to be inconstant.
svaigs *a.* fresh.
svaigums *m.* freshness.
svaine *f.* sister-in-law.
svainis *m.* brother-in-law.
svari *m. pl.* balance, pair of scales; ~ru bļodiņa — scales.
svarīgs *a.* important, grave.
svarīgums *m.* importance, gravity.
svars *m.* weight; *fig.* importance; ~ra iztrūkums — shortness in weight; **īpatnējais** ~ — specific gravity.
svārki *m. pl.* (vīr.) coat; (siev.) skirt.
svārpsts *m.* borer.
svārstava *f.* lever.
svārsteklis *m.* pendulum.
svārstība *f.* (mēch.) swinging, oscillation, vacillation; (ga-

svārstīt — svētīšana

r̄iga) indecision, vagueness, irresolution.
svārstīt v. a. -stu, -stīju, to rock, to shake; v. n. -stos, -stījos, to hesitate, to waver.
svece f. candle, light; vaska ~ — taper; Sveču diena — Candlemas.
svečturis m. candle-stick.
sveicinājums m. greeting, salutation, salute.
sveicināt v. a. -nu, -nāju, to greet, to salute, tō nod to; sveiciniet savus vecākus — remember me to your parents; viņš liek sveicināt — he sends his regards, (sirsnigāki) he sends his love; (uz ielas u. c.) to bow.
sveiciens m. greetings, regards, love; sūtu jums miļus sveicienus — I send you my love.
sveiks a. whole, sound, safe, healthy.
sveiks interj. good day! morning! etc.; how dō you do? (atvadoties) good-bye!
sveikt v. a. -cu, -cu, to greet, to hail; to salute.
sveķains a. resinous.
sveķenes f. pl. catch-fly.
sveķi m. pl. resin.
sveķot v. a.-ju, -ju. to rub with resin.
svelme f. glow, heat.
sveloss a. burning.
svelpeņi m. pl. sibilants.
svempis m. a clumsy person.
svepstēt v. a. -stu, -stēju, to lisp.
svepšķis m. a lisping person.

sveŗams a. to be weighed.
svereklis m. sk. svārsteklis.
svešatne f. foreign country; -nē — abŗoad.
svešādība strangeness, curiousness.
svešāds a. strange, odd.
svešniecība f. exile.
svešnieks m. foreigner; stranger, alien.
svešs a. strange; foreign, alien.
sveštautietis m. foreigner.
svešums m. strangeness; -mā — in foreign parts.
svešvārdnīca f. dictionary of foreign words and expressions.
svešvārds m. foreign word.
svēpēt v. a. -ju, -ju, to smoke, to cure, to dry.
svēres f. pl. charlock.
svērājs m. weigher.
svērt v. a. sveŗu, svēru, to weigh.
svērteniski adv. vertical, perpendicular.
svērtnis m. plummet.
svērtuve f. public scales, weighing-house.
svētais m. saint; ~ gars — Holy Ghost; -tie raksti — scripture; ~ vakarēdiens — the Lord's Supper.
svētbilde f. image, icon.
svētceļotājs m. pilgrim, palmer.
svētdiena f. Sunday.
svētelis m. stork.
svētība f. blessing.
svētīgs a. blessed, beneficial.
svētīšana f. celebration; holiday making.

svētīt v. a. -ju, -ju, to bless, to hallow; (svinēt) to celebrate, to keep.
svētki m. pl. holidays; feast, festivity; ~ku drēbes — festive clothes; ~ku mielasts — banquet; ~ku runa — speech of the day, address;~ ku runātājs — official speaker.
svētlaime f. bliss.
svētlaimīgs a. happy, blissful, blessed.
svētnīca f. temple; sanctuary.
svētrits m. Sunday morning.
svēts a. holy, saintly; sacred.
svētsvinība f. solemnity.
svētsvinīgs a. solemn.
svētulīgs a. hypocritical, sham.
svētulis m. hypocrite, sham, impostor.
svētums m. holiness; sanctuary; sacred object.
svētvakars m. eve of a festival.
svikls m. beet; **cukura ~** — sugarbeet.
sviķot v. a. -ju, -ju, to tope, to drink.
svilināt v. a. -nu, -nāju, to singe, to scorch.
svilpe f. whistle.
svilpis m. bullfinch.
svilpiens m. whistle.
svilpot v. a. -ju, -ju, to whistle.
svilpt v. a. -pju, -pu, to whistle.
svilt v. a. -lstu, -lu, to be scorched, to burn.
svilums m. scorch.
svinēt v. a. -nu, -nēju, to feast, to celebrate.
svinības f. pl. feast, solemnity.

svinīgs a. solemn, pompous.
svinīgums m. solemnity.
svins m. lead; **~na baltums —** white lead.
svipstiņš m. dandy, fop, swell.
svira f. lever; pulley.
sviķurbis m. gimlet.
svīst v. a. -stu, -du, to perspire, to sweat; (sienas) walls are damp or moist; **gaisma ~** — it dawns.
svīšana f. perspiration.
svīta f. (mūz.) suite; (pavad.) train, attendance, retinue.
svītra f. stripe, streak, strip line.
svītrains a. striped, streaked.
svītrāt v. a. -ju, -ju, to strike out, to erase, to cancel.
sviediens m. throw, cast, fling.
sviedējs m. thrower.
sviedrains a. sweating, perspiring.
sviedrēšana f. perspiration, sudation.
sviedrēt v. a. -ju, -ju, to sweat; v. n. -jos, -jos, to let oneself perspire.
sviedri m. pl. sweat, perspiration.
sviest v. a. -žu, -du, to throw, to cast, to hurl, to fling; v. n. -žos, -dos, to throw oneself, to rush upon; **kā sviežas?** — how do you do? how are things?
sviestene f. (puķe) marsh-marigold.
sviestmaize f. bread and butter, sandwich.

sviests *m.* butter; ~sta mīkla — puffpaste.
sviestskābe *f.* butyric acid.
šablons *m.* pattern, model.
šachs *m.* chess; šach! — check! šach un mat! — (check) mate! ~cha galdiņš — chessboard; ~cha turnīrs — tournament of chess; ~chveidīgs — chequered; ~cha vilciens — move of chess.
šachta *f.* mine, pit.
šad un tad *adv.* now and then, occasionally.
šafots *m.* scaffold.
šaipus *adv.* on this side.
šakāls *m.* jackal.
šaks *m.* (60 gab.) threescore.
šalkas *f. pl.* trembling, shudder.
šalkoņa *f.* rustle, noise.
šalkt *v. a.* -cu, -cu, to rustle.
šalle *f.* shawl; (kakla) muffler.
šalts *f.* shower, spray.
šampanietis *m.* champagne.
šampiņjons *m.* field-agaric; ~nu mērce — mushroom ketchup.
šanse *f.* chance.
šarāde *f.* charade.
šarlatāns *m.* humbug, quack, charlatan.
šaubas *f. pl.* doubt.
šaubība *f.* doubtfulness, dubiety.
šaubīgs *a.* doubtful, dubious.
šaubīties *v. n.* -bos, -bījos, to doubt.
šaudeklis *m.* shuttle.
šaudelēt *v. a.* -ju, -ju, to shoot at random.
šaudīgs *a.* fickle, changeable, unstable, unsettled.

šaudīt *v. a.* -du, -dīju, to fire repeatedly, to shoot; *v. n.* -dos, -dījos, to rush, to dart.
šaujams *a.* to be shot.
šaurināt *v. a.* -nu, -nāju, to make narrower.
šaurleņķis *m.* acute angle.
šaurs *a.* narrow, strait.
šaursirdība *f.* narrow-mindedness.
šaursliežu *a.* narrow-gauge (line)
šaurums *m.* narrowness; jūras ~ — strait.
šausmas *f. pl.* horror, terror; ~mu aina — horrible sight; ~mu valdība — reign of terror.
šausmināt *v. a.* -nu, -nāju, to make shudder, to terrify.
šausmīgs *a.* awful, dreadful, horible; (piedauzīgs) shocking.
šaust *v. a.* -šu, -tu, to lash, to whip.
šaušalas *f. pl.* sk. šausmas.
šaut *v.* -ju, šāvu, iz~ — to fire; no~ — to shoot; *v. n.* -jos, -vos, to shoot or kill oneself; ~jamais ierocis — fire-arms; ~jamais pulveris — gun-powder.
šautene *f.* gun, rifle, musket.
šautējs *m.* chastiser, flaggelant.
šautra *f.* arrow; shaft.
šautuve *f.* (telpa) shooting gallery or range; (rīks) shuttle.
šādējāds *a.* such a one.
šāds *prn.* such.
šāvējs *m.* shot, marksman, rifleman.
šāviens *m.* shot, report.

še — šķērskoks

še *adv.* here; še (ņem)! here you are!
šedevrs *m.* masterpiece.
šefs *m.* chief, head, boss, principal; *fig.* governor.
šeit *adv.* here.
šejiene *f.* here, this place.
šejienietis *m.* local inhabitant.
šeklāt *adv.* hereby.
šepat *adv.* here, in this place.
šepte *f.* business.
šeptinieks *m.* businessman.
šermuļi *m. pl.* shudder
šifra *f.* cipher, code.
šifrēt *v. a.* -ju, -ju, to cipher.
šimbrīžam *adv.* meanwhile, for the time being.
šimpanzis *m.* chimpanzee.
šīna *f.* (dzelzc.) rail; (būvē) bar, tyre; (med.) splint.
šinelis *m.* uniform-coat.
širas *f. pl.* harness.
šis *prn.* this.
šitā *adv.* in this manner, in this way; to dara ~ — this is the way to do it.
sķaidīt *v. a.* -du, -dīju, to crush, to dash to pieces; *v. n.* -dos, -dījos, (ar naudu) to squander money, to spend money lavishly.
šķaudīt *v. a.* -du, -dīju, to sneeze; *v. n.* -dos, -dījos; *fig.* to grumble, to be unsatisfied.
šķaudiens *m.* sneeze, sneezing.
šķaunadzis *m.* carp.
šķautnains *a.* angular, edged.
šķautne *f.* edge, margin
šķavas *f. pl.* sneezing.
šķebība *f.* nausea, sickly feeling.
šķebināt *v. a.* -nu, -nāju. to nauseate.
šķebīgs *a.* nauseous, causing nausea.
šķeists *m.* pole, rod.
šķelmis *m.* rogue, rascal.
šķelmīgs *a.* arch, roguish.
šķelšana *f.* cleaving, splitting.
šķelšanās *f.* cleavage; discord, split.
šķelt *v. a.* -ļu, šķēlu, to cleave, to split; *v. n.* to break up, to divide.
šķembele *f.* splinter, chip.
šķendēties *v. n.* -jos, -jos, to brawl, to bicker.
šķesteris *m.* sexton.
šķeterēt *v. a.* -ju, -ju, to twist, to twine.
šķetināt *v. a.* -nu, -nāju, to unwind.
šķēle *f.* slice.
šķēlums *m.* cut, cleft.
šķēpnesis *m.* sword-bearer.
šķēps *m.* spear, lance; ~pa metējs — darter; ~pa zivs — sword-fish.
šķērdēt *v. a.* to squander, to waste.
šķērdums *m.* dissection.
šķēres *f. pl.* scissors, a pair of scissors.
šķērēt *v. a.* -ju, -ju, to cut, to shear.
šķēri *m. pl.* warp.
šķērsām *adv.* across, crosswise.
šķērsgriežums *m.* cross-section.
šķērsis *m.* cross-beam.
šķērsiela *f.* cross-street.
šķērskoks *m.* crossbeam.

šķērslis m. obstacle, hindrance, impediment.
šķērsot v. a. -ju, -ju, to cross.
šķērssija f. transom.
šķērssiena f. partition wall.
šķērst v. a. -žu, -du, to dissect.
šķērsums m. transverse direction.
šķibēt v. a. to strip off.
šķidrauts m. veil.
šķidrs a. liquid; (drēbe) thin.
šķidrums m. liquid; -ma mērs— liquid measure.
šķila f. log, splinter.
šķilt v. a. -ļu, šķīlu, to strike, to knock out; v. n. -ļos, -los, (cāļi) to hatch.
šķiltavas f. pl. apparatus for striking fire.
šķilvis m. gizzard.
šķindelis m. shingle.
šķindēt v. a. -du, -dēju, to jingle.
šķindināt v. a. -nu, -nāju, to make jingle, to clink.
šķiņķis m. ham.
šķipele f. spade, shovel.
šķipelēt v. a. -ju, -ju, to shovel.
šķipsna f. (dzijas) skein; (matu) lock, plait.
šķipstiņš m. pinch.
šķira f. sort, kind; (preces) brand; (ļaužu) class; **strādnieku ~** — working class.
šķirāms a. divisible, separable; -mā zīme (-) — hyphen.
šķirba f. chink, crack, cleft.
šķirmīgs a. sucessful.
šķirne f. sort; (augu) species, genus.

šķirot v. a. to sort, to classify.
šķirotava f. shunting-yard.
šķirotājs m. sorter.
šķirstīt v. a. -stu, -stīju, to turn over.
šķirsts f. chest, box; (zārks) coffin, **Noasa ~ — ark.**
šķiršana, šķiršanās f. parting, separation; (laulības) divorce.
šķirt v. a. -ŗu, šķīru, to part, to divide, to separate; (laulību) to divorce; (bērnu no krūts) to wean.
šķirtene (-nis) f. (m.) divorced wife (husband).
šķirtne f. (matu) parting.
šķist v. imp. man šķiet, šķita — seems to me, it looks, it appears.
šķibs a. slanting, oblique.
šķibums m. obliquity, slant.
šķīdinājums m. solution.
šķīdināms a. dissolvable, soluble.
šķīdināt v. a. -nu, -nāju, to dissolve, to melt.
šķīdonis m. thaw, thawing time.
šķīdums m. solution.
šķīrējs m. arbitrator, referee, umpire.
šķīrējtiesa f. court of arbitration.
šķīst v. a. -stu, -du, to fall to pieces; (ūdenī) to dissolve, to melt.
šķīstība f. chastity, purity.
šķīstīt v. a. -stu, -stīju, to purify, to clean; v. n. -stos, -stījos, to clean oneself, to purge oneself.

šķīsts *a.* chaste, clean, pure.
šķīsts (i) *a.* fluid, liquid.
šķīt *v. a.* -šķinu, -nu, to pluck off.
šķīvis *m.* plate.
šķiebt *v. a.* -bju, -bu, to bend, to lean; - seju — to make a wry face; *v. n.* -bjos, -bos, to bend, to lean.
šķiedējs *m.* spendthrift, squanderer.
šķiedra *f.* fibre.
šķiedrains *a.* fibrous.
šķielacis *m.* cock-eye.
šķielēt *v. a.* -ju, -ju, to squint, to leer at.
šķiest *v. a.* -žu, -du, to squander, to waste.
šķietams *a.* apparent, imaginary, seeming
šķobīt *v. a.* -bu, -bīju, to shake; (seju) to make faces; *v. n.* bas, -bījos, to waver, to tatter.
šķore *f.* (jumta) gable-end, ridge; (daudzums) party.
šķovēt *v. a.* to stew.
šķūmes *f. pl.* scum.
šķūnis *m.* barn.
šķūre *f.* garden-shovel.
šķūrēt *v. a.* to scour, to scrub; to shovel.
šķūtēt *v. a.* -ju, -ju, to expedite.
šķūtis *f. pl.* compulsory expediting of goods or persons.
šlepe *f.* train.
šlipse *f.* tie, cravat.
šļakata *f.* jet of water, spray.
šļakstēt *v. a.* -stu, -stēju, to splash.
šļakstināt *v. a.* -nu, -nāju, to splash, to sprinkle.
šļakstoņa *f.* splashing.
šļaugans *a.* loose, flabby, slack.
šļaukāties *v. n.* -jos, -jos, to stretch oneself.
šļāce *f.* a great splash, shower, spout.
šļākt *v. a.* -cu, -cu, to jet, to splash, to spout.
šļirce *f.* squirt.
šļircināt *v. a.* -nu, -nāju, to spurt, to squirt.
šļokans *a.* flabby, tired.
šļukt *v. a.* šļūkt, šļuku, to slip, to glide, to slide
šļupstēt *v. a.* -stu, stēju, to lisp.
šļura *f.* complication.
šļūce *f.* plough-drag.
šļūdonis *m.* glacier.
šļūtene *f.* hose.
šmakšķināt *v. a.* -nu, -nāju, to smack one's lips.
šmaucējs *m.* deceiver, impostor
šmaugs *a.* slender, slim.
šmaukt *v. a.* -cu, -cu, to cheat, to deceive; (bēgt) to slip away.
šmukt *v. a.* -ūku, -uku, to escape, to slip away.
šmulis *m.* dirty fellow.
šmurgulis *m.* milksop, dirty fellow.
šnabis *m.* spirits; glāzīte -bja — a glass of gin.
šnepe *f.* snipe.
šnicelis *m.* veal, cutlet.
šnite *f.* cut.
šņakarēt *v. a.* -ju, -ju, to snuffle, to spy, to sniff.

šņakstināt *v. a.* -nu, -nāju, to make a noise in eating like a pig.
šņaucamā tabaka *f.* snuff.
šņaucējs *m.* snuff-taker; deguna ~ — blower of nose.
šņaukāt *v. a.* -ju, -ju, to sniff, to blow one's nose repeatedly.
šņaukt *v. a.* -cu, -cu, to take snuff, to blow one's nose.
šņācenis *m.* (gram.) sibilant.
šņāciens *m.* hiss, snort.
šņākt *v. a.* -cu, -cu, to hiss, to snort.
šņīpa *f.* stroke, line.
šņīpāt *v. a.* -ju, -ju, to strike out.
šņore *f.* string, line, cord.
šņukstēt *v. a.* -stu, -stēju, to sob, to blubber.
šņukurs *m.* muzzle, snout.
šobaltdien *adv.* till now, even now.
šobrīd *adv.* now, nowadays, at present.
šodien *adv.* to-day.
šoferis *m.* taxi-driver, chauffeur.
šogad *adv.* this year.
šokolāde *f.* chocolate.
šolaik *adv.* in our days.
šolastika *f.* scholasticism.
šonakt *adv.* to-night.
šonedēļ *adv.* this week
šoners *m.* schooner.
šopavasar *adv.* this spring.
šoreiz *adv.* this time, for the present.
šoreizējs *a.* present.
šorīt *adv.* this morning.
šoruden *adv.* this autumn.
šoseja *f.* causeway, macadam-road.
šosēt *v. a.* -ju, -ju, to macadamize.
šovakar *adv.* this evening, to-night.
šovasar *adv.* this summer.
šovinisms *m.* chauvinism, jingoism.
šoziem *adv.* this winter.
špaliers *m.* espalier; trellis-work.
špats *m.* spar.
šprote *f.* sprat.
šrapnelis *m.* shrapnel.
šrubis *m.* scrubbing-brush.
štābs *m.* staff.
šujmašīna *f.* sewing-machine.
šurp *adv.* hither, here.
šurpmāk *adv.* nearer.
šurpceļš *m.* coming here.
šur tur *adv.* here and there; anywhere.
šuve *f.* seam.
šuveklis *m.* sewing; needlework.
šuvēja *f.* dressmaker; seamstress.
šūdināt *v. a.* -nu, -nāju, to sew.
šūna *f.* cell, honeycomb; **~nu medus** — honey in the comb.
šūnains *a.* cellulous, porous.
šūnakmens *m.* tuff, tufa; tufaceous limestone.
šūniņa *f.* cell; (bišu) comb.
šūnot *v. a.* -ju, -ju, to become porous or cellulous.
šūpot *v. a.* -ju, -ju, to rock; *v. n.* -jos, -jos, to swing, to rock; (ejot) to swagger.
šūpotnes *f. pl.* swing; see-saw.

šūpulis *m.* cradle.
šūpuļkrēsls *m.* rocking-chair.
šūpuļtikls *m.* hammock.
šūt *v. a.* -ju, -vu, to sew.
švauksts *m.* fap, swank, dandy.
šveicars *m.* porter.
šveicietis *m.* Swiss.
švindelis *m.* fraud, swindle.
švirkstēt *v. a.* -stu, -stēju; (tauki) to sizzle; (spoles) to whir.
švīka *f.* streak.
švīkāt *v. a.* -ju, -ju, to draw lines, to make streaks without purpose.
švīkstēt *v. a.* -stu, -stēju, to rustle, to whir.
švītra *f.* streak, line.
švīts *m.* dandy, fop.

T

Tabaka *f.* tobacco, ~kas maks — pouch; ~kas doze — snuff-box.
tablete *f.* tablet.
tabula *f.* table.
taburets *m.* stool.
taciņš *m.* footpath.
tacis *m.* fish-garth.
taču *adv.* yet, however; still; for all that; nāc ~ mājās! — do come home; tas ~ par traku! — that is really too bad!
tad *adv.* then.
tafts *m.* taffeta.
tagad *adv.* now, at present.
tagadējs *a.* contemporary, modern, present-day.
tagadne *f.* present.
taifūns *m.* typhoon.

taiga *f.* primeval forest in Siberia.
taimiņš *m.* salmon-trout.
taisīt *v. a.* -su, -sīju, to make, to produce; *v. n.* -sos, -sījos, to get ready for, to prepare.
taisnais *m.* righteous person.
taisne *f.* straight line.
taisni *adv.* directly; just, exactly; ne jau ~ — not exactly...
taisnība *f.* justice, righteousness; (patiesība) truth; tev ~ — you are right; tev nav ~ — you are wrong.
taisnīgi *adv.* fair.
taisnīgs *a.* just; fair, righteous.
taisnoties *v. n.* -jos, -jos, to justify oneself, to clear oneself; (atliekties) to straighten.
taisns *a.* straight; (ceļš) direct; (stāvs) erect; (cilvēks) fair, honest.
taisnstūris *m.* rectangle.
taisnums *m.* straightness, rectitude; uprightness.
tak *adv.* sk. taču.
takelāža *f.* tackle, rigging, cordage.
taks *m.* path.
taksametrs *m.* taxi (cab).
takse *f.* set price, fare.
taksēt *v. a.* -ju, -ju, to estimate, to value.
taksis *m.* terrier.
taktika *f.* taktics.
takts *f.* time, measure, bar; ~zizlis — baton; *fig.* tact, discretion.
talants *m.* talent, gift.
talcinieks *m.* helper.
talismans *m.* mascot.

talja *f.* waist.
talka *f.* cooperation in farm-labour.
talks *m.* talcum.
talons *m.* counterfoil.
tamborēt *v. a.* -ju, -ju, to crotchet.
tamdēļ *adv.* therefore, for that reason, hence.
tamlīdzīgs *a.* like, similar.
tanks *m.* tank.
tantariski *adv.* head over heels.
tantjēma *f.* share.
tapa *f.* peg, plug.
tapete *f.* wall-paper.
tapinājums *m.* loan, borrowing.
tapināt *v. a.* -nu, -nāju, to lend, to borrow.
tapsēt *v. a.* -ju, -ju. to paper.
tapsētājs *m.* paper-hanger.
tapšana *f.* development; career.
tapt *v. a.* topu, tapu, to become, to grow, to turn; par ko viņš grib ~? — what is he going to tara *f.* tare. [be?
tarba *f.* wallet, bag.
tarifs *m.* tarif.
tarkšķēt *v. a.* -šķu, -šķēju, to rattle.
tarkšķis *m.* rattle: rattler.
tas *prn.* that, it.
tase *f.* cup.
taste *f.* key.
tatārs *m.* Tartar.
taujāt *v. a.* -ju, -ju, to inquire after, to ask for.
taukains *a.* greasy.
tauki *m. pl.* grease, fat; **cepeša** dripping.
tauks *a.* fat.
taukšķēt *v. a.* to toast, to roast.

taukums *m.* fat.
taupība *f.* thrift, economy.
taupīgs *a.* thrifty, economical.
taupīt *v. a.* -pu, -pīju, to save.
taure *f.* bugle, horn, trumpet.
taurenis *m.* butterfly, moth.
taurēt *v. a.* -ju, -ju, to blow the horn, to trumpet.
taurētājs *m.* bugler, trumpeter.
tauriņš *m.* butterfly.
taustamība *f.* tangibleness, perceptibility.
taustams *a.* tangible, perceptible.
tauste *f.* touch.
tausteklis *m.* feeler, tentacle, antenna.
taustiņš *m.* key. [tenna.
taustīt *v. a.* -stu, -stīju, to touch, to feel, to finger.
tauta *f.* people, nation; **~tas apģērbs** — national costume; **~tas augstskola** — university extension; **~tas dziesma** — national air; **~tu dēls** — young man, suitor; **~tu meita** — sweetheart, intended; **~tas pasaka** — popular tale; **~tas pārstāvji** — representatives of the people; **~tas sapulce** — public meeting; **~tas skaitīšana** — census; **~tu savienība** — League of Nations; **~tu staigāšana** — migration of peoples; **~ tas valdība** — self-government of the people; **~tas valoda** — vernacular.
tautisks *a.* national.
tautiskums *m.* nationalism.
tautība *f.* nationality.
tautībnieks *m.* nationalist.
tautietis *m.* fellow-countryman.

tautsaimniecība — tekošs 339

compatriot; (tautas dziesmās) suitor.
tautsaimniecība *f.* national or political economy.
tautskola *f.* elementary school.
tautskolotājs *m.* elementary teacher.
tauva *f.* rope.
tavējs *a.* yours, thine.
tavs *prn.* your, thy.
tā *prn.* of that, of it; its, his.
tā (ā) *adv.* so, thus, in such a way.
tā kā *conj.* as it is, as, since.
tādēļ *adv.* therefore; -ka — because.
tādējādi *adv.* in such manner.
tāds *prn.* such, such a one; -pats — the same, as good as.
tāfele *f.* (melnā) black-board; (šifera) slate; (plāksne) plate.
tālab *adv.* for that, therefore.
tālāk *adv.* farther, further.
tālars *m.* gown, cassock.
tāle *f.* distance, remoteness.
tāliene *f.* distance; no -nes — from afar.
tālinieks *m.* he who lives far.
tālins *a.* distant.
tālredzība *f.* far-sightedness.
tālredzīgs *a.* far-sighted.
tālrunis *m.* telephone, 'phone.
tāls *a.* far, remote, distant.
tālsatiksme *f.* (telef.) trunk-call; pieprasīt -i — to put through a trunk-call.
tālskats *m.* telescope; field-glasses.
tālu *adv.* far, far off.
tālums *m.* distance, remoteness.
tāmēr *adv.* meanwhile.

tāpat *adv.* just so, likewise, similarly.
tāpēc *adv.* therefore, for that reason; -ka — because.
tārpains *a.* worm-eaten.
tārps *m.* worm.
tārtiņš *m.* plover.
tāss *f.* birch-bark.
tā tad *conj.* — consequently.
te *adv.* here.
teātris *m.* theatre; -ļra afiša — bill.
tebe! *interj.* here you are!
technika *f.* technical knowledge.
technikums *m.* technical school.
techniķis *m.* engineer, working manager.
tecēt *v. a.* -ku, -cēju, to flow, to trickle down; to run; (trauks) to leak.
tecila *f.* grindstone.
tecināt *v. a.* -nu, -nāju, (alu) to draw beer; (trīt) to whet, to sharpen.
tecinus *adv.* at the run or trot.
teicams *a.* very good.
teiciens *m.* expression, phrase.
teika *f.* legend, myth.
teiksmains *a.* legendary, mythical.
teikt *v. a.* -cu, -cu, to tell; slavēt) to praise; tas nav -s — it does not imply.
teikums *m.* sentence, clause, phrase; -ma mācība — syntax.
teitan *adv.* sk. te.
tejiene *f.* this country, this place.
teka *f.* path, track.
tekāt *v. a.* -ju, -ju, to run to and fro.
tekošs *a.* flowing; (valoda) flu-

22*

ent, smooth; ~ **nummurs** — current number; ~ **rēķins** — account current.
teksts *m.* text, words; (operas) libretto.
tekulis, teķis *m.* ram.
tele *f.* cow-calf.
telefons *m.* telephone; **vai jums ir ~?** are you on the line? **piezvanīt pa ~nu** — to ring-up; **~na centrāle** — telephone Exchange; **~na grāmata** — directory.
telegrafs *m.* telegraph.
telegrafēt *v. a.* -ju, -ju, to wire, to telegraph.
telegramma *f.* wire; telegram; (pārjūras) cablegram; **sūtīt ~mu** — to send a wire.
teleskops *m.* telescope.
telēns *m.* calf.
telpa *f.* space, room.
telts *f.* tent.
teļš *m.* calf.
temats *m.* subject, theme, topic.
tembrs *m.* pitch of the voice register.
temperaments *m.* temperament; temper, passion.
temperatūra *f.* temperature.
templis *m.* temple.
temps *m.* pace, measure, time.
tencināt *v. a.* -nu, -nāju, to thank.
tendence *f.* tendency. trend.
tendenciozs *a.* having a distinct tendency.
tenkas *f. pl.* rumour, hearsay, brag.
tenkotājs *m.* scandalmonger.
tenors *m.* tenor.

tenterēt *v. a.* -ju, -ju, to walk unsteadily.
tenteriski *adv.* headlong, head over heels, topsyturvy.
teologs *m.* theologian.
teoloģija *f.* divinity, theology.
teorēma *f.* theorem.
teorētisks *a.* theoretical, speculative.
teorija *f.* theory.
tepat *adv.* in this place, here.
tepe *f.* putty.
tept *v. a.* -pju, -pu, to cement.
tepiķis *m.* carpet, rug.
terapija *f.* therapeutics.
terase *f.* terrace; (jumta) flat roof.
terce *f.* (mūz.) major (or minor) third.
tercets *m.* trio; terzetto.
terciārs *a.* tertiary.
teritorija *f.* territory.
terīne *f.* tureen.
terminoloģija *f.* terminology, nomenclature.
termins *m.* term, expression.
termiņš *m.* term, time.
termometrs *m.* thermometer.
terorisms *m.* terrorism.
terpentīns *m.* turpentine.
tesmens *m.* udder.
testaments *m.* testament, will.
teteris *m.* grouse.
tetovēt *v. a.* -ju, -ju, to tattoo.
teze *f.* thesis.
tev *prn.* you, to you; to thee.
tevi *prn.* you; thee.
tevis *prn.* you; thee; **~ dēļ** — for your sake.
tēja *f.* tea; **~jas sietiņš** — tea-strainer.

tējglāze *f.* tea-glass, tumbler.
tējkanna *f.* tea-pot.
tējkarote *f.* tea-spoon.
tējmašīna *f.* tea-urn.
tēlniecība *f.* sculpture
tēlnieks *m.* sculptor.
tēlojums *m.* (rakstos) description; (tēlā) representation; (uz skatuves) performance.
tēlot *v. a.* -ju, -ju, to describe, to represent, to act; *v. n.* -jos, -jos, to imagine.
tēls *m.* image, figure, form, shape.
tēmēt *v. a.* -ju, -ju, to aim, to take aim.
tērauds *m.* steel; -da lietuve — steel-works; -da spalva — pen.
tērce *f.* marshy place in a meadow.
tērēt *v. a.* -ju, -ju, to spend, to waste, to use up; *v. n.* -jos, -jos, to spend, to pay much.
tēriņš *m.* expense; bill.
tērmanis *m.* spendthrift.
tērps *m.* dress; (siev.) gown; wear, attire.
tērpt *v. a.* -pju, -pu, to attire, to dress, to clothe; *v. n.* -jos, -pos, to attire or dress oneself.
tērzēt *v. a.* -ju, -ju, to chat, to converse.
tērzētājs *m.* chatterer, prattler.
tēst *v. a.* -šu, -su, to cut, to hew, to square.
tētis *m.* Daddy, Dad.
tēvija *f.* native country; -jas mīlestība — patriotism.
tēviņš *m.* male, he; (putnu) cock; (lamu vārds) cad, skunk.
tēvišks *a.* fatherly, paternal.

tēvocis *m.* uncle.
tēvreize *f.* the Lord's Prayer.
tēvs *m.* father; -va brālis — uncle - masa — aunt; -va māte — grandmother; -va tēvs — grandfather; -vu tēvi — ancestors, forefathers; -va slepkava — parricide.
tēvzeme *f.* native country.
ticamība *f.* credibility.
ticams *a.* credible.
ticēt *v. a.* -cu, -cēju, to believe.
ticība *f.* faith, belief; creed; religion; -bas apliecinājums — creed; -bas atjaunošana — reformation; -bas mācība — religious instruction; scripture.
ticīgais *m.* the faithful one, believer.
ticīgs *a.* believing, devout, religious.
tik *adv.* so much, so; only.
tikai *adv.* only, but, merely.
tikam *adv.* so long, meanwhile.
tikko *adv.* hardly, scarcely; (nupat) just now; - ne — almost.
tiklab — kā arī *conj.* both — and; not only — but also; as well.
tiklība *f.* virtue.
tiklīdz *adv.* as soon as, hardly.
tikls *a.* virtuous.
tikmēr *adv.* meanwhile.
tikpat *adv.* as much, just so.
tikšķēt *v. a.* -šķu, -šķēju, to tick.
tikt *v. a.* tīku, tiku, (pārvērsties) to become, to grow, to get; (sasniegt) to attain, to arrive to; - cauri — to make both ends meet, to pull through, to get through; (ck-

sāmenā) — to pass; ~ galā — to get on well, to manage; ~ priekšā — to outdo, to outrun, to anticipate; ~ vaļā — to free oneself, to get free; v. n. -kos, -kos, to meet with, to encounter.
tikumība f. morality, virtue.
tikumīgs a. virtuous.
tikums m. virtue; ~mu mācība ethics; ~mu mācītājs — moralist.
tiku tikām adv. more than enough, enough and to spare.
tilbīte f. water-tick.
tilka f. icicle.
tilpums m. volume, capacity; ~ma mērs — measure of capacity.
tilpt v. a. -pstu, -pu, to hold, to include.
tils m. tulle.
tilts m. bridge.
timotiņš m. timothy-grass.
timpa f. coin, money.
tincināt v. a. -nu, nāju, to inquire, to examine, to question.
tineklis m. bandage.
tinējs m. packer, wrapper.
tingeltangels m. music-hall, variety-theatre.
tinkšķēt v. a. -šķu, -šķēju, to clink to jingle, to tinkle.
tinkšķināt v. a. -nu, -nāju, to make tinkle or jingle.
tinte f. ink; ~tes zivs — cuttle fish, sepia.
tintnīca f. inkstand.
tinums m. roll, winding.
tipināt v. a. -nu, -nāju, to amble, to trot.

tipisks a. typical.
tipogrāfija f. printing-press, typography.
tips m. type.
tirannizēt v. a. -ju, -ju, to bully, to tyrannize over.
tiranns m. tyrant.
tirāža f. (loterejā) draw; (laikraksta) sales.
tirdīt v. a. -du, -dīju, to — examine, to question.
tirdzinieki m. pl. market-people.
tirdzniecība f. commerce, trade.
tirgotava f. shop; (galds) stall; (būda) booth.
tirgotājs m. dealer, trader, merchant.
tirgoties v. n. -jos, -jos, to deal in, to trade.
tirgus m. market; **gada** ~ — fair; ~ziņas — market report.
tirināt v. a. -nu, -nāju, to shake, to quiver.
tirkīzs m. turquoise.
tirpas f. pl. shivering, thrill.
tirpt v. a. -pstu, -pu, to become numb.
tirpums m. numbness, stiffness.
tirzāt v. a. -ju, -ju, to examine, to investigate, to search.
titulēt v. a. -ju, -ju, to address, to entitle.
titulis m. title.
tizls a. maimed, lame.
tizlums m. lameness.
tīfs m. typhoid fever.
tīgeris m. tiger.
tīkams a. agreeable, pleasant.
tīklene f. retina, caul.
tīkls pn. net.

tīkot — tiesnesis 343

tīkot v. a. -ju, -ju. to covet, to desire.
tīkotājs m. claimant, pretender.
tīksme f. delight, pleasure.
tīne f. box, chest.
tīrasiņu a. thoroughbred.
tīrelis m. bog, marsh; heath.
tīri adv. cleanly, neatly; (gluži) quite; (tikai) merely, simply.
tīrība f. cleanliness, tidiness, purity.
tīrīgs a. clean, tidy.
tīrīt v. a. -ru, -rīju, to clean, to cleanse, to sweep; v. n. -ros, -rījos, to clean oneself.
tīrkultūra f. bacilliculture, pure culture.
tīrs a. clean, pure; ~ra peļņa — clear gain, net profit.
tīrskaņot v. a. -ju, -ju, to tune up.
tīrskaņotājs m. tuner.
tīrums m. field.
tīstīt v. a. -stu, -stīju, to muffle purpose, knowingly; ne~ — by accident.
tīstoklis m. bundle, parcel.
tīši, tīšām adv. intentionally, on purpose, knowingly
tīt v. a. -tinu, tinu, to wind, to reel; (satīt) to wrap up, (bērnu) to swaddle.
tītars m. turkey-cock, turkey ~ru mātīte, turkey-hen.
tītavas f. pl. reel, yarn-windle
tītenis m. creeper, climber.
tītiņš m. wry-neck.
tieksme f. inclination, disposition, tendency
tiekties v. n. -cos, -cos, to tend, to be inclined, to strive.

tielēties v. n. -jos, -jos, to argue to contest.
tiepība f. capriciousness, waywardness, obstinacy.
tiepīgs a. capricious, wilful.
tiepša f. stubborn or capricious person.
tiepties v. n. -pjos, -pos, to be obstinate, to persist in.
tiepums m. caprice.
tiesa f. (iestāde) court, jury (patiesība) truth; (daļa) portion, share, due; ~sas ceļā — in legal way; ~sas diena — day of trial; court- day; ~sas izdevumi — law-costs, legal expenses; ~sas iestāde — legal authority; ~sas izmeklētājs — examining magistrate; ~sas izpildītājs — bailiff; ~sas spriedums — verdict, sentence; ~sas sulainis — usher; ~sas vara — jurisdiction; ~sas virs — member of the court; ~ sas zāle — session-hall.
tiesāšana f. legal proceedings, trial.
tiesāt v. a. -ju, -ju, to try, to judge; v. n. -jos, -jos, to carry on a law suit, to litigate.
tiesisks a. lawful, legal.
tiesības f. pl. right, privilege.
tieslietas f. pl. law, jurisprudence; ~tu ministrija — Ministry of Justice (Anglijā nepastāv); ~tu zinātne — jurisprudence; ~tu fakultāte — faculty of law; ~tu students — lawstudent.
tiesnesis m. judge, justice, magistrate.

tiešām *adv.* indeed, actually, really, truly.
tiešamība *f.* reality.
tiešs *a.* direct; ~**šie nodokļi** — assessed taxes, income-tax.
tievgalis *m.* the thin end.
tievs *a.* thin, slender.
tievums *m.* thinness.
tobrīd *adv.* then, at that time.
todien *adv.* on that day.
tolaik *adv.* in those days.
tole *f.* hornless cow.
tolerance *f.* toleration.
tomāts *m.* tomato.
tomēr *adv.* yet, however, nevertheless.
tonis *m.* tone, strain; (meldija) tune; (krāsa) shade; ~**ņu apjoms** — volume, range.
tonna *f.* ton.
toņkārta *f.* scale.
toreiz *adv.* then, at that time.
torfs *m.* peat.
tornis *m.* tower, turret; **baznīcas** ~ — steeple; **cietuma** ~ — dungeon; **šachspeles** ~ — castle, rook.
torpēds *m.* torpedo.
torte *f.* fancy cake, tart.
tosts *m.* toast.
totalizātors *m.* totalizer.
toties *adv.* the (more so); ~ **sliktāki** — all the worse.
tovakar *adv.* that night.
toveris *m.* tub.
tracināt *v. a.* -nu, -naju, to bring, to rage, to anger.
tracis *m.* uproar, commotion, noise.
tradīcija *f.* tradition, convention.
traģēdija *f.* tragedy.

traģika *f.* sadness; tragedy.
traipekļains *a.* spotted, stained.
traipīt *v. a.* -pu, -pīju, to stain, to soil.
traips, traipeklis *m.* stain, blot; (morālisks) blemish.
trakgalvis *m.* madcap, hot-head.
trakgalvība *f.* madness.
trakot *v. a.* -ju, -ju, to rave, to rage; (rotaļāties) to romp, to frolic.
traks *a.* mad, furious, crazy; ~**ko nams** — lunatic asylum, bedlam.
traktāts *m.* treaty, treatise.
traktieris *m.* tavern, inn, public house.
trakulis *m.* madcap, dare-devil, hot head.
trakums *m.* madness, fury.
trallināt *v. a.* -nu, -nāju, to quaver, to warble, to sing with trills.
tramdīt *v. a.* -du, -dīju, to frighten away, to scare.
tramīgs *a.* shy, timid, fearful.
tramvajs *m.* (vāģis) tram-car, electric car; (sliedes) tramway.
trans *m.* drone.
transformātors *m.* transformer, converter.
transponēt *v. a.* -ju, -ju, to transpose.
tranšeja *f.* trench.
tranzits *m.* transit.
trapece *f.* trapeze.
trāte *f.* draft, bill of exchange.
traucējums *m.* disturbance, trouble.
traucēklis *m.* disturbance, hindrance, obstacle.

traucēt v. a. -ju, -ju, to disturb, to interrupt, to hinder.
trauki m. pl. dishes; (māla) crockery.
trauks m. dish; vessel.
trauksme f. alarm.
trauksmība f. impetuosity, turbulence.
trauksmīgs a. impetuous, turbulent.
traukt v. a. -cu, -cu, to hasten, (nopurināt) to shake down; v. n. -cos, -cos, to hasten, to make haste.
trausls a. brittle; fragil; (veselība) poorly, weak.
trauslums m. brittleness.
trāns m. train-oil, blubber.
trāpīt v. a. -pu, -pīju, to hit; v. n. -pos, -pījos, to happen.
trejāds a. of three kinds, triple.
trejdeviņi num. three times nine.
trekns a. fat.
treknums m. fat; fatness.
trelliņi m. pl. railings, banister(s).
trenēt v. a. -ju, -ju, to train; v. n. -jos, -jos, to train oneself.
trenkāt v. a. -ju, -ju, to chase, to drive.
trenkt v. a. -cu, -cu, to chase, to pursue.
trepes f. pl. (nama) staircase; (pieslienamas) ladder; (slīdošas) escalator; **-pju posms** — flight of stairs; **pju margas**— banisters; augšā pa -pēm — upstairs; lejā pa -pēm — downstairs.
trese f. galloon, lace.

trests m. trust.
trešais num. third.
trešdaļa num. third.
trešdiena f. Wednesday.
trešķārt adv. thirdly, in the third place.
tribīne f. platform, stand.
tribūnāls m. tribunal, law-court
tribūns m. tribune.
tribūts m. tribute.
tricināt v. a. -nu, -nāju, to shake, to rock; (balsi) to vibrate.
trifelis m. truffle. [rate.
trijātā adv. three together.
trijādi adv. in three ways.
trijādība f. trinity.
trijāds a. of three kinds or sorts.
trijbalsieni a. of three syllables.
trijūgs m. team of three.
trijkājis m. tripod, trivet.
trijkāršot v. a. to triple, to treble.
trijlauku sistēma f. three-fallowing.
trijskanis m. triad.
trijstūris m. triangle.
triko m. stockinet, trico.
triks m. trick.
triljons num. trillion.
trilleris m. quaver, warble, trill.
triloģija f. trilogy.
trimda f. banishment, exile.
trimdinieks m. exile, outlaw.
trimo m. pier-glass.
trinējs m. grinder.
trinītis m. (audums) tick, **huckaback**.
triolets m. triolet.
triumfs m. triumph.
triviāls a. commonplace, hackneyed, stale, trivial.

trice *f.* shake; **zemes ~ —** earthquake.
tricēt *v. a.* -cu, -cēju, to tremble, to shiver.
tricināt *v. a.* -nu, -nāju, to shake, to jolt.
triciens *m.* shivering, trembling.
trīnīši *m. pl.* triplets.
trīs *num.* three.
trīsa *f.* pulley.
trīsas *f. pl.* trembling, shivering, shaking.
trīsdesmit *num.* thirty; **~tais —** the thirtieth.
trīsenes *f. pl.* quaking-grass.
trīskārtīgs *a.* threefold, triple.
trīspadsmit *num.* thirteen.
trīsreiz *num.* thirteen.
trīsreiz *num.* three times, thrice.
trīsstūris *m.* triangle.
trīsvienība *f.* trinity.
trīt *v. a.* -nu, -nu, to grind, to whet; *v. n.* -nos, -nos, to rub.
triece *f.* ram, hydraulic water-pump.
trieciens *m.* blow, shock.
trieka *f.* apoplexy, stroke.
triekt *v. a.* -cu, -cu, to chase away, to drive; (runāt) to chat, to gossip.
triept *v. a.* -pju, -pu, to smear, to cover; (krāsas) to paint.
triepums *m.* stroke of the brush.
trochejs *m.* trochee.
troksnis *m.* noise, uproar.
trokšņains *a.* noisy, uproarious.
trokšņot *v. a.* -ju, -ju, to make noise, to bustle
trokšņotājs *m.* crier, bawler.
trompete *f.* trumpet.
tronis *m.* throne.
troņmantnieks *m.* heir-apparent.
tropi *m. pl.* tropics.
tropisks *a.* tropical.
trops *m.* trope, metaphor.
trotuārs *m.* footway, pavement.
trubadūrs *m.* troubadur, bard.
trulītis *m.* trolley, truck-way; horse-tram.
truls *a.* blunt, dull.
trulums *m.* bluntness, dulness.
trumpis *m.* trump.
trumpmanis *m.* card-player.
trumpot *v. a.* -ju, -ju, to play cards.
trums *m.* boil, ulcer, tumour.
trumuls *m.* kettle, water-drum.
trunēt *v. a.* -nu, -nēju, to rot.
trupa *f.* troupe, company; (kareivji) troop.
trupēt *v. a.* -ju, -ju, to rot, to decay.
trusis *m.* rabbit.
trusls *a.* brittle.
trūba *f.* pipe.
trūcība *f.* poverty, neediness.
trūcīgs *a.* needy, poor; meagre.
trūdēt *v. a.* -du, -dēju, to decay, to rot.
trūdi *m. pl.* mould, vegetable soil, humus.
trūkstošs *a.* absent.
trūkt *v. a.* -kstu, -ku, to break; (prombūt) to be absent, to be missing; *v. n.* -stos, -kos, to get frightened.
trūkumcietējs *m.* person in need. famished person.
trūkums *m.* lack, want; deficiency; scarcity; poverty, indigence; (vaina) fault, defect; (slimība) rupture, herma.

tu *prn.* you, thou.
tualete *f.* toilet, dress; (telpa) lavatory, water-closet.
tu-draugs *m.* chum, pal.
tukls *a.* corpulent, stout.
tuklums *m.* corpulence, stoutness.
tuksnesis *m.* desert, wilderness.
tukšā *adv.* empty-handed.
tukšā dūšā *adv.* jejune, on an empty stomach.
tukšinieks *m.* poor man, needy person.
tukšot *v. a.* -ju, -ju, to empty, to clear; (glāzi) to drink off.
tukšs *a.* empty, void; (vieta) vacant; (garīgi) vain, hollow, idle.
tukšums *m.* emptiness, void, (lopa ķermenī) side, flank.
tulkojums *m.* translation, version.
tulkot *v. a.* -ju, -ju, to translate.
tulkotājs *m.* translator.
tulks *m.* interpreter.
tulpe *f.* tulip.
tulzna *f.* blister.
tulznains *a.* blistered, segged.
tume *f.* gruel, oat-meal porridge.
tumīgs *a.* thickish.
tumsa *f.* darkness, dark.
tumsība *f.* darkness, obscurity; (gara) ignorance.
tumsonība *f.* ignorance, stupidity, superstitiousness.
tumsonis *m.* ignorant person, obscurant.
tumst *v. a.* -stu, -su, to grow dark.
tumšmatis *m.* dark-haired.
tumšs *a.* dark, dusky; obscure.
tumšums *m.* darkness, obscurity.
tumšzils *a.* dark or deep blue.
tundra *f.* tundra.
tunelis *m.* tunnel.
tuntuļot *v. a.* -ju, -ju, to move on with great pains.
tupele *f.* slipper; (koka) clog; ~ļu varonis — henpecked husband.
tupenis *m.* potato.
tupesis *m.* hay-rack.
tupēt *v. a.* -pu, -pēju, to squat; mājā ~ — to stick at home.
tupties *v. a.* -pjos, -jos, to cover, to squat down.
tur *adv.* there.
turbāns *m.* turban.
turbīna *f.* turbine, water-wheel.
turēt *v. a.* -nu, -rēju, to hold, to keep; to maintain; ~ par — to count; ~ runu — to deliver a speech; *v. n.* -ros, -rējos, to hold oneself, to keep oneself.
turētājs *m.* holder, keeper; runas ~ — speaker; vekseļa ~ — bearer.
turība *f.* prosperity.
turīgs *a.* well-to-do, well-off, prosperous.
turklāt *adv.* besides, moreover.
turks *m.* Turk; **turciete** — Turkish woman; ~ku pupa — climbing bean, runner.
turnīrs *m.* tournament.
turp *adv.* thither, there.
turpat *adv.* there, in that place.
turp un atpakaļ *adv.* return; ~ biļete — return ticket.
turpinājums *m.* continuation.
turpināt *v. a.* -nu, -nāju, to continue, to go on with.

turpinātājs *m.* successor.
turpmāk *adv.* for the future, further, henceforward; ~ **vēl** — (stāstā) to be continued.
turpmāks *a.* further, future.
turpretim *adv.* on the other hand, on the contrary, whereas.
turza *f.* little box of light material, originally of birchbark.
tusnīt *v. a.* -ju, -ju, to gasp, to breathe heavily.
tuša *f.* Indian ink.
tušēt *v. a.* -ju, -ju, to draw in Indian ink; (slēpt) to hush up, to suppress.
tušs *m.* flourish of trumpets.
tutenis *m.* large knife.
tuvākais *m.* neighbour, fellowman; ~**ku mīlestība** — love of one's neighbour; charity; *a.* the nearest.
tuvāks *a.* nearer.
tuvināt *v. a.* -nu, -nāju, to bring near; *v. n.* -nos, -nājos, to approach, to draw near.
tuvinieks *m.* kinsman, relation.
tuvošanās *f.* approaching.
tuvoties *v. n.* -jos, -jos, to approach, to draw near.
tuvredzība *f.* short-sightedness.
tuvredzīgs *a.* short-sighted; (garīgi) narrow-minded, purblind.
tuvs *a.* near; (draugs) intimate, close.
tuvu *adv.* near, close; ~ **kopā** — close together; close by.
tuvums *m.* nearness, closeness, neighbourhood, proximity; ~ā — near at hand, close by.

tūba *f.* tube; (drāna) felt.
tūberkuloze *f.* tuberculosis, consumption.
tūdaļ *adv.* at once, instantly, in a moment.
tūkstošreiz *num.* a thousand times.
tūkstotis *num.* thousand.
tūkt *v. a.* -stu, -ku, to swell, to tumesce.
tūkums *m.* swelling, tumour.
tūliņ *adv.* at once, immediately, instantly.
tūlītējs *a.* immediate; ~**maksājums** — cash down, ready cash.
tūļa *f.* clumsy person.
tūļāties *v. n.* -jos, -jos, to loiter.
tūļība *f.* slowness, sluggishness.
tūļīgs *a.* slow, sluggish.
tūre *f.* tour, trip.
tūska *f.* dropsy; ~**ku lapas** — colt's foot.
tūta *f.* paper-bag, screw.
tvaikains *a.* hazy, vapourous.
tvaikonis *m.* steamer, steamship.
tvaiks *m.* steam, vapour; ~**ka katls** — boiler; ~**ka mašīna** — steam-engine; ~**ka šļirce** — steam fire-engine; ~**ka slēgs** — stop valve; ~**ka vads** — steam pipe.
tvans *m.* charcoal-gas.
tvarstīt *v. a.* -stu, -stīju, to catch, to seize repeatedly.
tveice *f.* heat.
tvērējs *m.* grasper, catcher.
tvert *v. a.* -ŗu, tvēru, to seize, to grasp, to lay hold of; *v. n.* -ŗos, tvēros, to take refuge.

tvirtība *f.* compactness, solidity.
tvirts *a.* compact, solid.
tvīkt *v. a.* -kstu, -ku, to languish, to thirst, to long for, to pine (for).

U

ubadze *f.* beggar-woman.
ubagošana *f.* begging.
ubagot *v. a.* -ju, -ju, to beg, to ask for alms.
ubags *m.* beggar, mendicant; ~ga dāvanas — alms.
ugunīgs *a.* fiery, hot; (jūtas) ardent, impetuous.
uguns *f.* fire; ~ apdrošināšana — fire insurance; ~ briesmas — danger from fire; ~drošs — fireproof, protected from fire.
ugunsdzēsējs *m.* fireman; ~dzēsēju komanda — fire-brigade; ~dzēsēju šļirce — fire-engine.
ugunsgrēks *m.* fire, conflagration.
ugunskurs *m.* fire.
ugunspuķe *f.* buttercup.
ugunsvēmējs kalns *m.* volcano.
uguņošana *f.* illumination.
uguņot *v. a.* -ju, -ju, to illuminate.
un *conj.* and.
unce *f.* ounce.
ungārs *m.* Hungarian.
universāls *a.* universal.
universitāte *f.* university.
untumains *a.* capricious, wilful, whimsical.
untums *m.* caprice, whim.
upe *f.* river, stream.

upene *f.* black currant.
upenājs *m.* black currant bush.
upmala *f.* river-bank, riverside.
upurēt *v. a.* -ju, -ju, to sacrifice.
upurētājs *m.* sacrificer.
upuris *m.* sacrifice, offering; (cilvēks) victim; ~ra jērs — innocent victim; sacrificial lamb; ~ra trauks — (baznīcā) alms-basin; (upurēšanai) offering-cup.
uravāt *v. a.* -ju, -ju, to cheer, to cry hurrah.
urā! *interj.* hurrah!
urbeklis *m.* borer, gimlet.
urbējs *m.* borer.
urbināt *v. a.* -nu, -nu, (degunu) to poke, to prod.
urbt *v. a.* -bju, -bu, to bore, to drill; ~ tuneli — to drive a tunnel.
urdīt *v. a.* -du, -dīju, to egg on, to urge on.
urdziņa *f.* rill, watercourse.
urga *f.* rivulet, streamlet.
urkņāt *v. a.* to poke, to burrow.
urkšķēt *v. a.* -šķu, -šķēju, to grunt.
urķēt *v. a.* -ju, -ju, to burrow, to dig, to delve; *v. n.* -jos, -jos, to work.
urķis *m.* poker; (cilvēks) diligent person.
urna *f.* urn.
urskuls *m.* pouting mouth.
utains *a.* lousy.
utenis *m.* rag-fair.
utīt *v. a.* -ju, -ju, to louse.
uts *f.* louse.
utubunga *pn.* thumb; (cilv.) ragamuffin.

uvertīra *f.* overture.
uz *prp.* on, upon, in, to, into, for, at, by; dusmīgs ~ mani — angry with me; uz priekšu! — forward!
uzacis *f. pl.* eyebrows; savilkt ~ — to knit the brows, to frown.
uzaicinājums *m.* invitation.
uzaicināt *v. a.* to ask, to invite.
uzart *v. a.* -aŗu, -aru, to plough up.
uzasināt *v. a.* -nu, -nāju, to sharpen, to whet.
uzaudzināt *v. a.* -nu, -nāju, to bring up, to educate; (kustoņus) to breed, to rear; (stādus) to grow.
uzaugt *v. a.* -gu, -gu, to grow up.
uzaust *v. a.* -stu, -su, to dawn.
uzbarot *v. a.* -ju, -ju, to feed up.
uzbāzt *v. a.* -žu, -zu, to put on, to set up; *v. n.* -žos, -zos, to intrude.
uzbērt *v. a.* -beŗu, -bēru, to heap up; (granti) to gravel.
uzbērums *m.* mound, dike.
uzbirt *v. a.* -stu, -ŗu, to fall on.
uzblīzt *v. a.* -ztu, -zu, to swell.
uzblīzums *m.* swelling.
uzbļaut *v. a.* -bļauju, -bļāvu, to shout to.
uzbraukt *v. a.* -cu, -cu, to drive up, to ascend.
uzbrēkt *v. a.* sk. uzbļaut.
uzbriest *v. a.* -stu, -du, to swell up, to rise.
uzbrucējs *m.* agressor, assailant.
uzbrukt *v. a.* -brūku, -bruku, to fall upon; to attack.

uzbrukums *m.* aggression, attack.
uzbudinājums *m.* excitement, irritation.
uzbudināt *v. a.* -nu, -nāju, to excite, to stir up; *v. n.* -nos, -nājos, to get excited.
uzbudināts *a.* excited, put out.
uzburt *v. a.* -ŗu, -būru, to produce by witchcraft.
uzbūvēt *v. a.* -ju, -ju, to erect, to build, to construct.
uzcelšana *f.* raising, lifting up.
uzcelšanās *f.* getting up, rising.
uzcelt *v. a.* -ļu, -cēlu, to lift up; to raise, (no miega) to rouse; (ēku) to build, to erect; (telti) to pitch; *v. n.* -ļos, -los, to get up, to rise; (kājās) to stand up.
uzcept *v. a.* -pju, -pu, to fry.
uzcirst *v. a.* -cērtu, -rtu, to cut open, to strike upon; *v. n.* -tos, -tos, to adorn oneself, to dress.
uzcirties *a.* attired, dressed up.
uzcītība *f.* assiduity, diligence, industry.
uzcītīgs *a.* assiduous, diligent, industrious.
uzdāvināt *v. a.* -nu, -nāju, to give, to present.
uzdedzināt *v. a.* -nu, -nāju, to light, to kindle; (elektrību) to switch on.
uzdevums *m.* task; (aritm.) sum, problem.
uzdīgt *v. a.* -gstu, -gu, to spring up, to sprout.
uzdienēt *v. a.* -nu, -nēju, to obtain by service.

uzdot v. a. -du, -devu, to give; (jautāj.) to put a question; (darbu) to set a task; (sportā) to abandon, to give up; (apsūdzēt) to charge; v. n. -dos, -devos, to pretend to be.

uzdrīkstēties v. n. -stos, -tējos, to dare, to take upon oneself.

uzdrošināties v. n. -nos, -nājos, to dare, to take the liberty of doing.

uzdurt v. a. -ŗu, -dūru, to pin up, to spear; v. n. -ŗos, -dūros, to come upon.

uzdzert v. a. -ŗu, -dzēru, to drink to.

uzdzīt v. a. -dzenu, -dzinu. to drive up; (vējš) to blow up; (suns) to rouse, to hunt up.

uzdzīvot v. a. -ju, -ju, to lead a fast life.

uzdzīvotājs m. prodigal, wastrel, rake.

uzdziedāt v. a. -du, -dāju, to start singing.

uzelpot v. a. -ju, -ju, to breathe freely, to feel relief; to recover.

uzēdām adv. for dessert.

uzgaidīt v. a. -du, -dīju, to wait; -damā istaba — waiting-room.

uzgavilēt v. a. -ju, -ju,, to shout with joy; to cheer.

uzgāzt v. a. -žu, -zu. to heap upon, to pour upon; v. n. -žos, -zos, to fall upon.

uzglabāt v. a. -ju, -ju. to keep, to preserve.

uzglabātuve f. store-house, lock-up; (droša) safe-deposit.

uzglūnēt v. a. -nu, -nēju, to be on the watch for, to lie in wait for.

uzgrieznis (muters) m. screw-nut.

uzgriezt (ie) v. a. -zu, -zu to cut up.

uzgriezt v. a. -žu, -zu, to turn; (elektr.) to switch on; (pulksteni) to wind up.

uzgrūst v. a. -žu, -du, to push; v. n. -žos, -dos, to knock against.

uzgulties v. n. -jos, gulos, to lean upon.

uzģērbt v. a. -bju, -bu, to put on.

uziet v. irr. -eju, -gāju; (atrast) to find, to discover; (uzkāpt) to asend, to walk up.

uzjautrināt v. a. -nu, -nāju, to cheer up, to divert, to amuse.

uzjāt v. a. -ju, -ju, to ride up.

uzkabināt v. a. -nu, -nāju, to hang up.

uzkaisīt v. a. -su, -sīju, to strew upon.

uzkala f. glazed frost.

uzkalns m. hillock, knoll.

uzkalpot v. a. -ju, -ju, to acquire by serving.

uzkarsēt v. a. -ju, -ju, to make hot, to heat.

uzkavēt v. a. -ju, -ju, to delay, to detain; v. n. -jos, -jos, to stay, to stop, to dwell upon something.

uzkāpt v. a. -pju, -pu; (kalnā) to ascend; (kokā) to climb up (zirgā) to mount.

uzkārt v. a. -kaŗu, -kāru, to hang up.

uzklausīt — uzliet

uzklausīt v. a. -su, -sīju, to hear, to listen to.
uzklāt v. a. -ju, -ju, to cover; (galdu) to lay.
uzkliegt v. a. -dzu, -dzu, to shout to.
uzklīst v. a. -stu, -du, to come strolling.
uzklupt v. a. klupu, -klupu, to fall upon.
uzknābt v. a. -bju, -bu, to pick up; (otram) to peck.
uzkopt v. a. -pju, -pu, to put in order, to tidy.
uzkost v. a. -žu, -du, to take a snack.
uzkožamaiş m. snack; light meal.
uzkraut v. a. -ju, -krāvu, to load, to stow; (vainu) to charge, to accuse.
uzkrekls m. shirt-front.
uzkrist v. a. -kritu, -kritu, to fall upon; (vērst uzmanību) to strike, to attract notice.
uzkrītošs a. striking, showy.
uzkulties v. n. -ļos, -kūlos, to come undesired, to intrude.
uzkundzēties v. n. -jos, -jos, to lord it.
uz kurieni adv. whither, where to.
uzkurināt v. a. -nu, -nāju, to kindle; to incite.
uzkurt v. a. -ŗu, -kūru, to make fire.
uzkūdīt v. a. -du, -dīju, to incite, to instigate.
uzķemmēt v. a. -ju, -ju, to comb up.
uzķert v. a. -ŗu, -ķēru, to catch up, to intercept; (sitienu) to parry; (saprast) to grasp; v. n. -ŗos, -ķēros, to fall in, to run into, to get hooked.
uzlabojums m. improvement.
uzlabot v. a. -ju, -ju, to improve; v. n. -jos, -jos, to grow better, to improve.
uizlaišanās f. soaring up, ascent.
uzlaist v. a. -žu, -du, to send to, to set at; v. n. -žos, -dos, to fly up, to soar up.
uzlasīt v. a. -su, -sīju, to pick up, to gather.
uzlauzt v. a. -žu, -zu, to break open.
uzlējums m. infusion.
uzlēkt v. a. -cu, -cu, to leap or jump up; (saule) to rise.
uzlidot v. a. -ju, -ju, to fly up, to soar up.
uzlikt v. a. -lieku, -liku, to put on, to apply; (nodokļus) to impose taxes; (sodu) to inflict punishment, to fine.
uzlipināt v. a. -nu, -nāju, to paste on.
uzlīmēt v. a. -ju, -ju, to glue upon.
uzlīst v. a. -lienu, -līdu, to crawl up.
uzliekams a. appliable to.
uzliekties v. n. -cos, -cos, to bend upwards.
uzlielīt v. a. -lu, -līju, to praise up.
uzliesmojums m. blazing up.
uzliesmot v. a. -ju, -ju, to blaze up.
uzliet v. a. -leju, -lēju, to pour upon.

uzlocīt v. a. -ku, -cīju, to tuck up, to turn up.

uzlūgt v. a. -dzu, -dzu, to ask, to invite.

uzlūkot v. a. -ju, -ju, to look at.

uzmanība f. attention; (pieklājība) courtesy, civility.

uzmanīt v. a. -nu, -nīju, to pay heed to, to attend to; v. n. -nos, -nījos, to take care, to

uzmava f. socket. [beware of.

uzmācība f. obtrusiveness, importunity.

uzmācīgs a. obtrusive, importune; (kliedzošs) blatant.

uzmākties v. n. -cos, -cos, to obtrude oneself, to intrude upon, to plague.

uzmaukt v. a. -cu, -cu, to put on.

uzmeklēt v. a. -ju, -ju, to seek out, to look up, to search for.

uzmest v. a. -tu, -tu, to throw up, to cast up; (drēbes) to slip on; (degunu) to assume airs, to turn one's nose into the air; (lūpu) to pout; v. n. -tos, -tos, to alight, to lean upon.

uzmetums m. (zemes) dam; (uz papīra) plan, project, scheme, sketch.

uzminējums m. guess, solving.

uzminēt v. a. -nu, -nēju, to guess, to unpuzzle, to unriddle; uzmini! — give a guess!

uzmīt v. a. -nu, -minu, to tread upon.

uzmodināt v. a. -nu, -nāju, to awaken, to rouse.

uzmosties v. n. -stos, -dos, to awake, to wake up.

uzmudinājums m. encouragement, rousing; instigation, spur.

uzmudināt v. a. -nu, -nāju, to encourage, to incite, to spur on, to egg on.

uzmundrināt v. a. -nu, -nāju, to cheer up.

uzmusināt v. a. -nu, nāju, to set against, to stir up.

uzmudinātājs m. agitator, inciter, instigator.

uzmūrēt v. a. -ju, -ju, to build, to raise.

uznākt v. a. -ku, -tu, to come up, to appear, to get up.

uznest v. a. -su, -su, to fetch up; (zemi) to throw up, to deposit.

uzņemt v. a. -ņemu, -ņēmu; (no zemes) to take up, to pick up; (viesus) to receive; (fotogr.) to photograph, to take; v. n. -mos, -ņēmos, to take upon oneself, to undertake.

uzņēmējs m. contractor, builder; employer.

uzņēmība f. activity, enterprise, initiative.

uzņēmīgs a. active, enterprising; pushing, bold.

uzņēmums m. enterprise, undertaking, venture; photo; (uz laika fotogr.) time-exposure.

uzokšķerēt v. a. -ju, -ju, to hunt up, to find out.

uzost v. a. -žu, -du, to sm ' out.

Latviski-angliska vārdnīca.

uzpampt v. a. -pstu, -pu, to swell up.
uzpeldēt v. a. -ju, -ju, to rise up, to emerge.
uzpilēt v. a. -lu, -lēju, to drop on.
uzpilināt v. a. -nu, -nāju, to let fall in drops.
uzpircējs m. buyer-up, forestaller.
uzpirkstnis m. thimble.
uzpirkt v. a. -pērku, -ku, to buy up, to forestall.
uzpīpēt v. a. -ju, -ju, to light the pipe, to start smoking.
uzpīt v. a. -nu, -nu, to twine up, to twist round, to braid.
uzplaukšana f. blossoming, budding, prospering.
uzplaukt v. a. -kstu, -ku, to flourish; (ziedi) to break into blossom.
uzplaukums m. growth, flourishing, prospering.
uzplāksnēt v. a. to inlay, to veneer.
uzplecis m. epaulette, shoulder-strap.
uzplēst v. a. -šu, -su, to tear open, to rip up; (līdumu) to plough up.
uzplīties v. n. -jos, -jos, to force oneself upon, to obtrude.
uzplūdums m. rising, tide.
uzplūst v. a. -stu, -du, to rise.
uzpost v. a. -šu, -su, to fit out, rig up, to dress up; v. n. -šos, -sos, to dress oneself up.
uzposums m. fitting up.
uzprasīt v. a. -su, -sīju, -to ask; (cenu) to overcharge.

uzpumpēt v. a. -ju, -ju, to pump up.
uzpurināt v. a. -nu, -nāju; fig. to stimulate, to cheer up; v. n. -nos, -nājos, to cheer oneself up.
uzpurnis m. muzzle.
uzputināt v. a. -nu, -nāju, to blow over with snow or sand.
uzpūst v. a. -šu, -tu, to blow up; v. n. -šos, -tos, to puff oneself out; to make oneself big; (saīgt) to pout, to sulk.
uzpūtība f. conceit, presumption.
uzpūtīgs a. conceited, vainglorious, presumptious.
uzrakņāt v. a. -ju, -ju, to dig up.
uzrakstīt v. a. -stu, -stīju, to write down, to note.
uzraksts m. inscription; (kapa) epitaph.
uzrakt v. a. -roku, -ku, to dig up.
uzraudzība f. supervision.
uzraudzīt v. a. -gu, -dzīju, to supervise, to inspect; to watch; (policija) to shadow a person.
uzraugs m. supervisor, overseer, inspector; (strādnieku) foreman, boss; (skolnieku) monitor.
uzraust v. a. -šu, -su, to scrap up; v. n. -šos, -sos, to climb up; (no gultas) to get up.
uzraut v. a. -ju, -rāvu, to jirk up.
uzrādījums m. (apsūdzība) denunciation.
uzrādīt v. a. -du, -dīju, to display, to show; (apsūdzēt) to denounce.
uzrādītājs m. bearer; informer.

uztrūkties v. n. -kstos, -kos, to be frightened, to be roused, to take fright.

uztupties v. n. -pjos, -pos, to squat on; (putns) to be perched.

uzturēšana f. maintenance, support; (izdevumi) upkeep.

uzturēšanās f. sojourn.

uzturēt v. a. -ru, -rēju, to maintain, to support; v. n. -ros, -rējos, to house, to dwell, to sojourn.

uzturētājs m. bread-winner, person who supports others.

uzturs m. food, nourishment, maintenance, living; nopelnīt -ru — to earn one's living.

uztūkt v. a. -kstu, -ku, to swell, to rise.

uztvere f. comprehension, conception, grasp.

uztvert v. a. -ru, -tvēru, to comprehend, to grasp; (saķert) to catch.

uztvērējs m. detector.

uzupurēšanās f. self-sacrifice.

uzupurēties v. n. -jos, -jos, to sacrifice oneself, to offer oneself up.

uzurkņāt v. a. -ju, -ju, to root up, to rake up.

uzurpātors m. usurper.

uzurpēt v. a. -ju, -ju, to usurp.

uzvadīt v. a. -du, -dīju, to lead to.

uzvalks m. clothing, dress, attire; suit.

uzvandīt v. a. -du, -dīju, to rake up, to turn up.

uzvara f. conquest, victory.

uzvaramība f. conquerableness.

uzvarāms a. conquerable.

uzvarēt v. a. -ru, -rēju, to conquer, to overcome.

uzvarētājs m. conqueror, victor.

uzvārds m. surname.

uzvārīt v. a. -ru, -rīju, to boil; (tēju) to make tea; v. n. -ros, rījos, to boil up, to bubble up.

uzvedināt v. a. -nu, -nāju, to direct, to suggest.

uzveikt v. a. -cu, -cu, to overcome, to manage.

uzvelkams a. to be drawn up; -mais tilts — drawbridge.

uzvelt v. a. -ļu, -vēlu, (virsū) to burden; (augšā) to roll up.

uzvest v. a. -du, -du, to lead to; (spēlēt) to perform, to act; v. n. -dos, -dos, to behave; slikti - — to misbehave.

uzvešanās f. behaviour, conduct.

uzvērt v. a. -veŗu, /vēru, to string on, to file on a string.

uzvija f. addition, surplus.

uzvilkt v. a. -velku, -vilku, to drag up; - buras — to hoist sail; - drēbes — to put on; - loku — to bend a bow; - pulksteni — to wind up; - šautenes gaili — to cock a gun; - zābakus — to put on.

uzvinnēt v. a. -nu, -nāju, to win, to get.

uzvirpuļot v. a. -ju, -ju, to rise up.

uzvirt v. a. -rstu, -ru, to boil up.

uzzelt v. a. -ļu, -zēlu, to shoot up, to grow; (veikals) to thrive, to prosper.

uzzināt v. a. -nu, -nāju, to come to know, to find out.
uzziņa f. information.
uzzīlēt v. a. -ju, -ju, to foretell, to guess.
uzzīmēt v. a. -ju, -ju, to design, to identify, to discern.
uzziedēt v. a. -du, -dēju, to blossom, to flower up; (veikals) to flourish.
uzziest v. a. -žu, -du, to smear upon, to cover with.

Ū

Ūbele f. turtle-dove.
ūdele f. common martin.
ūdens m. water; sald- — freshwater; stāvošs - — stagnant water; tekošs - — running
ūdensaugs m. water-plant. [water.
ūdensārstniecība f. hydrotherapy.
ūdenscaurule f. water-pipe.
ūdensdzirnavas f. pl. water-mill.
ūdenskritums m. cataract, waterfall.
ūdenskrūze f. ewer, jug, pitcher.
ūdenslidmašīna f. waterplane, seaplane, hydro-plane.
ūdenslīdējs m. diver.
ūdenslīmenis m. surface of water.
ūdenslīnija f. water-level.
ūdensmuca f. water-butt or
ūdensnoteka f. drainage. [cask.
ūdenspiliens m. drop of water.
ūdensplūdi m. pl. flood, inundation.
ūdensputns m. water-fowl.
ūdensrats m. water-wheel.
ūdensroze f. water-lily.

ūdensrumba f. rapids.
ūdensslimība f. dropsy.
ūdensspainis m. bucket, pail.
ūdensspēks m. water-power.
ūdenssports m. aquatics, aquatic sport; (ar balli) water-polo.
ūdensstabs m. column of water.
ūdensstāvoklis m. height or level of the water.
ūdenssvari m. pl. water level, hydrostatic level.
ūdenstriece f. ram.
ūdenstvertne f. cistern, tank, reservoir.
ūdensvads m. water-supply; water-pipe; (mājās) tap-andsink; -da krāns — tap.
ūdensvedējs m. water-carrier.
ūdensvirpulis m. whirlpool, eddy.
ūdensvīrs m. Aquarius.
ūdenszābaki m. pl. top-boots.
ūdeņains a. watery, washy; (atšķaidīts) diluted.
ūdeņradis m. hydrogen.
ūdrs m. otter.
ūka f. uvula.
ūnija f. union.
ūniks a. unique.
ūnisons m. unison.
ūpis m. horned owl.
ūrīna f. urine.
ūsains a. moustached.
ūsas f. pl. moustache.
ūtensilijas f. pl. utensils
ūtilizācija f. utilisation.
ūtopija f. utopia.
ūtrupe f. auction, public sale.
ūtrupēt v. a. -ju, -ju, to sell by auction.
ūtrupnieks m. auctioneer.
ūzas f. pl. trousers.

V

Vaba *f.* pole, stake.
vabole *f.* beetle, chafer; mēslu ~ — dor-beetle; ozolu ~ — cockchafer, May-bug.
vadāt *v. a.* -ju, -ju, to guide, to lead, to carry.
vadība *f.* leaders, rulers; (iestādes) direction.
vadīšana *f.* leading, guidance.
vadīt *v. a.* -du, -dīju, to guide, to conduct, to manage; *v. n.* -dos, -dījos, to be guided by, to follow.
vadītājs *m.* leader, chief, manager, (vāga) conductor.
vadmala *f.* cloth, homespun.
vadonis *m.* leader, guide.
vadošs *a.* leading, guiding.
vads *m.* (tīkls) drag,net; (elektr.) conductor; (ūdens) pipe.
vadzi! *interj.* I say! Listen!
vadzis *m.* peg, wedge; kārt zobus ~dzī — to suffer hunger
vafele *f.* wafer, gofer.
vaga *f.* furrow.
vagaris *m.* overseer, taskmaster.
vagābunds *m.* tramp, vagabond.
vagons *m.* carriage; (preču) truck, (tramv.) car.
vagot *v. a.* -ju, -ju, to furrow.
vai *conj.* or, whether.
vai! *interj.* why! oh, dear! ~ dieviņ! — my goodness!
vaibstīties *v. n.* -stos, -stījos, to cut faces.
vaibsti *m. pl.* features, mien, countenance.
vaicājums *m.* question.
vaicāt *v. a.* -ju, -ju, to ask, to inquire after.
vai cik *adv.* lai viņš būtu ~ bagāts — be he ever so rich.
vaidelote *f.* Latvian heathen priestess.
vaidēt *v. a.* -du, -dēju, to moan.
vaids *m.* moan.
vaigs *m.* cheek; fig. face; ~gu bārda — whiskers; ~gu lāmiņa — dimple; ~gu vaigā — face to face, with one's own eyes.
vaimanas *f. pl.* lamentation.
vaimanāt *v. a.* -ju, -ju, to lament, to wail.
vaina *f.* fault, blame, offence; (kļūda) mistake; kas ~nas? — what is the matter? ~nas atzīšana — confession.
vainīgais *m.* culprit, offender; (sācējs) originator.
vainīgs *a.* guilty, to be blamed; kas ~? — who is to blame?
vainot *v. a.* -ju, -ju, to blame.
vaiņags *m.* garland, wreath.
vairāk *adv.* more; ~ neko — nothing else.
vairākbalsīgs *a.* arranged for several voices.
vairākieņēmums *m.* additional receipts.
vairāki *m.* several
vairākkārtīgs *a.* manifold, often.
vairāknozīmīgs *a.* ambiguous.
vairākreiz *adv.* several times, repeatedly.
vairāksolīšana *f.* auction, outbidding.
vairāksolītājs *m.* highest bidde~
vairākums *m.* majority.

vairākzilbīgs a. of several syllables, polysyllabic.
vairīties v. n. -ros, -rījos, to avoid, to evade, to shun.
vairogs m. shield, targe.
vairogveidīgs a. shield-shaped; ~gais dziedzeris — thyroid gland.
vairošana f. augmentation; multiplication.
vairošanās f. propagation, increase.
vairot v. a. -ju, -ju, to increase; (aritm.) to multiply; v. n. -jos, -jos, to breed, to propagate, to increase.
vairotājs m. (aritm.) multiplier.
vairs adv. any more; man tā ~ nav — I have it no more.
vairumā adv. (pārdot) wholesale, en gros.
vairums m. majority; most; liels ~ — a large quantity.
vairumtirdzniecība f. wholesale business.
vaisla f. .breed; ~las ķēve — broodmare; ~las lopi — cattle for breeding.
vaislība f. fecundity, fertility.
vaislīgs a. fecund, fruitful.
vaisloties v. n. -jos, -jos, to propagate, to increase.
vaivariņi m. pl. marsh-rosemary.
vajadzēt v. imp. (būt spiestam) to be obliged to..., to be forced to...; man vajaga — I must; I need; viņam nevajaga — he need not; vajaga — must needs; it is necessary; (laika) it takes; man vajaga 10 minūtes, lai nokļūtu mājās — it takes me 10 minutes to get home; tā ~ — it must be so; tā to vajaga darīt — tihs is the way.
vajadzēt v. imp. (gribēt) to be in need of, to want, to require.
vajadzība f. necessity, want; (trūkums) need, want.
vajadzīgs a. necessary, indispensable.
vajāt v. a. -ju, -ju, to persecute, to pursue.
vajātājs m. persecutor, pursuer.
vakance f. vacancy.
vakants m. vacant, unoccupied.
vakar adv. yesterday.
vakarblāzma f. evening-glow.
vakardiena f. yersterday.
vakarēdiens m. supper; svētais ~ — sacrament, the Lord's supper.
vakarējs a. of yesterday, yesterday's.
vakarēt v. a. to spend the evening in social intercourse.
vakari m. pl. west.
vakariņas f. pl. supper.
vakarlēpis m. night-hawk.
vakarlūgšana f. evening prayer; (katoļu) vespers.
vakarrīt adv. yesterday morning.
vakars m. evening; ~ra avīze — evening paper; ~ra dievkalpojums — evening service; ~ metas — it is getting dark.
valbīt v. a. -bu, -rīju, to roll one's eyes.
valce f. roller, cylinder.
valde f. board, committee, administration.

valdība *f.* government; ~bas laiks — reign; rule.
valdīšana *f.* rule, dominion; ~nas kāre — craving for power.
valdīt *v. a.* -du, dīju, to govern, to rule; (kronēts valdn.) to reign; (apvaldīt) to cheek, to restrain; *v. n.* -dos, -dījos, to control or restrain oneself.
valdnieks *m.* ruler, governor.
valdošs *a.* predominant, prevalent; ~šā partija — dominant party.
valdzinājums *m.* charm, enticement, allurement.
valdzinošs *a.* charming, enthral to entice, to allure.
valdzinošs *a.* charming, enthralling.
valdziņš *m.* mesh, stitch; ~ņu nolaist — to drop a stitch; ~ņu uzņemt — to pick up a stitch.
valgans *a.* moist, damp.
valganums *m.* moisture, dampness.
valgs *a.* damp, humid.
valkans *a.* extensible, elastic.
valkāt *v. a.* -ju, -ju, to wear.
valksnis *m.* haul.
valnis *m.* wall; (zemes) dam, bank; (apcietin.) rampart; (cimdu) border.
valoda *f.* language, tongue; diction; ~das kļūda — fault, solecism; ~das mācība — grammar; ~das pētniecība — philology, linguistics; ~das pētnieks — philologist, linguist, student of language; ~das sa-

vādība — idiom; ~das skaidrība — purity of language; ~du skolotājs — teacher of languages; language master.
valodas *f. pl.* rumour, report.
valodība *f.* communicativeness, talkativeness.
valodīgs *a.* communicative, talkative.
valodniecība *f.* linguistics, philology.
valodnieks *m.* linguist, philologist.
valrieksts *m.* walnut.
valsēt *v. a.* -ju, -ju, to waltz.
valsis *m.* waltz, valse.
valstisks *a.* loyal, patriotically inclined or minded.
valstiskums *m.* loyal attachment, loyalty, patriotic disposition.
valstība *f.* realm, domain; debesu ~ — Kingdom of Heaven.
valstīšanās *f.* rolling.
valstīgs *a.* unsteady, rolling.
valstīt *v. a.* -stu, -stīju, to roll; *v. n.* -stos, -stījos, to vallaw, to welter, to roll.
valsts *f.* state; realm, domain; ~ banka — national bank; ~ ģerbonis — national coat of arms; state emblem; ~ kase — public treasury; ~ lietas — state affairs ~ papīri — public funds, government securities; ~parāds — national debt; ~prezidents — president of the state; ~ satversme — constitution; ~ zinātne — political science; ~ spiestuve — State Printing Works; ~ noziedznieks — state-criminal;

- tu savienība — League of Nations.
valstsvīrs *m.* statesman.
valūta *f.* value, standard.
valzirgs *m.* walrus, morse.
valzivs *f.* whale; jauna — whalecalf.
vaļa *f.* leisure, ease, spare time; man nav ~ļas — I have no time; tas tavā ~ļā — it depends on you; viņa dzīvo savā ~ļā — she does as she pleases.
vaļā *adv.* (brīvs) free; (prom) off; (atraisījies) loose; (atvērts) open.
vaļējs *a.* free, loose, open.
vaļinieks *m.* farm- hand, farmlabourer with his own household.
vaļība *f.* liberty, licence.
vaļīgs *a.* loose, slack; (laiks) spare; (cilvēks) idle; (valoda) lax, licentious.
vaļņot *v. a.* -ju, -ju, to enclose with a wall, to wall.
vaļsirdība *f.* frankness, candour, sincerity.
vaļsirdīgs *a.* frank, open, candid.
vampīrs *m.* vampire, bloodsucker.
vanags *m.* falcon, hawk.
vanagzirņi *m. pl.* bird's tares.
vanckars *m.* addled egg.
vandalisms *m.* vandalism.
vandīt *v. a.* -du, -dīju, to search, to rummage.
vangale *f.* roller.
vaniļa *f.* vanilla.
vanna *f.* bath, tub; ~nas istaba — bath-room.

vaņģinieks *m.* captive, prisoner.
vaņģniecība *f.* imprisonment, captivity.
vara *f.* power, force; (rupja) violence; ~ras darbi — atrocities, outrage; (laupīš.) robbery with violence; (izvarošana) rape; ar ~ru — violently.
varbūt *adv.* maybe, perhaps.
varbūtējs *a.* likely, possible, probable.
varbūtība *f.* likelihood, possibility, probability.
varde *f.* frog; ~žu kurkšķēšana —croaking of frogs; ~žu kurkuļi — spawn of frogs.
vardulēns *m.* tadpole.
varen *adv.* very, very much, mighty.
varenība *f.* mightiness, power, might.
varens *a.* mighty, powerful; (liels) enormous, tremendous.
varenums *m.* might, power.
varēt *v. a.* (persona) to be able; (lieta) to be possible, can (def. verb); vai es varu iet? — May I go?
variants *m.* variant.
variācija *f.* variation.
varizējs *m.* Pharisee.
varmācība *f.* atrocity, outrage, violence.
varmācīgs *a.* atrocious, aggressive.
varmāka *f. m.* oppressor, tyrant.
varone *f.* heroine.
varonis *m.* hero.

varonība f. heroism, heroic spirit.
varonīgs a. heroic(al).
varoņdarbs m. exploit, heroic deed.
varoņteika f. heroic legend.
varoņtenors m. tenor robust.
varoņtēls m. image of a hero.
varza f. (jukas) confusion, jumble; (tacis) fish-garth.
varžacs f. corn.
varavīksna f. rainbow.
varavīksnene f. iris.
varkalis m. coppersmith.
varot v. a. -ju, -ju, to bronze over.
varš m. copper; ~ra gravējums — engraving; ~ra krāsā — copper-coloured, coppery; ~a nauda — coppers, copper-money; ~ra zaļums — verdigris.
vasa f. sprout, shoot.
vasalis m. vassal.
vasara f. summer.
vasarājs m. summer-corn.
vasarnīca f. summer residence, villa, bungalow.
vasarnieks m. holiday-maker; visitor at a health resort.
vasarsvētki m. pl. Whitsuntide, Pentecost; ~ku pirmdiena — Whitmonday; ~ku nedēļa — Whitsun-week; ~ku svētdiena — Whitsunday.
vaskains a. waxen.
vaski m. pl. wax, beeswax; ~ka drāna — oil-cloth; ~ka figūra — wax-work; ~ku svece — taper, wax-candle.
vaskot v. a. -ju, -ju, to wax.

vastlāvis m. Shrove Tuesday; carnival.
vate f. cotton-wool; wadding.
vaterklozets m. water-closet.
vatēt v. a. -ju, -ju, to pad, to wad, to line with wadding.
vats m. watt; volt, ampere.
vazaņķis m. vagabond.
vazāšana f. dragging about.
vazāšanās f. tramping, rambling about.
vazāt v. a. -ju, -ju, to drag, to trail; ~ aiz deguna — to deceive, to trifle with; v. n. jos, -jos, to rove, to stroll about; to go tramping.
vazelīns m. vaseline.
važas f. pl. bonds, chains, fetters.
važonis m. driver, cabman; (smagais) carter; ~ņu piestātne — cabstand.
vācele f. box, case.
vācējs m. collector, gatherer.
vācietis m. German.
vāciski adv. German.
vāciskot v. a. -ju, -ju, to render into German.
vācisks a. German.
vāgūzis m. carriage-shed.
vāģi m. pl. carriage, car.
vājinājums m. enfeeblement; weakening.
vājināt v. a. -nu, -nāju, to enfeeble, to weaken.
vājnieks m. ill person, patient.
vājība f. weakness, feebleness, frailty; (nepilnība) imperfection.
vājprātība f. feeble-mindedness, weakness of mind.

vājprātīgs — vārna

vājprātīgs *a.* feeble-minded.
vājš *a.* weak, feeble, infirm; (slims) delicate, poorly.
vājums *m.* weakness, frailty; (slimība) illness.
vāks *m.* cover, lid, top.
vākt *v. a.* -cu, -cu, to collect; (projām) to clear off.
vāķēt *v. a.* -ju, -ju to watch by [the dead.
vāle *f.* cudgel; bat.
vālīte *f.* (vilku) reed-mace.
vāliem *adv.* in great numbers, by heaps.
vālodze *f.* yellow-thrush.
vāls *m.* swath.
vāļāt *v. a.* -ju, -ju, to roll about; *v. n.* -jos, -jos, to wallow.
vāpe *f.* enamel, glaze.
vāpēt *v. a.* -ju, -ju, to enamel, to glaze.
vārāms *a.* to be boiled; ~mā sāls — common or kitchen salt.
vārdnīca *f.* dictionary; (noteiktu vārdu krājums) vocabulary; (daži vārdi) glossary.
vārdot *v. a.* -ju, -ju, to argue, to persuade.
vārdotājs *m.* sorcerer, quack, spell-binder.
vārds *m.* word; (izteiciens) term; (solījums) promise; (īpašvārds) name; (slava) reputation; ~da atvasinājums — derivation of words; ~da brālis — name-sake; ~da diena — namesday; ~du krājums — vocabulary; ~du saraksts — list of names, roll, verbal index; ~du šķira — part of speech; kā jūsu ~? What is your name? ne ~da vairs! — not another word!

uz pāris ~diem — only a word or two; uz vienu ~! — a word with you! tukši ~di — idle words; ~du dabūt — to obtain permission to speak; ~du dot — to give permission to speak; nenākt pie ~da — not to be able to put in a word; izmest dažus ~dus — to make casual remarks; ~du pa ~dam — word for word; (burtiski) verbatim; ~du sakot — in a word, in short; viņš ir vīrs un ~ — he is as good as his word.
vārdzināt *v. a.* -nu, -nāju, to tire out, to worry
vārēt *v. a.* -ju, ju, to overcome, to subdue.
vārgdienis *m.* wretch, miserable fellow.
vārgot *v. a.* -ju, -ju, to pine away, to be dying.
vārgs *a.* ailing, infirm, sickly.
vārgšana *f.* lingering illness.
vārgt *v. a.* -gstu, -gu, to be in bad health, to pine away.
vārgulis *m.* sickly or infirm person.
vārgums *m.* lingering illness, sickliness.
vārīgs *a.* delicate, sensitive; (izlutināts) spoilt, pampered.
vārīšana *f.* cooking, boiling.
vārīšanās *f.* boiling; ~ punkts — boiling-point.
vārīt *v. a.* -ru, -rīju, to boil; (ēdienu) to cook; *v. n.* -ros, -rījos, to be boiling or cooking.
vārna *f.* crow; zaļā ~ — roller.

vārpa *f.* ear; -pas lasīt — to glean.
vārpata *f.* couch-grass, dog-grass.
vārpsta *f.* spindle, distaff.
vārsmas *f. pl.* stanzas, poetry.
vārstelis *m.* lath-gate into a fenced field.
vārstīt *v. a.* -stu, -stīju; (vērt) to string; ((šūt) to sew carelessly; (durvis) to open and shut repeatedly.
vārstulis *m.* air-valve, ventilator.
vārti *m. pl.* gate, gateway.
vārtīt *v. a.* -tu, -tīju, to roll, to drag about on the ground; *v. n.* -tos, -tījos, to wallow in, to roll about.
vārtnieks *m.* gatekeeper, porter; (cietuma) turnkey, warder.
vāts (ā) *f.* barrel, vat.
vāts (â) *f.* wound, gash, sore.
vūverāji *m. pl.* — marsh-rosemary.
vāvere *f.* squirrel.
vāze *f.* vase.
vāzt *v. a.* -žu, -zu, to close, to shut.
vecaine *f.* fallow land.
vecais *m.* old man, old crony.
vecākais *m.* elder, senior.
vecāki *m. pl.* parents.
vecāmāte *f.* grandmother.
vecene *f.* old woman, old hag.
vecis *m.* old man.
vecīgs *a.* oldish.
vecmāmiņa *f.* granny, grandmama.
vecmāte *f.* (bērnu saņēm.) midwife.
vecmeita *f.* old maid, old spinster.
vecmodīgs *a.* old-fashioned, **antiquated**.
vecpuisis *m.* bachelor, **single man**.
vecs *a.* old; ancient.
vecsaimniecība *f.* farm which has belonged to generations of farmers.
vecsaimnieks *m.* farmer in possession of a long cultivated farm; gentleman-farmer.
vectēvs *m.* grandfather, grandpapa; -va vai vecmātes māte (tēvs) — great grandmother (father).
vecticībnieks *m.* orthodox.
vecums *m.* old age; (gadi) age; -ma apdrošināšana — insurance for the aged; -ma biedrs — of the same age, contemporary; -ma nespēks — senility, decrepitude; -ma pensija — annuity, old-age pension.
vedams *a.* to be conveyed; to be led; -mā maksa freight, portage, charge.
vedēkla *f.* daughter-in-law.
vedējs *m.* driver.
vedējtēvs *m.*, -māte *f.* leaders of the bride.
vedināt *v. a.* -nu, -nāju, to call, to try, to persuade.
vedums *m.* transport.
veģetārietis *m.* vegetarian.
veģetārisks *a.* vegetarian.
vegetācija *f.* vegetation.
veģis *m.* bun.
vei! *interj.* lock!

veicinājums m. promotion, patronage.
veicināt v. a. -nu, -nāju, to further, to advance, to promote.
veicinātājs m. furtherer, promoter; (mākslas) patron.
veicīgs a. brisk, nimble.
veidlapa f. form, formulary.
veidne f. mould, shape.
veidojums m. sculpture; representation.
veidols m. model, pattern.
veidot v. a. -ju, -ju, to form, to shape; (tēlnieks) to cast, to mould; v. n. -jos, -jos, to prove, to turn.
veidotājs m. moulder, modeller, dresser; (podnieks) thrower.
veids m. form, figure, shape; (darbība) manner, way; tādā -dā — in such a way; kādā -dā? how? in what manner or way?
veikals m. business; (tirgotava) shop; -la ceļojums — journey on business; -la grāmatas — account-books; -la satiksme — commercial intercourse, business dealings; -la slēgšana — closing-time; -la vadītājs — manager; -la vēstule — business-letter.
veiklība f. skill, dexterity.
veikls a. skilful, dexterous, handy, smart.
veiksme f. skill.
veikt v. a. -cu, -cu, to master, to get ready, to finish.
veikties v. imp. -cas, -cās, to succeed, to accomplish.
vekselis m. bill of exchange; -ja galvotājs — security, sponsor; -la protests — protest; -ja termiņš — day of payment.
velbomis m. axle-tree, shaft.
velce f. trimming-hook, trimmer.
veldre f. corn or grass beaten down by the wind.
veldze f. refreshment.
veldzēt v. a. -ju, -ju, to refresh, to moisten.
velēna f. (ar zāli) turf; (bez zāles) clod.
velēt v. a. -ju, -ju, to wash by beating.
velētava f. washing-bench.
velgans a. moist, damp.
velganums m. moisture.
velki m. pl. warp.
velkonis m. steam-tug, tug-boat.
velmēt v. a. -ju, -ju, to roll.
velnala f. devil's cave.
velnābols m. thorn-apple.
velns m. devil; -na bērns — imp, young devil; -na mātīte — she-devil, devil of a woman.
velnišķība f. devilry, devilish trick.
velnišķs a. devilish, diabolical.
velodroms m. cycling-track.
velosipeds m. bicycle, bike, cycle.
velšana f. rolling; (drānas) fulling, milling.
velt v. a. -ļu, vēlu, to roll, to turn about; (drānu) to full, to felt; v. n. -jos, vēlos, to roll.
velte f. gift, present.
veltenis m. cylinder, roller.
veltenisks a. cylindrical.
velti adv. in vain, vainly; par ~ — gratis.

veltīgs a. futile, vain, useless.
veltīgums m. fruitlessness, vanity.
veltījums m. dedication.
veltīt v. a. -ju, -ju, to dedicate.
velts a. sk. veltīgs.
veltuve f. fullery.
velve f. arch, vault.
velvēt v. a. -ju, -ju, to arch, to make a vault.
veļa f. linen; (mazgāšanai) washing; ~Ias baļļa — washtub; ~Ias mašīna — washer, dolly; ~Ias mazgātāja — laundress, washer-woman; ~Ias rullis — mangle; ~Ias skapis — linen-press; ~Ias striķis — clothes-line; ~Ias zilumi — washing-blue; **miesas** ~ — body-linen, underlinen; ~Ias māja — scullery.
veļi m. pl. spirits of the dead; ~Iu kauls — node; ~Iu laiks — season (November) when the dead come to visit the living.
vemt v. a. vemju, vēmu, to vomit; ~jamās zāles — emetic.
venerisks a. venerial; ~kas slimības — venerial diseases.
venteris m. setting net.
ventilātors m. ventilator.
ventilācija f. ventilation.
ventilis m. valve, air regulator.
vepris m. boar.
veranda f. veranda.
verbāls a. verbal.
verdošs a. boiling.
verdzināt v. a. -nu, -nāju, to oppress, to enslave.
verdzība f. slavery, servitude.
vergot v. a. -ju, -ju, to slave.

vergs m. slave.
versija f. version.
versme f. heat, flame.
vertikāls a. vertical.
vervēt v. a. -ju, -ju; (kareivjus) to recruit, to enlist; (piekritējus) to canvass for.
vervētājs m. recruiting officer; canvasser.
veselība f. health; ~bas avoti — mineral springs; (peldu vieta) health resort; ~bas kopšana — hygiene; dzert uz ~bām — to drink a person's health.
veselīgs a. healthy; (baudīšanai) wholesome; (uzskats) sound; ~miegs — sound sleep; tas viņam ~ — it serves him good.
vesels a. (cilvēks) well, healthy; ~prāts — sane mind; commonsense; ~Ia nedēļa — a whole week; ~Ii skaitļi — whole numbers; ~Ia stunda — a full hour; ~Ia garnitūra — complete set; **Ia nots** (mūz.) — semibreve; ~trauks — the dish is whole.
veseļoties v. n. -jos, -jos, to recover, to convalesce.
veseris m. hammer, sledge.
vest v. a. -du, -du, to lead, to guide; (ratos) to carry; (lietu) to manage; v. imp. -das, -dās, to succeed.
vestaliene f. Vestal.
veste f. waistcoat, vest.
vezumnieks m. carrier, waggoner, carter.
vezums m. waggon-load, cartful.
vē! interj. fie!

vēcināt v. a. -nu, -nāju, to fan.
vēdeklis m. fan.
vēderains a. bellied, bulging.
vēderrunātājs m. ventriloquist.
vēders m. belly, stomach; ~ra aizcietējums — constipation; ~ra graizes — colic, gripes; ~ra guļa — dysentery; diarrhoea; ~ra josta — bellyband; ~ra plēve — peritonacum.
vēdināt v. a. -nu, -nāju, to air, to ventilate; (ar kaut ko) to fan, to wave.
vēdzele f. eel-pout.
vējains a. windy, breezy.
vējenes f. pl. windmill.
vējīgs a. fickle, unstable.
vējoks m. weather-cock.
vējlukturis m. hand-lantern.
vējputenis m. snow-storm.
vējrozīte f. anemone.
vējš m. wind, breeze; ~ja bakas — chicken-pox; ~ja brāziens —gust of wind; ~ja dzirnavas — windmill; ~ja grābslis — windbag; ~ja ziedi — barren blossoms; ~ja slota — broomlike twig; ~ja virziens — direction of the wind; ~ja pilns — thoughtless.
vēl adv. still, yet; ~ vienreiz — once more; ~ viens — one more; ~ viena mārciņa — one pound more; vēl un vēl — more and more; kur nu ~ — much less, let alone.
vēlams a. desirable, welcome, wished-for.
vēlāk adv. later on, afterwards.
vēlējums m. compliment, wish.

vēlēšanas f. pl. election; ~nu tiesības — franchise; vispārīgas ~nu tiesības — universal suffrage.
vēlēšanās f. desire, wish; uz ~nos by request.
vēlēt v. a. -lu, -lēju, to wish; (balsot) to vote for, to elect; v. n. -los, -lējos, to wish for, to desire; kā ~laties — as you please or wish or like.
vēlētājs m. voter; mani ~tāji — my constituents.
vēlīgs a. favourable, well-wishing; kind.
vēlreiz adv. again, once more.
vēlreizējs a. repeated, reiterated.
vēls a. late; tardy.
vēlu adv. late.
vēlums m. lateness.
vēmeklis m. vomit.
vēmiens m. vomiting.
vēna f. vein.
vērā liekams a. noteworthy, important, to be minded.
vērā likt v. a. lieku, liku, to consider, to take into account.
vērdiņš m. farthing. [to mind.
vērība f. regard, consideration.
vērīgs a. alert, attentive, wary.
vēriens m. grasp, comprehension; viņam plašs ~ — he has extensive plans; (adatā) threading.
vērkulis m. ball of flax for spinning.
vērmeles f. pl. wormwood.
vērot v. a. -ju, -ju, to observe, to watch, to scrutinize.
vērotava f. observatory, lookout.
vērotājs m. observer, spectator.

vērpete f. whirlpool.
vērpējs m. spinner.
vērpiens m. quantity of spun yarn.
vērpjams a. fit for spinning.
vērpšana f. spinning.
vērpt v. a. -pju, -pu, to spin; v. n. -pjos, -pos, to spin round, to turn round.
vērptuve f. spinning-mill.
vērsēns m. bullock.
vērsis m. ox, bull; -ša cepetis — roast beef; -šu cīņa — bullfight; -šu dzinējs — drover; -ša gaļa — beef; -šu kupcis — cattle-dealer.
vērst v. a. -šu, -su, to direct, to turn; ~ uzmanību — to draw attention to; v. n. -šos, -sos, to address to, to turn to.
vērstava f. plough-neck or -tail.
vērt v. a. veru, vēru; (vaļā) to open; (adatā) to thread; (krelles) to string; v. n. veros, vēros; (skatīties) to look at; (cieti) to close, to shut.
vērtējums m. valuation, estimation.
vērtēt v. a. -ju, -ju, to value, to estimate; to tax.
vērtība f. value, estimate, worth; -bas pieaugums — increment value.
vērtīgs a. precious, valuable.
vērtslieta f. object of value; -tas — valuables.
vērtspapīri m. pl. securities.
vērzeles f. pl. trappings.
vēsināt v. a. -nu, nāju.
vēsinātājs m. cooler, refrigerater.

vēsma f. fresh breeze, breath of
vēss a. cool, fresh. [wind.
vēstījums m. information.
vēstīt v. a. -ju, -ju, to inform, to give notice.
vēstnesis m. messenger; herald.
vēstnieks m. ambassador.
vēstniecība f. embassy.
vēsts f. report, news, tidings.
vēstule f. letter, note; -ļu kastīte — letter-box.
vēstulnieks m. letter-writer.
vēsture f. history.
vēsturisks a. historical.
vēsturnieks m. historian.
vēsums m. coolness, freshness.
vētīt v. a. -ju, -ju, to winnow; -jamā mašīna — winnowing machine.
vētra f. storm, tempest; -ras putns — albatross.
vētrains a. stormy, tempestuous, windy; fig. impulsive, passionate.
vēveris m. weaver.
vēzēklis m. pendulum.
vēzis m. crayfish, crawfish; (jūras) crab, lobster; (slimība) cancer; (kokam) gangrene; -ža gaita — going backward, retrogradation; -ža kāja — claw of a crayfish.
vēzītis m. (pie zirga kājas) fet-
vēziens m. swing, turn. [lock.
vēžot v. a. -ju, -ju, to catch
viadukts m. viaduct. [crabs.
vibrācija f. vibration.
vibrēt v. a. -ju, -ju, to vibrate.
vica f. rod, wand.
vice... a. vice.
vicekaralis m. vice-roy.

Latviski-angliska vārdnīca.

viceprezidents m. deputy-chairman.
vicināt v. a. -nu, -nāju, to fan; to swing; (asti) to wag, to whisk.
vicot v. a. -ju, -ju, to thrash; somebody; (dzert) to lead a fast life.
vide f. milieu, surroundings.
vidējais a. average; (vidū stāvošs) the middle one.
vidējs a. middling.
vidniecība f. agency, intervention.
vidnieks m. agent, intermediary.
viducis m. middle, mid-piece; (ķermeņa) waist; torso.
vidus m. middle, centre; ~ laiki — the Middle Ages, mediaval times; ~ceļš — middle-course, the golden mean; ~šķira — middle classes; pa vidam — fairly, moderately.
viduspunkts m. centre, midpoint.
vidusskola f. secondary school; college; (Latvijā) middle school, gymnasium.
vidutājs m. sk. vidnieks.
viduvējība f. mediocrity.
viduvējs a. middling, moderate.
vidū adv. amidst, among; (starp diviem) between.
vidzemnieks m. inhabitant of Vidzeme.
vidžināt v. a. -nu, -nāju, to twit-
vija f. garland. [ter.
vijole f. fiddle, violin.
vijolīte f. violet.
vijolnieks m. violinist, fiddler.
vikārs m. vicar.
vikse f. blacking, boot-polish.

viksēt v. a. -ju, -ju, to blacken, to polish, to give a shine.
vilcējs m. (velkonis) tug-boat; puller, dragger, drawer; (zirgs) draughthorse.
vilcināt v. a. -nu, -nāju, to delay; v. n. to hesitate, to linger; to tarry.
vilcinātājs m. lingerer, loiterer; delayer.
vilciņš m. humming-top.
vilciens m. train; ~na personāls — staff of a train; ~nu saraksts — time-table; šacha ~ — move; (sejas panti) features; rakstura ~ — trait.
vilinājums m. allurement, enticement.
vilināt v. a. -nu, -nāju, to allure, to entice.
vilinošs a. alluring, enticing, seductive, tempting.
vilkacis m. werwolf.
vilkābele f. hawthorn; ~les auglis — haw.
vilks m. wolf; ~ku māte — she-wolf; ~ku oga — deadly nightshade; ~ku suns — wolf-dog; ~ku vālīte — reed-mace.
vilkšana f. dragging, pulling.
vilkšņa f. flock, herd.
vilkšus adv. by dragging.
vilkt v. a. velku, vilku, to drag, to draw, to pull, to tug, to tow; ~ drēbes mugurā — to put on; ~ dzīvību — to lead a miserable life; ~ līniju — to draw a line; luga velk — the play attracts; te velk — there is a draught here; v. n. -kos, -kos, to drag oneself to

draggle; apspriede vilkās pusotras stundas — the conference took an hour and a half.
vilkums *m.* pull, tug.
villa *f.* villa.
villaine *f.* plaid, wollen shawl.
vilna *f.* wool; ~nas kārsējs — wool-comber; ~nas krāsošana — wool-dyeing; ~nas tirdzniecība — wooltrade; ~nas vērptuvē — wool-spinning factory.
vilnains *a.* woollen.
vilnis *f* billow, wave.
vilt *v. a.* -ju, vīlu, to deceive, to disappoint; *v. n.* -jos, -los, to be mistaken, to be disappointed.
viltība *f.* cunning, craftiness; (krāpšana) imposture.
viltīgs *a.* artful, crafty, cunning.
viltnieks *m.* deceiver, impostor.
viltojums *m.* falsification, forgery.
viltot *v. a.* -ju, -ju, to falsify; (naudu, dokum.) to forge.
viltotājs *m.* falsifier, forger.
viltus *m.* cunning, deceit, fraud; ~mācība — false doctrine, heresy; ~ mācītājs — heretical teacher.
viļķis *m.* cork-screw.
viļņains *a.* undulated, wavy.
viļņlauzis *m.* breakwater.
viļņojums *m.* oscillation, vibration.
viļņošanās *f.* rolling, surging.
viļņot *v. a.* -ju, -ju, to wave; *v. n.* -jos, -jos, to billow, to sway.

viļņveidīgs *a.* undulatory, wavelike.
vinda *f.* windlass, winch; crane.
vingri *adv.* dexterously, nimbly.
vingrinājums *m.* exercise; practice; (fiz.) drill.
vingrināt *v. a.* -nu, -nāju, to exercise, to practise.
vingrojums *m.* gymnastic exercise.
vingrošana *f.* gymnastics; ~ meitenēm — callisthenics.
vingrot *v. a.* -ju, -ju, to do gymnastics.
vingrotava *f.* gymnasium.
vingrotājs *m.* gymnast; ~ja lady gymnast.
vingrs *a.* light, smart, agile.
vingrums *m.* agility, smartness.
vinjete *f.* vignette, cut.
vinnests *m.* prize, winnings.
vinnēt *v. a.* -ju, -ju, to win, to gain.
vinnētājs *m.* winner, gainer.
viņa *prn.* she; (*genit.* no viņš) his.
viņai *prn.* her, to her.
viņam *prn.* him, to him.
viņas *prn.* they; (*genit.* no viņa) her.
viņas dēļ *adv.* for her sake.
viņām *prn.* them, to them.
viņdien *adv.* the other day
viņējs *a.* his, its.
viņpasaule *f.* the other world, the world beyond.
viņpus *adv.* beyond, over.
viņš *prn.* he, it, that.
viņu *prn.* (akūz. no viņš) him, (akūz. no viņa) her; (genit. pl. no viņi) their.

24*

viņus *prn.* them.
violēts *a.* violet.
vira *f.* brew, brewing.
viras *f. pl.* hinge, joint.
virca *f.* dung-water.
vircas *f. pl.* spice.
vircīgs *a.* spicy, highly-seasoned.
virināt *v. a.* -nu, -nāju, to open repeatedly.
virkne *f.* row, file, series; **pērļu ~ —** string of pearls or beads.
virknēt *v. a.* -ju, -ju, to string, to file; *v. n.* -jos, -jos, to form a file, to rank.
virlops *m.* dipper, scoop.
virmot *v. a.* -ju, -ju, to flicker, to vascillate.
virpa *f.* turner's bench, lathe.
virpāt *v. a.* -ju, -ju, to turn on a lathe.
virpotājs *m.* turner.
virpātava *f.* turner's shop.
virpulis *m.* whirlwind; (ūdens) whirlpool, eddy.
virpuļot *v. a.* -ju, -ju, to whirl.
virs *adv.* above, over.
virsa *f.* surface, outside, top.
virsaitis *m.* chief, commander.
virsbūve *f.* structure above ground.
virsdrāna *f.* coating.
virsdrēbes *f. pl.* upper-garments; over-coat.
virsējs *a.* upper.
vēstnesis *m.* announcer, messenger.
virsizdevumi *m. pl.* extra costs or expenses.
virskārta *f.* upper layer; zemes — soil.
virskrekls *m.* day-shirt.
virskundzība *f.* supremacy.
virslūpa *f.* upper lip.
virsma *f.* surface.
virsmācītājs *m.* rector, vicar.
virsmežzinis *m.* upper forester.
virsnieks *m.* officer.
virsotne *f.* summit, top.
virspavēlniecība *f.* chief command.
virspavēlnieks *m.* commander-in-chief.
virsprokurors *m.* attorney-general.
virspus *adv.* above.
virspuse *f.* upper part or portion.
virsraksts *m.* heading, title, inscription.
virsroka *f.* upper hand, mastery; ~ku dabūt — to get the upper hand.
virssardze *f.* main guard.
virsseržants *m.* sergeant-major.
virsskaita... *a.* surplus, supernumerary.
virsstundas *f. pl.* overtime, extra hours.
virssulainis *m.* head-waiter.
virssvars *m.* overweight.
virssvārki *m. pl.* overcoat.
virsteikums *m.* principal clause.
virsus *m.* top, outside, surface, face.
virsuzraudzība *f.* general superintendence.
virsuzraugs *m.* senior inspector.
virsū *adv.* on, above.
virsvadība *f.* supreme direction or management.

virsvalde *f.* higher administration, general office.
virsvērtība *f.* surplus value.
virši *m. pl.* heather, heath wort.
virt *v. a.* verdu, viru, to boil.
virtuozitāte *f.* artictic skill.
virtuozs *m.* artist.
virtuozs *a.* artistic, skilled.
virtuve *f.* kitchen.
virums *m.* stew; soup.
virve *f.* rope; ~ves dejotājs — rope-dancer.
virvnīca *f.* rope-yard.
virvnieks *m.* rope-maker.
virza *f.* chick-weed.
virzīt *v. a.* -zu, -zīju, to advance, to direct; *v. n.* -zos, -zījos, to advance, to draw near.
virziens *m.* direction, course, tendency, bent.
virzulis *m.* piston.
virzuļsūknis *m.* piston-pump.
vis *adv.* by no means; too.
visagrākais *adv.* at the earliest.
visai *adv.* very.
visapkārt *adv.* all-round, round about.
visaugstākais *a.* supreme, sovereign, most high.
visādi *adv.* in every respect, in every way.
visāds *a.* sundry, diverse, of all sorts; ~dā ziņā — by all means.
visbiežāki *adv.* mostly, most frequently.
visbeidzot *adv.* lastly, finally, last of all.
viscaur *adv.* thoroughly, through and through, throughout.
visgaŗām *adv.* at all points, all along the line.
visgribis *m.* unsatiable person, glutton.
visgudrēm *adv.* astutely, deliberately, cunningly.
visgudrs *a.* all-wise, pretending to know everything.
visjaunākais *a.* (dzīvs) the youngest; (nedzīvs) the newest; (ziņas) the latest news.
viskijs *m.* whisky.
viskop *adv.* altogether.
vislabākais *a.* the best.
vislielākais *a.* the largest or biggest.
vismaz *adv.* at least.
vismazākais *a.* the smallest, the least.
visnotaļ *adv.* each and all; plainly.
vispasaule *f.* universe.
vispār *adv.* in general, generally; ja ~ — if at all.
vispārinājums *m.* generalization.
vispārināt *v. a.* -nu, -nāju, to generalize.
vispārība *f.* community, generality; ~bai derīgs — for the common weal.
vispārīgs *a.* common, general, universal.
vispirms *adv.* at first, firstly, first of all; to start or begin with.
vispusība *f.* universality, versatility.
vispusīgs *a.* universal, versatile.

viss *prn.* all, entire, everything, whole.
visspēcība *f.* omnipotence.
visspēcīgs *a.* almighty, omnipotent.
vista *f.* hen, fowl; cepta ~. — roast fowl; ~stu kūts — henhouse; ~stu zupa — chicken broth.
vistiņas *f. pl.* (rotaļa) blindman's buff.
vistkopība *f.* poultry-farming.
vistuvāki *adv.* next, nearest.
visums *m.* universe.
visur *adv.* everywhere.
visvairāk *adv.* mostly, mainly, for the most part.
visvarenība *f.* sk. visspēcība.
visvarens *a.* sk. visspēcīgs.
viszinis *m.* omniscient person; (ironiski) superficial person.
vitēt *v. a.* -ju, -ju, to whitewash.
vitrīna *f.* display-window, showwindow, show-case.
vizbulis *m.* anemone.
vizēt *v. a.* -zu, -zēju, to glitter, to glisten, to glint.
vizināt *v. a.* -nu, -nāju, to take for a drive; *v. n.* -nos, -nājos, to go for a drive, to take a drive.
vizitācija *f.* inspection, search.
vizīte *f.* visit.
vizītkarte *f.* visiting card.
vizma *f.* glimmer, glitter.
vizošs *a.* glittering, shining.
vizulis *m.* tinsel.
vizuļot *v. a.* -ju, -ju, to glisten, to glimmer, to glitter.
vīžņi *m. pl.* drift-ice, ice-floes.

vībotne *f.* mugwort.
vīgriezņi *m. pl.* spiraea.
vīģe *f.* fig.
vīksna *f.* elm, elm-tree.
vīkšķis *m.* wisp of straw.
vīkšties *v. n.* -šos, -sos, to get ready.
vīķi *m. pl.* vetch.
vīle *f.* (ī) file; (ī) seam, edge, border.
vīlēt *v. a.* -ju, -ju; (ī) to file; (ī) to hem.
vīnakmens *m.* tartar.
vīndarinātava *f.* distillery.
vīndedzis *m.* distiller.
vīnkalns *m.* vineyard.
vīnkoks *m.* vine; meža — Virginia creeper.
vīnkopis *m.* vine-grower.
vīnkopība *f.* viticulture.
vīnogas *f. pl.* grapes; ~gu sula — grape-juice.
vīns *m.* wine; ~nu noliktava — wine store; **port**~ — port; sarkan~ — hock.
vīnskābe *f.* tartaric acid.
vīpsnāt *v. a.* -ju, -ju, to sneer.
vīrāks *m.* incense.
vīrelis *m.* manikin, little man.
vīrišķība *f.* (gadi) manhood; (drosme) bravery, valour; (spēks) manliness, masculinity.
vīrišķīgs *a.* manly, brave, valiant.
vīrietis *m.* man, male; ~šu kārta (gram.) masculine gender.
vīrs *m.* man; (laulāts) husband; ~ra brālis — brother-in-law; ~ra māsa — sister-in-law; ~ra māte — mother-in-law;

~ra tēvs — father-in-law; **iet pie ~ra** — to marry; **~ un vārds** — he is as good as his word.

vist *v. a.* -stu, -tu, to fade, to wither.

vīstīt *v. a.* -stu, -stīju, to wrap up; (bērnu) to swathe, to swaddle.

vīstoklis *m.* bundle, parcel.

vīt *v. a.* viju, viju, to twist; **~ vaiņagu** — to weave a garland; *v. n.* -jos, -jos, to wind.

vitamīni *m. pl.* vitamines.

vītenis *m.* climber, creeper.

vīterot *v. a.* -ju, -ju, to twitter.

vītols *m.* willow.

vītne *f.* garland.

vīts *a.* twisted.

vīveles *m. pl.* glanders, vives.

vīzdegunis *m.* saucebox, Paul Pry.

vīzdegunība *f.* impertinence, pertness.

vīzdegunīgs *a.* pert, saucy, impertinent.

vīze *f.* bast-shoe.

vīzīgs *a.* dandified.

vīžot *v. a.* -ju, -ju, to like, to wish.

viebas *f. pl.* grimace, wry face.

viebt *v. a.* -bju, -bu, to cut a face, to curl one's lip; *v. n.* -bjos, -bos, to grimace.

viedoklis *m.* point of view, stand-point.

viegli *adv.* easily, gently, lightly.

viegliņām *adv.* very gently.

vieglpratis *m.* reckless person.

vieglprātība *f.* carelessness, levity, thoughtlessness.

vieglprātīgs *a.* careless, thoughtless.

viegls *a.* light; (garīgi) easy, slight.

vieglums *m.* lightness; easiness.

viela *f.* matter, substance, stuff; **~lu maiņa** — transformation of matter; **~las vārds** — concrete noun.

vien *adv.* only, solely, but; **cik ~ ātri** — as fast as...; **ēda, cik ~ varēja** — ate as much as he could.

vienaldzība *f.* indifference, unconcern.

vienaldzīgs *a.* indifferent.

vienalga *adv.* all the same; **man ~ I** don't care; **vienalga!** *interj.* — never mind!

vienatne *f.* solitude, seclusion.

vienādi *adv.* alike, equally, similarly; (vienmēr) always, ever.

vienādība *f.* identity, likeness, similarity, uniformity.

vienāds *a.* like, identical, equal, even, uniform, similar; (garā) congenial.

vienbalsīgs *a.* of one voice; (lēmums) unanimous.

viencēliens *m.* one-acter, one-act play.

viendaudz *adv.* just as much; **tas ir ~** — no matter if...; sk. arī vienalga.

viendien *adv.* once, one day; **~nas muša** — ephemera.

viengadīgs *a.* of one year; vie

nos gaḍos — of the same age; coeval.
vieninieks *m.* one, unit; (cilvēks) single.
vienība *f.* (skaitļós) unit, unity; (sabiedr.) union, concord.
vienīgs *a.* only, sole, single; (izcils) unique.
vienjūgs *m.* one-horse vehicle.
vienkārši *adv.* plainly, simply; without ceremony.
vienkāršība *f.* plainness, simplicity.
vienkāršot *v. a.* -ju, -ju, to simplify.
vienkāršs *a.* plain, simple; (dabīgs); artless; (prasts) common, ordinary; -ša maltīte — frugal meal.
vienkops *adv.* jointly, together, unitedly.
vienkrāsains *a.* one-coloured.
vienlaicība *f.* simultaneousness.
vienlaicīgs *a.* simultaneous; coeval.
vienlaidu *adv.* incessantly, without interruption.
vienlaika *a.* contemporary, coeval.
vienlapė *f.* heart-leaf.
vienlīdz *adv.* alike, equally.
vienlīdzība *f.* equality, conformity, likeness.
vienlīdzīgs *a.* equal, like.
vienmastnieks *m.* cutter, one-masted ship.
vienmēr *adv.* always, constantly.
vienmērība *f.* evenness, regularity, symmetry.

vienmērīgs *a.* even, regular, symmetrical.
vienmuļība *f.* monotony.
vienmuļīgs *a.* monotonous; eventless.
viennadzis *m.* whole-hoofed, solidungulate.
vienojamā zīme *f.* (-) hyphen.
vienošana *f.* union, junction.
vienošanās *f.* agreement, arrangement, unity.
vienot *v. a.* -ju, -ju, to unite; *v. n.* -jos, -jos, to agree, to come to terms.
vienotne *f.* student's society.
vienpadsmit *num* eleven; -tais — the eleventh.
vienprātība *f.* agreement, concord, unanimity.
vienprātīgs *a.* unanimous.
vienpusība *f.* partiality, one-sidedness.
vienpusīgs *a.* partial, one-sided.
vienroce *f.* short scythe, worked with one hand.
vienrocis *m.* short saw; one-handed man.
vienrūp *adv.* separately.
viens *num.* one; - pats — quite alone, alone; (kāds) a (an).
viensēta *f.* single or separate farm; iziet -tā — to leave the village for a separate farm.
viensētnieks *m.* separate farmer.
vienskaitlis *m.* (gram.) singular.
viensliežu *a.* single-railed.
vienstāva *a.* one-storied.
vientiesis *m.* simpleton; openhearted person.
vientiesība *f.* naivety, simplicity.

vientiesīgs *a.* simple-minded, naive, open-hearted.

vientulis *m.* a lonely person, hermit.

vientulība *f.* solitude, seclusion, retirement.

vientulīgs *a.* lonely, solitary, secluded.

vienvaldība *f.* monarchy.

vienveidīgs *a.* uniform, homogeneous.

vienvirziena strāva *f.* direct (continuous) current.

vienvērtīgs *a.* equivalent.

vienvienīgs *a.* only, single, unique.

vienzilbīgs *a.* of one syllable.

viesis *m.* guest, visitor.

viesistaba *f.* drawing or sitting-room.

viesizrāde *f.* star-performance.

viesības *f. pl.* party; (ar deju) dancing-party.

viesmīlis *m.* waiter; -le — waitress.

viesmīlība *f.* hospitality.

viesmīlīgs *a.* hospitable.

viesnīca *f.* hotel; (vienkārša) inn.

viesnīcnieks *m.* host, innkeeper, landlord.

viesošanās *f.* visit; (uz skatuves) starring tour.

viesoties *v. n.* -jos, -jos, to be on a visit, to star.

viesties *v. n.* -šos, -sos, to increase.

viesulis *m.* whirlwind, tornado.

viesu|uguns *f.* violent cannonade; heavy shelling.

viesu|vētra *f.* cyclone, hurricane, tornado, gale.

viešņa *f.* female guest.

vieta *f.* place, spot; **-tu apgād. birojs** —· registry-office, labour-exchange; **-tas izpildītājs** — substitute.

vietā *adv.* instead of; in the place of.

vietām *adv.* in places, here and there.

vietējs *a.* local; **-ja saruna** (telef.) local call or connexion; **-ja satiksme** (dzelzc.) local traffic.

vietnieks *m.* substitute; **-ka vārds** (gram.) — pronoun; **-ku pulks** — local board, parish council.

vietraugas *f. pl.* visit of future homestead.

vietumis *adv.* sk. vietām.

vietvietām *adv.* sk. vietām.

vokābuls *m.* word.

vokābulārs *m.* vocabulary.

vokālis *m.* vowel.

vokātīvs *m.* vocative.

volontiers *m.* volunteer; (bezmaksas ierēdnis) unsalaried clerk.

vraks *m.* wreck.

vulgārs *a.* vulgar.

vulkānisks *a.* volcanic.

vulkāns *m.* volcano.

Z

Zaglis *m.* thief; **-ļu banda** — gang of thieves; **-ļu midzenis** — den of thieves.

zaglība *f.* thieving, pilfering.

zaglīgs *a.* furtive; thievish.
zagšus *adv.* furtively, stealthily, on the sly.
zagt *v. a.* zogu, zagu, to steal; *v. n.* -gos, -gos, to steal, to sneak.
zaigot *v. a.* -ju, -ju, to glint, to glisten, to glitter.
zaimošana *f.* blasphemy.
zaimot *v. n.* -ju, -ju, to calumniate, to slander; ~ Dievu — to blaspheme.
zaķis *m.* hare; ~ķa cepetis — roast hare; ~ķu kāposti — hare's lettuce; ~ķa pastala — coward.
zaldāts *m.* soldier.
zalktis *m.* adder.
zalogs *m.* security; (tiesā) bail.
zaļbarība *f.* uncooked vegetarian food; ~bas ēdējs — fruitarian.
zaļgans *a.* greenish.
zaļmēslojums *m.* vegetable manure.
zaļoksnējs *a.* full of energy or vitality, robust.
zaļoksnība *f.* vigour, robustness.
zaļot *v. a.* -ju, -ju, to be green or verdant; *fig.* to prosper, to flourish.
zaļš *a.* green, verdant; (nevārīts) raw; **zaļā ceturtdiena** — Maundy Thursday.
zaļumballe *f.* open-air ball, campestral dance, garden-party.
zaļumi *m. pl.* (pārtikai) greens; the country, the green fields; izbraukt ~mos — to make a trip into the country.
zaļumnieks *m.* holiday-maker, summer-visitor.
zaļums *m.* verdure, green, greenness.
zandarts *m.* perch-pike.
zaņķis *m.* slough; nogrimt ~ķī — to stick in the mud.
zarains *a.* branched, knotty.
zariņš *m.* twig, sprig.
zarna *f.* gut; ~nu stīga — catgut string; **aklā** ~ appendix; **aklās** ~nas iekaisums appendicitis.
zarošanās *f.* branching, ramification; (uz divām pusēm) bifurcation.
zarot *v. a.* -ju, -ju, to branch; *v. n.* -jos, -jos, to ramify.
zars *m.* bough, branch; (dēlī) knot, knob, snag.
zaudējums *m.* loss; (nāves dēļ) bereavement; (veikalā) casualties.
zaudēt *v. a.* -ju, -ju, to lose, to be deprived of.
zaudētājs *m.* loser.
zābakots *a.* booted; ~ runcis — puss in boots.
zābaks *m.* boot; ~ka purns — point of a boot; ~ka papēdis — heel; ~ku spodrinātājs — shoe-black; ~ka stulms — boot-top or leg.
zādzība *f.* theft; **literāriska** ~ — plagiarism.
zāģēt *v. a.* -ju, -ju, to saw.
zāģētava *f.* saw-mill.
zāģētājs *m.* sawyer.
zāģis *m.* saw; ~ģu skaidas — sawdust.
zāģveidīgs *a.* saw-shaped.

zākāt — zeme 379

zākāt *v. a.* -ju, -ju, to abuse, to calumniate, to slander.
zālaine *f.* grass-plot, lawn.
zālains *a.* grassy.
zālājs *m.* grass-land, pasture-land
zāle *f.* (dzīvoklī) drawing-room; (svinībām) reception - room (lekcijām) auditorium; (dejai) ball-room.
zāle *f.* (â) grass; (ārstn.) herb; (nezāle) weed.
zāles *f. pl.* herbs; (aptiekas) medicine; ~ju siers — green cheese; ~ju tēja — decoction of herbs, herbal tea; ~ju tirgotājs — herbalist; ~ju vakars — St. John's Eve; Midsummer Night; ~ju vīns — medicated wine; nāves ~ — poison.
zāļēdējs *m.* herbivorous animal.
zāļot *v. a.* -ju, -ju, (ārstēt) to cure, to heal; ~ ēdienu — to poison.
zārds *m.* scaffold of poles.
zārks *m.* coffin.
zebenīca *f.* fodder-bag.
zebiekste *f.* weasel.
zediņš *m.* paling.
zeģene *f.* sk. zārds.
zeķe *f.* stocking, hose; (vīriešu) sock; ~ķu pārdevējs — hosier; ~ķu preces — hosiery.
zeķturis *m.* suspenders *(pl.);* (apsienams) garter.
zelēt *v. a.* -ju, -ju, to chew, to masticate.
zellis *m.* apprentice
zelmenis *m.* sprung-up corn.

zelt *v. a.* -ļu, zēlu, to become green, to flourish, to thrive.
zeltains *a.* gold-coloured, golden.
zeltene *f.* girl, maid, lass.
zelteris *m.* soda-water.
zeltgriezums *m.* gold section, gilt edges.
zeltiņš *m.* ring-finger.
zeltīt *v. a.* -ju, -ju, to gild.
zeltkalis *m.* goldsmith.
zeltracis *m.* gold-digger.
zelts *m.* gold; ~ta bedre — gold-mine; ~ta gabals, goldpiece, ingot; ~ta kāzas — golden wedding; ~ta laikmets — golden age; ~ta nauda — gold coins; ~ta skalošana — washing of gold-bearing sand; ~ta raktuve — gold-mine.
zem *prp.* below, beneath, under.
zemapziņa *f.* subconsciousness.
zemāk *adv.* lower.
zemākais *a.* lowest, nethermost.
zemcilnis *m.* bas-relief.
zemdegas *f. pl.* subterraneous fire.
zeme *f.* earth, ground; (arama) soil, mould; (valsts) country, land; ~es ass — axis of the earth; ~es banka — agrarian bank; ~es čurkste — sand-martin; ~es darbi — earth-works; ~es gabals — landed estate; ~es īpašnieks — landlord, proprietor; ~es josla — zone; ~es karte — map; ~es klēpis — bowels of the earth; ~es lode — globe; ~es malka — peat; ~es nodoklis — land-tax; ~es piešķiršana — allotment of farming-land; ~es

sargs — territorial soldier; -es **šaurums** — isthmus, neck of land; -es **trīce** — earthquake; -es **vējš** — landfreeze; -es **virsa** — surface of the earth; -es **grāmatas** — registry of landed property; -es **smēlējs** — dredging machine.
zemenāji *m. pl.* strawberry
zemene *f.* strawberry. [plants.
zemi *adv.* base, mean, vile.
zemisks *a.* base, mean, vile.
zemiskums *m.* baseness. meanness.
zemkopis *m.* agriculturist. farmer; husbandman.
zemkopība *f.* agriculture. husbandry.
zemnīca *f.* mud-hut.
zemniecisks *a.* peasant, rustic.
zemnieks *m.* peasant, rustic, farmer; -ku **mājas** — farm, farmstead.
zemoties *v. n.* -jos, -jos, to stoop, to degrade oneself.
zems *a.* low.
zemturis *m.* farmer, landowner.
zemu *adv.* low.
zemums *m.* lowland.
zemūdene *f.* submarine.
zemzaris *m.* low-branched tree, (synonym for oak).
zenīts *m.* zenith.
zeņķis *m.* boy, lad, stripling.
zēģeles *f. pl.* sk. buras.
zēģelēt *v. a.* -ju, -ju, to set sail.
zēns *m.* boy, lad, youth.
zibens *m.* lightning.
zibeņātrumā *adv.* quick as lightning.

zibeņnovadītājs *m.* lightning-conductor, lightning-rod.
zibeņot *v. imp.* -ņo, -ņoja, to lighten, to flash; zibeņo — it lightens.
zibeņveidīgs *a.* like lightning.
zibēt *v. a.* -bu, -bēju, to flash, to glitter.
zibināt *v. a.* -nu, -nāju, to flash, to make glitter.
zibsnīt *v. imp.* -nī, -nīju, to flash, to lighten.
zilace *f.* blue-eyes.
zilastīte *f.* blue titmouse.
zilauši *m. pl.* wild larkspur.
zilbe *f.* syllable; -bju **mīkla** —
zilene *f.* blueberry. [charade.
zilgalvīši *m. pl.* heal-all.
zilgans *a.* bluish.
zilganums *m.* bluishness.
zilgme *f.* azure.
zilināt *v. a.* to blue.
zilkrūtītis *m.* blue-breast, blue-throat.
zilonis *m.* elephant; -**ņa snuķis** — trunk.
ziloņkauls *m.* ivory.
zilpelēks *a.* livid.
zils *a.* blue.
zilskābe *f.* prussic acid.
zilumi *m. pl.* blue.
zilums *m.* blueness, blue.
zilumzāles *f. pl.* indigo, Prussian blue.
zimze *f.* cornice; (kamīna) mantlepiece.
zināms *a.* known, certain; -**mu darīt** — to inform, to acquaint with, to send word.
zināms *adv.* certainly, of course.
zināšana *f.* knowing.

zināšanas *f. pl.* knowledge, learning.

zināt *v. a.* -nu, -nāju, to know; **ne-** — to be ignorant of.

zinātājs *m.* person cognizant of; initiated person; (pratējs) connoisseur, expert.

zinātne *f.* science.

zinātnisks *a.* scientific.

zinātnieks *m.* man of science, scholar.

zinības *f. pl.* knowledge, learning, attainments.

zintinieks *m.* charmer, wizard, wise man.

ziņa *f.* information, note; (jauna) news; ar -ņu — deliberately; dažā -ņā — in some respects; bez manas -ņas — without my knowing; nekādā -ņā — in no wise, by no means; visādā -ņā — by all means; **-ņu birojs** — information bureau or office.

ziņģe *f.* old-fashioned song.

ziņkāre *f.* curiosity, inquisitiveness.

ziņkārīgs *a.* curious, inquisitive.

ziņnesis *m.* messenger, courier.

ziņojums *m.* report, information; (avīzēs) publication, advertisement.

ziņot *v. a.* -ju, -ju, to inform, to report; (atklāti) to publish.

ziņotājs *m.* informer; (avīžu) reporter.

zirdzinieks *m.* workman with horse; horseman.

zirdziņš *m.* (šachā) knight; **-ņa lēciens** — knight's move.

zirgēzelis *m.* mule

zirgkopis *m.* breeder of horses.

zirgkopība *f.* horse-breeding.

zirglietas *f. pl.* harness, trappings.

zirgs *m.* horse; **-gu dzelzceļš** — horse tramway; trolley; **-gu izīrētājs** — livery-man; **-gu mietnieks** — horse-coper, horse-dealer; **-gu puisis** — groom; **-gu sega** — horse-cloth, horse-rug; **-gu skābene** — dock; **-gu skriešanās** — races; **-ga spēks** — horse-power; **-gu tirgus** — horse-fair; **-gu zaglis** — horse-thief.

zirnāji *m. pl.* pease-straw.

zirnājs *m.* field of peas.

zirneklis *m.* spider; **-kļa tīkls** — cobweb.

zirnis *m.* pea, pl. pease; **vanagu -ņi** — bird's tares; **-ņu pākste** — pea-pod; **-ņu biezputra** — pease pudding.

zivkopība *f.* pisciculture.

zivs *f.* fish; **-vju dīķis** — fishpond; **-vju eļļa** — fish-oil; **-vju ēdiens** — fish-dish; **-vju ikri** — spawn, roe; **-vju kārnis** — common heron; **-vju līme** — fish-glue; **-vju pārdevējs** — fishmonger; **-vju pieņi** — milt; **-vju tirgus** — fish-market; **-vju zviņas** — fish-scales.

zizlis *m.* sceptre, wand.

zīdainis *m.* suckling, infant-in-arms.

zīdains *a.* silky.

zīdals *m.* mother's milk.

zīdenis *m.* pease-soup with smoked pork.

zīdējs *m.* sucker.
zīdīšana *f.* nursing, suckling.
zīdīt *v. a.* -du, -dīju, to nurse, to suckle.
zīdītāja *f.* wet-nurse, suckling-mother.
zīdītājs *m.* mammal.
zīdkopība *f.* breeding of silk-worms.
zīdpapirs *m.* tissue-paper.
zīds *m.* silk; ~da drānas — silks; ~da fabrikants — silk-manufacturer; ~da plīšs — silk-shag; ~da tārpiņš — silk-worm; ~da tirdzniecība — silk-trade; ~da tirgotava — silk-merchant's business.
zīle *f.* titmouse.
zīle (i) *f.* acorn.
zīlēt *v. a.* -ju, -ju, to predict, to tell fortunes.
zīlniecība *f.* fortune-telling.
zīlnieks *m.* fortune-teller.
zīme *f.* sign, token; firmas — trade-mark, brand; grāmatu ~ — ex libris; laba (ļauna) ~ — happy (ill) omen; lasāmā ~ — book-mark; atkārtojuma ~ (mūz.) repeat; norunāta ~ — signal; slimības ~ — symptom; pieturas ~mes — punctuation; par ~mi savai mīlai — in token of his love.
zīmējums *m.* design, drawing.
zīmēšana *f.* drawing; ~nas skolotājs — drawing-master.
zīmet *v. a.* -ju, -ju, to design, to draw: (parakstīt) to subscribe; *v. n.* -ios, -jos, to relate to to refer to, to allude to; (parakstīties) to sign.
zīmētava *f.* drawing-room or office.
zīmētājs *m.* designer, draftsman.
zīmīgs *a.* significant.
zīmīte *f.* note.
zīmogmarka *f.* bill-stamp.
zīmognodoklis *m.* stamp-duty
zīmogot *v. a.* -ju, -ju, to brand, to mark, to stamp.
zīmogs *m.* stamp.
zīmulis *m.* pencil.
zīriņš *m.* tern.
zīst *v. a.* -žu, -du, to suck.
zītars *m.* sk. dzintars.
zīžamā pudelīte *f.* feeding-bottle.
ziedains *a.* speckled, spotted; flowery.
ziede *f.* grease, ointment, cream.
ziedēšana *f.* blooming, blossoming.
ziedēt *v. a.* -du, -dēju, to bloom, to blossom, to flower.
ziedkopa *f.* inflorescence.
ziedlapiņa *f.* petal.
ziedojums *m.* (upuris) offering, sacrifice; (dāvana) donation.
ziedonis *m.* spring, springtime.
ziedošs *a.* blooming; (uzņēmums) flourishing.
ziedot *v. a.* -ju, -ju, to offer, to sacrifice; to present.
ziedotājs *m.* donor.
ziedputekļi *m. pl.* pollen.
zieds *m.* blossom, flower, bloom; ~du laiks — flowering season; (puķei) florescence; (uzplaukums) golden age.

ziema *f.* winter; ~mas guļa — hibernation, winter-sleep.
ziemāji *m. pl.* winter-crops.
ziemcieši *m. pl.* periwinkle, evergreen.
ziemelis *m.* northwind.
ziemeļblāzma *f.* arctic or northern lights, aurora borealis.
ziemeļbriedis *m.* reindeer.
ziemeļi *m. pl.* north; ~ļu rase — the Nordic race.
ziemeļnieks *m.* inhabitant of the north.
ziemeļpols *m.* North Pole.
ziemeļrītenis *m.* north-east wind.
ziemeļzvaigzne *f.* north-star, pole-star.
ziemišķāda *f.* chamois, washleather, shammy.
ziemsvētki *m. pl.* Christmas; ~ku dāvana — Christmas-box; ~ku eglīte — Christmas-tree; ~ku 'aiks — Christmas tide; otrā ~ku diena — Boxing Day; ~ku sveiciens — Christmas greetings; (karte) Christmas card; ~ku vakars — Christmas Eve.
ziepains *a.* soapy.
ziepes *f. pl.* soap; ~pju burbulis — soap-bubble; ~pju gabals — cake of soap; ~pju putas — lather; ~pju ūdens — soapsuds; ~pju fabrika — soapworks; ~pju zāles — soapstone, steatite.
ziepēt *v. a.* -ju, -ju, to soap.
ziepnieks *m.* soap-boiler, soapmanufacturer.

ziest *v. a.* -žu, -du, to smear, to cover.
zieža *f.* sk. ziede.
znots *m.* son-in-law.
zobārsts *m.* dentist, dental surgeon.
zobains *a.* cogged, toothed.
zobenāji *m. pl.* iris.
zobenis *m.*, **zobskanis** *m.*, dental.
zobens *m.* sword, sabre; ~na cirtiens — sabre-cut; ~na maksts — sheath, scabbard; ~nu žvadzēšana — clashing of swords.
zobeņkalis *m.* armourer.
zobgalis *m.* scoffer, sneerer.
zobgalība *f.* scoffing, sneering, mockery.
zobgalīgs *a.* mocking, sarcastic, sneering.
zobot *v. a.* -ju, -ju, to banter, to chaff; *v. n.* -jos, -jos, to sneer at, to mock, to be sarcastic about.
zobotājs *m.* scoffer, mocker.
zobrats *m.* cog-wheel.
zobs *m.* tooth, pl. teeth; kuiļa, ziloņa ~ — tusk; laika ~ — the ravages of time; rata ~ — cog; vilka ~ — fang; ~bu atņirgšana — showing one's teeth; ~bu augonis — gumboil, abcess in the gums; ~bu bakstāmais — tooth-pick; ~bu griešana — gnashing of teeth; ~bu klabināšana — chattering of teeth; ~bu maiņa — shedding of teeth; ~bu nākšana — teething; ~bu pasta — tooth-paste; ~bu pulveri· — tooth-powder; ~bu puve —

caries of teeth; ~bu sāpes — toothache; ~bu suka — toothbrush; ~bu zāles — remedy
zods *m.* chin. [for toothache
zole *f.* sole.
zosāda *f.* goose or chicken flesh, creeps, tatters.
zoslēns *m.* gosling.
zospēdiņas *f. vl.* inverted commas.
zoss *f.* goose, pl. geese; ~ cepetis — roast goose; ~su gans — goose-herd; ~su kūts — goose-shed or coop; ~su gājiens — single file; ~su ķidiņas — goose-giblets.
zostēviņš *m.* gander.
zōna *f.* zone.
zooloģija *f.* zoology.
zudums *m.* decrease, loss.
zupa *f.* soup.
zust *v. a.* zūdu, zudu, to disappear, to vanish.
zustrene *f.* currant.
zutenis *m.* money-bag, purse.
zutiņš *m.* lamprey.
zutis *m.* eel.
zūdīties *v. n.* -dos, -dījos, to be anxious, to be concerned about.
zvaigznājs *m.* constellation.
zvaigzne *f.* star; Zvaigznes diena — Twelfth Night; ~žņu lūkotava — observatory; ~žņu pētnieks — astronomer.
zvaigznīte *f.* (zīme) asterisk.
zvaigžņains *a.* starry, starsprinkled.
zvaigžņveidīgs *a.* starlike.
zvalstīšanās *f.* rocking, vacillation.
zvalstīties *v. n.* -stos, -stījos, to rock to and fro, to vacillate.
zvaniķis *m.* sexton.
zvaniņi *m. pl.* blue-bells, harebells.
zvanīt *v. a.* -nu, -nīju, to ring; (kapos) to toll.
zvanītājs *m.* bell-ringer, sexton.
zvani *m. pl.* chimes, pealing of bells.
zvans *m.* bell; ~nu lējējs — bell-founder; ~na mēle — bell-clapper; ~nu tornis — bell-tower, steeple; ~nu torņa priekšnams — belfry.
zvargulis *m.* harness-bell; sleighbell.
zveja *f.* fishing.
zvejniecība *f.* fishing.
zvejnieks *m.* fisher, fisherman; ~ki — fisherfolk.
zvejošana *f.* fishing.
zvejot *v. a.* -ju, -ju, to fish.
zvelt *v. a.* -ļu, zvēlu, to hit.
zveltnis *m.* rammer. [to strike.
zveļamais *m.* club, cudgel.
zveņģele *f.* spring-bar.
zvēliens *m.* blow, hit, stroke.
zvērasts *m.* oath.
zvērāda *f.* fur.
zvērēt *v. a.* -ru, -rēju, to swear, to take one's oath; nepatiesi ~ — to perjure oneself.
zvērināt *v. a.* -nu, -nāju, to swear in, to bind by oath.
zvērināts *a.* sworn; ~ advokāts — solicitor; ~to tiesa — assizes, jury.
zvērisks *a.* bestial, atrocious.
zvēriskums *m.* brutality, atrocity, bestiality.
zvērnīca *f.* menagerie.

zvērot v. a. -ju, -ju, to sparkle.
zvērs m. beast; ~ru dārzs — zoological gardens; ~ru dīdītājs — animal-tamer.
zvirbulis m. sparrow; ~ļu vanags — sparrow-hawk.
zvirgzdains a. gravelly.
zvirgzdi m. pl. gravel.
zviguļot v. a. -ju, -ju, to glisten, to glitter.
zvīļot v. a. -ju, -ju, to gleam.
zviņa f. scale.
zviņot v. a. -ju, -ju, to scale.
zviņveidīgs a. scaly.
zviedriski adv. Swedish.
zviedrs m. Swede.
zviegt v. a. -dzu, -dzu, to neigh; (lēni) to whinny; (smieties) to guffaw.

Ž

Žadzināt v. a. -nu, -nāju, to talk incessantly.
žagari m. pl. faggots; (augoši) brushwood; (pēriens) whipping, rod.
žagata f. magpie.
žagi m. pl. hiccough.
žagoties v. n. -jos, -jos, to hiccough.
žakete f. jacket.
žanrs m. genre, style.
žargons m. jargon, slang.
žaunas f. pl. gills.
žaut v. a. -ju, -žāvu, to air, to hang out to dry.
žāklis m. forked branch.
žāvas f. pl. yawn.
žāvāties v. n. -jos, -jos, to yawn.
žāvēt v. a. -ju, -ju; (drēbes) to dry, to air; (gaļu) to smoke-dry; v. n. -jos, -jos, to dry oneself.
žāvētava f. drying room.
žāvēts a. dried; (gaļa) smoked, cured; (zivis) bloated; ~ta siļķe — bloater, kipper.
žeberīgs a. lively.
žebērklis m. fish-spear, harpoon.
žebris m. weasel.
želatīns m. gelatine.
želeja f. jelly.
žeperis m. branched stick.
žestikulēt v. a. -ju, -ju, to gesticulate.
žests m. gesture.
žetons m. badge.
žēl adv. man ~ — I am sorry; man viņa ~ — I am sorry for him.
žēlabas f. pl. regret, remorse; (skaļas) lamentation, wail.
žēlastība f. mercy; ~bas dāvana charity, alms; ~bas maize — bread of charity; Dieva ~ — divine grace.
žēlīgs a. merciful, gracious.
žēlnieks m. defender.
žēlošana f. mercy, pity; regret.
žēlošanās f. complaint, grievance; (sūdzība) action, suit.
žēlot v. a. -ju, -ju, to pity; v. n. -jos, -jos, to complain, to go to the law.
žēls a. pitiful, woeful.
žēlsirdība f. compassion, mercy.
žēlsirdīgs a. compassionate, charitable, merciful.
žēlums m. grief, regret.
žigls a. nimble, quick.

žiglums *m.* nimbleness, speed.
žilbināt *v. a.* -nu, -nāju, to dazzle, to blind.
žirafe *f.* giraffe.
žirants *m.* endorser.
žirēt *v. a.* -ju, -ju, to endorse.
žirgts *a.* alert, brisk, lively.
žirgtums *m.* alertness, briskness.
žiro *m.* endorsement.
židisks *a.* Jewish.
židiete *f.* Jewess.
žīds *m.* Jew; **mūžīgais ~** the Wandering Jew; **~du grautiņš** — Jew-baiting.
žmaugs *a.* slender, slim.
žņaudzējs *m.* strangler, cut-throat; (vēderā) gnawing pain.
žņaudzīt *v. a.* -gu, -dziju, to squeeze.
žņaugi *m. pl.* snare, sling.
žņaugt *v. a.* -dzu, ¹dzu, to strangle, to throttle, to squeeze.
žods *m.* sk. zods.
žogs *m.* enclosure, fence, hedge.
žokejs *m.* jockey.
žoklis *m.* jaw.
žonglieris *m.* juggler.
žubīte *f.* chaffinch.
žuburojums *m.* forking, branching.
žuburs *m.* forked branch.
žulgans *a.* watery, unclear.
žults *f.* gall, bile.
žultsakmens *m.* gall-stone.
žurga *f.* thin soup, diluted drink.
žurka *f.* rat; **~ku lamatas** — rat-trap; **~ku zāles** — rat-poison.
žurnālistika *f.* journalism.
žurnālists *m.* journalist.
žurnāls *m.* journal, magazine.
žužināt *v. a.* -nu, -nāju, to rustle, to sough.
žūksnis *m.* bunch, bundle; (satīts) parcel, roll.
žūpa *f. m.* drunkard, tipper, boozer.
žūpība *f.* drink, drinking, boozing.
žūpot *v. a.* -ju, -ju, to drink hard, to booze.
žvadzināt *v. a.* -nu, -nāju, (atslēgas) to clink; (ieročus) to rattle.
žūt *v. a.* -stu, -žuvu, to dry, to get dry.
žūžot *v. a.* -ju, -ju, to rustle; (bērnu) to lull to sleep.
žvadzēt *v. a.* -dzu, -dzēju, to clash, to clink.
žveiris *m.* windbag, thoughtless person.
žvingstēt *v. a.* stu, -stēju, to whizz; (ausīs) to hum; man žvingst ausīs — my head hums.
žvingulis *m.* tipsiness; viņam galvā ~ — he is tipsy; (cilvēks) fop, swank.
žvīkstēt *v. a.* -stu, -ju, to whiz.
žvīuks! *interj.* bang! crash! flop!
žviukstēt *v. a.* -stu, -stēju, to clap, to crack.

Īpašvārdi.

Abels — Abel.
Abesinija — Abyssinia; *iedz.* Abyssinian; *a.* Abyssinian.
Achillejs — Achilles.
Adele — Adela, Addy.
Adolfs — Adolphus, Dolphus.
Adrijas jūŗa — the Adriatic (Sea).
Afganistana — Afghanistan.
Aigeja jūra — Aegian Sea.
Ainejs — Aeneas.
Afrika — Africa; *a.* African.
Afrodite — Aphrodite.
Aischils — Aeschylus.
Aisops — Aesop.
Aitiopija — Aethiopia.
Albanija — Albania; *iedz.* — Albanian.
Aleksandrs — Alexander, Aleck.
Alise — Alice.
Alpi — the Alps; Šveices - — the Swiss mountains; *a.* Alpine.
Altajs — Altai mountains.
Alžira — Algiers.
Aļaska — Alaska.
Amalija — Amalia.
Amazone — Amazon.
Amerika — America; *iedz.* American; *a.* American.
Amjena — Amiens.
Andi — the Andes.

Andrejs — Andrew, Andy.
Anglija — England; - iedz. — Englishman; *pl.* the English; *a.* English.
Anna — Ann, Anne, Nan.
Antiļu salas — Antilles.
Antons — Anthony.
Antverpene — Antwerp.
Apenini — Apennines
Apollōns — Apollo.
Arabija — Arabia; - iedz. — Arab; *a.* Arabian.
Aristotels — Aristotle.
Arturs — Arthur.
Atēnas — Athens; *a.* Athenian.
Atlantijas ōkeans — Atlantic ocean.
Australija — Australia; *iedz.* Australian; *a.* Australian.
Austrija — Austria; *a.* Austrian.
Austrumindija — the East Indies.
Azoru salas — Azores; *a.* Azorian.
Ābrams — Abraham.
Ādams — Adam.
Āzija — Asia; *iedz.* **Asiatic** Asian; *a.* Asiatic.

Babilona — Babylon.
Baiba — Barbara, Babs.
Bairens — Byron.

Bakchus — Bacchus.
Balearu salas — Balearic Isles.
Balkāni — Balkans.
Baltā jūŗa — the White Sea.
Baltijas jūŗa — the Baltic (Sea).
Bāzele — Basle.
Belcebuls — Beelzebub.
Beļģija — Belgium; *iedz.* Belgian; *a.* Belgic.
Berlīne — Berlin.
Bermudas salas — Bermudas.
Berta — Bertha.
Bērtulis — Bartholomew.
Betija — Betty, Bessy, Betsy.
Betleme — Bethlehem.
Birma — Burma (h).
Badenes ezers — Lake of Constance.
Bombeja — Bombay.
Bospors — Bosporus.
Botnijas līcis — the Bothnian Gulf.
Brazīlija — Brazil; *iedz.* Brazilian.
Brencis, Labrencis — Laurence, Lawrence.
Bretaņa — Brittany; -s *iedzīv.* Breton.
Brisele — Brussels.
Britānija — Britain, Britannia; *iedz.* Briton; *a.* British.
Buda — Buddha.

Cecīlija — Cecily.
Ceilona — Ceylon; -nas *iedzīvotājs* — Cingalese.
Ceiss — Zeus, Jupiter.
Celzijs — Celsius.
Clāna — Zion.
Cicerons — Cicero.
Cīriche — Zurich.

Čechoslovakija — Czechoslovakia; *iedz.* Czechoslovakian.
Čikaga — Chicago.
Čīle — Chile; *iedz.* Chilian; *a.* Chilian.
Čipus, Kristaps — Christopher.

Charkova — Kharkow.
Chartuma — Khartum.

Damaska — Damascus; -as iedzīvotājs — Damascene.
Dāmokla zobens — Damoclean sword.
Danciga — Dan(t)zig.
Dardaneļi — the Dardanelles, the Hellespont.
Dānija — Denmark; *iedz.* Dane; *a.* Danish.
Dārta — Dorothy.
Donava — Danuhe.
Dore — Dorris.
Dženova — Genoa; *a.* Genoese.

Eda, Edīte — Edith.
Edinburga — Edinburgh.
Edwards — Edward, Ned, Teddy.
Efesa — Ephesus; *a.* Ephesian.
Eifrata — Euphrates.
Eiropa — Europe; *a.* European.
Eiženija — Eugenia.
Eižens — Eugene.
Elija — Elijah.
Elizabete — Elizabeth, Betsy, Bess.
Elza — Eliza, Elza.
Elzas-Lotringa — Alsace-Lorraine.
Emīlija — Emily.
Ernsts — Earnest.

Ēģipte — Kairo

Ēģipte — Egypt; *a.* Egyptian.
Estere — Esther, Hesther, Hetty.
Etna — Aetna.

Filadelfija — Philadelphia.
Filipīnas — Philippines.
Filips — Philip.
Fīrvaldštetes ezers — Lake of Lucerne.
Flandrija — Flanders; *iedz.* Fleming, Flemish man; *a.* Flemish, of Flanders.
Florence — Florence; *a.* Florentine.
Foinīkija — Phoenicia; *a.* Phoenician.
Francija — France; *a.* French; - iedzīvotājs — Frenchman, *pl.* Frenchmen, the French.
Francis — Francis, Frank.
Frankfurte — Frankfort.
Fridrichs, Fricis — Frederic, Fred.

Galicija — Galicia.
Galileja — Galilee; *iedz.* un *a.* Galilean.
Gallija — Gaul.
Glostera — Glocester.
Golfa strāva — Gulf Stream.
Golgata — Golgotha.
Grenlande — Greenland.
Grīniča — Greenwich.
Grieķija — Greece; *iedz.* — Greek; *a.* Greek.
Grieta, Grietiņa — Maggie, Meg, Peggy.
Gustavs — Gustavus, Guss.
Gvineja — Guinea.
Genecarete — Gennesaret.
Gente — Ghent.
Gedus — Geoffrey.

Havaja — Hawaii.
Hāga — the Hague.
Hebridu salas — Hebrides, Western Isles.
Helene — Helen, Ellen, Nelly.
Helgolande — Heligoland.
Himalajs — the Himalaya Mountains.
Holande — Holland; -es iedzīvotājs — Dutchman; *pl.* the Dutch; *a.* Dutch.

Igaunija — Esthonia; *iedz.* Esthonian; *a.* Esthonian.
Indija — India; *a.* Indian, Hindoo.
Indriķis — Henry.
Inga — Harry.
Īrija — Ireland; - iedzīvotājs — Irishman, *pl.* Irishmen, the Irish; *a.* Irish.
Islande — Iceland; *a.* Icelandic.
Itālija — Italy; *iedz.* — Italian; *a.* Italian.
Ieva — Eve.

Jamaika — Jamaica.
Japāna — Japan; *a.* Japanese; -s iedzīvotājs — Japanese.
Jaunzelande — New Zealand.
Jānis, Jancis — John, Johnny Jack.
Jāzeps — Joseph, Jos, Joe.
Jeremija — Jeremiah.
Jēzus — Jesus.
Jēcis, Ješka — Jim, Jimmy
Jēkabs — James.
Jitlande — Jutland.
Jugoslavija — Yugo-Slavia.
Juris — George.

Kairo — Cairo.

Kalkuta — Calcutta.
Kalē — Calais.
Kanāda — Canada.
Karlīne — Caroline, Carrie.
Karpati — Carpathians.
Kartāga — Carthage.
Katrīna — Catherine.
Kate, Katiņa — Kate, Kitty.
Kaukazs — Caucasus; *a.* Caucasian.
Kārlis — Charles, Charley.
Kembridža — Cambridge.
Kipra — Cyprus.
Kremlis — Kremlin.
Krima — Crimea.
Kristaps — Christopher.
Kristīne — Christina.
Kristus — Christ.
Krišjānis — Christian.
Krievija — Russia; *iedz.* — Russian; *a.* Russian.
Ķelne — Cologne.
Ķīna — China; *iedz.* Chinese, Chinaman; *a.* Chinese.

Lamanša šaurums — the Channel.
Latvija — Latvia; ~s iedzīvotājs — Latvian; *a.* Latvian.
Lietava — Lithuania; *a.* Lithuanian; ~s iedzīvotājs — Lithu-
Ledus jūra — Arctic Ocean.
Lestera — Leicester.
Lidija — Lydia.
Liona — Lyons.
Lisabona — Lisbon.
Liverpūle — Liverpool.
Līze, Līzīte — Lizzie.
Lielbritanija — Great Britain.
Liena — Nell, Nelly.
Lietava — Lithuania; *a.* Lithua-
nian; ~s iedzīvotājs — Lithuanian.
Londona — London.
Lūcija — Lucy.
Ludvigs, Ludis — Louis, Lewis.
Luize — Louisa.
Luvra — Louvre.

Madēra — Madeira.
Maija — May.
Mančestra — Manchester.
Mandžūrija — Manchuria.
Marianna — Maryann, Marion.
Margarieta — Margaret.
Marija — Mary; Molly, Polly; Maria.
Marseļa — Marseilles.
Maroka — Marocco.
Marta — Martha, Matty.
Maskava — Moscow; *iedz.* Muscovite; *a.* of Moscow, Muscovite.
Matilde — Maud.
Matīss — Matthew.
Mazāzija — Asia Minor.
Mazkrievija — Little Russia.
Meksika — Mexico; ~s iedzīvotājs — Mexican; *a.* Mexican.
Melnkalne — Montenegro; *a.* Montenegrin.
Miķelis, Mikus — Michael, Mike.
Minchene — Munich.

Nacarete — Nazareth.
Nanija — Nanny, Nancy, Nan.
Nāves jūra — the Dead Sea, Asphalt Lake.
Neapole — Naples; *iedz.* Neapolitan; *a.* Neapolitan.
Nica — Nice.
Nikolajs — Nicholas.
Ninive — Nineveh.

Nīderlande — Netherlands; the Low Countries.
Nīls — Nile.
Normandija — Normandy; *iedz.* Norman; *pl.* Normans; *a.* Norman.
Norvēģija — Norway; *iedz.* Norwegian; *a.* Norwegian.
Nūfoundlande — Newfoundland.
Ņujorka — Newyork.
Ņūkestle — Newcastle.
Ņuorlīnsa — New-Orleans.

Oksforda — Oxford; *stud.* un *a.* Oxonian.

Olimps — Olympus.
Parīze — Paris; *a.* Parisian.
Pāvils — Paul.
Pegazs — Pegasus.
Peloponnēsa — Peloponnesus.
Persija — Persia; *a.* Persian.
Pireneji — Pyrenees.
Polija — Poland; *iedz.* — Pole; *a.* Polish.
Poncijs Pilāts — Pontius Pilate.
Portsmauta — Portsmouth.
Portugale — Portugal; *iedz.* Portuguese; *a.* Portuguese.
Prūsija — Prussia; -s iedzīvotājs — Prussian; *a.* Prussian.

Raēle — Rachel.
Redinga — Reading.
Reina — the Rhine.
Rīga — Riga.
Roma—Rome; *iedz.* Roman, *pl.* Romans; *a.* Roman, of Rome.
Rona — the Rhone.
Rumānija — Roumania; *iedz.* Roumanian; *a.* Roumanian.

Sachalina — Sakhalin.
Saksija — Saxony; *a.* Saxon.
Savienotās valstis — United States.
Serbija — Servia, Serbia; *iedz.* — Serb; *a.* Serbian.
Sibirija — Siberia.
Sicilija — Sicily.
Singapūra — Singapore.
Sīmanis — Simeon, Simon.
Skotija — Scotland; -s iedzīvotājs — Scotchman; *pl.* the Scotch; *a.* Scotch, Scots.
Somija — Finland; -s iedzīvotājs — Finn; *a.* Finnish.
Spānija — Spain; *iedz.* Spaniard; *a.* Spanish.
Suecas kanāls — Suez Canal.

Šefīlda — Sheffield.
Šekspīrs — Shakespeare.
Švābija — Bavaria, Swabia.
Šveice — Switzerland; *iedz.* Swiss; *pl.* the Swiss; *a.* Swiss.

Taurija — Taurus.
Temze — the Thames.
Tēbas — Thebes.
Tibra — Tiber.
Toms — Thomas, Tom.
Traķija — Thracia.
Trōja — Troy.
Turcija — Turkey; *iedz.* Turk; *pl.* Turks; *a.* Turkish.

Uelsa — Wales; -s iedzīvotājs — Welshman; *a.* Welsh.
Ugunszeme — Fuegia, Tierra del Fuego.
Ungarija — Hungary; *iedz.* Hungarian; *a.* Hungarian.

Varšava — Warsaw; *iedz.* un *a.* Varsovian.
Vācija — Germany; *iedz.* German; *pl.* Germans; *a.* German.
Venecija — Venice; *a.* Venetian.
Versaļa — Versailles.
Vezuvijs — Vesuvius.
Vidus jūŗa — the Mediterranean.
Vilhelms, Vilis — William, Willie, Bill.

Vīne — Vienna; *a.* Viennese.
Vogezi — Vosges.
Vuliča — Woolwich.
Vustera — Worcester.

Zēlande — Zealand.
Ziemeļjūŗa — Arctic Ocean.
Zviedrija — Sweden; *iedz.* Swede, *pl.* the Swedes; *a.* Swedish.

Ženēva — Geneva.